칸트전집

Immanuel Kant

Die Metaphysik der Sitten

도덕형이상학

칸트전집 7

임마누엘 칸트

한국칸트학회 기획 | 이충진·김수배 옮김

한길사

『칸트전집』을 발간하면서

칸트는 인류의 학문과 사상 발전에 지대한 영향을 미쳤으며, 지금도 그 영향력이 큰 철학자다. 칸트철학은 여전히 전 세계적으로 가장 많이 논의되며, 국내에서도 많은 학자가 전문적으로 연구하고 있다. 이를 반영하듯 영미언어권에서는 1990년대부터 새롭게 칸트의 저서를 번역하기 시작하여 『케임브리지판 임마누엘 칸트전집』(*The Cambridge Edition of the Works of Immanuel Kant*, 1992~2012) 15권을 완간했다. 일본 이와나미(岩波書店) 출판사에서도 현대 언어에 맞게 새롭게 번역한 『칸트전집』 22권을 출간했다. 국내에서는 칸트를 연구한 지 이미 100년이 훨씬 넘었는데도 우리말로 번역된 칸트전집을 선보이지 못하고 있었다.

물론 국내에서도 칸트 생전에 출간된 주요 저작들은 몇몇을 제외하고는 여러 연구자가 번역해서 출간했다. 특히 칸트의 주저 중 하나인 『순수이성비판』은 번역서가 16종이나 나와 있다. 그럼에도 칸트 생전에 출간된 저작 중 '비판' 이전 시기의 대다수 저작이나, 칸트철학을 이해하는 데 많은 도움을 줄 수 있는 서한집(Briefwechsel), 유작(Opus postumum), 강의(Vorlesungen)는 아직 우리말로 번역되지 않았다. 게다가 이미 출간된 번역서 중 상당수는 관련 분야에 대한 전문성이 부족해 번역이 정확하지 못하거나 원문을 글자대로만 번역해 가독성이 낮아 독자들이 원문의 의미를 제대로 이해하기가 쉽지 않다. 번역자가 전문성을 갖추었다 해도 각기 다른 번역용어를 사용해 학문 내에서 원활하게 논의하고 소통하는 데 장애가 되고 있다. 이 때문에 칸트를 연구하는 학문 후속세대들은 많은 어려움에 빠져 혼란을 겪고 있다. 이런 상황에서 '한국칸트학회'는 학회에 소속된 학자들이 공동으로 작업해 온전한 우리말 칸트전집을 간행할 수 있기를 오랫동안 고대해왔으며, 마침내 그 일부분을 이루게 되었다.

『칸트전집』 번역 사업은 2013년 9월 한국연구재단의 토대연구 분야 총서학 지원 사업에 선정되어 '『칸트전집』 간행사업단'이 출범하면서 본격적으로 시작되었다. 이 사업은 영남대학교 '인문과학연구소' 주관으로 '한국칸트학회'에 소속된 전문 연구자 34명이 공동으로 참여해 2016년 8월 31일까지 진행되었으며, 수정과 보완작업을 거쳐 지금의 모습으로 결실을 맺게 되었다. 이 전집은 칸트 생전에 출간된 저작 중 『자연지리학』(*Physische Geographie*)을 비롯해 몇몇 서평(Rezension)이나 논문을 제외하고는 거의 모든 저작을 포함하며, 아직까지 국내에 번역되지 않은 서한집이나 윤리학 강의(Vorlesung über die Ethik)도 수록했다. 『칸트전집』이 명실상부한 전집이 되려면 유작, 강의, 단편집(Handschriftliche Nachlass) 등도 포함해야 하지만, 여러 제한적인 상황으로 지금의 모습으로 출간하게 되었다. 아쉽지만 지금의 전집에 실리지 못한 저작들을 포함한 완벽한 『칸트전집』이 후속 사업으로 머지않은 기간 내에 출간되길 기대한다.

『칸트전집』을 간행하면서 간행사업단이 세운 목표는 1) 기존의 축적된 연구를 토대로 전문성을 갖춰 정확히 번역할 것, 2) 가독성을 최대한 높일 것, 3) 번역용어를 통일할 것, 4) 전문적인 주석과 해제를 작성할 것이었다. 이를 위해 간행사업단은 먼저 용어통일 작업에 만전을 기하고자 '용어조정위원회'를 구성했다. 위원회는 오랜 조정 작업 끝에 칸트철학의 주요한 전문 학술용어를 통일된 우리말 용어로 번역하기 위해 「번역용어집」을 만들고 칸트의 주요 용어를 필수 용어와 제안 용어로 구분했다. 필수 용어는 번역자가 반드시 따라야 할 기본 용어다. 제안 용어는 번역자가 그대로 수용하거나 문맥에 따라 다른 용어를 사용할 수 있는 용어다. 다른 용어를 사용할 경우에는 번역자가 다른 용어를 사용한 이유를 옮긴이주에서 밝혀 독자의 이해를 돕도록 했다. 사업단이 작성한 「번역용어집」은 '한국칸트학회' 홈페이지에서 확인할 수 있다.

번역용어와 관련해서 그동안 칸트철학 연구자뿐 아니라 다른 분야 연구자와 학문 후속세대를 큰 혼란에 빠뜨렸던 용어가 바로 칸트 철학의 기본 용어인 transzendental과 a priori였다. 번역자나 학자마다 transzendental을 '선험적', '초월적', '선험론적', '초월론적' 등으로, a priori를 '선천적', '선험적' 등으로 다양하게 번역해왔다. 이 때문에 일어나는 문제는 참으로 심각했다. 이를테면 칸트 관련 글에서 '선험적'이라는 용어가 나오면 독자는 이것이 transzendental의 번역어인지 a priori의 번역어인지 알 수 없어 큰 혼란을 겪을 수밖에 없었다. 이런 문제점을 해소하기 위해 간행사업단에서는 transzendental과 a priori의 번역용어를 어떻게 구분해야 하는지를 중요한 선결과제로 삼고, 두 차례 학술대회를 개최해 격렬하고도 심도 있는 논의를 진행했다. 하지만 a priori를 '선천적'으로, transzendental을 '선험적'으로 번역해야 한다는 쪽과 a priori를 '선험적'으로, transzendental을 '선험론적'으로 번역해야 한다는 쪽의 의견이 팽팽히 맞서면서 모든 연구자가 만족할 수 있는 통일된 번역용어를 확정하는 일은 거의 불가능한 것처럼 보였다. 이런 상황에서 '용어조정위원회'는 각 의견의 문제점에 대한 다양한 비판을 최대한 수용하는 방식으로 합의를 이끌어내기 위해 오랜 시간 조정 작업을 계속했다. 그 결과 a priori는 '아프리오리'로, transzendental은 '선험적'으로 번역하기로 결정했다. 물론 이 확정안에 모든 연구자가 선뜻 동의한 것은 아니었으며, '아프리오리'처럼 원어를 음역하는 방식이 과연 좋은 번역 방법인지 등은 여전히 숙제로 남아 있다. 그럼에도 이 안을 확정할 수 있도록 번역에 참가한 연구자들이 기꺼이 자기 의견을 양보해주었음을 밝혀둔다. 앞으로 이 용어가 사용되기 시작하면 이와 관련한 논의가 많아지겠지만, 어떤 경우든 번역용어를 통일해서 사용하는 방향으로 진행되길 기대한다.

간행사업단은 전문적인 주석과 해제작업을 위해 '해제와 역주위원회'를 구성하여 전집 전반에 걸쳐 균일한 수준의 해제와 전문적인 주석 작업을 할 수 있도록 '해제와 역주 작성 원칙'을 마련했다. 이 원칙의 구체적인 내용도 '한국칸트학회' 홈페이지에서 확인할 수 있다. 번역자들은 원문의 오역을 가능한 한 줄이면서도 학술저서를 번역할 때 허용하는 범위 내에서 가독성을 높일 수 있도록 번역하려고 많은 노력을 경주했다. 이를 위해 번역자들이 번역 원고를 수차례 상호 검토하는 작업을 거쳤다. 물론 '번역은 반역'이라는 말이 있듯이 완벽한 번역이란 실제로 불가능하며, 개별 번역자의 견해와 신념에 따라 번역 방식도 차이가 날 수밖에 없다. 따라서 번역의 완성도에 대해서는 전적으로 독자의 판단에 맡기겠다. 독자들의 비판을 거치면서 좀더 나은 번역으로 거듭날 수 있는 기회가 있기를 바랄 뿐이다.

『칸트전집』 간행사업단은 앞에서 밝힌 목적을 달성하려고 오랜 기간 공동 작업을 해왔으며 이제 그 결실을 눈앞에 두고 있다. 수많은 전문 학자가 참여하여 5년 이상 공동 작업을 수행한다는 것은 우리 학계에서 그동안 경험해보지 못한 전대미문의 도전이었다. 이런 이유로 간행사업단은 여러 가지 시행착오와 문제점에 봉착했으며, 그것을 해결하는 일은 결코 쉽지 않았다. 그럼에도 이견을 조정하고 문제점을 해결해나가면서 길고 긴 공동 작업을 무사히 완수할 수 있었던 것은 『칸트전집』 간행을 성공적으로 마무리하여 학문 후속세대에게 좀더 정확한 번역본을 제공하고, 우리 학계의 학문연구 수준을 한 단계 끌어올려야겠다는 '한국칸트학회' 회원들의 단결된 의지 덕분이었다. 이번에 출간하는 『칸트전집』이 설정한 목표를 완수했다면, 부정확한 번역에서 비롯되는 칸트 원전에 대한 오해를 개선하고, 기존의 번역서 사이에서 발생하는 용어 혼란을 시정하며, 나아가 기존의 칸트 원전 번역이 안고 있는 비전문성을 극복하여 독자가 좀더 정확하게 칸트의 작품을 이해하게 될 것이다. 물론 『칸트전집』이 이러한 목표를 달성했는지는 독자의 판단에 달려 있으며, 이제 간행사업단과 '한국칸트학회'는 독자의 준엄한 평가와 비판에 겸허히 귀를 기울일 것이다.

끝으로 『칸트전집』을 성공적으로 간행하기 위해 노력과 시간을 아끼지 않고 참여해주신 번역자 선생님 모두에게 진심으로 감사하는 마음을 드린다. 간행사업단의 다양한 요구와 재촉을 견뎌야 했음에도 선생님들은 이 모든 과정을 이해해주었으며, 각자 소임을 다했다. 『칸트전집』은 실로 번역에 참여한 선생님들의 땀과 노력의 결실이라 할 수 있다. 또 한국연구재단의 지원 아래 『칸트전집』 간행사업을 진행할 수 있도록 큰 도움을 주신 '한국칸트학회' 고문 강영안, 이엽, 최인숙, 문성학, 김진 선생님께도 감사의 말씀을 전한다. 『칸트전집』 간행 사업을 원활하게 진행할 수 있었던 것은 무엇보다도 공동연구원 아홉 분이 활약한 덕분이다. 김석수, 김수배, 김정주, 김종국, 김화성, 이엽, 이충진, 윤삼석, 정성관 선생님은 번역 이외에도 용어 조정 작업, 해제와 역주 원칙 작성 작업, 번역 검토 기준 마련 등 과중한 업무를 효율적이고도 성실하게 수행해주었다. 특히 처음부터 끝까지 번역작업의 모든 과정을 꼼꼼히 관리하고 조정해주신 김화성 선생님께는 진정한 감사와 동지애를 전한다. 사업을 진행하기 위해 여러 업무와 많은 허드렛일을 처리하며 군말 없이 자리를 지켜준 김세욱, 정제기 간사에게는 그저 고마울 따름이다. 그뿐만 아니라 열악한 출판계 현실에도 학문 발전을 위한 소명 의식으로 기꺼이 『칸트전집』 출판을 맡아주신 한길사 김언호 사장님과 꼼꼼하게 편집해주신 한길사 편집부에도 심심한 감사의 말씀을 드린다.

2018년 4월
『칸트전집』 간행사업단 책임연구자
최소인

『칸트전집』 일러두기

1. 기본적으로 칸트의 원전 판본을 사용하고 학술원판(Akademie-Ausgabe)과 바이셰델판(Weischedel-Ausgabe)을 참조했다.

2. 각주에서 칸트 자신이 단 주석은 *로 표시했고, 재판이나 삼판 등에서 칸트가 직접 수정한 부분 중 원문의 의미 전달과 상당한 관련이 있는 내용은 알파벳으로 표시했다. 옮긴이주는 미주로 넣었다.

3. 본문에서 [ ] 속의 내용은 독자의 이해를 돕기 위해 옮긴이가 넣었다.

4. 본문에 표기된 'A 100'은 원전의 초판 쪽수, 'B 100'은 재판 쪽수다. 'Ⅲ 100'는 학술원판의 권수와 쪽수다.

5. 원문에서 칸트가 이탤릭체나 자간 늘리기로 강조 표시한 부분은 본문에서 고딕체로 표시했다.

6. 원문에서 독일어와 같이 쓴 괄호 속 외래어(주로 라틴어)는 그 의미가 독일어와 다르거나 칸트의 의도를 파악하는 데 도움이 될 경우에만 우리말로 옮겼다.

7. 칸트철학의 주요 용어에 대한 우리말 번역어는 「번역용어집」(한국칸트학회 홈페이지 kantgesellschaft.co.kr 참조할 것)을 기준으로 삼았지만 문맥을 고려해 다른 용어를 택한 경우에는 이를 옮긴이주에서 밝혔다.

차례

법론의 형이상학적 기초원리

이충진 옮김

차례

일러두기

1. 『법론의 형이상학적 기초원리』는 *Metaphysische Anfangsgründe der Rechtslehre*를 우리말로 옮긴 것이다. 번역을 위해 1797년 초판을 기본으로 하여 학술원판(*Kant's gesammelte Schriften*, Bd. Ⅵ, hrsg. von der Königlich Preußischen Akademie der Wissenschaften, Berlin, 1907, pp.203-372), 포어랜더 편집본(K. Vorländer, Felix Meiner Verlag, 1907), 루트비히 편집본(B. Ludwig, Felix Meiner Verlag, 1986) 등을 참조했다.
2. 'Sitte'는 '도덕(Sitte)'으로, 'Moral'은 '도덕'으로, 'Ethik'은 '윤리'로 옮겼다. 형용사(sittlich, moralisch, ethisch)도 동일하게 옮겼다.
3. 작은따옴표(' ')는 모두 독자의 이해를 돕기 위해 옮긴이가 삽입한 것이다.
4. 본문에 우리말로 번역한 외래어는 해당 원어를 옮긴이주에 표기했다. 옮긴이의 사항 설명 역시 옮긴이주에 포함시켰다.

머리말 A III; VI 205

실천이성의 비판에는 체계, 즉 도덕(Sitte)의 형이상학이 뒤따라야 한다. 도덕(Sitte)의 형이상학은 법론의 형이상학적 기초원리와 덕론의 형이상학적 기초원리로 나뉜다(이것은 내가 이미 발표한 『자연과학의 형이상학적 기초원리』에 상응한다). 두 이론의 체계와 형식은 뒤에 나오는 서론에서 제시하고 일정 정도 해명할 것이다.[1)]

법론은 도덕(Sitte) 이론의 제1부이다. 법론에는 이성에서 유래하는 체계가 필요하므로 우리는 이것을 법의 형이상학이라 할 수 있겠다. 그런데 법 개념은 순수 개념이긴 하지만 실천을 위한(경험 안에 등장하는 사례들에 적용하기 위한) 개념이기도 하다. 따라서 법의 형이상학적 체계라면 자신을 세분화할 때 (이성의 체계를 구축하기 위해 불가피하게 요구되는) 완전한 세분화에 도달하기 위해서 그러한 사례들 A IV
의 경험적 다양성을 반드시 고려해야 한다. 하지만 경험의 완전한 세분화는 가능하지 않다. 그러므로 (기껏해야 완전성에 근접하기 위한 것이긴 하지만) 경험의 완전한 세분화가 시도되는 경우라 할지라도 그러한 개념들은 통합된 부분들로서 체계의 내부가 아니라 사례들로서 주해에 등장할 수 있을 뿐이다. 결국 도덕(Sitte)의 형이상학의 제1부에 적합한 표현은 법론의 형이상학적 기초원리일 것이다. [법이]

적용되는 경험적 사례들을 고려하는 경우 우리는 체계로 근접하는
것을 기대할 수 있겠지만 체계 자체를 기대할 수는 없을 것이기 때문
이다. (이전의) 『자연과학의 형이상학적 기초원리』에서와 마찬가지
로 이곳에서도 아프리오리하게 기획된 체계에 속하는 법은 본문 안
에서 언급했지만 특수한 경험 사례에 관계되는 법들은 때로 매우 길
VI 206 게 작성된 각주에서 언급했다. 그렇지 않았다면 지금의 형이상학과
경험적 법실천이 명확히 구분될 수 없었을 것이기 때문이다.

사람들은 자주 철학책의 불명료함과 불분명함을 비난했으며 그러
한 불분명함이 심오한 통찰인 양 꾸며대려는 의도적인 것이라고 비
난했다. 이러한 비난을 예방하거나 그것에서 벗어나는 방법으로 내
가 할 수 있는 최선은 진정한 철학자라 할 수 있는 가르베[2] 씨가 모
든 저술가, 특히 철학 저술가에게 제기했던 의무 사항을 기꺼이 받아
A V 들이는 것과 그러한 요구를 내 쪽에서 '학문의 본성이 허용하는 정
도로만 그것을 따른다'는 조건으로 제한하는 것이다. 교정될 수 있고
확장될 수 있어야만 하는 본성 말이다.

이 현명한 사람이 (자신의 책 『논문선』[3] 352쪽 이하에서) 주장하는 바에 따르면, '자신이 무슨 말을 하는지도 모른다'는 혐의에서 벗어나고자 한다면 모든 철학 저술가는 자기 논의에 대중성(일반적으로 전달되는 데 어려움이 없을 만큼 감성적으로 표현됨)을 부여할 수 있어야 한다. 그의 주장은 정당하며 나는 기꺼이 그에 동의한다. 다만 이성 능력 비판의 체계 자체와 비판 규정에 따라 승인될 수 있는 모든 것만은 예외다. 그것은 우리 인식에 내재하는 감성적인 것을 초감성적이지만 이성의 합당한 대상인 것과 구별하는 일에 속하기 때문이다. 이와 같은 사안은 결코 대중화될 수 없으며 형식적 형이상학 역시 대중화될 수 없다. 비록 형이상학의 귀결이 (그것을 알지 못하는 형이상학자의) 건전한 이성에 이해될 수 있을 정도로 분명해질 수는

있겠지만 말이다. 이러한 경우 우리는 대중성(일상어)을 염두에 두어
서는 안 되며, 비록 지나치게 꼼꼼해서 욕을 먹는 한이 있더라도, 스
콜라적 정확성(그것이 전문용어이므로)에 집중해야 한다. 오직 그렇게
해야만 성급한 이성이 자신의 독단적 주장에 직면하여 자기 자신을
비로소 이해할 수 있게 될 것이기 때문이다.

그런데 만일 어느 융통성 없는 사람이 오직 학계에서만 사용되는 A VI
전문용어를 들어 (강단에서든 아니면 대중적인 책에서든) 일반 대중
을 상대로 이야기한다면, 그것이 비판적 철학자에게 어려움을 초래
할 수는 없을 것이다. 마치 자구나 따지는 사람이 문법학자를 어려움
에 빠지도록 만들 수 없는 것처럼 말이다. 그 경우 웃음거리가 되는
것은 그렇게 하는 사람들이지 학문 자체일 수는 없다.

"비판철학이 등장하기 이전에는 철학이란 존재조차 하지 않았다."
이러한 주장은 건방지고 이기적인 소리로 들릴 것이며 또한 아직도
옛날 체계를 버리지 못한 사람들에게는 비난하는 소리로 들릴 것이 VI 207
다.—'불손하게 보이는 이와 같은 주장을 부인할 수 있는가?' 하는
문제는 '도대체 철학이 다수 존재할 수 있는가?' 하는 물음에 대한 답
변에 달려 있다. 여러 가지 방식으로 철학을 하고 최초의 이성원리들
을 발견하며, 크든 작든 행운이 따라서 그것들에 토대하여 하나의 체
계를 세운 사람들이 [이전에도] 있었다. 아니, 그저 있었던 것에 불과
한 것이 아니라 그러한 방식의 수많은 시도가 반드시 있어야 했으며,
오늘날의 시도는 바로 그것들 모두의 덕을 보는 것이다. 하지만 객관
적으로 보면 인간 이성은 오직 하나만이 존재할 수 있을 뿐이며 따라
서 철학 역시 여러 개가 존재할 수 없다. 다시 말해 하나의 동일한 명
제를 놓고 사람들이 아무리 다양하게, 때론 서로 모순되게 철학적 논
의를 전개한다고 할지라도 원리들에 의거한 참된 철학 체계는 오직
하나만이 가능할 뿐이다. '하나의 덕만이 존재하며 하나의 덕론, 즉 모 A VII

든 덕의무를 하나의 원리에 따라 상호 결합하는 하나의 체계만 존재할 뿐이다'라는 도덕이론가의 말은 정당하다. 화학자들은 오직 하나의 화학(라부아지에[4]의 화학)만이 존재한다고 말하며 의학자들은 질병 분류 체계를 위한 원리는 하나(브라운[5]의 원리)만 존재한다고 말한다. 그들의 말은 정당하다. 물론 새로운 체계가 다른 모든 체계를 배척한다고 해서 이전 체계들(도덕이론가, 화학자, 의학자)의 공로가 부인되는 것은 아니다. 그들이 발견하지 않았거나 비록 실패했지만 시도하지 않았다면 전체 철학의 참된 원리의 통일성을 하나의 체계 안에서 확보하지 못했을 것이기 때문이다.—결국 누군가가 하나의 철학 체계를 자기 작품으로 세상에 내놓는다는 것은 "이 철학 이전에 다른 어떤 철학도 존재한 적이 없다"라고 말하는 것과 다를 바 없다. 만일 그가 '다른 하나의 (참된) 철학이 존재한다'는 점을 승인한다면 동일한 대상에 참된 철학이 두 개 존재하게 될 텐데, 그것은 말도 되지 않기 때문이다.—따라서 만일 비판철학이 '나 이전에 철학은 존재조차 하지 않았다'는 모습으로 자신을 드러낸다면, 그것은 곧 자신만의 계획을 가지고서 하나의 철학을 기획했던 사람은 누구나 그렇게 해왔으며 앞으로도 그렇게 할 것이고 반드시 그렇게 해야만 한다는 것과 다름없다.

크게 중요하지는 않지만 그렇다고 아무런 의미도 없다고는 할 수 없
A VIII 는 비난이 있었다. '[비판]철학은 자신의 핵심 부분을 스스로 만들어 낸 것이 아니라 다른 철학(혹은 수학)에서 빌려왔을 뿐이다'는 비난이 그것이다. 동일한 사실을 튀빙겐의 어떤 비평가가 발견하기도 했는데, 그것은 철학의 정의와 관련되어 있다. 『순수이성비판』의 저자는 그러한 정의를 자신의 탁월한 성과라고 주장하지만 이미 몇 년 전
VI 208 에 다른 사람이 거의 동일한 내용의 정의를 제시한 적이 있었다[라는 비난이 그것이다].* '일종의 지성적 구성'이라는 단어가 '주어진

개념을 아프리오리한 직관 안에 표현함'이라는 생각을 불러일으킬 수
있는지는 각자 판단에 맡기고자 한다. 철학이 수학과 확연하게 구별
되는 지점이 바로 이곳이기는 하지만 말이다. 나는 확신하거니와, 하
우젠[6]은 자신의 표현을 그와 같이 설명하는 데 동의하지 않을 것이
다. 아프리오리한 직관의 가능성과 '공간은 그와 같은 것이지 (볼프[7]
가 이야기하듯) 한갓 경험적 직관(지각)에 주어지는 병존, [즉] 잡다
한 것들의 외적 병존이 아니'라는 것이 그에게 '멀리까지 내다보는
철학적 연구에 내가 휩쓸려 들어갔구나' 하고 느끼게 만들어 두려움 A IX
을 불러일으키기 때문이다. 이른바 지성으로 만들어진 표현이란 것이
이 탁월한 수학자에게는 '하나의 선을 그것의 개념에 상응하여 (경
험적으로) 그리는 것'을 의미할 뿐이었다. 이때 우리는 [그림의] 규칙
에는 주의를 기울이지만 실제로 그릴 때 불가피하게 나타나는 오차
들은 도외시하는데, 이러한 일은 기하학에서 동일한 것을 작도하는
경우에도 마찬가지다.

철학의 정신이라는 측면에서 보면 아무런 의미도 없는 어리석은 짓도 있었다. 철학을 흉내 내기만 하는 몇몇 사람이 『순수이성비판』에 등장하는 용어들을 가지고 그런 일들을 했다. 『순수이성비판』 안에서는 다른 것들로 대체될 수 없는 용어들을 『순수이성비판』 밖의 일반적 논의에서도 그대로 사용했는데, 이는 비난받아 마땅한 짓이다. 니콜라이[8] 같은 사람이 그랬다. 비록 그가 '순전히 사상의 빈곤함이 은폐된 곳이면 어디서나 그렇듯이, 그러한 용어들이 그것들의 고유 분야에서 전적으로 없어도 되는지'는 판단을 유보하겠노라고 말하

* 지금 실제적 구성이 문제가 되는 것은 아니다. 개념의 엄격함에 상응하는 지각 가능한 도형들은 결코 만들어질 수 없기 때문이다. 중요한 것은 형태가 만들어내는 것에 대한 지식이다. 그러한 형태는 동시에 지성이 만들어내는 구성이기도 하다. 하우젠, 『수학 원리』, 제1부, p.86, A., 1734.

기는 했지만 말이다. —여하튼 대중적이지 않으면서 융통성 없는 사람
이 무비판적이면서 무지한 사람보다 훨씬 더 큰 웃음을 자아낼 것은 분
명하다. (자신의 체계에 집착하여 어떠한 비판에도 귀를 기울이지 않는
형이상학자는 사실상 후자에 속하지만, 어떤 것이 자신의 옛 학파에 속
한 것이 아니면 바로 그렇다는 이유로 그것이 세상에 드러나지 못하도
A X 록 만들고자 하는 사람은 그것에 대해 기꺼이 무지한 상태에 있으려는 것
VI 209 이기 때문이다) 하지만 새프츠베리[9]가 주장하듯 (특히 실천적) 이론
의 진리를 검증하는 믿을 만한 시금석이 있다면 아마도 시간이 지남
에 따라 최후에 그리고 최대로 웃게 될 사람은 분명 비판철학자일 것
이다. 그의 이론이 비웃음을 견뎌낸다면 말이다. 그는 오랫동안 크게
영향을 미쳤던 사람들의 체계가 마치 종이로 만든 것처럼 부서져버
리고 그들을 따르던 사람들은 흩어져버리는 것을 보게 될 것이다. 이
는 그들을 위해 예비되어 있는 불가피한 운명이다.

이 책 말미에 있는 몇 단락은 앞선 단락과 비교할 때 기대되는 것보다 비교적 덜 상세하다. 그곳에서 나는 논의를 상세하게 전개하지 않았는데, 앞선 단락에서 그곳의 단락들이 어려움 없이 귀결될 것이라고 생각했기 때문이다. 그뿐만 아니라 후자(공법과 관련된 것들)는 오늘날에도 여전히 매우 많이 논의될 만큼 중요하다고 보아 최종 결론을 일정 시간 미루는 것이 올바르다고 판단했기 때문이다.

덕론의 형이상학적 기초원리를 빠른 시간에 출간할 수 있기를 기대한다.

법론의 세분화 표[1]

A Ⅺ; Ⅵ 210

제1편

사법(외적 공표가 필요하지 않은 법칙들의 총체)

제1장

외적인 것을 자신의 것으로 소유하는 방식에 관하여

제2장

외적인 것을 획득하는 방식에 관하여

외적 획득의 세분화

제1절 물권에 관하여

제2절 대인적 권리에 관하여

제3절 물적(物的) 특성을 가진 대인적 권리에 관하여 A Ⅻ

부수적인 절 관념적 획득에 관하여

제3장

재판권 앞에서의 주관적-제약적 획득에 관하여

제2편

공법(공적 공표가 필요한 법칙들의 총체)

제1절 국가법

제2절 국제법

제3절 세계시민법

도덕(Sitte)형이상학 서론 A 1; VI 211

I
인간 마음의 능력들과 도덕(Sitte)법칙들의 관계

욕구능력은 자신의 표상에 의거해서 표상 대상의 원인이 되는 능력을 말한다. 한 존재자가 자신의 표상에 상응하게 행위하는 능력을 가지고 있는 경우 우리는 그와 같은 능력을 **생명**이라고 한다.

쾌감이나 불쾌감을 받아들이는 능력을 우리는 **감정**이라고 한다. **첫째로** 욕구나 혐오는 **쾌감이나 불쾌감**과 언제나 결합되어 있다. 하지만 그 반대는 아니다. 대상의 욕구가 아니라 한갓 표상, 즉 어떤 대상에 대해 우리 자신이 만들어낸 표상과 결합되어 있는 쾌감 역시 존재할 수 있기 때문이다(이때 표상의 객관이 실제로 존재하는지는 전혀 문제되지 않는다). **둘째로** 욕구 대상에 대한 쾌감이나 불쾌감이 욕구에 언제나 선행하는 것도 아니다. 쾌감이나 불쾌감이 언제나 욕구의 원인인 것은 아니며 오히려 욕구의 결과로 간주될 수 있는 경우도 있다.

쾌감이나 불쾌감은 우리의 표상의 상태 안에 있는 한갓 **주관적인** A 2
것만 포함하지 결코 객관과의 관계를 포함하지 않는다. 이것은 (우리 자신의 상태가 아니라) [객관에 관한] 가능한 인식을 위해 요구되는

관계이다. 표상을 보면서 쾌감이나 불쾌감을 가지게 되는 능력을 감
정이라고 하는 것도 바로 그 때문이다.* 주관의 특성 때문에 감성 자
VI 212 료들에 수반하는 성질들(가령 붉음, 달콤함 등) 이외에도 감성 자료
자체는 인식의 한 부분으로서 객관과 관계를 맺는다. 하지만 (붉고
A 3 달콤한 어떤 것에서) [가지게 되는] 쾌감이나 불쾌감은 객관에 대해
서는 아무것도 표현하지 않으며 주관과의 관계만 표현할 뿐이다. 쾌
감과 불쾌감은 방금 이야기한 이유에서 그 자체로는 더 상세하게 설
명할 수 없다. 우리는 기껏해야 쾌감과 불쾌감을 이용하는 경우 그것
들을 분명히 알 수 있도록 할 요량으로 그것들이 특정한 상태들에서
어떤 결과를 갖게 되는지 제시할 수 있을 뿐이다.

(감정을 촉발하는 표상의 대상에 대한) 욕구와 필연적으로 결합되어 있는 쾌감을 우리는 **실천적 쾌감**이라고 할 수 있다. 이것은 욕구의 원인일 수도 있고 결과일 수도 있다. 반면에 대상의 욕구와 결합하는 것이 필연적이지 않은 쾌감을 우리는 관조적 쾌감 또는 **비활동적 만족감**이라고 할 수 있다. 이것은 사실상 표상 대상의 실재와 결부되어 있는 쾌감이 아니라 단지 표상과만 결부되어 있는 쾌감이다. 이와

---

* 우리는 감성을 우리의 표상에 있는 주관적인 것 일반이라고 말할 수 있다. 지성이 표상을 처음으로 객관과 관계시키기 때문이다. 다시 말해서 지성만이 표상들을 매개로 하여 무엇인가를 사유하기 때문이다. 그런데 [첫째,] 우리 표상의 주관적인 것은 특정한 성질, 즉 '대상을 인식하기 위해 대상과 관계 맺을 수 있음'이라는 특성이 있다. (형식의 측면이든 아니면 질료의 측면이든 그러하다. 우리가 그것을 전자는 순수 직관이라고 하며 후자는 감각이라고 하기 때문이다) 이와 같은 경우 감성은 사유된 표상의 수용이며 감각 능력이다. 또는 [둘째,] 표상의 주관적인 것은 인식의 구성 부분이 아닐 수 있다. 그것은 표상의 주관과의 관계만 포함하며 객관을 인식하기 위해 사용될 수 있는 것은 전혀 포함하지 않기 때문이다. 이와 같은 표상의 수용을 감정이라고 한다. 그것은 (감성적 표상이든, 지성적 표상이든) 표상이 주관에 남겨놓은 결과물을 포함하며 따라서 감성에 해당된다. 표상 자체는 지성에서 유래하거나 아니면 이성에서 유래할 수 있을지라도 말이다.

같은 종류의 쾌감을 느끼는 감정을 우리는 취미라고 한다. 이와 같은
쾌감은 실천철학 안에서 단지 부차적으로만 언급될 뿐 진정한 의미에
서는 논의되지 않는다. 실천적 쾌감의 경우는 다음과 같다. 실천적 쾌
감이 원인으로서 욕구능력의 규정에 반드시 선행하는 경우 그와 같은
것을 엄밀한 의미에서 욕구라고 하며 반면에 습관적 욕구는 경향성이
라고 한다. 또 쾌감이 (단지 주관에 대해서이기는 하지만) 보편적 규
칙에 따라 지성을 통해 욕구능력과 결합하고 그러한 결합이 타당하
다고 판정되는 경우, 우리는 쾌감의 욕구능력과의 결합을 관심이라 A 4
고 한다. 이와 같은 경우의 실천적 쾌감은 경향성의 관심이다. 반면
에 쾌감이 선행하는 욕구능력의 규정만 뒤따르는 경우 그러한 실천
적 쾌감을 지성적 쾌감이라고 해야 하고 또 대상에 대한 관심을 이성
관심이라고 해야 한다. 순수한 이성원리에 기인하지 않는 감성적 관 VI 213
심에서 감성 자료는 쾌감과 결합되어 있어야 하고, 따라서 그것이 욕
구능력을 규정할 수 있어야 하기 때문이다. 진정으로 순수한 이성관
심만이 인정되어야 하는 곳에 결코 경향성의 관심이 끼어들게 해서
는 안 되겠지만, 그럼에도 우리는 [특정한] 어떤 것, 즉 오직 지성적
쾌감의 객관일 수 있는 것에 이끌리는 경향성을, 언어 사용의 편의를
위해, 순수 이성관심에서 유래한 습관적 욕구라고 말할 수도 있다.
그러나 이와 같은 경향성은 순수 이성관심의 원인이 아니라 결과이
므로 우리는 그것을 감성에서 자유로운 경향성(지성적 경향성)이라고
할 수 있다.

욕망(갈망)과 욕구는 구별해야 한다. 욕망은 욕구를 규정하는 자극이다. 욕망은 욕구능력의 활동으로 귀착되지 않는 감성적 마음의 규정이다.

개념에 의거하여 욕구하는 능력을 우리는, 욕구능력을 규정하여 행위하도록 만드는 근거가 객관이 아닌 욕구능력 자체에 존재하는

A 5 한에서, 의향에 따라 행위하는 능력이라고 한다. 이러한 능력이 객관
산출의 행위능력에 대한 의식과 결합되어 있는 경우 우리는 그것을
자의(恣意)라고 한다. 그와 같은 결합이 존재하지 않는 경우 우리는
그것의 활동을 바람이라고 한다. 욕구능력의 내적 규정 근거, 즉 의향
(意向) 자체가 주관의 이성 안에 존재하는 경우 우리는 그와 같은 욕
구능력을 의지라고 한다. 그러므로 의지는 (자의처럼) 행위와 관련된
한에서 욕구능력이 아니라 자의를 규정하여 행위하도록 만드는 근
거와 관련된 한에서 욕구능력이다. 이와 같은 의지는 그 자체로는 원
래 어떠한 규정 근거도 갖지 않으므로 그것이 자의를 규정할 수 있는
경우 그것은 실천적 이성 자체가 된다.

이성이 욕구능력 일반을 규정할 수 있는 경우 의지는 자의를 포함
할 수 있으며 단순한 바람 역시 포함할 수 있다. 순수한 이성으로 규
정될 수 있는 자의를 우리는 자유로운 자의라고 한다. 경향성(감성적
충동)으로만 규정 가능한 자의는 동물의 자의일 것이다. 반면에 인간
의 자의는 충동으로 촉발되기는 하지만 규정되지는 않는 자의이며,
따라서 (이성에 따라 획득된 능숙함 없이) 그 자체로 순수한 것은 아니
지만 그럼에도 순수한 의지에서 유래하는 행위로 규정될 수 있다. 자
의의 자유는 이와 같이 감성적 충동을 통한 규정에서 독립해 있음을
A 6; VI 214 말한다. 이것이 자유의 소극적 개념이다. 그것[자유]의 적극적 개념
은 순수한 이성의 능력, 즉 자기 스스로 실천적일 수 있는 능력을 의
미한다. 그런데 이것은 오직 각 행위의 준칙이 '준칙의 보편 법칙으
로서의 사용 가능성'이라는 조건을 충족함으로써만 가능하게 된다.
이성이 순수한 이성으로서 자의의 객관을 고려하지 않고 자의에 적
용되는 경우, 원리의 능력(실천적 원리의 능력, 즉 입법 능력)으로서
이성이 자의의 최고 법칙이나 규정 근거로 삼을 수 있는 것은, 이성
은 법칙의 질료를 도외시하므로, 오직 '자의 준칙의 보편 법칙으로

서의 사용 가능성'이라고 하는 형식뿐이기 때문이다. 또 주관적 원인에서 유래하는 인간의 준칙이 객관적 원인과 저절로 일치하는 경우는 없으므로, 이성은 그와 같은 법칙을 금지 명령이나 지시 명령으로만 정할 수 있기 때문이다.

우리는 자유의 법칙들을 자연의 법칙들과 구별하기 위해 **도덕적** [법칙들]이라고 한다. 자유의 법칙들이 단지 외적 행위들이나 그것들의 합법칙성에만 관계하는 경우 우리는 그것들을 **법적** [법칙들]이라고 한다. 반면에 자유의 법칙들이 동시에 '그것들 (법칙들) 자체가 행위의 규정 근거여야 한다'는 요구 역시 포함하는 경우 우리는 그러한 법칙들을 **윤리적** [법칙들]이라고 한다. 우리는 전자와의 일치를 행위의 **합법성**이라 하고 후자와의 일치를 행위의 **도덕성**이라 한다. 전자의 법칙들에 관계하는 자유는 단지 자의의 외적 사용 안에 있는 자유
이며 반면에 후자의 법칙들에 관계하는 자유는 이성 법칙으로 규정 A 7
된 자유인 한에서 자의의 외적 사용과 내적 사용 모두 안에 있는 자유다. 이론철학에서 우리는 '공간 안에는 단지 외적 감성의 대상들만 존재하지만 시간 안에는 외적 감성의 대상과 내적 감성의 대상이 모두 존재한다. 양자의 표상들은 모두 표상들이며 그것들이 표상인 한 모두 내적 감성에 귀속되기 때문이다'라고 말한다. 이와 마찬가지로 자유가 자의의 외적 사용에서 고찰되거나 자의의 내적 사용에서 [각기] 고찰될 수 있겠지만, 자유의 법칙들은 자유로운 자의 일반을 위한 순수한 실천적 이성 법칙임과 동시에 자유로운 자의의 내적 규정 근거이기도 하다. 비록 우리가 그것들을 항상 지금과 같은 관계에서 고찰해야 하는 것은 아니지만 말이다.

Ⅱ
도덕(Sitte)형이상학의 이념과 필요성

외적 감성의 대상들을 탐구하는 것은 자연학이며 이러한 자연학
을 위한 아프리오리한 원리들이 존재하지 않으면 안 된다. 그러한
원리들의 체계는 특수한 경험에 적용된 자연학, 즉 물리학에 선행하
VI 215 여 형이상학적 자연학이라는 이름 아래 제시될 수 있으며 또한 제시
되어야 한다. 나는 이 점을 이미 다른 저서에서 언급했다. 하지만 물
A 8 리학은 비록 엄밀한 의미에서 보편적으로 타당한 것이 되려면 아프
리오리한 원리에서 도출되어야 하겠지만, 많은 원리를 (최소한 자신
의 명제가 오류에 빠지는 것을 막는 것이 관건인 경우) 경험을 증인으
로 삼아 보편적인 것으로 받아들일 수 있다. 가령 뉴턴[1]은 '물체들
이 서로 주고받는 작용·반작용은 동일하다'는 원리를 경험에 근거
한 원리로 여기면서도 이를 물질적 자연 전체로 확장했다. 화학자들
은 한 걸음 더 나아간다. 그들은 '물질들은 자신들만의 힘으로 상호
결합·분리한다'는 지극히 보편적인 화학 법칙의 근거를 경험에 두
면서도 그것의 보편성과 필연성을 전혀 의심하지 않으며, 자신들의
실험에서 오류가 발견될지도 모른다는 걱정조차 하지 않는다.

하지만 도덕(Sitte)법칙은 사정이 다르다. 도덕(Sitte)법칙은 아프리오리한 근거를 가질 수 있고 필연적으로 통찰될 수 있는 경우에만 법칙으로 간주될 수 있다. 우리 자신이나 우리 행위에 관한 개념과 판단에 도덕적(sittlich) 의미가 있으려면 한낱 경험으로 알려지는 내용이 그것 안에 포함되어 있으면 안 된다. 후자에서 유래한 것을 도덕적 원칙으로 만들라는 유혹에 빠지는 경우 우리는 최악의 오류를 저지르는 위험에 직면하게 될 것이다.

만일 도덕(Sitte) 이론이 행복에 관한 이론에 불과하다면 도덕

(Sitte) 이론을 위해 아프리오리한 원리를 찾는 것은 불합리한 일이었 A 9
을 것이다. '인생의 진정한 즐거움을 지속적으로 누리려면 어떤 수
단을 선택해야 하는가?' 하는 문제에 대해서는 이성이 경험에 선행
하는 통찰을 제시하는 것처럼 보이기는 하지만, 그러한 것에 관한 아
프리오리한 가르침은 모두 동어반복에 불과하거나 아무 근거도 없
이 받아들여졌기 때문이다. 오직 경험만이 무엇이 우리에게 즐거움
을 가져다주는지를 가르쳐줄 수 있다. 어디에서 그와 같은 즐거움을
찾아야 하는지는 식욕, 색욕, 수면욕, 운동 욕구 등과 같은 자연적 본
능 그리고 (우리의 자연 소질이 현실화되는 경우) 명예욕과 지식 확대
욕구 등의 본능만이 말해줄 수 있으며, 그것도 각자에게 고유한 인식
방식에 상응하여 각자에게 말해줄 수 있을 뿐이다. 즐거움을 추구하
는 수단 역시 오직 경험으로만 각자에게 알려질 수 있다. 이와 관련
된 논변들은 사실상 모두, 비록 그것이 아프리오리한 것으로 보인다
고 할지라도, 귀납을 통해 보편성으로 고양된 경험에 불과할 뿐이다. VI 216
이와 같은 보편성(원칙적으로 말하면 보편성이 아니라 일반성)이 너무
도 궁색하다 보니 사람들은 자기 행동 방식의 선택을 자신의 특수한
경향성과 만족감에 맞추려면 무한히 많은 예외를 허용할 수밖에 없
으며, 결국 자신의 것이든 타인의 것이든 그러한 선택에 따른 피해를
[경험해야만] 현명함을 얻을 수 있다.

하지만 도덕성(Sittlichkeit)의 이론은 사정이 다르다. 도덕성
(Sittlichkeit)의 이론은 경향성을 고려하지 않고 우리가 자유로운 존
재이며 실천이성을 가지고 있다는 이유만으로 그리고 바로 그런 한
에서 우리에게 명령을 내린다. 도덕적(sittlich) 법칙들 안에 있는 가르 A 10
침은 우리 자신에 대한 관찰이나 우리 안의 동물성에 대한 관찰에 기
인하지 않으며 무엇이 일어나고 무엇이 행해지는지 등에 대한 지식,
즉 세상사에 대한 지식에 기인하지 않는다(비록 독일어 Sitte나 라틴어

mores에 살아가는 방식이나 방편이라는 의미가 있기는 하지만). 이성은 마땅히 행해야 할 바를 비록 우리가 그 사례를 발견한 적이 없다 해도 명령한다. 이성은 행위가 초래할지도 모를 이득을, 분명 경험만이 가르쳐줄 수 있을 이득을 전혀 고려하지 않는다. 이성의 규정은 그것이 명령인 경우 자기 권위를 이득에 근거를 두고서 가질 수는 없기 때문이다. 비록 가능한 모든 방식으로 이득을 추구하는 것을 이성이 우리에게 허용할 뿐만 아니라 현명함이 함께하는 경우 이성 명령에 복종하는 것이 그것을 위반하는 것보다 평균적으로 보아 더 큰 이득이 된다는 사실을 경험적 사례에 따라 확언할 수 있을지라도 말이다. 이성은 (충고로서) 그런 규정들을 단지 반대쪽으로 기울어지는 유혹을 막는 무게추로 이용할 뿐이다. 이 경우 실천적 판단을 할 때 이성은 먼저 편향된 저울의 잘못을 바로잡아 균형이 되게 만든 다음 순수한 실천적 이성의 아프리오리한 근거들의 무게에 상응해서 저울이 기울어지도록 만든다.

그러므로 자연이 아니라 자의의 자유를 객관으로 가지는 실천철학은, 우리가 개념에만 따른 아프리오리한 인식들의 체계를 형이상
A 11 학이라고 하는 경우, 도덕(Sitte)의 형이상학을 전제하며 또한 도덕(Sitte)의 형이상학이 필요하다. 다시 말해서 그와 같은 것을 가지는 것 자체가 의무이며 또 모든 사람은 비록 대개 불분명한 방식이긴 하지만 그것을 자신 안에 가지고 있다. 우리가 '아프리오리한 원리 없이 보편적 입법을 자신 안에 가지고 있다'고 생각이나 할 수 있겠는가? 그런데 자연 일반의 보편적 최상의 원칙들을 경험적 대상에 적용하기 위한 원리들이 자연의 형이상학 안에 있어야 하듯이 도덕
VI 217 (Sitte)의 형이상학 역시 동일한 것을 갖지 않을 수 없다. [이 때문에] 보편적 도덕 원리의 귀결들을 제시하기 위해 우리는 경험으로만 알려지는 인간의 특수한 자연[본성]을 종종 [논의] 대상으로 삼게 될 것

이다. 하지만 그렇다고 해서 도덕 원리들의 순수성이 훼손되거나 그것의 아프리오리한 원천에 회의가 제기되는 일은 없을 것이다.—내가 하고자 하는 말은 다음과 같다. 도덕(Sitte)의 형이상학은 인간학 안에 자신의 근거를 가질 수는 없으나 인간학에 적용될 수는 있다.

도덕(Sitte)의 형이상학과 짝을 이루는 부분은 도덕적 인간학인데,
이것은 실천철학 일반의 세분화의 한 항목이다. 인간의 본성 안에 있
으면서 전자의 법칙들을 현실화하는 것을 방해하거나 촉진하는 주관
적 조건들, (육아, 교육, 일반적 교양 교육에서) 도덕적 원칙들의 산출
과 확산 및 강화 그리고 경험에 토대하는 여타의 가르침과 규정 등이
도덕적 인간학의 주제들이다. 도덕적 인간학이 없어서는 안 되겠지 A 12
만 도덕(Sitte)의 형이상학에 선행하거나 그것과 뒤섞이는 일은 결코
없어야 한다. 그렇지 않으면 잘못된 도덕 법칙들이나 아니면 기껏해
야 관대한 도덕 법칙들이 만들어지는 위험한 일이 생길 것이기 때문
이다. 유해한 도덕 법칙들은 단지 '법칙이 그것의 순수성(법칙의 위
력은 바로 순수성에서 기인한다)에서 통찰되거나 해명되지 않으며, 또
한 진실하지도 순수하지도 않은 동인이 합의무적인 것이거나 [도덕
적으로] 좋은 것과 결부되기 때문에' 도달하지 못하는 것을 [원리적
으로] 도달 불가능한 것이라고 속여 보여준다. 이와 같은 동인들은
판단의 실마리를 위해서든 아니면 의무 이행을 위한 마음의 훈련을
위해서든 확실한 도덕적 원칙들을 제공하지 않으며, 그것들의 규정
은 오직 아프리오리한 순수 이성으로 주어져야 한다.

이제 우리가 살펴보게 될 세분화에 선행하는 상위의 세분화는 철학을 이론철학과 실천철학으로 세분하는 것이다. 이때 실천철학은 곧 도덕적 세계 지혜를 말한다. 이러한 사실들을 나는 이미 다른 곳(『판단력비판』)에서 해명한 적이 있다. 자연 법칙에 상응하여 존재할 수 있는 모든 실천적인 것(예술의 고유한 소관사)은 그것의 규정 측면

에서는 자연의 이론에 전적으로 의존한다. 자유 법칙에 근거를 두는
실천적인 것만이 이론에 의존하지 않는 원리들을 가질 수 있다. 따
A 13 라서 (이론적 부분과 동일한 위상에 있는) 실천적 부분의 철학은 **기술**
VI 218 **적-[실천적]** 이론이 아니라 **도덕적-실천적** 이론이다. 만일 우리가 자
유 법칙에 따른 자의의 숙련성을 자연과 대비해서 여기서도 **예술이**
라고 해야 한다면, 우리는 이러한 예술을 '자연의 체계와 똑같은 자
유의 체계를 만들 수 있는 예술'이라는 의미로 이해해야 한다. 이성
이 우리에게 내려준 계명을 이성을 사용하여 완전하게 수행하고 또
그것의 이념을 현실화할 수 있는 그와 같은 능력이 우리에게 있다면,
그것은 진실로 신적인 예술이 되리라.

III
도덕(Sitte)형이상학의 세분화*

(입법은 내적 행위를 규정하거나 외적 행위를 규정하며, 후자를 이성
에만 의거해 아프리오리하게 규정하거나 아니면 타인의 자의에 의거해
A 14 규정한다. 어느 경우든 상관없이) 모든 입법은 **첫째로 법칙을**, **둘째로 동**
인을 자신의 두 부분으로 가진다. 법칙은 마땅히 행해야 할 행위를

---

* 한 체계의 세분화의 연역은 곧 세분화의 완전성과 연속성을 증명하는 것이다.
이것은 세분화된 개념들에 있어서 세분화의 항목으로의 이행이 하위 세분화
의 전체 계열에서 아무런 비약(비약을 통한 세분화) 없이 이루어져야 함을 의
미한다. 이와 같은 연역은 체계 건축의 전문가조차 해내기가 매우 힘든 일이
다. 최상위 개념은 **'옳음-옳지 않음'**으로 세분화되는데, '과연 무엇이 최상위
A 14 개념이어야 하는가' 역시 어려운 문제다. **자유로운 자의의 행동** 일반이 그것이
어야 할 것이다. 존재론자들은 **'있음-없음'**에서 가장 먼저 시작하지만 그들은
그것이 이미 세분화의 항목들임을 깨닫지 못한다. 여기에는 세분화되어야 할
개념이 결여되어 있는데, 그것은 곧 **대상 일반**이라는 개념이다.

필연적 행위로 객관적 측면에서 표상한다. 즉 법칙은 그러한 행위를 의무로 확정한다. 자의를 행위로 규정하는 근거를 주관적 측면에서 법칙의 표상과 결합하는 것이 동인이다. 이러한 입법의 둘째 부분이 의미하는 것은 '법칙이 의무를 동인으로 확정한다'는 것이다. 전자를 통해 행위가 의무로 표상된다. 그것은 자의의 가능한 규정에 대한 이론적 인식, 즉 실천적 규칙에 대한 이론적 인식이다. 후자를 통해 특정 행위의 구속성이 자의의 규정 근거와 주관 안에서 결합된다.

그러므로 (입법은 행위를 의무로 확정하거니와, 가령 [의무로 확정
된] 행위들이 모든 경우에 외적 행위인 경우처럼, 하나의 입법이 의무로 VI 219
확정된 행위의 관점에서 다른 입법과 일치할 수 있을지라도) 모든 입법
은 동인의 관점에서 보면 여전히 구별될 수 있다. 행위를 의무로 확
정하고 동시에 이 의무를 동인으로 확정하는 입법은 윤리적이다. 반
면에 이 점을 법칙 안에 포함하지 않는 입법, 즉 의무의 이념 자체가 A 15
아닌 또 다른 동인을 허용하는 입법은 법적이다. 후자에서 쉽게 알 수 있듯이, 의무의 이념과 구별되는 동인은 분명 자의의 정의적 규정 근거, 즉 좋아함과 싫어함에서 유래하는 동인이며 그중에서도 싫어함에서 유래하는 동인일 것이다. 입법은 강요하는 것이지 애교를 떨며 유혹하는 것이 아니기 때문이다.

행위의 법칙과의 일치나 불일치를 우리는 합법성(법칙 적합성)이라 한다. 이 경우 우리는 행위의 동인을 도외시한다. 반면에 '법칙에서 유래한 의무 이념이 동시에 행위의 동인이다'는 점을 그러한 일치나 불일치 안에 포함하는 경우, 우리는 그것을 행위의 도덕성(인륜성)[2]이라 한다.

외적 의무들만이 법적 입법에 따른 의무들일 수 있다. 의무의 이념은 내적이어서 법적 입법은 이러한 의무 이념 자체가 행위자의 자의를 규정하는 근거이어야 한다고 요구하지 않기 때문이다. 또 법칙에

어울릴 만한 동인이 필요한 법적 입법이 법칙과 결합시킬 수 있는 것
은 외적 동인뿐이기 때문이다. 반면에 윤리적 입법은 분명 내적 행위
들 역시 의무로 확정할 수 있다. 그렇다고 해서 윤리적 입법이 외적
행위들을 배제하는 것은 아니다. 윤리적 입법은 모든 의무에 관계한
A 16 다. 그러나 윤리적 입법은 행위의 내적 동기(의무의 이념)를 자기 법
칙 안에 함께 포함하지만 그것[내적 동기]의 규정이 외적 입법에 유
입되는 일은 결코 없기 때문에 (신의 의지에 의거한 입법은 물론 아니
며) 외적 입법일 수 없다. 비록 윤리적 입법이 자신과 다른 입법, 즉
외적 입법에 의거한 의무들을 의무들로서 자신의 입법 안에 받아들여
동인으로 만들지라도 말이다.

이상의 사실에서 알 수 있는 것처럼, 모든 의무는 그것이 의무라는
이유만으로 윤리에 귀속되지만 그렇다고 해서 의무의 입법이 동일한
이유에서 언제나 윤리에 포함되는 것은 아니므로 많은 의무의 입법
은 윤리의 외부에 존재한다. 윤리는 '약속에 근거를 두고서 갖게 된
의무는 상대방이 나에게 의무 이행을 강제할 수 없는 경우에도 반드
시 이행해야 한다'고 명령한다. 그러나 윤리는 법칙(약속은 지켜져야
한다)이나 이에 상응하는 의무를 이미 주어져 있는 법칙이나 의무로
VI 220 서 법론에서 받아들인다. 그러므로 '약속은 지켜져야 한다'는 법칙
을 제정하는 것은 윤리의 영역이 아니라 법의 영역에 속한다. 이 경
우 윤리가 말하고자 하는 것은 단지 '법적 입법에 의거하여 의무와
결합된 동인, 즉 외적 강제가 제거되는 경우에도 의무의 이념은 그
자체만으로 동인이 되기에 부족하지 않다'는 점뿐이다. 앞서의 법칙
이 법적 법칙이 아니고 그 입법이 법적 입법이 아니며 그것에서 유래
한 의무가 (덕의무와 구분되는) 진정한 법의무가 아니라면 (계약을 체
결할 때 약속에 상응하는) 성실한 이행은 선의의 행위들이나 그러한
A 17 행위들의 의무지움과 동일한 부류가 되는데, 이것은 있을 수 없는 일

이기 때문이다. 약속 이행은 덕의무가 아니라 법의무이며 우리는 그것의 실행을 강제할 수 있다. 물론 강제가 수반되지 않는 경우에도 약속을 지킨다면 그것은 분명 유덕한 행위(덕의 증거)이겠지만 말이다. 결국 법론과 덕론이 구별되는 것은 상이한 의무들 때문이라기보다는 입법의 상이성, 즉 이 동인을 법칙에 결합하는 입법과 저 동인을 법칙에 결합하는 입법 사이의 상이성 때문이다.

윤리적 입법은 (의무들은 경우에 따라 외적 의무일 수도 있지만) 외적일 수 없는 그와 같은 입법이다. 법적 입법은 외적일 수도 있는 그와 같은 입법이다. 그러므로 계약에 따른 약속을 지키는 것은 외적 의무이지만 다른 동인을 고려하지 않고 그것이 의무라는 이유만으로 약속 이행을 명령하는 것은 내적 입법에만 속한다. 따라서 구속성이 윤리에 속하기는 하지만 특수한 종류의 의무(우리를 구속하는 특수한 종류의 행위)로서 속하는 것은 아니며—그것은 법에서든 윤리에서든 하나의 외적 의무이기 때문이다—[구속성이 윤리에 속하는 이유는] 입법이 위의 경우 내적 입법이고 따라서 외적 입법자를 가질 수 없기 때문이다. 호의의 의무들이 외적 의무(외적 행위의 구속성)임에도 윤리에 속하는 것은 '그것의 입법은 오직 내적으로만 가능하다'는 동일한 이유 때문이다.—윤리는 물론 자신의 특수한 의 A 18
무들(가령 자기 자신에 대한 의무들)을 가지고 있다. 하지만 윤리는 법과 의무들을 공유하기는 하되 의무지움의 방식을 공유하지는 않는다. 어떤 행위를 그것이 단지 의무라는 이유만으로 행하는 것이나 의무의 원칙 자체를, 그것이 어디에서 유래했든 관계하지 않고, 자의 규정의 충분한 동기로 만드는 것 등은 윤리적 입법만의 고유성이기 때 VI 221
문이다. 결국 직접적-윤리적 의무가 존재하는 것은 분명하지만 내적 입법은 또한 나머지 의무를 모두 전체적으로 간접적-윤리적 의무로 확정하기도 한다.

Ⅳ
도덕(Sitte)형이상학을 위한 예비 개념들(보편적 실천철학)[3]

자유 개념은 순수한 이성 개념이며 따라서 이론철학에는 초험적 개념이다. 자유 개념에 상응하는 대상은 가능한 경험 안에 주어질 수 없으며 우리가 가질 수 있는 이론적 인식의 대상을 구성할 수 없고 사변적 이성의 구성적 원리로는 아무런 타당성도 없다. 그것은 단지 사변적 이성의 규제적 원리로만, 더욱이 한갓 부정적 원리로만 타당성이 있을 수 있다. 그런데 이성의 실천적 사용에서는 자유 개념의 실재성이 실천적 원칙들에 따라 증명될 수 있다. 법칙으로서 실천적 원칙들은 모든 경험적 조건(감성적인 것 일반)에서 독립하여 자의를
A 19 규정하는 순수 이성의 원인성과 우리 안에 있는 순수 의지를 증명한다. 도덕적(sittlich) 개념들과 법칙들의 원천인 그것을 말이다.

이러한 (실천적 관점에서) 긍정적 자유 개념에 무조건적 실천 법칙들이 근거를 두고 있는데, 우리는 그것을 **도덕적**[법칙]이라고 한다. 우리의 자의는 감성적으로 촉발되기 때문에 순수한 의지에 저절로 합치하지 않으며 종종 그것에 저항한다. 이와 같은 우리 의지와 관련해서 보면 무조건적 실천 법칙들은 **명령**(지시나 금지), 더욱이 정언적(무조건적) **명령**이라 할 것이다. 정언명령이라는 점에서 무조건적 실천 법칙은 단지 조건적으로만 지시하는 기술적 명령들(기법의 규정들)과 구별된다. 무조건적 실천 법칙에 근거를 두고서 특정 행위들이 **허용되거나 금지된다**. 다시 말해 도덕적으로 가능해지거나 불가능해진다. 그런데 그것들 중 몇몇 행위나 반대행위는 도덕적으로 필연적이다. 즉 구속적이다. 또한 무조건적 실천 법칙은 그러한 행위를 위해 [요구되는] 의무 개념의 원천이기도 하다. 의무 이행이나 의무 위반은 특수한 종류의 쾌나 불쾌(도덕적 **감정**의 쾌나 불쾌)와 결합되어

있지만 우리는 이성의 실천 법칙과 관련해 이러한 쾌와 불쾌를 전혀 논의하지 않을 것이다. (실천 법칙에 의거하여 우리 자의를 규정할 때 쾌와 불쾌는 실천 법칙의 근거가 아니라 마음 안에 남는 주관적 결과물에 관계할 뿐이기 때문이다. 또 쾌와 불쾌는 (객관적으로는, 즉 이성의 판단으로는 그것들의 타당성이나 영향력에 무엇인가를 더하거나 빼는 일이 없으므로) 주관의 상이성에 따라 서로 다를 수 있기 때문이다)

다음 개념들은 도덕(Sitte)형이상학의 두 부분에 공통된 것이다. A 20; Ⅵ 222

구속성은 이성의 정언명령 아래 있는 자유 행위의 필연성을 의미한다.

명령은 우연적 행위를 필연적인 것으로 만드는 실천 규칙이다. 명령과 실천 법칙은 다음과 같은 점에서 구별된다. 실천 법칙은 한 행위의 필연성을 표상하는 것은 분명하지만 '그러한 행위가 (신성한 존재자처럼) 그 자체로 이미 행위자 자신 안에 내적으로 필연적으로 존재하는지 아니면 (인간처럼) 우연적인 것일 뿐인지'는 전혀 관여하지 않는다. 전자에서는 명령이 성립하지 않기 때문이다. 결국 명령은 하나의 규칙이지만, 그것의 표상은 주관적이고 우연적인 행위를 필연적인 것으로 확정하는 규칙이다. 또 여기서 이해되는 주관은 규칙과 일치하는 것이 강제(필연화)되어야 하는 존재자다.—정언적(무조건적) 명령은 어떤 행위를 간접적으로, [즉] 행위가 도달할 수 있는 목적의 표상을 통해서가 아니라 직접적으로, 즉 행위 자체의 (그것의 형식의) 한갓된 표상을 통해서, 따라서 객관적이고-필연적인 것으로 생각하며 또 그것을 필연적인 것으로 만드는 명령이다. 이러한 명령을 위한 사례들은 오직 구속성을 규정하는 실천적 이론(도덕Sitte의 이론)으로만 제시될 수 있다. 다른 모든 명령은 기술적 명령이자 조건적 명령이다. 그런데 정언명령

A 21 의 가능성의 근거는 다음과 같다. 정언명령은 오직 자의의 **자유**에만 관계할 뿐 다른 어떤 (의도를 자의에 귀속시킬 수 있는) 자의 규정에도 관계하지 않는다.

구속성에 어긋나지 않는 행위는 **허용된** 행위다. 반대 관계에 있는 명령을 통해 제한받지 않는 자유를 우리는 권한(도덕적 권한)이라고 한다. 무엇이 **허용되지 않는지**는 이상에서 저절로 알 수 있다.

의무는 누군가가 [그것을 행하도록] 그것에 구속된 행위다. 의무는 구속성의 질료다. 그러므로 의무에 구속되는 방식이 상이할 경우에도 여전히 의무는 (행위라는 측면에서 보면) 동일한 것일 수 있다.

정언명령이 어떤 행위와 관련하여 하나의 구속성을 진술하는
VI 223 경우 그러한 정언명령은 도덕적-실천적 **법칙**이다. 이와 같은 명령은 '행함'이나 '하지 않음'을 의무로 제시하는 명령 법칙이나 금지 법칙이다. 구속성에는 실천적 필연성(법칙은 어느 것이나 이것을 진술한다)만이 아니라 강요 역시 포함되기 때문이다. 명령되지도 않고 금지되지도 않은 행위는 그저 **허용된** 행위다. 이러한 행위와 관련해서는 자유(권한)를 제한하는 법칙이 성립하지 않고 따라서 의무 역시 성립하지 않기 때문이다. 이와 같은 행위를 우리는 도덕적(sittlich)-무규정적 행위라고 한다.[4] '과연 그와 같은 행위가 존재하는지, 만일 존재한다면 명령 법칙과 금지 법칙 이외에 허용 법칙이 필요한 것은 아닌지'라는 물음이 제기될 수 있다. [허용 법칙
A 22 은] 무엇인가를 임의대로 할 수도 있고 안 할 수도 있는 자유가 각자에게 있으려면 필요한 법칙이지만 말이다. 만일 그와 같은 법칙이 존재한다면 [그 법칙에 의거하는] 권한은 결코 무규정적 행위와 관련되는 권한은 아닐 것이다. 도덕(Sitte)법칙에 따라 고찰되

는 한 그와 같은 행위에는 어떠한 특수 법칙도 필요하지 않기 때문이다.

구속성의 법칙 아래 있는 한에서의, 따라서 행위의 주체가 자의의 자유라는 측면에서 고찰되는 한에서의 행위를 우리는 **사실행위**라고 한다. 행위자가 어떤 결과의 **창시자**로 간주되는 것은 사실행위에 의거하며, 행위 자체와 행위 결과가 행위자에게 **귀속**될 수 있는 것 역시 마찬가지다. 이 경우 구속성을 그것들에 결부하는 법칙이 미리 알려져 있어야 한다.

인격체는 자기 행위에 **책임**질 능력이 있는 주체를 말한다. 따라서 **도덕적** 인격성은 곧 도덕 법칙 아래에 있는 이성적 존재자의 자유다(반면에 심리적 인격성은 상이한 현존 상태들에서 자신의 동일성을 의식하는 능력을 의미한다). 이상에서 다음과 같은 결론이 나온다. 하나의 인격체를 규제하는 법칙들은 오직 그가 (혼자서든 아니면 최소한 다른 사람과 함께든) 자기 자신에게 부여한 법칙들뿐이다.

책임질 능력을 가지고 있지 못한 것을 우리는 **사물**이라고 한다. 따 A 23
라서 자유를 가지고 있지 않으면서 자유로운 자의의 객체가 되는 것은 모두 사물이다.[5]

하나의 사실행위가 합의무적인 경우 (허용된 사실[행위]) 우리는 그것을 **올바르다**[6]고 하며, 하나의 사실행위가 반의무적인 경우(허용
되지 않은 사실[행위]) 우리는 그것을 **올바르지 않다**고 한다. 이때 의 VI 224
무가 어떤 내용이든, 어떤 종류의 원천을 가지든 아무 상관이 없다. 반의무적 사실행위를 우리는 [의무]**위반**이라고 한다.

비의도적 위반이지만 책임을 물을 수 있는 위반을 우리는 단순한 **과실**이라고 한다. (그것이 위반임을 알고도 행하는) **의도적** 위반을 우리는 **범법**이라고 한다. 외적 법칙을 기준으로 해서 볼 때 우리는 올바

른 것을 **정당하다**고 하고 그렇지 않은 것을 **부당하다**고 한다.

의무들의 상충(의무들이나 구속성의 충돌)은 하나의 의무가 다른 의무를 (완전히 또는 부분적으로) 폐기하는 관계를 의미할 것이다.—의무와 구속성 일반은 어떤 행위의 객관적이고 실천적인 **필연성**을 표현하는 개념이다. 그런데 서로 대립하는 두 규칙이 동시에 필연적일 수는 없으므로 그중 어느 한 규칙에 따라 행동하는 것이 의무인
A 24 경우, 그것과 대립하는 규칙에 따라 행동하는 것은 단순히 의무가 아닐 뿐만 아니라 심지어 의무에 역행하는 것이기도 하다. 그러므로 **의무의 상충**이나 구속성의 상충은 생각할 수조차 없는 일이다(구속성들은 충돌하지 않는다). 반면에 구속성의 두 **근거**가 하나의 주체 및 그가 자기 자신에게 부과한 하나의 규칙 안에서 서로 결합하지만, 둘 중 어느 근거도 의무지움을 위해 충분하지 않은(구속하는 근거는 구속되지 않는다) 경우는 있을 수 있다. 이 경우 어느 하나는 의무가 아니다.—이와 같이 두 근거가 상충할 때 실천철학은 '더 강한 구속성이 [상대를] 정복한다(더 강한 구속성이 승리한다)'고 말하는 것이 아니라 '더 강한 **의무지움의 근거**가 [자신을] 방어한다(더 강한 책무의 근거가 승리한다)'고 말한다.

그것[법칙들]에 대한 외적 입법이 가능한 법칙들이면서 구속성을 부과하는 법칙들을 우리는 모두 외적 법칙이라고 한다. 외적 법칙들 가운데 외적 입법 없이도 아프리오리하게 이성을 통해 구속성이 알려질 수 있는 법칙은 외적 법칙이면서 **자연적** 법칙이다. 반면에 외적 입법이 실제로 존재하지 않는 한 어떠한 구속성도 부과하지 않는 법칙을 **실정적** 법칙이라 한다. 이것은 실제의 외적 입법이 없으면 법칙이라 불릴 수도 없는 것이다. 이제 우리는 순수하게 실정적 법칙들을 포함하는 외적 입법을 생각해볼 수 있다. 하지만 [이 경우에도] 여전히 하나의 자연적 법칙이 선행해야 하는데, 이것이 입법자의 권위(즉

자신의 자의만으로 타인의 자의를 구속하는 권한)에 근거를 제공하기 때문이다.

어떤 행위를 의무로 확정하는 원칙을 실천 법칙이라고 한다. 행위 A 25; VI 225
자가 주관적 근거에 의거하여 자신의 원리로 확정하는 규칙을 행위자의 준칙이라고 한다. 이 때문에 법칙이 동일하다 해도 행위자의 준칙들은 서로 다를 수 있다.

구속성이 무엇인지를 단적으로 언표하는 정언명령은 다음과 같다. 동시에 보편 법칙으로서 타당할 수 있는 준칙에 따라 행위하라! ―너는 네 행위들을 먼저 그것들의 주관적 원칙의 측면에서 고찰해야 한다. 그러나 '이러한 [주관적] 원칙이 객관적으로도 타당성을 가지는지'는 오직 '그것이 보편적 입법화의 자격을 가진다'는 사실에서만 알려질 수 있다. 네 이성이 네 원칙에 대해 '네 원칙에 의거해볼 때 과연 네가 동시에 보편적으로 입법한다고 생각될 수 있는가?' 하는 검사를 실시하기 때문이다.

위의 법칙에서 다양한 귀결이 많이 도출될 수 있는데, 이러한 귀결들과 비교해보면 위의 법칙은 매우 단순하다. 또 위의 법칙은, 눈으로 확인할 수 있듯이, 동기를 포함하지 않으면서도 명령자의 위엄을 가지고 있다. 그것의 단순성과 위엄은 처음에는 분명 이상하게 여겨질 것이다. 이와 같은 놀라움은 '준칙은 실천 법칙의 보편성이라는 자격을 가져야 한다'는 한갓된 이념으로 자의를 규정하는 우리의 이성 능력에 놀라는 것이다. 그런데 실천 법칙(도덕 법칙)은 자의의 고
유한 특성을 알려주지만 사변적 이성은 아프리오리한 근거에 따라 A 26
서든 경험으로든 자의의 고유한 특성에 도달할 수 없다. 설사 도달한다 할지라도 그 무엇으로도 그것의 가능성을 해명할 수 없다. 저 실천 법칙은 그러한 특성, 즉 자유를 반론의 여지없이 해명하지만 말이다. 만일 이러한 사실을 우리가 앞서의 놀라움에서 배우게 된다면

'실천 법칙은 수학의 공리처럼 증명될 수 없으면서도 필증적이다'라는 점을 깨닫거나 실천적 인식의 전(全) 영역이 눈앞에 열리는 광경을 보는 것이 이전처럼 이상하게 여겨지지 않을 것이다. 이곳에서는 자유의 이념과 함께, 아니 다른 어느 것이든 초감성자라는 이성의 이념과 함께 모든 것이 [이론적] 이성 앞에서 자신을 닫아버린다. 이성은 분명히 이론적인 것 안에서 그러한 사실을 보게 될 것이다. 행위가 의무 법칙과 일치하는 것을 우리는 합법성이라 하고—행위 준칙이 법칙과 일치하는 것을 도덕성[7]이라고 한다. 준칙은 행위의 주관적 원리인데, [이것에 따라 주체는] '주체가 자기 규칙으로 확정한 것(즉 주체가 하고자 하는 것)'을 행위한다. 반면에 의무의 원칙 역시 행위의 원리인데, [이것에 따라 주체는] '이성이 주체에 단적으로, 즉 객관적으로 명령하는 것(주체가 마땅히 해야 하는 것)'을 행위한다.

VI 226 따라서 도덕(Sitte) 이론의 최상 원칙은 다음과 같다. 동시에 보편 법칙으로서 타당할 수 있는 준칙에 따라 행위하라!—이와 같은 자격을 갖추지 못한 준칙은 모두 도덕에 어긋난다.

의지에서 유래하는 것은 법칙이고 자의에서 유래하는 것은 준

A 27 칙이다. 인간에게 후자는 자유로운 자의다. 단지 법칙으로만 향하는 의지의 경우 우리는 그러한 의지를 두고 '자유롭다거나 자유롭지 않다'고 말할 수 없다. 이 경우 의지는 행위로 향하는 것이 아니라 행위 준칙을 위한 입법(즉 실천이성 자체)으로 향하는 것이며 따라서 단적으로 필연적이긴 하지만 그 자체에 강요하는 능력이 있지는 않기 때문이다. 우리는 오직 자의에 대해서만 자유롭다고 말할 수 있다.

비록 현상체로서 자의는 경험 안에서 상응한 사례들을 자주 제공하기는 하지만 몇몇 사람이 시도했듯이 자의의 자유를 선택 능

력, 즉 법칙에 맞는 행위나 어긋나는 행위를 선택하는 능력(중립적 자유)으로 정의해서는 안 된다. (도덕 법칙으로 비로소 우리에게 알려지는) 자유를 우리는 오직 우리 안에 있는 부정적 특성, 즉 '감성적 규정 근거들은 행위를 강제하지 않는다'는 특성에 의해서만 깨닫기 때문이다. 반면에 가상체로서 자유, 지적 존재자로서 인간이 지니는 능력 측면에서 자유, 감성적 자의와 관련해볼 때 강요의 주체인 자유, 즉 적극적 특성의 측면에서 자유는 이론적으로 전혀 제시될 수 없다. 우리가 알 수 있는 것은 다음과 같은 것뿐이다. 감성적 존재자로서 인간이 법칙에 상응하게 선택하는 능력뿐만 아니라 법칙에 어긋나게 선택하는 능력도 있음을 우리는 경험적으로 알 수 있지만 그렇다고 해서 지성적 존재자로서 인간이 갖는 자유를 그러한 사실로 정의할 수는 없다. 현상들이 (자유로운 자의와 같은) A 28
초감성적 객관을 이해 가능한 것으로 만들 수는 없기 때문이다. 또 비록 경험이 아무리 증거를 제시한다 할지라도 자유는 결코 '이성적 주체는 자신의 (입법적) 이성에 상충하는 선택 역시 결정할 수 있다(이와 같은 가능성을 우리는 결코 이해할 수 없다)'는 사실과 동일시될 수 없다.—(경험적) 명제를 승인하는 것과 그것을 (자유로운 자의라는 개념의) 설명 원리나 (동물의 자의 및 노예의 자의와) 구분되는 보편적 징표로 만드는 것은 서로 다른 문제이기 때문이다. 전자는 '그 징표는 그 개념에 필연적으로 귀속된다'는 사실을 주장 VI 227
하지 않지만 후자는 그러한 사실을 요구한다.—이성의 내적 입법과 관계되는 자유는 본래 하나의 능력일 뿐이다. 이성의 내적 입법에 어긋날 가능성은 무능력일 뿐이다. 도대체 어떻게 전자가 후자로 설명될 수 있겠는가? 경험에서 배운 실제적 내용을 실천적 개념에 덧붙이는 그와 같은 [개념] 정의가 있기는 하지만 그것은 개념을 잘못된 빛 아래 묘사하는 순수하지 않은 설명(혼합 규정)일 뿐이다.

(도덕적-실천적) **법칙**은 정언명령(지시)을 포함한 명제를 의미한
다. 법칙을 통해 명령을 내리는 자를 **입법자**라고 한다. 그는 법칙에
따른 구속성의 창시자이지만 법칙의 창시자는 아니다. 후자였다면
법칙은 실정적(우연적)이고 자의적인 것이 되고 말았을 것이다. 우리
자신의 이성으로 아프리오리하고 무조건적으로 우리를 구속하는 법
A 29 칙을 최상의 입법자, 즉 권리는 갖되 의무는 갖지 않는 존재자의 의
지(신의 의지)에서 유래하는 법칙으로 표현할 수도 있다. 하지만 이
러한 표현은 하나의 이념, 즉 자신의 의지가 모든 사람에게 곧 법칙
이 되는 그와 같은 도덕적 존재자의 이념을 의미할 뿐이며, 그가 곧
법칙의 창시자로 이해되는 것은 아니다.

도덕적 의미에서 **귀책**은 특정인을 어떤 행위의 창시자(자유로운 원인)로 간주하는 **판결**을 의미한다. 행위는 이후에 **사실행위**라고 불리며 법칙의 규제를 받는다. 판결이 사실행위에서 **법적 귀결**을 이끌어내는 경우 그러한 판결은 법적 효력이 있는 귀책(유효한 법적 귀책)이지만 그렇지 않은 경우 그것은 단순한 **평가적** 귀책에 불과하다.—법적 효력이 있는 귀책의 권한을 가진 (물리적 또는 도덕적) 인격을 우리는 **법관**이나 **법정**이라고 한다.

법칙에 의거하여 강제될 수 있는 것보다 더 많은 것을 합의무적으
로 행하는 사람은 **공로**를 세우는 것이다. 바로 **그만큼만** 행하는 사람
은 **책무**(責務)를 이행하는 것이다. 요구되는 것보다 더 **적게** 행하는
사람은 도덕적 **부채**(負債)를 갖게 된다. 부채의 **법적** 결과는 **처벌**[8]이
다. 공덕 있는 행위의 법적 결과는 (그 결과가 법적으로 보장되어 있고
그것[결과]이 동인임이 전제된 경우) **포상**이다. 책임만큼 행한 것에는
A 30; VI 228 어떠한 법적 결과도 수반되지 않는다.—사실행위에 대한 선의의 보
상(선의의 포상이나 보수)은 **법적 관계**에 속하지 않는다.

책무를 수행하는 행위의 결과는 그것이 좋은 것이든 나쁜 것이든 주체에게 귀속될 수 없다. 공덕을 행하는 행위를 하지 않은 경우 그것의 결과는 주체에게 귀속될 수 없다(귀책부정식).

공덕을 행하는 행위의 좋은 결과는 주체에게 귀속될 수 있다. 위법적 행위의 나쁜 결과는 주체에게 귀속될 수 있다(귀책긍정식).

주관적 측면에서 보면 행위의 귀책 권한의 정도는 행위를 할 때 극복해야 했던 방해 요인의 크기에 따라 결정된다.—자연적(감성적) 방해 요인이 많으면 많을수록 그리고 도덕적 (의무의) 방해 요인이 적으면 적을수록 더욱더 많은 공덕이 선한 행위에 주어진다. 가령 전혀 모르는 사람을 많은 희생을 감수하면서까지 큰 위험에서 구출하는 경우가 그러하다.

반면에 자연적 방해 요인이 적으면 적을수록 그리고 의무에 따른 방해 요인이 많으면 많을수록 더욱더 많은 것이 (부채로서) 위반 행위에 귀속된다.—주체가 흥분한 상태에서 행동했는지 아니면 냉정하게 생각한 끝에 행동했는지 등과 같은 마음 상태는 귀속을 정할 때 분명 차이가 있으며, 이는 [상응한] 결과를 가져온다.

법론 서론

A 31; Ⅵ 229

§A
법론이란 무엇인가?

법론[1])은 법칙들의 총체를 말하되, [다만] 그 법칙들에 대해 외적 입법이 가능한 경우에 그러하다. 그와 같은 입법이 실제로 된 경우 법론은 **실정법**에 관한 이론이 되며, 이것을 잘 아는 법률가나 법이론가를 우리는 **법에 정통한** 사람이라고 한다. 이러한 사람은 외적 법칙들을 외적으로도 역시 잘 아는 사람, 즉 경험적 사례에 법칙을 적용하는 방법을 잘 아는 사람이다. 그러한 법론을 우리는 **법의 지혜론**이라고 할 수도 있겠지만 양자[법에 정통함과 법의 지혜론]를 고려하지 않는 경우에는 단순히 **법학**이라고 한다. 이와 같은 이름[법학]은 자연적 법론의 **체계적** 지식에도 부여된다. 이에 정통한 법률가는 모든 실정적 입법을 위하여 불변의 원리들을 제공해야 하겠지만 말이다.

§ B
법이란 무엇인가?

이러한 물음은 법이론가를 매우 곤혹스럽게 만든다. 마치 ‘진리란
무엇인가?’ 하는 의도된 물음이 논리학자를 곤혹스럽게 만드는 것과
같다. 법이론가는 동어반복에 빠지거나 아니면 보편적 답변을 제시
A 32 하는 대신 ‘[법이란] 특정 국가에서 특정 시점에 법칙이 원하는 것’
이라고 말할 뿐이다. 법이론가는 ‘이 권리는 누구에게 귀속하는가?,[2]
즉 특정 장소 특정 시점에서 법칙이 규정하거나 규정했던 것이 무엇
인가?’ 하는 물음에 훌륭하게 대답할 수 있다. 반면 실정적 입법을 가
VI 230 능하게 하는 토대에 접근하기 위해 일정 기간만이라도 경험적 원리
들에서 벗어나 오직 이성 안에서만 판결의 원천들을 찾도록 시도하
지 않는다면 법이론가는 ‘법칙이 원했던 것 자체 역시 올바른가?’ 하
는 문제나 정당함과 부당함을 인식할 수 있게 하는 보편적 기준 등에
대해서는 아무것도 알 수 없게 될 것이다. 한갓된 경험적 법론은 (마
치 파이드루스[3] 우화에 등장하는 나무로 만든 머리 조각품과 같아서) 아
름답기는 하지만 유감스럽게도 뇌가 없는 텅 빈 머리와 같을 뿐이다.

법의 개념이 그것에 상응하는 구속성과 관련되어 있는 경우 (즉 도
덕적 개념으로서) 법의 개념은 첫째, 한 사람의 다른 사람에 대한 외적
관계, 특히 실천적 관계에만 해당된다. 단 그의 행위가 사실로서 (직
접적으로나 간접적으로) 상대방에게 영향을 미칠 가능성이 있는 한에
서 그러하다. 하지만 법의 개념은 둘째, [내] 자의가 다른 사람의 (단
순한 욕구를 포함하는) 바람과 갖게 되는 관계, 가령 자비심이나 냉정
함의 행위들에서 갖게 되는 관계를 나타내지 않는다. 법의 개념은 오
직 [내] 자의가 다른 사람의 자의와 갖게 되는 관계만을 나타낸다. 셋
A 33 째, 자의들의 상호적 관계에서도 자의의 질료, 즉 각자가 원하는 객체

와 함께 의도하게 되는 목적은 도외시된다. 예를 들어 우리는 다른 사람이 나에게서 어떤 물건을 자발적으로 구입한 경우 그가 이익을 얻고자 했는지 그 반대인지를 물을 필요가 없다. 우리는 자의가 자유로운 자의로 간주되는 한에서 오직 쌍방의 자의 관계 안에 포함되어 있는 형식만 문제시하면 된다. 즉 우리는 '한 사람의 행위가 다른 사람의 자유와 보편 법칙에 따라 상호 통합되는지'만 물으면 된다.

결국 법은 조건들의 총체, 즉 한 사람의 자의가 다른 사람의 자의와 자유의 보편 법칙에 따라 상호 통합될 수 있는 조건들의 총체다.

§C
법의 보편적 원리

"한 사람의 행위가 또는, 그것의 준칙 측면에서 보자면, 한 사람의 자의의 자유가 보편 법칙에 따라 모든 사람의 자유와 병존 가능한 경우 그것은 올바르다."

따라서 보편 법칙에 따라 모든 사람의 자유와 병존 가능한 행위를 하지 못하도록 나를 방해하는 사람은 나에게 올바르지 않은 행위[불법[4]]를 하는 것이다. 그의 방해 행위(저항)는 보편 법칙에 따라 자유와 병존할 수 없기 때문이다. VI 231

이 점에서 다음의 사실 역시 귀결된다. '모든 준칙의 이와 같은 원 A 34
리가 동시에 내 준칙이어야 한다. 다시 말해서 나는 그러한 원리를 내 행위의 준칙으로 삼아야 한다'는 점은 요구될 수 없다. 비록 각자의 자유가 나에게 전적으로 무차별적이라 할지라도 또는 비록 내가 그의 자유를 마음속에서는 기꺼이 저해한다 할지라도, 내가 나의 외적 행위로 그의 자유를 침해하지 않는 한 각자는 자유롭게 존재할 수 있기 때문이다. '올바르게 행동함을 내 준칙으로 삼아야 한다'는 요구는 윤리가 나에게 제기하는 것이다.

그러므로 보편적 권리 법칙[5]은 다음과 같다. 외적으로 행동하는 경우 네 자의의 자유로운 사용이 보편 법칙에 따라 모든 사람의 자유와 상호 병존할 수 있도록 행동하라. 이것이 나에게 구속성을 부과하는 법칙인 것은 분명하지만, 이 법칙은 '나는 이러한 구속성을 위해서 내 자유를 그와 같은 조건들에 마땅히 스스로 제한해야 한다'는 점을 전혀 기대하지 않으며 결코 요구하지도 않는다. 이성이 말하는 것은 단지 '내 자유는 그것의 이념에 따라서 보면 그와 같은 조건들에 제한되어 있으며, 또한 사실적으로 보아도 타인은 내 자유를 그러한 조건들로 제한할 수 있다'는 점이다. 이와 같은 점을 이성은 하나의 요청, 즉 더는 증명이 가능하지 않은 요청으로 제시한다.—덕(德)을 가르치는 것이 아니라 무엇이 올바른지를 이야기하는 것이 [우리] 의도라면, 우리는 위의 권리 법칙을 행위의 동기로 결코 표상할 수 없으며 그렇게 해서도 안 된다.

A 35

§D
법은 강제 권한과 결합되어 있다

하나의 작용에 가해지는 방해, 그것에 대항하는 저항은 곧 그 작용의 촉진이며 그러한 저항은 그 작용과 일치한다. 올바르지 않은 것은 모두 보편 법칙에 따라 볼 때 자유를 방해하는 것이다. 그런데 강제는 자유에 가해지는 방해나 저항이다. 그러므로 어떠한 자유를 사용하는 것이 보편 법칙에 따라 볼 때 자유를 방해하는 것인 경우(즉 올바르지 않은 경우) 그와 같은 방해에 가해지는 강제는 자유의 방해를 방해하는 것으로서 보편 법칙에 따라 자유와 일치할 수 있다. 즉 그것은 올바르다. 결국 법을 위반하는 사람에게 강제를 행사하는 권한은 동시에 모순율에 따라 법과 결합된다.

§ E VI 232

엄격한 법은 또한 보편 법칙에 따라 모든 사람의 자유와 일치하는 전면적 상호 강제의 가능성으로 표상될 수 있다

이 명제가 말하고자 하는 것은 다음과 같다. 우리는 법을 법칙에 따른 구속성과 다른 사람에게 구속성을 강제하는 권한, 이 두 요소가 서로 결합된 것으로 생각해서는 안 된다. 이때 권한은 자기 자신의 A 36
자의로 타자를 구속하는 자에게 귀속된 권한을 말한다. 우리는 법의 개념을 '보편적 상호 강제가 모든 사람의 자유와 결합할 가능성' 안에 직접 자리매김할 수 있다. 다시 말해서 법 일반이 오직 행위의 외적 요소만을 대상으로 하는 것처럼, 엄격한 법, 즉 윤리적인 것이 전혀 섞여 있지 않은 법은 곧 자의의 규정 근거로서 오직 외적인 것만 필요한 법을 말한다. 이런 경우에만 법은 순수하고 덕의 계율에 따라 확대되는 일이 없을 것이기 때문이다. 그러므로 우리는 엄격한 (좁은) 법을 전적으로 외적인 법이라고 할 수 있겠다. 이와 같은 법이 법칙에 따른 구속성에 대한 각자의 의식에 근거를 두는 것은 분명하지만 법에 따른 자의의 규정은 법이 순수해야 하는 한 그와 같은 의식을 동기로 삼아서는 안 되며 그럴 수도 없다. 법에 따른 자의의 규정은 외적 강제 가능성의 원리에 토대를 둔다. 즉 보편 법칙에 따라 모든 사람의 자유와 병존할 수 있는 외적 강제 가능성의 원리에 토대를 둔다.—그러므로 우리가 '채권자에게는 채무자에게 빚을 갚으라고 요구할 권리가 있다'고 말할 때 그것은 '채무자의 이성이 채무자로 하여금 의무를 이행하도록 채권자가 채무자를 설득한다'는 것을 의미하지 않는다. 그것이 의미하는 것은 '의무 이행을 강요하기 위해 필요한 강제는 보편적인 외적 법칙에 따라 채무자 자신의 자유를 포함한 모든 사람의 자유와 병존 가능하다'는 것이다. 결국 법과 강제 권한은 동일한 것을 의미한다.

A 37 '보편적 자유의 원리 아래 모든 사람의 자유와 필연적으로 일
치하는 상호 강제의 법칙'은 흡사 법 개념의 **구성**, 즉 법 개념을 아
프리오리한 순수 직관 안에 묘사하는 것과 같다. 이러한 구성은 **작
용·반작용 동일성** 법칙 아래 물체가 자유롭게 운동하는 가능성에
VI 233 대한 구성에 비유할 수 있다. 순수 수학에서는 대상의 특성이 개념
에서 직접 도출될 수 없고 오직 개념의 구성으로만 발견될 수 있
듯이, 법 개념의 묘사를 가능하게 만드는 것은 법의 **개념**이기보다
는 오히려 강제, 즉 보편 법칙의 규제 아래 있으면서 법 개념과 합
치하고 철저히 상호적이며 동등한 강제라고 할 수 있다. 하지만 이
와 같은 역학적 개념의 토대에는 순수 수학(가령 기하학)의 단지
형식적인 개념이 놓여 있으며, 바로 그 때문에 이성은 법 개념의
구성에 필요한 아프리오리한 직관들 역시 지성에 가능한 한 많이
제공되도록 배려했던 것이다.—**직선으로** [표시되는] 올바른 것
은 한편으로는 **굽은** 선과 대비되고 다른 한편으로는 **사선**과 대비된
다. 전자와 대비되는 것은 '주어진 두 점 사이에 유일하게 존재하
는 선'이라는, 그 선의 내적 속성을 나타내며, 후자와 대비되는 것
은 서로 교차하거나 만나는 두 선의 위치를 나타낸다. 이 후자에서
도 어느 한쪽으로 기울지 않고 공간을 양쪽으로 똑같이 나누는 선

(수직선)은 역시 하나뿐이다. 이와 같은 비유에 상응하여 [말하면] 법론은 각자의 것이 각자에게 (수학적 정확성을 가지고) 규정되어 A 38 있음을 알고자 한다[고 말할 수 있겠다]. 이 점을 우리는 덕론에서 기대해서는 안 되는데, 덕론은 예외를 위한 공간을 허용하지 않을 수 없기 때문이다.—그런데 윤리 영역이 아닌 곳에서 발견되는 것으로서 권리의 결정이 요구되기는 하지만 그것을 결정할 사람이 존재할 수 없는 경우가 두 가지 있다. 이것은 에피쿠로스[6]가 말하는 중간 세계에 있다고 해야 할 것이다.—우리는 곧 진정한 법론으로 향하고자 하거니와, 그전에 불확실한 원리들이 법론의 확고한 원칙들에 영향을 미치지 않게 하려면 그와 같은 경우를 법론에서 제외해야 한다.

법론 서론의 부록

이중적 의미의 권리

좁은 의미의 권리는 모두 강제 권한과 결합되어 있다. 우리는 넓은 의미의 권리 역시 생각할 수 있는데, 이 경우 강제 권한은 법칙에 따라 규정될 수 없다. VI 234 —참되기는 하나 껍데기일 뿐인 이와 같은 권리들은 형평성과 긴급권이다. 전자는 강제를 수반하지 않는 권리를 인정하며 후자는 권리를 수반하지 않는 강제를 인정한다. 우리가 쉽게 알 수 있듯이 이와 같은 애매함은 '어떤 재판관도 판결을 내릴 수 없 A 39 는 사례들, [그럼에도] 분쟁 중인 권리와 [연관된] 사례들이 존재한다'는 사실에 기인한다.

I
형평성

형평성은 (객관적 관점으로 보면) 타인의 윤리적 의무(호의와 선의)를 촉구하는 근거가 결코 아니다. 오히려 이러한 근거[형평성]에서 무엇인가를 요구하는 사람은 자신의 권리에 따르는 것이다. 다만 '얼마만큼 또 어떤 방식으로 그러한 요구가 충족될 수 있는지'는 재판관이 규정하지만, 이 경우 재판관에게 필요한 규정 조건들이 결여되어 있다. [가령] 이익을 똑같이 분배하기로 한 상인 조합에서 어느 한 사람이 다른 사람들보다 [회사를 위해] 더 많이 기여했으나 악재들로 다른 사람들보다 손실을 더 많이 보게 된 경우, 그는 조합에 형평성에 근거하여 다른 사람들보다 더 많은 몫을 요구할 수 있다. 그러나 진정한(정확한) 권리에 대한 그의 요구는 받아들여지지 않을 것이다. 이 사건을 판결할 재판관을 가정해볼 경우 재판관에게는 '계약에 따라 그에게 얼마만큼 주어야 하는지'를 결정하기 위한 확정된 자료가 없기 때문이다. [가령] 연말에 받은 1년치 임금이 그사이 평가 절하된 화폐로 지급되어 그것으로는 계약을 체결할 당시 살 수 있었던 것을
A 40 지금은 살 수 없는 경우, 즉 임금의 명목적 가치는 동일하지만 실질
적 가치는 동일하지 않을 경우 그와 같은 임금을 받은 사람은 자신의 손실 보상을 권리에 의거해서 요구할 수 없고 단지 형평성(들리지 않는 신의 침묵)에 의지할 수 있을 뿐이다. 계약서는 이 점에 대해 아무것도 규정하지 않았고 재판관은 규정되지 않은 조건들에 따라 판결을 내릴 수 없기 때문이다.

이상에서 귀결되는 것처럼 (타인과 벌이는 권리 분쟁을 해결하기 위한) 형평성의 재판정은 자기모순일 뿐이다. 재판관이 형평성에 귀 기
VI 235 울여도 괜찮고 귀 기울여야만 하는 경우는 오직 재판관 자신의 권리
가 문제되는 경우나 재판관이 자기 개인을 위해 처리할 수 있는 사안

의 경우뿐이다. 업무 수행 중 받게 된 피해에 대해 다른 사람들[신민들]이 군주[재판관]에게 보상을 탄원하고, 군주가 '그들은 그 업무를 그들 자신의 책임 아래 수행했다'는 구실 아래 엄격한 법에 따라 그들의 요구를 거절할 수도 있겠지만 그가 그 피해를 스스로 떠안는 경우가 그러하다.

"가장 엄격한 법은 가장 큰 불법이다." 이것이 **형평성의 경구**인 것은 분명하다. 하지만 이와 같은 재앙은 권리 요구와 관련된 경우에도 권리 규정의 도상에서 제거될 수 없다. 그러한 권리 요구는 **양심의 법정**에서만 목소리를 낼 수 있는 반면 권리 규정 문제는 모두 **시민의 법정**에서 다루어야 하기 때문이다.

Ⅱ A 41

긴급권

이러한 잘못 이해되고 있는 권리는 이른바 '내 생명이 위험할 때 아무런 위해를 가하지 않은 사람의 목숨이라도 빼앗을 권한이 나에게 있다'는 것을 의미한다. 이것은 분명히 법론을 자기모순에 빠지게 할 것이다.—이 경우 문제가 되는 것은 내 생명에 가하는 **부당한** 공격에 대한 [내] 폭력(정당방위권)이 아니라 나에게 폭력을 행사하지 않은 사람에게 가하는 [나의] 폭력의 허용 여부이기 때문이다. 전자의 경우 나는 상대의 생명을 빼앗음으로써 선수를 칠 수도 있지만 적절한 대응을 권고하는 것은 법이 아닌 윤리의 문제다.

이와 같은 주장은 객관적으로, 즉 법칙이 규정한 바에 따라 이해될 수 없으며 단지 주관적으로, 즉 법정에서 내려지는 판결의 측면에서만 이해될 수 있다. 이 점은 분명하다. 다시 말해서 배가 침몰하여 목숨이 위태로운 상태로 물 위에 떠 있다가 함께 난파를 당한 다른 사람이 가지고 있는 널빤지를 빼앗음으로써 자기 목숨을 구하고 상대를 죽게 만든 사람에게 사형을 선고하는 형법은 존재할 수 없다. 법칙에 따라 가해지는 처벌이 죽음이라는 처벌보다 더 무거울 수 없기 때
A 42 문이다. 아직 확실하지 않은 재앙(판결에 따른 죽음)이 확실한 재앙(즉 익사)을 능가할 수는 없으므로 이 경우 형법은 자기가 의도한 효과에
VI 236 전혀 도달할 수 없다. 결국 폭력으로 내 생명을 유지한다는 사실행위는 책임을 물을 수 없는 것으로 판정되어야 하는 것이 아니라 처벌이 가능하지 않은 것으로 판정되어야 한다. 이와 같은 주관적 처벌 불가능성을 법이론가들은 놀랍게도 객관적 처벌 불가능성(합법성)과 뒤바꾸어버린다.

"긴급사태에서는 어떠한 명령도 존재하지 않는다(긴급사태는 법을 갖지 않는다)." 이것이 긴급권의 경구다. 하지만 올바르지 않은 것을 합법적인 것으로 만드는 긴급사태는 존재할 수 없다.

우리가 보았듯이 (형평성의 권리나 긴급권에 상응하는) 위의 두 가지 판결에 포함되어 있는 이중성은 권리 행사의 객관적 근거와 주관적 근거('이성 앞에서'와 '법정 안에서')를 혼동하는 데서 생긴다. 이 경우 어느 한 개인이 합당한 근거에 따라 스스로 '올바르다'고 생각한 것이 재판정에서는 인정될 수 없거나, 그가 '올바르지 않다'고 생각할 수밖에 없는 것이 재판정에서는 허용될 수 있다. 이상의 두 경우에는 법 개념이 동일한 의미로 도입되고 있지 않기 때문이다.

A 43

법론의 세분화

A
법의무의 일반적 세분화

이러한 세분화를 우리는 울피아누스[7]에 따라 훌륭하게 만들 수 있

다. 우리가 그의 공식들에서 어떤 의미, 비록 울피아누스 자신은 명확하게 생각하지 못했던 것 같지만 그것들에서 충분히 끌어내거나 그것들에 부여할 수 있는 의미를 보완하기만 한다면 말이다. 그것들은 다음과 같다.

1. 법적 인간이 되어야 한다('성실하게 살아라!'). 이러한 법적 성실성은 곧 타인과의 관계에서 자기 가치를 인간의 가치로 주장하는 데서 성립한다. 이러한 의무는 "너는 너 자신을 타인의 한갓 수단으로 만들지 말고 타인에게 동시에 목적이 되도록 해야 한다"라는 명제로 표현된다. 이와 같은 의무는 앞으로 '우리 자신의 인격 안에 있는 인간성이 가지고 있는 권리에서 유래하는 구속성'으로 설명될 것이다(올바름의 법칙).

2. 어느 누구에게도 올바르지 않은 일을 행하지 마라(누구도 해치지 마라). [이것이 불가능하다면] 너는 타인과의 모든 만남에서 벗어나 어떠한 공동생활도 하지 말아야 한다(합법성의 법칙).

3. (만일 후자를 피할 수 없다면) 다른 사람들과 함께 하나의 공 VI 237
동생활[사회], 즉 각자가 자신의 것을 보유할 수 있는 사회 안으로
진입하라(각자에게 그의 것을 분배하라).—만일 우리가 이 공식을
"각자에게 그의 것을 주어라"라고 번역한다면 그것은 불합리한 것 A 44
을 의미하게 될 것이다. 각자가 이미 가지고 있는 것을 각자에게 줄 수는 없기 때문이다. 그러므로 만일 이 공식에 어떠한 의미가 있어야 한다면 다음과 같아야 한다. "각자가 자신의 것을 모든 타인에게서 보호받을 수 있는 상태로 진입하라"(정의의 법칙).[8]

결국 위와 같은 세 가지 고전적 공식은 동시에 법의무들의 체계를 세분화하는 원리이기도 하다. 법의무들은 내적 법의무들, 외적 법의

무들 그리고 '전자의 원리에서 포섭을 통해 후자를 도출하는 것'을 포함하는 의무들로 세분된다.

B
법의 일반적 세분화

1. 체계적 **이론으로서** 법은 **자연법**과 **실정법**(규약으로 정해진 법)으로 세분된다. 전자는 오직 아프리오리한 원리들에만 토대를 두며 후자는 입법자의 의지에서 유래한다.

2. 타인에게 의무를 부과하는 (도덕적) **권능으로서** 법, 즉 타인에게 의무를 부과하는 법칙적 근거(권원)로서 법[권리]의 경우 그것의 최상의 세분화는 **생득적** 권리와 **획득된** 권리로 세분하는 것이다. 전자는 모든 법적 행위와 무관하게 자연이 각자에게 부여한 권리이고 후자는 법적 행위가 필요한 권리다.

A 45 우리는 생득적인 각자의 것[권리]을 내적인 것(내적인 나의 것과 너의 것)이라고 할 수 있다. 외적인 것은 언제나 획득되어야 하기 때문이다.

생득적 권리는 하나뿐이다

이와 같이 유일하고 근원적이며 각자에게 그의 인격성에 의거하여 귀속된 권리는 **자유**, 즉 보편 법칙에 의거하여 다른 모든 사람의 자유와 상호 병존할 수 있는 한에서 자유(타인의 강제적 자의에서 독립성)다.—[그것은 또한] 생득적 **평등**, 즉 내가 타인들을 구속할 수 있
VI 238 는 것만큼만 타인들도 나를 구속할 수 있고 그 이상은 할 수 없는 [나의] 독립성이다. 평등은 '인간은 자기 자신의 주인(권리 주체)[9]이다'

는 인간의 자격을 의미한다. 즉 '어떠한 법적 행동도 하지 않은 사람
은 누구에게도 불법적 행위를 한 것이 아니다'는 결백함(올바름)의 자
격을 의미한다. 끝으로 [그것은 또한] 타인의 권리를 제한하지 않는
모든 것을, 비록 타인이 그것을 원하지 않는다고 할지라도, 타인을
향하여 행할 수 있는 권한을 의미하기도 한다. 가령 타인에게 자기
생각을 전달하는 것, 타인에게 무엇인가를 이야기하거나 맹세하는
것 등이 이에 해당된다. 이 경우 참과 거짓 또는 올바름과 그릇됨은
아무런 문제가 되지 않는다. '나를 믿을 것인가 말 것인가' 하는 문제
가 타인에게 전적으로 맡겨져 있기 때문이다.* 이와 같은 권한들은 A 46
모두 생득적 자유의 원리 안에 이미 내재하며 사실상 (상위의 권리 개
념 아래에 위치하는 세분화 항목으로서) 자유와 구별되지 않는다.

이와 같은 세분화를 (생득적 권리에 관계되는 한에서) 자연법 체계
안에 도입하려는 목적은 가령 어떤 획득된 권리에 관하여 분쟁이 발
생해 '문제시되는 사실행위에 관해서든 아니면 이것이 확인된 경우 A 47
문제시되는 권리에 관해서든 그를 증명할 책임이 누구에게 있는가'
하는 물음이 제기될 때 [그 권리에 상응하는] 책무를 부인하는 사람

---

* 농담으로나마 의도적으로 비진리를 말하는 것을 우리는 흔히 거짓[말]이라고 A 46
한다. 가령 그것을 믿고 재차 말하는 사람은 다른 사람들에게서 '무엇이든 쉽게 믿어버리는 사람'이라는 웃음거리가 되어버리고 따라서 최소한 비진리는 그에게 피해를 입힐 수 있기 때문이다. 반면 법적인 의미에서는 타인의 권리를 직접 침해하는 비진리만이 거짓[말]이라고 불린다. 가령 상대의 권리를 빼앗을 목적으로 거짓 계약을 체결하는 것이 그렇다. 매우 유사한 개념들에 있는 이와 같은 상이성이 전혀 근거 없는 것만은 아니다. 자신의 생각을 단순히 이야기하는 경우 그것의 수용 여부는 언제나 타인이 원하는 바에 따라 타인에게 위임되어 있기 때문이다. 물론 누군가가 '저 사람은 믿을 수 없는 말만 하는 사람이라고 하더라'고 다른 사람에게 말하고 그것이 사실인 경우, 그러한 말은 '그는 거짓말쟁이다'는 비난과 너무도 유사하기 때문에, 법에 속하는 것을 윤리에 고유한 것과 구별해내기 위한 경계선이 너무나 불명확하기는 하지만 말이다.

으로 하여금 자신의 생득적 자유권(자유권은 상이한 관계에 상응하여 특수한 권리로 전환된다)을 방법적으로 그리고 상이한 권원에 상응하여 주장할 수 있도록 만들기 위한 것이다.

생득적인 따라서 내적인 각자의 것에 관한 한 **다수 권리**가 존재하는 것이 아니라 **하나의 권리**만이 존재한다. 그 때문에 위와 같은 상위의 세분화가 도입부에서 시도된 것이다. 그것은 내용 면에서 보면 극단적으로 상이한 두 항목을 포함한 세분화다. 법론의 세분화는 외적인 각자의 것에만 관여할 수 있을 뿐이다.

VI 239

도덕(Sitte)형이상학 일반의 세분화

I

모든 의무는 **법의무들**이거나 아니면 **덕의무들**(덕의무들 내지 윤리적 의무들)이다. 법의무들에 대해서는 외적 입법이 가능하며 덕의무들에 대해서는 외적 입법이 가능하지 않다. 덕의무들이 외적 입법 아래에 포괄될 수 없는 이유는 다음과 같다. 덕의무들이 관계하는 목적(또는 그것을 가지는 것)은 '목적이자 동시에 의무인' 목적인데, 외적 입법은 어떤 목적을 설정하는 것에 영향을 미칠 수 없다. (그것은 마음의 내적 활동이기 때문이다) 비록 외적 행위가 명령될 수는 있겠지만 외적 행위는 주체로 하여금 자신[외적 행위]을 그의 목적으로 갖도록 만들지는 못한다.

A 48 그런데 왜 도덕(Sitte) 이론(도덕학)은 흔히 (특히 키케로[10] 이후) **의무 이론**이라는 이름으로 불리고 **권리 이론**이라는 이름으로 불리지 않을까? 의무는 권리와 연결되어 있는데도 말이다.—그 이유는 이렇다. 우리는 우리의 자유를(이 자유에서 모든 도덕 법칙뿐 아

니라 모든 권리와 의무가 유래한다) **도덕 명령**에 따라서만 알 수 있고 **도덕 명령**은 의무를 명령하는 명제이며 이러한 명제에서 타인에게 의무를 부과하는 권한, 즉 권리의 개념이 추후에 전개될 수 있다.

Ⅱ

의무 이론에서 우리는 인간을 전적으로 초감성적인 자유 능력의 특성이라는 측면에서, 따라서 또한 오직 그의 **인간성**, 즉 물리적 규정들에 비의존적인 인격성(지성적 인간)이라는 측면에서 생각할 수 있으며 또 생각해야 한다. 이것은 물리적 규정들에 붙잡혀 있는 동일한 주체, 즉 인간(현상적 인간)과 구별하기 위해서다. 이 때문에 법과 목적은 그러한 이중적 특성 안에서 다시금 의무와 관련되는 경우, 다음과 같이 세분된다.

법칙과 의무의 객관적 관계에 따른 세분화 A 49; Ⅵ 240

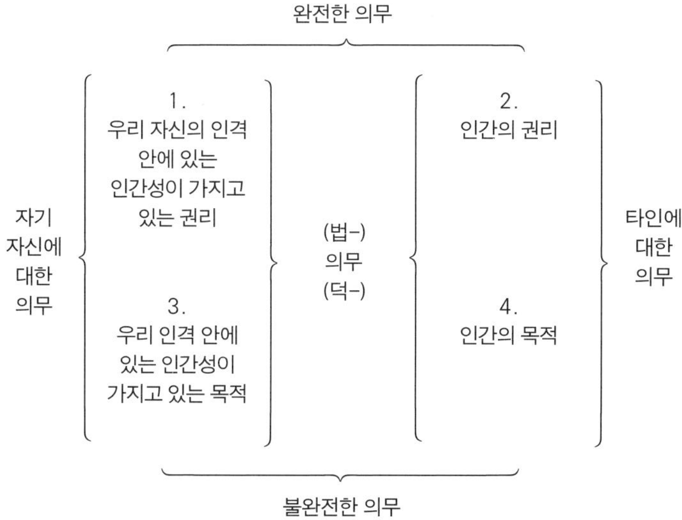

A 50; Ⅵ 241 Ⅲ

(유효한 것이든 아니든) 권리·의무 관계가 있는 것으로 생각되는 주체들 사이에 여러 가지 관계 맺음이 허용되므로 우리는 이러한 관점에서도 하나의 세분화를 시도할 수 있다.

의무를 지우는 존재자와 의무를 갖게 되는 존재자 사이의 주관적 관계에 따른 세분화

1. 권리도 의무도 갖지 않는 존재자와 인간의 법적 관계.	2. 의무만 있고 권리는 없는 존재자와 인간의 법적 관계.
이러한 관계는 없다.	이러한 관계는 없다.
우리를 구속할 수도 없고 우리가 구속할 수도 없는 것은 이성이 없는 존재자이기 때문이다.	이러한 존재자는 인격성이 없는 인간(농노나 노예)일 것이기 때문이다.
3. 권리와 의무가 모두 있는 존재자와 인간의 법적 관계.	4. 권리만 있고 의무는 없는 존재자(신)와 인간의 법적 관계.
이러한 관계는 있다.	이러한 관계는 없다.
이것은 인간 대 인간의 관계이기 때문이다.	이것은 철학 안에만 존재하는 관계다. 그것은 가능한 경험의 대상이 아니기 때문이다.

A 51 결국 2번에서만 권리와 의무의 진정한 관계가 존재한다. 4번에서는 진정한 관계가 발견되지 않는다. [그러한 법적 관계에서는] 초험적 의

무, 즉 '의무를 부과하는 외적 주체가 상응하여 주어질 수 없는' 의무가 성립하기 때문이며, 이론적 고려에서 [만들어진] 관계가 이 경우 단지 관념적 관계, 즉 하나의 사유물에 대한 관계에 불과할 뿐이기 때문이다. 우리는 이러한 사유물을 스스로 만들어낸다. [그렇다고] 우리가 그것을 전적으로 공허하기만 한 개념을 갖고서 만드는 것은 아니며 우리 자신 및 내적 도덕성(Sittlichkeit)의 준칙과 연관해서 보면 쓸모 있는, 즉 실천적이고 내적인 의도에서 보아 쓸모 있는 개념을 갖고서 만든다. 그런 한에서 전적으로 내재적인 (이행 가능한) 우리의 의무는 VI 242
단지 사유되었을 뿐인 [4번과 같은] 관계 안에서도 성립한다.

의무 일반의 체계로서 도덕의 세분화

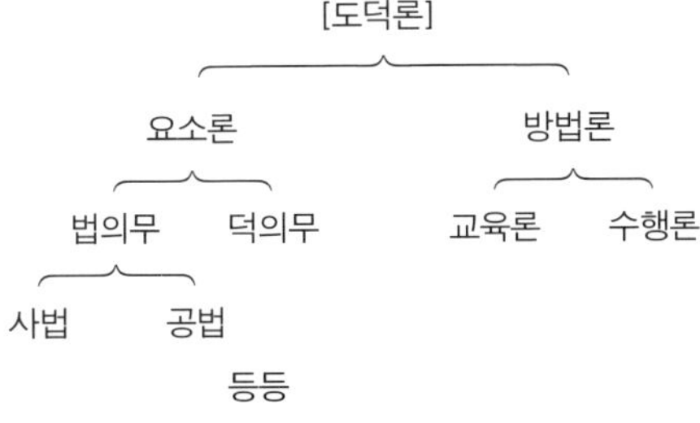

이 모든 것은 단순히 질료만을 포함하는 것이 아니라 학문적 도덕(Sitte) 이론의 건축술적 형식 역시 포함한다. 그것을 위하여 형이상학적 원리들이 보편적 원칙들을 빠짐없이 찾아내게 된다면 말이다.

* * *

자연법의 최상의 분류는 (흔히 행해지듯이) 자연적 법과 사회적 법 A 52
으로 분류하는 것일 수 없다. 그것은 자연적 법과 시민적 법으로 분류하는 것이어야 한다. 우리는 전자를 사법이라 하며 후자를 공법이라 한다. 자연 상태에 대비되는 것은 사회적 상태가 아니라 시민적 상태이기 때문이다. 자연 상태 안에 사회가 존재할 수는 있겠지만 그것은 결코 (공적 법칙이 각자의 것을 보장하는) 시민사회일 수 없다. 바로 그런 이유로 우리는 자연 상태의 법을 사법이라고 한다.

제1편
사법

A 53; Ⅵ 243

제1장
외적인 것을 자신의 것으로
소유하는 방식에 관하여

A 55; VI 245

§ 1

법적 의미에서 나의 것은 나와 사물의 결합 관계를 의미한다. 즉 그 사물을 타인이 내 동의 없이 사용하는 경우 그로 인해 내가 피해를 받게 되는 결합 관계를 의미한다. [사물] 사용 일반의 가능성을 위한 주관적 조건은 점유다.

그런데 외적 사물이 나의 것으로 되는 경우는 오직 '타인이 하나의 사물을 사용하고 내가 그것을 점유하지 않는데도 그의 사물 사용으로 내가 피해를 보게 될 가능성이 있는 경우'뿐이다.—그러므로 만 A 56
일 점유 개념이 감성적 점유와 지성적 점유라고 하는 서로 다른 의미를 가질 수 없다면 외적 사물을 자신의 것으로 소유한다는 것은 자기모순일 것이다. 하나의 동일한 대상에 대해 우리는 한편으로 물리적 점유를 생각하면서 동시에 다른 한편으로 순수 법적 점유를 생각할 수 있다.

그런데 '하나의 대상이 나의 외부에 존재한다'는 표현은 '그것은 단지 나(주체)와 구분되는 대상이다'를 의미하거나 아니면 '그것은 공간·시간적으로 다른 위치에 존재하는 대상이다'를 의미한다. 첫째 의미로 받아들여지는 경우에만 점유는 이성 개념으로 이해될 수 있

다. 반면에 둘째 의미로 받아들여지는 경우 그것은 분명 경험적 점유
VI 246 를 지칭한다.—**지성적 점유**는 (만일 그러한 것이 가능하다면) **보유** 없는 점유를 의미한다.

§ 2

실천이성의 법적 요청

내 자의의 모든 외적 대상을 나의 것으로 소유하는 것은 가능하다. 다시 말해서 법칙화된 준칙이 자의의 대상을 **그 자체로** (객관적으로) **주인 없는 것**(무주물無主物)으로 만들게 되는 경우 그와 같은 준칙은 법에 어긋난다.[1)]

A 57 그 이유는 다음과 같다. 내 자의의 대상은 '그 사용이 **물리적으로** 내 지배력 안에 있는 어떤 것'을 의미한다. 그런데 만일 동일한 것의 사용이 **법적으로** 내 지배력 안에 있지 않다면, 즉 보편 법칙에 따라 모든 사람의 자유와 병존할 수 없다면(올바르지 않다면), 자유는 **사용 가능한** 대상들을 모든 **사용** 가능성의 외부로 쫓아내버림으로써, 다시 말해서 사용 가능한 대상들을 실천적 관점에서 폐기하여 **무주물**로 만들어버림으로써 결과적으로 자유는 대상과 연관된 자의를 자기 자신에게서 박탈하게 될 것이다. 비록 자의가 형식적으로는 사물 사용에서 보편 법칙에 따라 모든 사람의 외적 자유와 상호 일치하게 될지라도 말이다.—순수 실천이성은 자의 사용의 형식적 법칙들만을 토대에 두기 때문에, 다시 말해 자의의 질료나 객체의 여타 특성을 그것들이 **분명 자의의 대상이라도** 도외시하기 때문에 순수 실천이성은 그와 같은 대상과 관련하여 대상 사용의 절대적 금지를 포함할 수 없다. 그것[절대적 금지]은 외적 자유의 자기 자신과의 모순이기 때문이다.—그런데 내 자의의 대상은 '그것을 임의적으로 사용할 수 있는 물리적 능력이 나에게 있으며 그것의 사용이 내 지배력 안에 있

는 어떤 것'을 말한다. 이것은 '대상이 내 강제력 안에 있다는 것'과 는 구별되어야 한다. 후자는 능력만이 아니라 자의의 행동 역시 전제 A 58 한다. 어떤 것을 내 자의의 대상으로 단지 생각하기 위해선 '내가 그 것을 내 지배력 안에 가지고 있다는 것'을 의식하는 것만으로 충분하다.—결국 내 자의의 모든 대상을 객관적으로 가능한 나의 것으로 간주하고 그렇게 취급하는 것은 실천이성의 아프리오리한 전제다.

이와 같은 요청을 우리는 실천이성의 허용 법칙이라고 할 수 있다. VI 247 이 법칙은 법 일반의 단순한 개념들에서는 도출될 수 없는 하나의 권한을 우리에게 부여한다. 그것은 곧 '내가 어떤 대상을 최초로 점유했다'는 이유에 근거하여 다른 모든 사람에게 '내 자의의 대상을 사용하지 못함'이라는 하나의 구속성을 부과하는 권한이다. 허용 법칙이 아니었다면 다른 사람들은 이와 같은 구속성을 갖게 되지 않았을 것이다. 이성은 이러한 허용 법칙이 원칙으로서 타당성을 가지기를 원한다. 이성의 이와 같은 아프리오리한 요청에 따라 자기 자신을 확장해가는 실천이성으로서는 더욱 그렇다.

§3

하나의 사물을 자신의 것으로 소유하고 있음을 주장하고자 하는 사람은 그 대상을 점유하고 있어야 한다. 그렇지 않을 경우 타인이 그의 동의 없이 그것을 사용한다고 해도 그로써 그가 피해를 보는 일이 일어날 수 없기 때문이다. 대상과 법적으로 결합되어 있지 않으면서 대상의 외부에 있는 어떤 것은 그 대상에 영향을 미치기는 하겠지만 (주체인) 그 사람 자신에게는 아무런 영향을 미칠 수 없고, 주체에게 부당한 행위를 할 수 없으니 말이다.

A 59

§ 4
'외적인 각자의 것'이라는 개념에 대한 해명

내 자의의 외적 대상은 세 가지만 있을 수 있다. 1. 나의 외부에 있는 (물체로서) 사물. 2. 특정한 사실행위를 하려는 타인의 자의. 3. 나와의 관계 속에 있는 타인의 상태. 이것들은 자유 법칙에 따라 나와 외적 대상들 사이의 [관계를 규정하는] 범주들, 즉 실체, 인과성, 상호성 등의 범주에 상응한다.

a) 공간상에 있는 대상(물체적 사물)을 나의 것이라고 말할 수 있는 경우는 내가 그것을 물리적으로 점유하지 않는데도 여전히 '나는 그것을 어떤 다른 방식으로 실질적으로 (따라서 비물리적으로) 점유하고 있다'고 내가 주장할 수 있는 경우뿐이다.—내가 어떤 사과를 나의 것이라고 말할 수 있는 것은, 내가 그것을 내 손안에 가지고 있기 (물리적으로 점유하기) 때문이 아니라, 그것이 내 손을 떠나 어느 곳에 있든 상관없이 내가 '나는 그것을 점유하고 있다'고 말할 수 있기 때문이다. 이와 같이 내가 거주했던 땅에 대해 내가 '그것은 나의 것이다'고 말할 수 있는 것은, 내가 그곳에 거주했기 때문이 아니라, 비록 그곳을 떠났다 할지라도 '나는 그것을 여전히 점유하고 있다'고 주장해도 좋은 경우뿐이다. 첫째의 경우(경
VI 248 험적 점유), 내 손에서 사과를 빼앗으려 하거나 거주지에서 나를 끌
A 60 어내려는 사람이 나를 침해하는 것은 분명하지만 그것은 내적인 나의 것(자유)을 침해하는 것이지 외적인 나의 것을 침해하는 것은 아니기 때문이다. 만일 내가 '[그것을] 보유하지 않아도 나는 그 대상을 점유하고 있다'고 주장할 수 없다면, 내가 그 대상들(사과와 토지)을 나의 것이라고 부르는 것 역시 가능하지 않다면 말이다.

b) 타인의 자의를 통한 어떤 것의 급부(給付)를 나의 것이라고

할 수 있는 것은 '그것이 그가 약속함과 동시에 내 점유가 되었다'고 말할 수 있는 경우(현실계약[2])가 아니라 '급부 시점이 아직 오직 않았는데도 나는 (그것을 하도록 자신을 규정하는) 타인의 자의를 점유하고 있다'고 주장하는 것이 나에게 허락되는 경우다. 타인의 약속은 재화(적극적 책무)에 해당하며 나는 그것을 나의 것으로 간주할 수 있다. 이 점은 약속된 것을 (전자처럼) 내가 이미 점유하는 경우뿐만 아니라 아직 점유하지 않은 경우에도 그러하다. 결국 나는 '나 자신이 시간 조건에 제한되어 있는 점유, 따라서 경험적인 점유에서 독립되어 있으면서도 대상을 점유하고 있다'고 생각할 수 있어야 한다.

c) 나는 아내, 자녀, 하인이나 다른 사람을 나의 것이라고 할 수 A 61
있다. 하지만 그것은 내가 그들에게 지금 이 순간 내 가정에 속하라고 명령하거나 그들을 강압적으로 강제력에 의거하여 점유하기 때문이 아니다. 비록 그들이 [내] 강제에서 벗어났다 할지라도, 즉 내가 그들을 (경험적으로) 점유하지 않았다 할지라도 그들이 어디든 또 언제든 살아 있기만 하면 '나는 오직 내 의지에 따라 순수-법적으로 그들을 점유하고 있다'고 말할 수 있는 경우, 나는 그들을 나의 것이라고 할 수 있다. 결국 내가 후자를 주장할 수 있을 때만 또 그런 한에서만 그들은 내 소유다.

§5
'외적인 각자의 것'이라는 개념의 정의

[한 개념의] 명목적 설명은 객체를 다른 모든 것과 구별하기에 충분한 설명과 개념의 완전하고 규정된 해명을 제공하는 것을 말한다. [외적인 나의 것이라는 개념의] 명목적 설명은 다음과 같다. 나의 외부에 있는 사물의 임의적 사용을 방해하는 것이 곧 나에 대한 침해 VI 249

(보편 법칙에 따라 모든 사람의 자유와 상호 병존할 수 있는 내 자유를 중단시킴)가 되는 경우 그러한 사물은 나의 것이다.—[한 개념의] 실질적 설명은 개념의 연역(대상의 가능성에 대한 인식)을 위해 충분히 설명하는 것이다. [외적인 나의 것이라는 개념의] 실질적 설명은 다음과 같다. 내가 동시에 대상을 점유하지 않는데도 (내가 대상의 보유자가 아닌데도) 나의 대상 사용을 방해하는 것이 곧 나에 대한 침해가 되는 사물은 나의 것이다.—어떤 외적 대상을 나의 것이라고 할 수
A 62 있으려면 나는 그것을 어떻게든 점유해야 한다. 그렇지 않으면 '내 의지에 반(反)하여 그것[나의 것]에 손을 대는 사람은 나 자신에게도 손을 대는 것이므로 나를 침해하는 것'이라는 일이 일어나지 않을 것이기 때문이다. 결국 만일 외적인 나의 것이 존재해야 한다면 우리는, § 4에 따라서, 지성적 점유를 가능한 것으로 전제하지 않을 수 없다. 경험적 점유(보유)는 이 경우, 비록 내가 점유하는 대상이 여기에서는 [『순수이성비판』의] 선험적 분석론에서처럼 현상으로 이해되는 것이 아니라 사물 자체로 이해된다 할지라도, 단지 현상 안에서 점유하는 것(현상적 점유)에 불과하다. 그 이유는 다음과 같다. 그곳에서 이성의 관심사는 사물의 본성에 관한 이론적 인식과 이성의 도달 가능한 범위였다. 반면 이곳에서 이성의 관심사는 자유 법칙에 따라 자의를 실천적으로 규정하는 것이다. 이 경우 대상은 감각 능력으로 인식될 수도 있고 순수 지성으로 인식될 수도 있다. [그러나] 권리 자체는 자유 법칙 아래 있는 자의의 순수한 실천적 이성 개념이다.

같은 이유에서 '이 대상에 대한 권리 또는 저 대상에 대한 권리를 점유한다'는 식으로 말하는 것보다 '그 대상을 순수 법적으로 점유한다'고 말하는 것이 올바르다고 할 것이다. 권리는 이미 대상의 지성적 점유를 의미하므로 '점유를 점유한다'는 말은 무의미한 표현이기 때문이다.

§6 A 63

외적 대상의 순수 법적 점유(지성적 점유) 개념의 연역

'어떻게 외적인 나의 것이 가능한가?' 하는 물음은 '어떻게 순수 법적(지성적) 점유가 가능한가?' 하는 물음으로 해소된다. 이것은 다시 '어떻게 아프리오리한 종합적 법명제가 가능한가?' 하는 셋째 물음으로 해소된다.

모든 법명제는 아프리오리한 명제다. 그것은 이성 법칙이기 때문이다. 아프리오리한 법명제는 경험적 점유와의 관계에서 보면 분석적 VI 250
이다. 법명제가 말하고자 하는 것은 후자에서 모순율에 따라서만 도출되기 때문이다. [그것은 다음과 같다.] 즉 내가 한 사물의 보유자인 경우(내가 그것과 물리적으로 결합되어 있는 경우) 내 의사에 반하여 그것에 손을 대는 사람(가령 사과를 내 손에서 빼앗아가는 사람)은 나의 내적인 것(나의 자유)에 손을 대고 그것을 제한하는 것이다. 따라서 그의 준칙에서 보면 그는 법의 공리에 정면으로 위배된다. 그러므로 합법적이되 경험적인 점유[3]에 관한 명제는 인간이 자기 자신과 관련해서 가지고 있는 권리를 넘어가지 않는다.

반면 공간 시간상에서 경험적 점유의 모든 조건을 제거하고 난 이후 [제기되는] 나의 외부에 있는 사물의 점유 가능성에 관한 명제(즉 지성적 점유의 가능성이라는 전제)는 그와 같은 제한 조건들을 넘어간 A 64
다. 또 그러한 명제가 종합적인 이유는 그것이 외적인 나의 것이라는 개념을 위해 불가피한 보유 없는 점유를 정식화하기 때문이다. 경험적 점유의 개념을 넘어 자신을 확장해가는 그와 같은 아프리오리한 명제가 어떻게 가능한가? 이 점을 제시하는 것이 이성의 과제에 도움이 될 수 있을 것이다.

그런 식으로 보면 가령 '특정한 토지를 점유함'은 사적 자의의 행동이기는 하지만 그렇다고 그것이 일면적인 것은 아니다. 점유자는 지구 표면의 생득적인 **공동의 점유**[4] 및 그러한 점유에 상응하는 아프리오리한 보편적 의지를 자신의 근거로 삼는데, 이러한 의지는 그것[특정한 토지]의 **사적 점유**를 허용하는 의지다. (왜냐하면 그렇지 않을 경우 한갓 사물이란 본성상 또 법칙에 따라 주인 없는 무엇으로 되어 버리고 말기 때문이다) 점유자는 토지의 사적 사용을 방해하는 모든 사람에게 [자기] 권리에 의거하여[5] 저항함으로써 특정한 토지를 최초 점유 행위를 통해서 근원적으로 획득하게 된다. 비록 공적 법칙이 존재하지 않는 자연 상태에 있기에 법칙에 의거해서[6] 저항하는 것은 아니지만 말이다.

설사 어떤 토지가 **자유로운 것**[주인 없는 것], 다시 말해서 누구나 사용해도 괜찮은 것으로 간주되거나 표명된다고 할지라도 우리가 '그것은 본성적으로 그리고 **근원적으로** 모든 법적 행위에 선행해서 자유로운 것이다'라고 말할 수 있는 것은 아니다. 그렇게 말하는 것조차 이미 사물과의 관계를, 즉 모든 사람으로 하여금 자신을 점유하지 못하도록 만드는 토지와의 관계를 의미하기 때문이다. 또 토지의 그와 같은 자유는 그것을 이용하려는 모든 사람에 대한 하나의 금지
A 65 가 되겠지만, 그러한 금지는 토지의 공동점유를 요구하며 이는 계약 없이는 성립할 수 없기 때문이다. 하지만 공동의 점유를 통해서만 자유로워질 수 있는 토지는 그것의 사용을 상호 금지하거나 중지하는 모든 (함께 결합되어 있는) 사람에게 사실상 점유되어 있어야 한다.

VI 251 이와 같은 토지의 **근원적** 공유(共有)와 토지 위에 있는 사물의 근원적 공유는 하나의 이념이며, 이 이념은 객관적 (법적으로 실천적인) 실재성을 가진다. 그것은 **시원적** 공유와는 전혀 다르다. **시원적** 공유는 하나의 허구일 뿐이다. 시원적 공유는 하나의 **창출된** 공유이자 계약에서 유래하는 공유, 즉 '모든 사람은 사적 점유를 포

기하고 각자는 자신의 점유 행위를 다른 모든 사람의 그것과 통합함으로써 사적 점유를 공동점유로 전환한다'는 계약에서 유래하는 공유이자 역사가 그에 대한 증거를 우리에게 제공해야만 하는 것이기 때문이다. 하지만 그러한 처리 절차를 근원적 점유 행위로 간주한다는 것 그리고 우리가 그것[처리 절차]을 각자의 특수한 점유의 근거로 삼을 수 있으며 또 당연히 그래야 한다는 것은 하나의 모순일 뿐이다.

점유와 거주는 다르며 또한 언젠가 획득할 목적으로 토지를 점유하는 행위와 정착, 즉 정주(定住)는 다르다. 후자는 일정 장소를 지속적으로 사적으로 점유하는 것인데, 이러한 사적 점유는 '그 장소에 주체가 현존하는가'에 좌우된다. 정착은 점유 행위에 뒤따 A 66
라 올 수 있거나 전혀 일어나지 않을 수도 있는 이차적인 법적 행위다. 이것은 지금 논외인데, 그것은 근원적 점유가 아니라 타인의 동의에서 유래하는 점유이기 때문이다.

토지를 물리적으로 점유(보유)한다는 것은 비록 그것을 나의 것으로 간주하기에는 아직 분명 충분하지 않더라도 이미 [그] 사물에 대한 권리를 가진 셈이다. 타인과 관계에서 보면 그것은 (사람들에게 알려진 한에서) 최초의 점유로서 외적 자유의 법칙과 일치하며 동시에 사적으로 점유할 가능성의 근거를 아프리오리하게 포함하는 근원적 공동점유 안에 포함되어 있다. 그러므로 토지의 최초 보유자를 방해하여 토지를 사용하지 못하도록 만드는 것은 [그의 권리] 침해다. 결국 최초 점유 행위는 그 자체로 하나의 권리 근거(소유의 권원)를 가지는 것인데, 근원적인 공동점유가 바로 그것이다. '점유하고 있는 자에게 이익이 있으리라! 누구도 자기 점유를 입증할 의무가 없으니'라는 명제는 자연적 법의 원칙이다. 최초 점유 행위를 획득의 법적 근거로 세우고 모든 최초 점유자가 그 근거에 의지할 수 있게끔 하는 원칙 말이다.

VI 252 즉 [만일 그것이] 아프리오리한 이론적 원칙이었다면 (『순수이
성비판』에 따라) 하나의 아프리오리한 직관이 그 주어진 개념 아래
에 있어야 하고, 대상의 점유라는 개념에 무엇인가가 추가로 부여
A 67 되어야 한다. 반면 그러한 실천적 원칙에서는 정반대 것이 행해진
다. [즉] 점유 개념을 경험적인 것 너머로 확장하기 위해서 또한 '내 강제력 안에 있는 (그리고 오직 그런 한에서만) 자의의 외적 대상은 [설사] 그것이 나에게 점유되어 있지 않더라도 모두 법적인 나의 것으로 간주될 수 있다'고 말할 수 있기 위해서 우리는 경험적 점유를 정초하는 모든 직관적 조건을 제거해야(도외시해야) 한다.

이와 같은 점유 가능성, 다시 말해서 비경험적 점유 개념의 연역은 '모든 타인이 외적인 (사용 가능한) 사물을 자신의 것으로 갖는 것이 가능하도록, 타인에게 그렇게 행위하는 것은 법의무다'라는 실천이성의 법적 요청에 근거를 두고 있다. 동시에 그 연역은 후자의 개념에 대한 해명과 연결되어 있는데, 이것은 외적인 나의 것의 근거를 오직 비물리적 점유에 둔 해명이다. 그런데 후자[비물리적 점유]의 가능성 자체는 (그것이 이성 개념이라서 상응하는 직관이 주어질 수 없다는 바로 그 이유로) 결코 증명되거나 인식될 수 있는 것이 아니다. 그것은 단지 사유된 [법적] 요청의 직접적 귀결일 뿐이다. 만일 위와 같은 법원칙에 따라 행위하는 것이 필연적이라면 [그것의] 지성적 조건(순수 법적 점유) 역시 가능해야 하기 때문이다.—누구나 알고 있듯이 외적인 나의 것에 대한 이론적 원리들은 지성적인 것 안에서는 길을 잃어버리므로 어떠한 확장된 인식도 표상하지 못한다. 그것들의 토대를 이루는 자유 개념은 자신의 가능성에 대한 어떠한 이론적 연역도 할 수 없고 단지 이성의 실천 법칙(정언명령)에서 하나의 이성 사실로만 도출될 수 있기 때문이다.

§ 7 A 68

'외적인 각자의 것'의 가능성의 원리를 경험 대상에 적용함

순수 법적 점유 개념은 (공간 조건들과) 시간 조건들에 의존하는
경험적 개념이 아니다. 그럼에도 그 개념은 실천적 실재성을 갖는다. VI 253
즉 그 개념은 그것[대상]의 인식이 그러한 조건들에 의존하는 경험
대상들에 적용될 수 있어야 한다. 가능한 외적인 각자의 것으로서 후
자[경험 대상들]의 측면에서 [보면] 권리 개념의 [적용] 과정은 다음
과 같다. 권리 개념은 오직 이성 안에만 있는 개념이므로 경험 대상
이나 경험적 점유 개념에 직접 적용될 수 없으며 먼저 점유 일반의 순
수 지성 개념에 적용되어야 한다. 그럼으로써 우리는 점유의 경험적
표상인 보유 대신 모든 공간·시간적 조건이 추상된 소유 개념을 생각
하게 되며 또한 이 경우 대상은 '내 강제력 안에 있는 것'으로만 생각
된다. 그런데 외적인 것이라는 표현은 '현재 내가 있는 곳이 아닌 다
른 장소에 현존하는 것'이나 '내 의지 결정과 받아들임이 제공[자]의
그것과 다른 시점에 존재함'을 의미하는 것이 아니라 '나와 구별되는
대상'을 의미한다. 그래서 실천이성은 자신의 권리 법칙에 상응하게
다음과 같은 것을 원하게 된다. 즉 실천이성은 '대상에 적용하는 것
과 관련하여 나는 나의 것을 감성적 조건들에 의거하여 생각하지 않 A 69
겠다, [여기서는] 자유 법칙에 따른 자의 규정이 문제이므로 나는 감
성적 조건들을 추상해버린 상태에서 대상의 점유를 생각하겠다, [이
것은] 권리 개념 아래에는 오직 지성 개념만이 포섭될 수 있기 때문
에 가능하다'라는 점을 원하게 된다. 결국 지금 내가 실제로 있는 곳
과는 다른 어떤 곳에 있는 토지에 대해 '나는 그것을 점유하고 있다'
고 말하게 되는 것은 그것이 내 강제력 안에 있는 한에서 그 대상과
[나 사이의] 지성적 관계(이것은 점유의 지성 개념이며 이 개념은 공간
규정에서 독립되어 있다)만이 문제시되기 때문이며, 또한 그 토지가

나의 것인 이유는 그것을 임의로 사용하고자 하는 내 의지가 외적 자유의 법칙에 어긋나지 않기 때문이다. 자의 대상의 현상적 점유(보유)를 추상해버림으로써 실천이성은 '점유가 지성 개념에 의거하여 사유되고 있음, 더욱이 경험적 지성 개념이 아니라 그것의 조건들을 아프리오리하게 포함할 수 있는 지성 개념에 따라 사유되고 있음'을 알고자 하는데, 바로 이것이 점유의 그와 같은 개념(예지적 점유)이 타당하기 위한 근거 내지는 보편타당한 입법의 근거다. 그 이유는 다음과 같다. 이러한 입법은 '이 외적 대상은 나의 것이다'는 표현 안에 함축되어 있는데, 그것은 곧 다른 모든 사람에게 대상의 사용 금지라고 하는 하나의 구속성을 부과하는 것이지만 다른 사람들은 그 입법이 아니었다면 그러한 구속성을 갖지 않았을 것이기 때문이다.

VI 254 결국 나의 외부에 있는 어떤 것을 나의 것으로 소유하는 방식은 주
A 70 체의 의지와 대상 사이의 순수한 법적 관계다. 이것은 공간·시간상의 관계에 의존하지 않으며 지성적 점유의 개념에 근거를 둔다.— 따라서 지구 위의 어느 장소가 외적인 나의 것이 될 수 있는 것은 내가 그것을 내 몸으로 차지하고 있기 때문이 아니다. 그러한 가능성은 내가 그곳에 있지 않고 다른 장소에 있는데도 여전히 그것을 점유해서 그에 대한 나의 외적 권리가 문제되는 경우 성립한다(전자에서 문제되는 것은 오직 나의 외적 자유, 즉 나 자신의 점유이지 내 외부에 있는 사물이 아니다. 따라서 그것은 내적 권리일 뿐이다). '한 장소에 대한 직접적이고 지속적인 선점 상태가 그것을 자신의 것으로 소유하기 위한 조건이다'라고 말하고자 하는 사람은 '외적인 것을 나의 것으로 소유하는 것은 가능하지 않다'고 주장하거나 아니면 '(그것이 가능하려면) 내가 두 장소에 동시에 존재한다'고 주장하는 것이 분명하다. (전자는 §2의 요청에 어긋나며) 후자는 '나는 하나의 장소에 존재하면서 또한 존재하지 않는다'고 말하는 것에 불과하므로 그는 자

기모순에 빠지게 된다.

이와 같은 것은 [타인이 무엇인가를] 나에게 약속했을 때도 적용될 수 있다. 약속한 상대방이 지금은 "이 사물은 너의 것이다"라고 말하고 조금 시간이 지난 후 동일한 사물에 대해 "나는 이제 그것이 너의 것이 아니기를 원한다"라고 말한다고 해서 약속된 것에 대한 내 소유가 폐기되는 것은 아니기 때문이다. 지금과 같은 지성적 관계들은 마치 약속 상대방이 두 가지 의지 표명, 즉 '그것은 너의 것이어야 한다'는 것과 '그것은 너의 것이 아니어야 한다'는 것을 그 중간에 단 한순간도 멈추지 않고 말하는 듯한 상태에 있다. 물론 그것은 말도 안 되지만 말이다.

사람에 대한 법적 점유는 (아내, 자녀, 하인 등이) 주체의 소유에 귀 A 71
속되어 있다는 것을 의미하므로 이러한 개념에도 우리는 동일하게 말할 수 있다. 다시 말해서 공간적으로 서로 떨어져 있을 수 있는 권한이 그와 같은 가정 공동체 및 각 구성원들의 상태에 대한 상호적 점유를 폐기하는 것은 아니다. 그들을 결합하는 것은 법적 관계이기 때문이며 또 여기서 나의 것은 앞서의 경우와 마찬가지로 '보유 없는 순수 이성[적] 점유의 가능성'이라는 전제에 근거를 두기 때문이다.

외적인 나의 것이라는 개념과 관련하여 법적-실천적 이성의 비판이 불가피하게 된다. 그러한 점유 가능성에 관한 명제들 사이에
하나의 이율배반이 성립하기 때문이다. 다시 말해 서로 충돌하는 VI 255
두 조건의 타당성에 대해 정립과 반정립 양자가 동일한 권리를 주장하게 되는 것이 변증론이거니와, 바로 이러한 불가피한 변증론 때문에 이성은 (권리와 관련된) 자신의 실천적 사용에서도 현상으로서 점유와 지성에 의해 사유될 뿐인 점유를 서로 구별해야 한다.

정립: 비록 내가 점유하지 않았다 하더라도 외적 사물을 나의 것

으로 소유하는 것이 가능하다.

반정립: 내가 점유하지 않은 경우 외적 사물을 나의 것으로 소유하는 것이 가능하지 않다.

해소: 두 명제는 모두 참이다. 전자는 내가 경험적 점유(현상적
A 72 점유)를 생각하는 경우 참이며, 후자는 내가 동일한 표현에서 순수 지성적 점유(예지적 점유)를 생각하는 경우 참이다.—하지만 지성적 점유의 가능성과 외적인 나의 것의 가능성 또한 통찰되는 것은 아니다. 그러한 가능성은 실천이성의 요청에서 도출되어야 한다. 이 점에서 특히 주목할 만한 것은 다음과 같다. 실천이성은 경험적 조건들을 제거하는 것만으로 자기 자신을 **확장**하며 그렇게 해서 아프리오리한 **종합적** 법명제들을 제시할 수 있게 된다. 실천이성은 아프리오리한 직관을 포함하여 어떤 직관도 필요하지 않으며 또한 자유 법칙은 그와 같은 확장을 정당화한다. 그것[법명제]에 대한 증명은 (이제 곧 보게 되겠지만) 나중에 실천적 견지에서 분석적 방식으로 수행될 것이다.

§8

외적 사물을 자신의 것으로 소유하는 것은 오직 공적-입법적 강제력 아래 있는 법적 상태, 즉 시민 상태에서만 가능하다

만일 내가 (말로든 행동으로든) "외적인 저것이 나의 것이기를 원한다"라고 선언한다면 그것은 곧 내가 다른 모든 사람에게 '당신은 내 자의의 대상을 사용해서는 안 된다'라고 선언하는 것이다. 이러한 구속성은 내 법적 행동[나의 선언]이 없었다면 어느 누구도 갖지 않았을 구속성이다. 그런데 이러한 월권적 행동 안에는 동시에 하나의 생각, 즉 '나는 다른 모든 사람에게 외적인 그의 것과 관련해 상호적

으로 동일한 태도를 가져야 한다'는 생각이 포함되어 있다. 이 경우 A 73
구속성의 원천이 외적인 법적 관계의 보편적 규칙이기 때문이다. 만
일 다른 모든 사람이 '나의 것과 관련하여 그들 역시 동일한 원리에
따라 행동할 것이다'는 점을 나에게 확실하게 보장하지 않는다면, 타 VI 256
인이 가지고 있는 외적인 것에 손대지 말아야 할 구속성이 나에게 부
과되지도 않을 것이다. 이러한 확실성 보장은 별도의 법적 행동을 요
구하지 않으며 외적인 법적 의무지움의 개념 안에 이미 포함되어 있
다. 이것은 보편적이기 때문이다. 따라서 그러한 확실성 보장은 또
한 보편 규칙에서 유래하는 구속성의 상호성 안에 이미 포함되어 있
기도 하다.—외적이고 따라서 우연적인 점유와 관련하여 [한 사람
의] 일방적 의지는 모든 사람에게 강제 법칙으로 쓰일 수 없다. 그것
은 보편 법칙에 근거하는 자유를 방해하게 되기 때문이다. 결국 위와
같은 확실성을 보장할 수 있는 의지는 다른 모든 사람에게 구속성을
부과하면서, 즉 집합적-보편적(공통적)이면서 동시에 권력을 가지고
있는 의지뿐이다.—그런데 '보편적이고 외적이면서(즉 공적이면서)
또한 권력을 수반하는 입법' 아래 있는 상태는 곧 시민 상태다. 그러
므로 오직 시민 상태에서만 외적인 각자의 것이 존재할 수 있다.

귀결: 만일 외적 대상을 나의 것으로 소유하는 것이 법적으로 가능해야 한다면, 나와 함께 시민 체제로 진입할 것을 외적 대상의 소유와 관련하여 [나와] 분쟁을 일으키고 있는 다른 모든 사람에게 강요하는 것 역시 주체[나]에게 허용되어야 한다.

§9 A 74

자연 상태에서도 실질적인, 하지만 단지 잠정적인 외적인 각자의 것이 성립할 수 있다

시민 체제 상태의 자연법(즉 시민 체제를 위해 아프리오리한 원리

들에서 도출될 수 있는 법)은 그 체제[국가]의 성문화된 법칙들에 의
해 중단될 수 없다. 따라서 "자의의 대상을 나의 것으로 소유하는 것
을 불가능하게 만드는 준칙, 그와 같은 준칙에 따라 행동하는 사람은
나에게 피해를 주는 것이다"라는 법적 원리는 [시민 체제 상태 안에
서도] 효력을 유지한다. 시민 체제는 각자에게 그의 것을 보장해주
는 유일한 법적 상태이기는 하지만 그렇다고 해서 시민 체제가 각자
에게 그의 것을 만들어주거나 규정해주는 것은 아니기 때문이다.—
모든 보장은 이미 누군가 가지고 있는 '그의 것(보장되어야 할 것)'을
전제한다. 따라서 우리는 시민 체제 이전에도 (또는 시민 체제를 도외
시한다 할지라도) 외적인 각자의 것이 가능하다는 점을 받아들일 수
밖에 없으며, 동시에 다음과 같은 권리, 즉 어떤 방식으로든 상호 교
류할 가능성이 있는 모든 사람에게 '각자의 것을 보장해줄 수 있는
체제로 우리와 함께 진입할 것'을 강요하는 권리가 가능하다는 점을
VI 257 받아들일 수밖에 없다.—공동 의지의 법칙에만 토대를 가질 수 있
는 하나의 상태[국가], 그와 같은 상태에 대한 예상과 예비 속에서 갖
게 되는 점유는 **잠정적-법적** 점유다. 따라서 이 점유는 그러한 상태
의 **가능성**과 일치하는 점유다. 반면에 **실질적** 상태 안에서 일어나는
A 75 점유는 **확정적** 점유다.—나는 이미 [진입이] 준비되어 있거니와, 만
일 그곳에 진입하려 하지 않고 자신의 일시적 점유 때문에 그것을 방
해하려는 사람이 있다면, 그러한 상태에 진입하기 이전에라도 나에
게는 그에게 저항할 권리가 있다. '자신의 것을 점유해선 안 된다'는
구속성을 나에게 부과한다고 생각하는 의지는 [아무리 그것이] 다른
모든 사람의 의지라고 할지라도 나 자신을 포함하지는 않는 **일면적**
의지이며 따라서 그러한 의지는 반박에 대한 (오직 보편 의지 안에서
만 등장하는) 법칙적 효력을 갖지 못하기 때문이다. 그 점은 마치 내
가 [내] 주장에 대한 법칙적 효력을 갖지 못하는 것과 마찬가지다. 비

록 '시민 상태의 도입과 건설에 부합한다'는 점에서 내가 그보다 우월하긴 하지만 말이다.—한마디로 말해서 자연 상태에서 외적 사물을 자신의 것으로 소유하는 방식은 물리적 점유로, 이와 같은 점유는 '공적 입법 안에는 모든 사람의 의지가 통합되어 있거니와, 이러한 통합에 의거하여 물리적 점유는 지성적 점유로 전환될 것이다'라는 법적 추정에 의거하며, 또한 그와 같은 예상 속에서 상대적 의미에서 법적 점유로서 타당성을 가진다.

이와 같은 우선성, 즉 '경험적 점유 상태에서 유래하는 권리'라는 우선성은 '점유하고 있는 자에게 이익이 있으리라'고 표현될 수 있다. 이러한 우선성, 즉 '자신이 어떤 것을 권리에 적합하게 점유하고 있다는 점을 증명할(이것은 분쟁 상태에 있는 권리에만 해당되기 때문이다) 필요가 없다'는 사실은 '그는 합법적 인간으로 추정된다'는 사실 때문이 아니다. 우선성이 의미하는 것은 다음과 같다. 실천이성의 요청에 따라 '자의의 외적 대상을 자신의 것으로 소유 A 76
할 수 있는 권한'이 모든 사람에게 귀속된다. 따라서 모든 보유는 자신의 합법성의 근거를 선행한 의지 행동에 의거하여 [실천이성의] 요청 안에 가지게 되는 상태다. 또한 보유는, 나보다 먼저 그것을 점유했다고 주장하는 다른 사람이 등장하지 않는 한, 모든 사람에게 외적 자유의 법칙에 따라 그 대상을 사용하지 못하도록 만드는 것이 정당화되는 상태다. 그들이 비록 잠정적이긴 하지만 하나의 공적으로 법칙적인 자유 상태로 나와 함께 진입하고자 하지 않는 사람들이라면 말이다. 이것[이러한 정당화]은 이성의 요청에 상응하여 하나의 사물이 사용될 수 있도록 하기 위한 것이었다. 만일 그렇지 않았다면 사물은 실천적 관점에서 보아 폐기되고 말았을 것이다.

제2장 외적인 것을 획득하는 방식에 관하여

VI 258

§ 10
외적 획득의 보편적 원리

내가 어떤 것을 획득한다는 것은 곧 '어떤 것이 나의 것이 되도록 내가 만든다'는 것이다. [나의] 법적 행동 없이도 나의 것인 그와 같은 외적인 것은 근원적으로 나의 것이다. 그런데 타인의 것에서 도출되지 않은 획득은 근원적이다.

외적인 것은 어떤 것도 근원적으로 나의 것일 수 없지만 그러나 근원적으로 획득될 수는 있다. 즉 우리는 외적인 것을 타인의 것에서 도출하지 않고도 획득할 수 있다.—각자의 것의 공유 상태는 근 A 77
원적이라고 생각될 수 없으므로 그것은 (외적인 법적 행동으로) 획득되어야 한다. 비록 어떤 외적 대상의 점유는 근원적으로는 공유될 수 있다 할지라도 그러하다. [또한] 우리가 (불분명하게) **근원적** 공유(근원적이며 공유된 너의 것과 나의 것)를 생각한다 할지라도 우리는 그것을 **시원적** 공유(최초의 공유)와는 구별해야 한다. 우리는 후자를 '권리관계의 최초 **시점**에 사람들 사이에 성립되어 있는 것'으로 간주한다. 그것은 전자[근원적 공유]처럼 원리들에 토대를 둔 것이 아니라 단지 역사에 토대를 둘 뿐이다. 비록 우리가 그것을 여전히 획득되고 도출되는 것(파생된 공유)으로 생각해야 할지라도 말이다.

이제 외적 획득 행위의 원리는 다음과 같다. 어떤 것을 내가 (외적 자유 법칙에 따라) 내 강제력 안으로 가져오고, 그것을 내 자의의 대상으로 사용할 권한을 (실천이성의 요청에 의거해서) 내가 가지며, '그것이 나의 것임'을 (가능한 통합 의지의 이념에 상응하게) 내가 의욕하는 경우, 그것은 나의 것이다.

그러므로 근원적 획득의 계기들은 다음과 같다. 1. 대상의 취득. 이때 대상은 어느 누구에게도 속해 있지 않아야 한다. 그렇지 않으면 취득은 보편적 자유 법칙에 따르면 타인의 자유와 상충하기 때문이다. 이와 같은 취득은 곧 공간·시간상에서 일어나는 자의의 대상의
A 78 점유이며 따라서 나의 점유는 현상적 점유다. 2. 표명. 즉 [취득된] 대상의 점유를 표명하고 또 타인의 사용을 금지하는 나의 자의 활동을
VI 259 표명하는 것. 3. 전유(專有). 즉 (이념 안에서) 외적이고 보편적으로 입법하는 의지의 활동. 이것을 통해 모든 사람은 내 자의와 일치하도록 구속된다.—획득의 마지막 계기의 타당성이 '그 외적 대상은 나의 것이다'는, 즉 '그 점유는 순수 법적 점유(지성적 점유)로 타당하다'는 결론절의 근거다. 그것[획득 계기]이 타당한 근거는 다음과 같다. '외적 대상은 나의 것이다'라는 결론절이 감성적 점유에서 지성적 점유로 이행하는 것은 올바르다. 이 모든 행위는 법적 행위들이자 실천이성에서 유래한 행위들이며, 따라서 '누구에게 귀속된 권리인가?' 하는 문제가 대두될 경우 점유의 경험적 조건들이 제거될 수 있기 때문이다.

자의의 외적 대상에 대한 근원적 획득을 우리는 선점(先占)이라고 한다. 이것은 오직 물체적 사물들(실체들)에서만 일어날 수 있다. 이것이 일어나는 경우 선점은 경험적 점유의 조건으로서 어떤 사물을 선점하고자 하는 다른 사람들보다 앞서는 시간적 우선성이 필요

하다(시간상 우선하는 자가 법적으로도 우선한다). 근원적인 것으로
서 선점은 일면적 자의의 결과일 뿐이다. 만일 이것이 양면적 자의를
요구한다면 이것은 두 사람 (또는 여러 사람) 사이의 계약에서, 따라 A 79
서 타인의 것에서 도출될 것이기 때문이다.—어떻게 그와 같은 자
의 행위가 일면적이면서도 모든 사람을 위해 '그의 것'을 정초할 수
있는지, 그것은 결코 이해하기가 쉽지 않다.—그렇다고 해서 최초
의 획득이 곧바로 근원적 획득이 되는 것은 아니다. 왜냐하면 보편적
입법에로 모든 사람의 의지를 통합함으로써 하나의 공적이고 법적
인 상태를 획득하는 것이 모든 여타의 획득에 선행해야 하며, 또 이
러한 획득은 비록 그것이 각자 특수한 의지에서 도출됨에도 전면적
이지만, 근원적 획득은 단지 일면적 의지에서만 유래할 수 있기 때문
이다.

'외적인 각자의 것'의 획득의 세분화

1. 질료(객체)의 측면에서 보면, 나는 물체적 사물(실체)이나 타인의 급부(인과)나 타인 자체, 즉 타인의 상태(타인과의 상호성)를 획득한다. 후자는 타인의 상태를 마음대로 정하는 권리가 내게 있는 경우를 말한다.

2. 형식(획득 방식)의 측면에서 보면, 외적인 각자의 것은 물권(物 VI 260
權), 대인적 권리(대인권對人權), 물적-대인적(物的-對人的) 권리 등이
다. 후자는 타인을 하나의 사물로서 (비록 사용하지는 않지만) 점유하
는 권리를 말한다.

3. 획득의 권리 근거(권원)의 측면에서 보면, 외적인 것은 일면적 자 A 80
의 활동, 양면적 자의 활동, 전면적 자의 활동 등을 통해 획득된다(사
실을 통해, 계약을 통해, 법칙을 통해). 이것은 본래 권리 세분화의 특
수 항목이 아니라 권리 행사 방식의 계기다.

제1절
물권에 관하여

§11
물권은 무엇인가?

사물에 대한 권리(물권)는 동일한 사물을 점유하는[점유하고자 하는] 모든 사람에 대항하는 권리를 의미한다. 이와 같은 일반적 설명은 올바른 명목적 정의다.—그런데 하나의 외적 대상과 관련해 그것을 보유하는 모든 사람을 향해 나 자신을 [소유자로] 대립시킬 수 있고 또 나를 그것의 점유자로 되돌려놓으라고 (소유권 반환 청구를 해서) 그들을 강요할 수 있는 것은 어떻게 이루어지는 것인가? 내 자의의 이러한 외적인 법적 관계는 물체와의 직접적 관계인가? '권리는 인간들에게 직접 관계한다'고 생각하지 않고 '권리는 사물들에 관계한다'고 생각하는 사람들은 (비록 불분명한 방식이기는 하지만) 그렇게 생각하는 것이 분명하다. 다시 말해서 그들은 '한편에 권리가 있고 다른 한편에 상응한 의무가 있다, 외적 사물은 그것이 최초 점유자의 손에서 벗어난 경우에도 여전히 최초 점유자에게 의무를 가지며 자
A 81 신의 소유자임을 참칭하는 다른 모든 사람을 거부하는 것도 그것이 이미 최초 점유자에게 구속되어 있기 때문이다, 이와 같은 방식으로 내 권리는 마치 그것을 가져다주고 또 모든 타인의 공격에서 보호해 주는 수호신처럼 다른 점유자에게 언제나 나를 [그것의 소유자로] 제시한다'고 생각한다. [하지만] '사물에게 인간이 의무를 가진다거나 거꾸로 인간에게 사물이 의무를 가진다'는 생각은 합리적이지 않다. 물론 법적인 관계를 그와 같은 모습으로 구체화하고 표현하는 것은 허락되겠지만 말이다.

따라서 실질적 개념 정의는 분명 다음과 같다. 사물에 대한 권리는

(근원적으로든 아니면 창출된 상태로든) 나와 다른 모든 사람이 공동 VI 261
으로 점유하는 사물을 [내가] 개인적으로 사용할 수 있는 권리를 의미한다. 전자[공동점유]는 내가 다른 모든 사람을 사물의 개인적 사용에서 배제하는 것(그 사물의 소유자 모두에게 저항하는 권리)을 가능하게 만드는 유일한 조건이다. 이러한 공동점유가 전제되지 않는 한 우리는 '내가 어떤 사물을 점유하지 않은 경우에도 나는 여전히 그것을 점유하고 사용하는 타인에 의해 피해를 받을 수 있다'는 사실을 생각조차 할 수 없기 때문이다.—나의 자의가 아니었다면 성립하지 않았을 구속성, 즉 '사물 사용 금지'의 구속성을 [나의] 일면적 자의를 통해서 타인에게 부과하는 것은 가능하지 않다. [이러한 의무 부과는] 결국 오직 공동점유 상태에 있는 모든 사람의 통합된 자의를 통해서만 가능하다. 만일 그렇지 않다면 나는 사물에 대한 권리에
대해 '이 사물은 나에 대한 구속성을 가지고 있으며 다른 모든 점유 A 82
자에 대한 [내] 권리는 그것에서 비로소 유래한다'고 생각해야 하겠지만 이것은 불합리한 사유 방식이다.

물권이라는 단어는 사물에 대한 권리로만이 아니라 물적인 각자의 것과 관련되는 모든 법칙의 총체[물권법]로 이해되기도 한다.—그런데 '지구상에 홀로 있는 사람은 외적 사물을 자신의 것으로 소유하거나 획득할 수 없다'는 점은 분명하다. 인격으로서 그 사람과 사물로서 다른 모든 외적인 것 사이에 구속성 관계가 성립하지 않기 때문이다. 결국 올바르게 글자 그대로 이해하면 사물에 대한 (직접적) 권리는 존재하지 않는다. 단지 '한 인격에 대립하여 [특정한] 누군가에게 귀속되어 있는 것'을 우리가 그렇게 부르는 것일 뿐이다. 그 인격은 (시민 상태 안에서) 다른 모든 사람과 함께 [그 사물을] 공동으로 점유하는 것이지만 말이다.

§ 12

최초의 사물 획득은 오직 토지의 획득뿐이다

(거주 가능한 모든 땅으로서) 토지는 **실체**이지만 그것 위에 있는 움직이는 사물들의 실재는 **속성**일 뿐이다. 후자와 연관 속에서 전자를 이해하면 그렇게 생각될 수 있다. 또한 이론적 의미에서 우유성들이
A 83 실체 외부에 존재할 수 없듯이 실천적 의미에서 보면 토지 위에 존재하는 움직이는 사물들이 누군가의 소유가 될 수 있는 것은 오직 토지 자체를 그가 법적으로 (자신의 것으로) 점유하고 있다는 것이 먼저 인정되는 경우뿐이다.

VI 262 그 이유는 다음과 같다. 토지가 어느 누구에게도 귀속되지 않은 경우 나는 토지 위에 있는 모든 움직이는 사물을 그것들이 있는 장소에서 치워버리고 그 자리를 차지할 수 있다. 이런 일은 사물들이 완전히 소멸해버릴 때까지 가능하며, 현재 그곳을 물리적으로 소유하지 않은 다른 사람의 자유는 이로 인해 방해받지 않는다. 그런데 나무, 주택 등과 같이 파괴될 수 있는 것은 모두 (최소한 질료 측면에서는) 움직이는 것들이다. 형상을 파괴하지 않고는 움직일 수 없는 사물은 **부동산**이다. 전자에 대한 소유[각자의 것]는 실체를 소유한 것이 아니라 '실체에 붙어 있는 것'을 소유한 것으로 생각될 뿐이다. 이것은 사물 자체가 아니다.

§ 13

모든 각각의 토지는 근원적으로 획득될 수 있다. 이러한 획득의 가능성은 토지 일반의 근원적 공유에 근거한다

전자에 관하여 말하면 그 명제는 실천이성의 요청(§ 2)에 근거를 둔다. 후자는 다음의 증명에 근거를 둔다.

모든 인간은 근원적으로 (즉 자의의 모든 법적 행위에 선행해서) 토

지를 적법하게[1] 점유하고 있다. 다시 말해서 모든 사람은 자연이나 A 84
우연이 (그들의 의지와 관계없이) 그들을 놓아둔 바로 그곳에 존재할 권리가 있다. 이러한 점유는 자의를 통해 획득된 **지속적** 점유로서의 거주와는 다르다. 그것은 **공동**점유인데, 구형의 지구 표면 위에 있는 모든 장소의 단일성 때문에 그러하다. 만일 지구가 한계가 없는 평평한 땅이어서 사람들이 상호 어떠한 공동체도 구성하지 않을 정도로 지구상에 퍼져 살 수 있었더라면, 공동체[의 존재]는 '인간들이 지구 위에 현존한다'는 사실에서 필연적으로 귀결되지는 않을 것이다.—지구 위의 인간은 모두 모든 법적 행동에 선행하여 (자연 자체가 만들어놓은 것처럼) [지구를] 점유하고 있는데, 우리는 이러한 점유를 **근원적 공동점유**라고 할 수 있다. 이와 같은 개념은 경험적 개념이 아니라 실천적 이성 개념이다. 경험적 개념은 시간 조건에 의존하는 개념이자 가령 **시원적 공동점유** 개념같이 증명 불가능하고 날조된 개념이다. 실천적 이성 개념은 아프리오리하게 하나의 원리를 포함하는 개념으로, 이 원리에 따라서만 인간들은 지구상의 장소를 권리 법칙들에 상응해서 사용할 수 있게 된다.

§ 14 VI 263

그와 같은 획득의 법적 행동은 **선점**이다

취득은 공간상에 있는 물체를 보유(물리적 소유)하기 시작하는 것
이다. 이러한 취득이 모든 사람의 외적 자유 법칙과 (따라서 아프리 A 85
오리하게) 일치할 수 있는 유일한 조건은 시간상 우위뿐이다. 즉 그것은 **최초** 취득이어야 한다. 이것은 자의의 행동이다. 그런데 '(지구상에 있는 특정하게 구획된 장소를 포함해서) 이 사물은 나의 것이어야 한다'는 것을 원하는 의지, 즉 전유는 근원적 획득에서는 **일면적인** 것(일면적 의지 내지는 자신만의 의지)일 수밖에 없다. 자의의 외적 대상

이 일면적 의지로 획득되는 경우 우리는 그것을 **선점**이라고 한다. 그러므로 그것의 근원적 획득은 오직 **선점**에 의해서만 생길 수 있다. 이 점은 구획된 토지의 경우에도 마찬가지다.

우리는 '이와 같은 방식으로 획득이 가능하다'는 사실을 통찰하거나 근거를 들어 설명할 수 없다. 이러한 가능성은 실천이성의 요청에서 직접적으로 귀결된다. 그런데 동일한 의지는 오직 '아프리오리하게 통합된, (즉 실천적 관계 속에 들어올 수 있는 모든 사람의 자의의 통합에 의거해) 절대적으로 명령하는 의지 안에 자기 자신이 포함되어 있는 경우'에만 어떤 외적 획득을 정당화할 수 있다. 본성상 우연적인 이러한 구속성을 모든 사람에게 부과하는 것은 일면적 의지(양면적 의지도 **특수하고** 일면적인 의지다)에는 가능하지 않으며 **전면적** 의지, [즉] 우연적으로가 아니라 아프리오리하게 따라서 필연적으로 통합된 의지이자 바로 그렇기 때문에 입법적인 의지가 필요하기 때
A 86 문이다. 오직 이것의 원리에 의거해서만 각자의 자유로운 자의는 모든 사람의 자유와 일치하고 따라서 하나의 법이라고 하는 것이 가능하며 또한 그 결과 하나의 외적인 나의 것 역시 가능하기 때문이다.

VI 264

§ 15

오직 시민 체제에서만 어떤 것이 **확정적으로** 획득될 수 있으며, 자연 상태에서는 획득될 수 있기는 하지만 단지 **잠정적으로만** 획득될 수 있다

시민 체제는, 비록 그것의 실제성은 주관적으로는 우연적이라고 할지라도, 객관적으로는, 즉 의무로서는 필연적이다. 따라서 시민 체제 자체 및 그것의 창출과 관련해 자연의 실제적 권리 법칙이 존재하며, 모든 외적 획득은 이 법칙에 종속된다.

획득의 경험적 권원은 물리적 취득이었으며 이것의 근거는 토지의

근원적 공유였다. 그러한 경험적 근거에 지성적 취득의 근거가 (공간·시간상에서 모든 경험적 조건이 제거됨으로써) 상응해야만 한다. 법의 이성 개념들에 의거하는 점유 아래에 오직 현상에서의 점유만 놓을 수 있기 때문이다. 그것[지성적 취득]은 다음 명제를 정초한다. "외적 자유의 법칙에 상응하게 내 강제력 안으로 가져오고, '이것은 나의 것이어야 한다'고 내가 의욕하는 것, 그것이 나의 것이 된다."

그러나 획득의 이성적 권원은 오직 '아프리오리하게 통합된 (필연 A 87
적으로 통합된) 만인의 의지'라는 이념뿐이다. 이 이념은 이 경우 불가피한 조건[2]으로서 암묵적으로 전제되어 있다. 일면적 의지가 아니었다면 타인들이 갖지 않았을 구속성이 일면적 의지를 통해 타인들에게 부과될 수는 없었을 것이기 때문이다.—그런데 입법을 위해 통합되어야 하는 의지가 보편적이고 실제적으로 통합되어 있는 경우 그러한 의지 상태는 곧 시민 상태다. 결국 시민 상태 이념과의 일치 안에서만, 다시 말해 시민 상태와 그것의 작동을 지향하지만 그것[시민상태]의 실재성에 선행하여(그렇지 않으면 획득은 도출된 획득이 되고 만다), 단지 **잠정적으로만** 우리는 외적인 것을 근원적으로 획득할 수 있다.—**확정적** 획득은 오직 시민 상태에서만 있을 수 있다.

그렇다고 해도 그러한 잠정적 획득은 여전히 진정한 획득이다. 그것의 가능성이 법적-실천적 이성의 요청에 근거하는 사법의 한 원리이기 때문이다. 우리 인간이 어떤 상태에서 상호 병존하는지에 관계없이 (그러므로 자연 상태에 있는 경우를 포함하여) 그러하다. 이 요청에 따라 각자는 [타인을] 강제할 권리, [즉] '자연 상태에서 벗어나 모든 획득을 확정적으로 만들 수 있는 유일한 상태인 시민 상태로 진입하는 것'이 가능해지도록 만드는 강제의 권리를 가지게 된다.

문제: 토지 취득 권한은 어느 범위까지 확대되는가? [답] 그것 VI 265

A 88 을 자신의 강제력 안에 소유하는 능력의 범위까지, 다시 말해서 그것을 전유하고자 하는 사람이 그것을 방어할 수 있는 정도까지. 마치 그 토지가 "만일 당신이 나를 보호해주지 못한다면 당신은 내게 아무것도 명령할 수 없습니다"라고 말하기라도 하는 것처럼. 공해와 영해의 구분에 관한 싸움 역시 이에 상응하여 해결되어야 한다. 예를 들어 대포의 사정거리보다 가까운 곳이라면 어느 누구도 한 국가에 이미 귀속되어 있는 땅의 해안에서 낚시하거나 바다 밑에서 호박(琥珀)을 캐서는 안 된다 등.—다음 문제: (개간, 경작, 배수 등) 토지에 부여한 노동은 토지 자체를 획득하기 위해 필수적인가? [답] 그렇지 않다! (특수화의) 이러한 모습들은 단지 우연적 요소일 뿐이어서 직접적 점유의 객체를 구성하지 못한다. 그것들은 실체가 이미 주체의 것으로 인정되어 있는 한에서 단지 그 주체의 객체가 될 수 있을 뿐이다. 최초 점유가 문제시되는 경우 그러한 노동은 취득의 외적 표식에 불과하다. 이것은 힘이 덜 드는 다른 많은 표식으로 대체될 수도 있다.—다음 문제: 어떤 사람의 취득 행동을 방해함으로써 두 사람 모두 우선성의 권리를 갖지 못하게 되어 결국 토지가 어느 누구에게도 귀속되지 않은 상태로 여전히 남아 있어도 괜찮은가? [답] 전체적으로는 그와 같은 방해가 일어날 수 없다. 그것을 할 수 있으려면 타인이 '존재하는 것을 방해받을 수 있는 장소'의 어느 인접한 곳에 있어야 하기 때문이다. 결국 절대적 방해는 모순일 뿐이다. 반면에 부분적으로는 가령 어떤 (중
A 89 간에 놓여 있는) 토지와 관련해서 만일 이웃한 두 사람이 서로 떨어져 있기 위해 그 토지를 중립적으로 사용하지 않고 그냥 놔둔다면 그것은 선점의 권리와 병존하게 된다. 하지만 이 경우 그 토지는 사실상 두 사람에게 공동으로 속한 것이지 주인이 없는(무주물) 상태에 있는 것이 아니다. 두 사람은 서로 떨어져 있기 위해 그 토

지를 사용하는 것이기 때문이다.—다음 문제: 토지 전체가 어느
누구의 것도 아닌 경우 그와 같은 토지 위에서 어떤 사물을 자신의
것으로 소유하는 것이 가능한가? [답] 가능하다. 가령 몽골 지역에
서는 모든 사람이 자기 짐을 [아무 곳에나] 놓아둘 수 있고 달아난
말을 자신의 것으로 [다시] 점유할 수 있다. 토지 전체가 국민에게
귀속되어 있고 따라서 토지 사용이 각 개인에게 귀속되어 있기 때
문이다. 이와 달리 타인의 토지 위에 있는 움직이는 사물을 자신 VI 266
의 것으로 소유하는 것은 분명 가능하지만 그것은 오직 계약에 의
거해야 한다.—마지막 문제: 토지 사용 방식과 관련하여 인접한
두 부족(또는 가족)은 서로 충돌할 수 있는가? 예를 들어 수렵 부족
이 유목민이나 농사짓는 사람과 충돌하거나, 농사짓는 사람이 과
수원을 하는 사람과 충돌하는 것이 가능한가? [답] 물론이다. 토지
위에 정착하는 방식은 그들이 경계를 넘지 않는 한 오직 그들의 재
량에 맡겨야 할 사항(단순한 능력 문제)이기 때문이다.

끝으로 다음과 같은 물음이 아직 제기될 수 있다. 즉 자연이나
우연이 아니라 우리 자신의 의지로 어떤 민족과 이웃이 되었는데
이 민족과 더불어 하나의 시민적 유대를 갖게 될 전망이 전혀 없는
경우 (아메리카 인디언, 남아프리카 원주민, 뉴홀랜드 원주민 등처럼) A 90
시민적 유대를 창출하고 그 사람들(미개인들)을 법적 상태로 끌어
들이고자 하는 의도에서가 아니라, 폭력을 사용하여 또는 (더 나을
것도 없겠지만) 위장 매매로 식민지를 건설하고 그렇게 하여 토지
소유자가 되며, 최초 점유를 고려하지 않고 우리 위력을 사용하는
권한이 우리에게 주어져 있는 것은 아닌가? 더욱이 (토지가 비어
있는[방치되는] 것을 좋아하지 않는) 자연 자신이 그런 것들을 촉구
하는 듯이 보이지 않는가? 문명인들이 거주하는 다른 대륙의 거대
한 지역들, 지금은 사람들로 가득 차 있는 그곳들이 정녕 아무도

살지 않는 곳으로 남아 있어야 했단 말인가? 또는 영원히 그렇게 남아 있어야 한단 말인가? 그런 식으로 창조의 목적이 좌절되어야 한단 말인가? [답] 하지만 사람들은 '선의의 목적은 모든 수단을 정당화한다'고 하는 부정의의 장막(예수회의 교의)을 쉽사리 꿰뚫어본다. 따라서 그와 같은 방식의 토지 획득은 비난받을 일이다.

외적 획득 대상은 양과 질 측면에서 모두 확실하게 규정되지 않으며, 이와 같은 사실은 (유일한 외적인 근원적 획득이라고 하는) 과제 해결을 매우 어렵게 만든다. 그럼에도 외적인 것을 근원적으로 획득하는 일은 어디서든 존재해야 한다. 모든 것이 도출되는 일은 가능하지 않기 때문이다. 우리가 이러한 과제를 해결이 불가능한 과제나 그 자체로 성립하지 않는 과제로 포기해버릴 수 없는 것도 이 때문이다. 하지만 만일 이러한 과제가 근원적 계약을 통해 해결된다고 할지라도, 이 근원적 계약이 모든 인류에게 확대되지 않는 한, 획득은 여전히 잠정적인 것으로 남게 될 것이다.

VI 267

§16

'토지의 근원적 획득'이라는 개념의 해명

A 91 모든 사람은 지구 전체의 토지를 근원적으로 **공동점유**하고 있으며 또한 모든 (각각의) 사람은 토지를 사용하고자 하는 (자연이 부여한) **의지**를 가지고 있다(올바름의 법칙). [그런데] 공동의 토지 안에 하나의 **특수한 점유**가 각자에게 규정되는 것은 법칙에 따라 이루어질 수 있거니와, 각자의 의지는 만일 한 사람의 자의가 다른 사람의 자의를 위한 것이기도 한 이와 같은 법칙을 자기 안에 가지고 있지 않다면 어떠한 토지도 사용하지 못하게 될 것이다. 한 사람의 자의는 다른 사람의 자의와 자연적으로 불가피하게 대립하기 때문이다(합법성의 법칙). 그러나 외적 자유의 공리에 따라 각자에게 토지에 대한 권리

를 분배하는 법칙은 오직 **근원적이고** 아프리오리하게 통합된 의지에서만 유래할 수 있으며(이러한 의지는 통합을 위해 어떠한 법적 행동도 전제하지 않는다), 오직 시민 상태에서만 성립할 수 있다(분배 정의의 법칙). 오직 그와 같은 의지만이 '무엇이 **올바르며**, 무엇이 **합법적이며**, 무엇이 **정당한가**' 등을 규정한다.—그런데 그 이전 상태에서, 다시 말해 시민 상태를 만들기 이전이지만 여전히 그것을 의도하는 상태에서, 즉 **잠정적으로나마** 외적 획득의 법칙에 따라 [다른 사람을] 대하는 것은 **의무이며**, 따라서 비록 일면적이긴 해도 취득과 전유의 행동을 타당한 것으로 승인하도록 모든 사람을 구속하는 것은 의지의 법적 **권한**이기도 하다. 결국 토지의 잠정적 획득은 가능하며 그것은 모든 법적 귀결을 수반한다.

그런데 그와 같은 획득은, 법적으로 가능한 점유의 한계를 규정하
는 것과 관련하여, 법칙의 **지지**(허용 법칙)가 필요하며 또한 실제로 A 92
가지고 있기도 하다. 이러한 획득은 법적 상태에 선행하며 '단지 그
것으로 나아가는 것으로서' 아직 확정적이지 않기 때문이다. 그러나
허용 범위는 법적 상태 창출에 대한 **다른 사람들**(참여자들)의 동의를
벗어나지 않는다. 다른 사람들이 이러한 (시민) 상태에 진입하려고
하지 않는 경우 그리고 그것이 계속되는 한에서 그러한 허용은 합법
적 획득의 모든 효과를 동반한다. 그와 같은 [자연 상태의] 이탈은 의
무에 근거를 두기 때문이다.

§ 17 VI 268

근원적 획득 개념의 연역

우리는 획득의 **권원**을 토지의 근원적 공유에서, 따라서 외적 점유의 공간-조건들 아래서 발견했다. 그런데 우리는 **획득 방식**을 경험적 조건들에서, [즉] 외적 대상을 나의 것으로 소유하려는 의지와 결합

되어 있는 취득의 경험적 조건들에서 발견했다. 이제 우리에게 필요한 것은 획득 자체, 즉 주어진 두 요소의 귀결인 외적인 나의 것, 다시 말해서 대상의 지성적 점유를 그 개념에 상응하여 순수 법적-실천적 이성의 원리들에서 전개해내는 것이다.

외적인 것이 실체인 경우 '외적인 나의 것'에 관한 법 개념은, '나의
A 93 외부에 있는'이라는 표현과 관련해서 말하면, '지금 내가 있는 곳이 아닌 다른 장소'를 의미할 수 없다. 그것은 이성 개념이기 때문이다. 그 개념은 '나와 구별되는 어떤 것', (마치 지속적 취득과 같은) '경험적이지 않은 점유', '외적 대상을 내 강제력 안에 가지고 있음'(외적 대상이 나와 결합함. 이러한 결합은 사용 가능성의 주관적 조건이다) 등만을 의미할 뿐이다. 이것들은 순수한 지성 개념들이고, 이성 개념 아래에는 순수한 지성 개념만 포섭될 수 있기 때문이다. 그런데 점유는 인간의 대상들과 관계이지만 대상들은 구속성을 갖지 않으므로 그와 같은 점유의 감성적 조건들을 제거하거나 도외시하는 것(추상)은 곧 '한 사람이 다른 사람들과 가지는 관계'와 다르지 않다. 즉 그것은 '전자의 의지가 사물의 사용과 관련해서 다른 모든 사람을 구속하게 되는' 관계와 다르지 않다. 이 경우 한 사람의 의지는 외적 자유의 공리, 권한의 요청, 아프리오리하게 통합된 것으로 생각되는 의지의 보편적 입법 등에 적합해야 한다. 결국 그것은 사물의 지성적 점유, 다시 말해 순수 법을 통한 점유다. 비록 그 대상(내가 점유하는 사물)이 감성의 대상이라고 할지라도 말이다.

토지를 최초로 개간하거나 최초로 울타리를 두르는 등 토지에 최초로 어떠한 형태를 부여하는 행위는 토지 획득의 권원을 제공할 수 없다. 즉 우연한 속성의 점유는 실체의 법적 점유의 근거를 제
VI 269 공할 수 없다. 반대로 각자의 것은 실체의 독점적 소유[3]로부터 규

칙에 맞게 귀결되어야 한다(종물從物은 주물主物에 수반된다). 자기 소유가 아닌 토지에 노동을 투여한 사람은 토지 소유자 앞에서는 자신의 노고와 노동의 대가를 잃어버리고 만다. 이러한 사실은 A 94
너무도 명백하다. 그러므로 광범위하게 퍼져 있는 매우 오래된 강력한 견해는 단지 은밀하게 존재하는 기만에 덕을 보고 있는 셈이다. 그것은 사물을 인격화하는 기만이며 '인간이 사물 자체에 직접적으로 권리를 가진다'고 상정하는 기만이다. 마치 사물에 가한 노동이 '노동을 제공한 사람 이외에는 어느 누구도 이용해서는 안 된다'는 구속성을 사물 자체에 부과할 수 있기라도 한 듯이 말이다. 아마도 사람들은 '어떻게 사물에 대한 권리가 가능한가?' 하는 (이미 앞에서 언급했던) 당연한 물음에 쉽게 답하지 못했던 모양이다. 모든 점유자에 대항하는 물권은 오직 특수한 자의의 대상 사용 권한을 의미할 뿐이다. 단 이 경우 우리는 '그 특수한 자의는 종합적-보편적 의지 안에 포함되어 있으며 또한 그 의지의 법칙과 일치한다'라고 생각할 수 있어야 한다.

나의 토지 위에 있는 물체들의 경우 만일 그것들이 타인의 것이 아니라면 그것들은 나에게 귀속된다. 이것을 위해 특별한 법적 행동을 할 필요는 없다(이것은 사실에 의해서가 아니라 법칙에 의해서다). 그것들은 실체에 속한 우유성으로 (내 물권으로) 간주될 수 있기 때문이다. 내 사물과 결합되어 있지만 나의 것 자체를 변화시키지 않고는 타인이 그것[내 사물]에서 분리할 수 없는 것들 역시 모두 우유성이다(도금, 내 재료를 다른 물질과 혼합하는 것, 인접한 강바닥의 퇴적이나 변화, 그에 따른 내 토지의 확장 등). 그런데 획득 가능한 토지의 범위가 해안을 넘어 대륙붕 지역까지 확대될 수 있는 A 95
가(내 땅의 해변에서 물고기를 잡거나 호박을 캐는 권리 등) 하는 문제는 동일한 원칙에 따라 결정되어야 한다. [즉] 내 거처에서부터

'나의 토지를 타인의 공격에서 보호하는' 기계적 능력이 도달하는 곳(가령 해안에 있는 대포의 사정거리)까지는 내 점유에 속한다. 그곳까지는 영해다. 하지만 내 거처가 광대한 바다 위에 존재하는 것은 가능하지 않으므로 점유 역시 그곳까지 확대될 수 없다. 즉 공
VI 270 해는 소유자가 없다. 사람이나 그의 사물이 [배가 난파되어] 어쩔 수 없이 해안으로 밀려온 경우 해안 소유자는 그 사람이나 그 사람의 사물을 획득할 권리가 없다. 그것은 [해안 소유자의 권리] 침해가 아니며 (사실행위가 결코 아니며) 또한 토지 위에 놓여 있는 사물이라 할지라도 그것이 누군가에게 귀속되어 있다면 그것을 주인 없는 물건으로 취급할 수 없기 때문이다. 반면 강이나 강바닥은 양쪽 강가를 점유한 사람들이 근원적으로 획득할 수 있다. [획득] 범위는 강가의 점유가 도달하는 곳까지이며 이러한 획득은 위에서 언급한 제한조건 아래에서 성립한다.

* * *

외적 대상이 실체 측면에서 누군가의 소유로 되어 있는 경우 그것은 그 사람의 소유물이다. 사물에 대한 권리는 모두 (마치 속성들이 실체에 대해 그러하듯이) 이 소유물에 담지되어 있다. 그러므로 소유자는 사물에 대한 모든 권리를 임의로 행사할 수 있다(자기 사
A 96 물을 처분하는 권리). 이러한 사실에서 다음이 귀결된다. 위와 같은 대상이 될 수 있는 것은 물체적 사물뿐이며 우리는 이러한 사물에 대해 아무런 구속성도 갖지 않는다. 사람은 자기 자신의 주인(법적 주체)일 수는 있어도 (자신을 임의로 처분할 수 있는) 자기 자신의 소유자[4)]일 수 없으며 하물며 다른 사람의 소유자일 수는 더더욱 없다. 인간은 자신의 인격 안에 있는 인간성에 대해 책임져야 하기

때문이다. 이 사안은 인간의 권리가 아니라 인간성의 권리에 속하는 것으로 지금 이곳에서는 이 사안을 논의하기가 적절하지 않다. 단지 방금 언급한 것을 더 쉽게 이해하기 위해 이 사안이 잠정적으로 도입되었을 뿐이다.—하나의 동일한 사물에 대해 진정한 소유자가 둘 있을 수도 있다. 이것은 '공동의 나의 것'을 말하는 것이 아니라 한 사람에게 그의 것으로 귀속되어 있는 것을 공동으로 점유하는 경우를 말한다. 이른바 공동소유자들 가운데 한 사람에게는 사용 없는 완전 점유가 귀속되고 다른 한 사람에게는 점유를 포함하여 사물의 모든 사용이 귀속되는 경우가 그에 해당한다. 전자(직접 소유자)는 후자(사용 소유자)를 지속적 채무이행이라는 조건으로만 제한하되 그것을 사용하는 데는 한계를 정하지 않는다.

제2절 대인적 권리에 관하여 VI 271

§ 18

나의 자의가 타인의 자의를 자유 법칙에 따라 어떤 행위로 규정하는 경우 [그와 같은 규정] 권한(타인의 원인성 측면에서 이해된 외적인 각자의 것)으로서 '타인 자의의 점유'는 하나의 권리다. (이와 같은 A 97
것을 나는 동일한 사람에 대해 또는 타인에 대해 여러 개 가질 수 있다) 그런데 그러한 점유를 가능하게 하는 법칙들의 총체(체계), 즉 대인적 권리에 관한 법은 하나만 존재한다.

대인적 권리의 획득은 결코 근원적이거나 일면적일 수 없다(그러한 획득은 '내 자의의 자유는 모든 사람의 자유와 일치해야 한다'는 원리에 맞지 않아서 올바르지 않기 때문이다). 또 나는 타인의 위법적 사실행위로도 [그것을] 획득할 수 없다. 비록 그로 인해 내가 침해당하고 그것에 대해 보상을 요구할 수 있다고 할지라도 보상은 나의 것이 축소되지 않고 유지되도록 만드는 것일 뿐 보상을 통해 내가 이미 가지고 있는 것 이상으로 무엇이 주어지는 것은 아니기 때문이다.

내가 권리 법칙에 의거해 사실행위를 하도록 타인을 규정하는 경우, 타인의 사실행위로 획득한 것은 결국 언제나 타인의 것에서 도출되는 획득이다. 법적 행동으로서 이러한 도출은 가령 **방치**나 자신의 것에 가해지는 **포기** 같은 **소극적** 행동으로 성립할 수 없는데, 이런 것들로는 일인의 것이나 타인의 것이 없어질 뿐 획득되지 않기 때문이다.—법적 행동으로서 도출은 양도를 통해서만 성립할 수 있으며 양도를 가능하게 만드는 것은 공동 의지뿐이다. 공동 의지를 매개로 [먼
A 98 저] 대상이 일인이나 타인의 강제력 안에 귀착되고 그다음 일인이 '그러한 공유에 참여해 있음'을 부인하고 그 후 대상이 그의 인수(引受)를 통해 (즉 자의의 적극적 행동을 통해) '그의 것'이 된다.—자기 **소유물**을 타인에게 이전하는 것이 **양도**다. 두 사람의 통합된 자의의 행동이 일인의 것을 타인에게 이전하는 경우 그러한 행동은 계약이다.

VI 272 § 19

모든 계약에는 두 개의 **예비적** 행동과 두 개의 **구성적** 행동이 포함되어 있다. 이들은 모두 자의의 법적 행동이다. 전자(교섭 행동)는 **제안**과 **동의**이며 후자(**체결** 행동)는 **약속**과 **수용**[5]이다.— '내가 제안한 것을 제안받은 상대가 **수용**하게 될 것이다'라고 선행적으로 판단하기 이전엔 우리는 제안을 약속이라고 할 수 없다. 이것은 전자의 두 의사 표명을 통해 명시되지만 그것만으로는 아직 획득이 성립하지 않는다.

제안을 한 사람의 **특수한** 의지로도 또 제안을 받은 사람(수용자)의

특수한 의지로도 약속하는 자의 것이 약속받는 자에게 이행되지 않는다. 이러한 이행은 오직 두 사람의 통합된 의지로만, 즉 두 자의가 동시에 표명되어야만 일어난다. 이러한 일은 의사 표명의 경험적 행동으로는 가능하지 않다. 이것은 필연적으로 시간적 순서가 있어서 A 99
결코 동시적일 수 없기 때문이다. 내가 약속했고 타인이 수용하기를 원하는 경우 나는 수용 이전에는 여전히 자유롭기 때문에 (아무리 짧은 순간일지라도) 그사이에 다른 마음을 먹을 수 있다. 상대방도 마찬가지인데, 같은 이유에서 수용자는 [상대의] 약속에 대한 자신의 의사 표명이 자신에게 아무런 구속력도 없는 듯 여길 수 있다.—계약 체결의 외적 의식들(손뼉 치기, 두 사람이 함께 잡은 짚대 꺾기 등)이나 이전의 의사 표명을 이리저리 증명해 보이는 것 등은 차라리 계약 체결자가 당혹스러워한다는 것을 보여준다고 하겠다. 언제나 순차적으로 나타나는 의사 표명들을 어떻게든, 어떤 방식으로든 한 시점에 동시적으로 존재하는 것으로 나타내 보이고자 하는 당혹스러움 말이다. 이는 성공할 수 없는데, 그것들이 시간상 선후로 등장하는 행위들일 뿐이며, 이곳에서는 하나의 행동이 존재하는 시점에 다른 행동은 아직 존재하지 않거나 아니면 더는 존재하지 않기 때문이다.

반면 '계약을 통한 획득' 개념의 선험적 연역만은 그와 같은 난점을 제거할 수 있다. 법적인 외적 관계에서라도 타인 자의의 취득은 (그 반대도 마찬가지지만) 우선은 경험적으로 생각되기 마련이다. [즉] 타인의 자의를 사실행위에로 규정하는 근거로서 그러한 취득은 그것의 감성적 조건으로서 시간상에서 [이루어지는] 일인의 자의의 의사 표명과 타인의 자의의 대응 의사 표명으로 생각되기 마련이다. 이 경우 두 법적 행동은 언제나 순차적으로 나타난다. 그러나 지금의 A 100
관계는 (법적 관계로) 순수 지성적 관계이며 따라서 지금의 점유, 즉 VI 273
자유 개념들에 따른 지성적 점유는 앞서의 경험적 조건들의 추상과 함께 입법적 이성 능력인 의지를 통해 '나의 것'이나 '너의 것'으로 표상된다. 이 경우 약속과 수용 두 행동은 '순차적으로 나타나는 것'이 아니라 (현실계약처럼) '유일한 **공동** 의지에서 유래하는 것'으로 표상되며 (**동시적**이라는 단어는 바로 이 점을 표현한다) 또한 대상(약정된 것)은 경험적 조건들의 제거를 통해 순수 실천이성의 법칙에 따라 획득된 것으로 표상된다.

이상의 것이 '계약을 통한 획득' 개념의 참된 연역이자 유일하게 가능한 연역이다. 그것의 가능성을 증명하려는 법이론가들(가령 『예루살렘』의 저자 멘델스존[6])의 노력, 힘들지만 성과는 없는 그들의 노력이 바로 그 점을 충분히 확인해준다.—문제는 '왜 나는 내가 한 약속을 **지켜야만** 하는가?'였다. '내가 약속을 **지켜야만** 한다'는 것은 누구에게나 자명하기 때문이다. 이러한 정언명령을 또 다시 증명한다는 것은 결코 가능하지 않다. 그것은 마치 '삼각형을 그리려면 선이 세 개 필요한데(이것은 분석명제다) 이 중 두 선의 합은 다른 한 선보다 길어야 한다(이것은 종합명제다. 두 명제는 모
A 101 두 아프리오리한 명제다)'는 사실을 이성 추론에 의해 증명하는 것이 기하학자에게 가능하지 않은 것과 마찬가지다. 그것은 순수 (법 개념과 관련된 것인 한, 공간·시간의 모든 감성적 조건을 추상해버리는) 이성의 요청이며, 또 '[과연] 그것의 점유를 폐기하지 않고도 그러한 조건들을 추상할 수 있는가?' 하는 가능성을 논의하는 것 자체가 곧 계약을 통한 획득 개념의 연역이다. 이 점은 선점을 통한 외적 사물의 획득에 관한 앞 절[§ 14]의 논의에서와 마찬가지다.

§ 20

그런데 계약으로 획득하게 되는 외적인 것은 무엇인가? 외적인 것

은 나에게 약속한 의무 이행과 관련된 타인의 자의라는 원인성이므로, 내가 계약을 해서 직접 획득하게 되는 것은 외적 사물이 아니라 타인의 사실행위, [즉] 내가 외적 사물을 나의 것으로 만들기 위해
[필요한] '외적 사물을 내 지배력 안에 가져다놓는 타인의 사실행위' VI 274
다.—결국 계약으로 나는 (약속된 것이 아니라) 타인의 약속을 획득하지만 그럼에도 무엇인가가 나의 외적 소유에 추가된다. 즉 타인의 자유와 권한에 대한 적극적 책무를 획득함으로써 나는 더 많이 가진 자가 된다.—이러한 내 권리는 대인적 권리, 다시 말해 특정한 물리적 인격에 대한 권리이며 더욱이 그의 원인성(그의 자의)에 영향을 미쳐 [그로 하여금] 나를 위해 무엇인가를 하도록 만드는 권리다. 이때 내 권리는 물권이 아니다. 물권은 도덕적 인격에 대한 권리인데, 이러한
인격은 모든 사람의 아프리오리하게 통합된 자의라는 이념일 따름이며, A 102
오직 이것을 통해서만 우리는 모든 점유자에게 대항할 권리를 획득할 수 있다. 사물에 대한 권리는 모두 그것[통합된 자의]에서 성립한다.

계약으로 나의 것을 양도하는 것은 지속성의 법칙, 즉 '대상의 점유는 이러한 활동 가운데 어느 한순간에도 중단되지 않는다'는 법칙에 따라 일어난다. 그렇지 않을 경우 나는 이러한 상태에서 하나의 대상을 어느 누구에게도 점유되지 않은 것(비어 있는 것)으로서, 즉 근원적으로 획득하게 될 텐데, 이것은 계약의 개념에 모순되기 때문이다.—이러한 지속성에서 다음이 귀결된다. 나의 것을 타인에게 양도하는 것은 두 사람(약속한 자와 수용한 자) 가운데 어느 한 사람의 의지가 아니라 두 사람의 통합된 의지다. 따라서 그것은 약속한 사람이 먼저 타인의 이익을 위해 자기 점유를 방기하거나 아니면 자기 권리를 단념한 다음 다른 사람이 즉시 그 자리에 들어서는 방식 또는 정반대 방식으로 일어나는 것이 아니다. 그러

므로 양도는 하나의 행동이지만 이 행동에서는 대상이 순간적으로 두 사람에게 함께 귀속되어 있다고 해야 한다. 마치 던진 돌이 포물선을 그리며 움직이는 경우 포물선의 정점에서 돌이 순간적으로 올라가면서 동시에 내려오는 것으로 이해되는 것처럼 말이다. 여하튼 그렇게 상승운동은 하강운동으로 이행한다.

§ 21

계약에서 하나의 사물은 약속을 수용해서가 아니라 약속된 것을
A 103 인도(引渡)함으로써 획득된다. 약속은 모두 [약속] 이행에 관한 것이지만, 만일 약속된 것이 하나의 사물이라면, 약속은 오직 '약속한 사
VI 275 람이 약속받은 사람으로 하여금 사물을 점유하도록 만드는 행동', 즉 인도를 통해 이행될 수 있기 때문이다. 따라서 인도와 인수 이전에는 [약속] 이행이 성립하지 않는다. 즉 그 이전에는 사물이 일인에서 타인으로 이전되지도 않고 후자에 의해 획득되지도 않는다. 결국 계약에서 유래하는 권리는 단지 대인적 권리일 뿐이며 오직 인도를 통해서만 물적 권리로 전환된다.

직접적으로 인도가 뒤따르는 계약(현실계약)은 계약 체결과 계약 이행 사이의 중간 시점들을 모두 제외한다. 이 계약에는 어떠한 예상되는 행위, [즉] 일인의 것이 타인에게 이전되도록 만드는 특수한 행위도 필요하지 않다. 반면 그 중간 시점 어딘가에 인도를 위한 (특정 또는 불특정) 시점이 승인되는 경우 다음과 같은 물음이 제기된다. 사물은 계약을 통해 인도 이전에 이미 수용자의 소유로 전환되는가? [즉] 수용자의 권리는 사물에 대한 권리인가? 아니면 인도와만 관련된 하나의 특수 계약이 추가로 필요한가? 즉 단지 수용에 의거한 권리는 대인적 권리일 뿐이어서 인도를 통해

사물에 대한 권리로 전환되어야 하는가? 이 경우 사정은 실제로 후자에서 이야기되는 것과 같은데, 이 점은 다음에서 밝혀진다.

내가 하나의 사물(가령 내가 획득하기를 원하는 말[馬])과 관련 A 104
하여 계약을 체결하고 그것을 즉시 내 마구간에 넣거나 어떻게든 물리적으로 점유하게 된 경우, 그 사물은 나의 것이며(현실계약의 발효) 내 권리는 사물에 대한 권리다. 반면 '내가 취득하기 이전에, 따라서 점유가 변경되기 이전에 그 사물은 누구의 물리적 점유(소유) 아래에 있어야 하는가?' 하는 문제와 관련하여 내가 판매자와 특별하게 정해놓은 것이 없는 상태에서 그것을 판매자의 수중에 놓아둔 경우, 이 말은 아직 나의 것이 아니며 내가 획득한 권리는 단지 특정한 사람(즉 판매자)에 대한 권리, 즉 [내가] 말을 점유하도록 해줄 것을 [판매자에게] 요구할(인도를 요구할) 권리에 불과하다. 이러한 점유는 대상의 모든 임의적 사용을 가능하게 하는 주관적 조건이다. 이 경우 내 권리는 '나로 하여금 사물을 점유하도록 해주겠다'는 약속의 이행을 판매자에게 요구하는 대인적 권리에 불과하다. 그러므로 계약이 (현실계약으로서) 인도를 동시적으로 함축하지 않는 경우, 즉 계약 체결과 획득물 취득 사이에 시간
간격이 있는 경우 이 시기에 내가 점유에 도달하려면 나는 하나의 VI 276
특수한 법적 행동, 즉 점유 행동을 해야 한다. 이 점유 행동은 특수한 계약을 체결하는 행동이며, 이 계약은 내가 '그 사물(말)을 내가 가져오겠다'라고 말하고 또 이에 대한 판매자의 동의를 내용으로 하는 계약이 될 것이다. 타인이 사용하게 될 사물을 위험을 감수하면서까지 판매자가 보관할 거라고는 생각할 수 없기 때문이
다. 이를 위해선 특수한 계약이 필요하며 자기 사물을 매각한 사람 A 105
은 이 계약에 근거하여 정해진 시간까지 그것의 소유자로 머물게 된다(그는 그 사물에 닥칠지도 모를 모든 위험을 감당해야 한다). 판

매자가 ‘그 사물은 그[구매자]에게 이미 전해졌다’고 간주할 수 있는 경우는 오직 획득하는 자[구매자]가 정해진 시간이 지나도록 [점유를] 주저할 때뿐이다. 계약를 통해서 획득되는 것은 모두 이러한 점유 행동 이전에는 대인적 권리이며, 약속을 받은 사람은 외적 사물을 오직 인도를 통해서만 획득할 수 있다.

제3절
물적 특성을 가진 대인적 권리에 관하여[7)]

§ 22

이러한 권리는 하나의 외적 대상을 **사물로** 점유하면서 동시에 그것을 **인격으로** 사용하는 권리다.—이 권리에 의거하는 각자의 것은 가**정적**인 것이며 이러한 상태에서의 [사람들 사이의] 관계는 자유 존재자들의 공동체 관계다. 이 자유 존재자들은 (한쪽의 인격이 다른 쪽에 미치는) 상호적인 영향 때문에 외적 자유의 원리(**인과성**)에 따라 하나의 사회를 형성하게 된다. 단일한 전체의 구성원들(**공동체** 안에 있는 인격체들)로 [이루어진] 이러한 사회를 우리는 **가정**이라고 한다.—이러한 상태를 획득하게 되는 방식과 그것 안에서의 획득 방식은 일
A 106 방적 행위를 통하거나(사실을 통해서) 단순한 계약을 통해서 성립하는 것이 아니라 법칙을 통해[8)] 성립한다. 이러한 권리는 사물에 대한 권리나 타인에 대한 단순한 권리가 아니라 [타인에 대한 권리이면서] 동시에 타인을 점유하는 권리이기도 하므로 모든 물권과 모든 대인적 권리를 벗어나는 권리, 즉 우리 자신의 인격 안에 있는 인격성의 권리가 분명하다. 이러한 권리는 자연적 허용 법칙에서 유래하며, 이 법칙의 지지를 받아 그러한 획득이 우리에게 가능해지는 것이다.

§ 23

VI 277

그와 같은 법칙에 의거한 획득은 대상 측면에서 보면 세 종류다. 남자가 여자를 획득함, 부부가 자녀를 획득함, 가족이 집사를 획득함.—이렇게 획득된 것은 어떤 것도 양도될 수 없으며 이러한 대상들을 점유한 자의 권리는 지극히 대인적인 권리이다.

가정 사회의 법

제1항

부부의 권리

§ 24

성(性)의 공유는 한 사람이 다른 사람의 성적 기관과 성적 능력을 상호적으로 사용하는 것을 말한다. 이러한 상호적 사용은 (자신과 동일한 것을 만들어낼 수 있는) 자연적 사용이거나 아니면 비자연적 사용이다. 후자는 동일한 성의 인격을 사용하거나 아니면 인간-종이 아닌 다른 종의 동물을 사용하는 것이다. 후자와 같은 법칙 위반은 말 A 107
로 형언할 수조차 없는 비자연적 악덕(육체의 반자연적 범죄)이자 우리 인격 안에 있는 인격성의 침해이며, 그것을 전적으로 거부하는 것에는 어떤 유예나 예외가 있을 수 없다.

자연적 성의 공유는 단순한 동물적 본성(음란, 난교, 간음)에 따른 것이거나 아니면 법칙에 따른 것이다.—후자가 결혼, 즉 '성이 다른 두 사람이 성적 요소들을 평생 상호 점유하기 위한 결합'이다.—자녀를 낳고 키우는 것이 자연의 목적일 수는 있겠다. 이를 위해 자연이 상대를 향한 성적 기호[이성에 대한 성적 경향성]를 심어놓았으니 말이다. 하지만 결혼하는 사람이 결합의 합법성을 위해 그러한 목적을 미리 설정해야 하는 것은 아니다. 만일 그렇지 않다면 출산[능력]의 중지와 함께 결혼이 파기되어야 할 것이기 때문이다.

결혼 계약은 자의적 계약이 아니라 인간성의 법칙을 통한 필연적
VI 278 계약이다. 성적 요소의 상호적 사용에 따른 쾌락이 전제된 경우에도
마찬가지다. 즉 만일 남자와 여자가 성적 요소를 상호 향유하기를 원
A 108 한다면 그들은 반드시 결혼해야 한다. 이 점은 순수 이성의 권리 법칙
에 의거하여 필연적이다.

§ 25

한 사람이 타인의 성적 기관을 자연적으로 사용하는 것이 향유다. 이를 위해서 [자신의] 일부가 그 타인에게 제공된다. 이와 같은 행위 안에서 인간은 자신을 사물로 만드는데, 그것은 인간성이 인간 자신의 인격에 대해 가지는 권리와 상충한다. 따라서 그것은 오직 '하나의 인격이 다른 인격에 의해 마치 사물처럼 획득되는 동안 반대로 전자는 후자를 다시금 획득한다'는 조건 아래서만 가능하다. 그런 방식으로 하나의 인격은 자기 자신을 다시 쟁취하며 자신의 인격성을 재차 창출하기 때문이다. 그런데 인격은 절대적 통일체이므로 인간에게서 하나의 기관을 획득하는 것은 동시에 인격 전체를 획득하는 것이기도 하다. 결과적으로 타인을 향유하기 위해 성적 기관을 제공하고 수용하는 것은 결혼이라는 조건 아래 허용될 뿐만 아니라 오직 그러한 조건 아래에서만 가능하다. 그러나 이와 같은 대인적 권리는 동시에 물적 특성을 가지고 있는 권리이기도 하다. 그 이유는 부부 중 어느 한쪽이 도망가거나 다른 사람의 점유 아래 있게 된 경우 다른 한쪽은 그를 마치 하나의 사물처럼 언제든 주저 없이 자신의 강제력 안으로 되돌려놓을 권리가 있기 때문이다.

A 109 § 26

같은 이유에서 결혼한 사람들의 관계는 점유의 평등 관계다. 그것

은 상호 점유하고 있는 인격들의 평등이며 (일부일처제에서만 그러하다. 일부다처제나 일처다부제에서라면 자신을 제공한 하나의 인격이 그의 모든 것을 갖게 된 사람의 한 부분만 얻게 되어 결국 자기 자신을 한갓 사물로 만들기 때문이다) 또한 재화들의 평등이기도 하다. 후자의 경우 비록 하나의 특수한 계약을 통해서이기는 하지만 그들은 '일부분의 사용을 포기할 권한'도 가지고 있다.

첩실은 법적으로 유효한 계약의 자격이 없으며 일회적 향유를
위해 한 인격을 임대하는 것(매춘 계약) 역시 마찬가지다. 이 점은
위의 이유들에서 나온 귀결이다. 후자의 계약은 누구나 인정하듯 VI 279
이 만일 계약을 체결한 인격이 계약 체결을 후회하게 된다면 어느
누구도 그에게 약속 이행을 법적으로 촉구할 수 없기 때문이다. 전
자, 즉 (수치 계약으로서) 첩실 계약 역시 성립하지 않는다. 그것은
고용(대여 채용) 계약, 더욱이 신체 일부를 타인이 사용하도록 고용
되는 계약일 것이다. 하지만 하나의 인격에서 [그의 신체] 부분들
은 서로 분리 불가능하게 통일되어 있으므로 결국 이것은 하나의
인격이 자기 자신[자기 자신 전체]을 사물로서 타인의 자의에 제
공하는 셈이다. 따라서 각 부분은 다른 부분과 맺은 계약을 자신이
원하면 즉시 폐기할 수 있지만 [그럼에도] 이 다른 부분은 자기 권
리 침해에 대하여 근거 있는 불평을 제기할 수 없다.—동일한 것
이 일인이 타인을 더 많이 지배하기 위해 두 사람 사이의 신분 차
이를 이용해서 하는 결혼, 즉 신분이 낮은 사람과 결혼하는 것에도
해당된다. 사실상 그 결혼은 순수 자연법에 따르면 첩실 관계와 구 A 110
분되지 않으며 참된 결혼이 아니기 때문이다.—남편과 아내의 관
계에 관하여 율법은 '남편이 아내의 주인이어야 한다(남편이 명령
하는 부분이며 부인이 복종하는 부분이어야 한다)'고 말하고 있다.

'이것은 결혼한 자들의 평등 자체와 상충하지 않는가?' 하는 물음이 대두되는 경우, 우리는 그러한 관계를 인간 부부의 자연적 평등과 상충하는 것으로 간주해서는 안 된다. 가정의 공동이익을 관철하려 할 때 또 그 점에 근거한 명령 권리를 관철할 때 남자의 능력이 여자의 능력보다 자연적으로 우월하다는 사실만이 그와 같은 지배의 토대에 있는 경우라면 그러하다. 따라서 그러한 [명령] 권리 자체는 목적의 통일성과 평등의 의무에서 도출될 수 있다.

§ 27

결혼 계약은 오직 부부의 동거(신체 결합)로만 실현된다. [그것은] 성이 다른 두 인격이 [체결한] 계약이다. 육체적 교류를 피하기로 하는 감춰진 동의를 포함한 계약이거나 아니면 그에 대한 무능력을 한쪽이나 양쪽이 알고서 한 계약은 허위 계약이라서 결혼이 성립되지 않는다. 그러한 계약은 두 사람 가운데 누구나 임의로 폐기할 수 있다. 그러나 그러한 무능력이 사후에 나타난다면 [부부의] 권리는 그와 같은 책임질 수 없는 우연으로 제한되지 않는다.

A 111; Ⅵ 280 그러므로 배우자 획득은 선행 계약이 결여된 사실이나(즉 동거만으로는) 계약을 통해서(동거가 뒤따르지 않는 결혼 계약만으로는) 일어나지 않으며 오직 법칙을 통해서만, 즉 성적 결합 안에 들어와야 한다는 구속성의 법적 귀결로만 일어난다. 그러한 결합은 인격들의 상호 점유만을 매개로 하는 결합이며, 이러한 점유는 오직 그들의 성적 고유성을 동등하게 상호 사용함으로써만 실재성을 갖게 되는 점유다.

가정 사회의 법

제2항

부모의 권리

§ 28

인간의 자기 자신에 대한 의무, 즉 자기 자신의 인격 안에 있는 인간성에 대한 의무에서 두 성(性)의 권리(대인적 권리)가 유래하는데, 결혼함으로써 상호 물적 방식으로 서로를 인격으로 획득하는 권리가 그것이다. 이와 마찬가지로 이러한 [성의] 공유 안에서의 생산에서 생산된 자를 보호하고 양육할 의무가 나온다. 그와 함께 동시적으로 인격으로서 자녀들은 그들이 자기 자신을 보호하는 능력을 갖추게 될 때까지 부모에게 양육받을 (유전된 권리가 아닌) 근원적-생득적 권리를 가지게 된다. 자녀들은 그러한 권리를 법칙을 통해 직접 갖게 A 112
되며 이를 위한 특별한 법적 행위는 필요 없다.

생산된 것이 인격이기 때문에, 또 천성적으로 자유로운 존재자를 물리적 조작으로 생산한다는 것은 생각할 수 없기 때문에* 그러한 생 A 113; VI 281

---

* 신이 자유 존재자들을 창조한다는 것이 어떻게 가능하다는 것인지, 그것 역시 생각할 수 없는 일이다. 만일 그렇다면 그러한 존재자들의 장차 행위들은 최초 행위를 통해 선행적으로 규정되어 필연성의 고리 안에 머물게 되고 따라서 자유롭지 않을 것이기 때문이다. 그런데 정언명령은 '그들(우리 인간)은 자유롭다'는 사실을 마치 이성의 전권을 동원해 하듯이 도덕적-실천적 견지에서 증명한다. 그러나 이론적 견지에서라면 이성은 그러한 원인·결과 관계의 가능성을 이해 가능하게 만들 수 없다. 그 둘은 초감성적이기 때문이다.—우리가 여기서 이성에 기대할 수 있는 것이라고는 아마 '자유 존재자들의 창조라는 개념 안에는 모순이 존재하지 않는다'는 점을 이성이 증명할 것이라는 사실 정도다. 이러한 일은 다음 같은 것이 제시됨으로써 능히 일어날 수도 있다. 즉 시간 조건은 감성 대상들의 상호 연관 안에선 불가피한데(즉 결과의 근거[원인]는 결과에 선행한다), 만일 우리가 이러한 시간 조건을 인과 범주를 갖고서 초감성적인 것들의 상호 연관 안으로 도입한다면(만일 저 인과 개념이 이론적 견지에서 객관적 실재성을 가져야 한다면, 그것은 실제로 이루어져야 할 것이다) 오직 그럴 때만 모순이 발생한다는 것이다. 하지만 도덕적-실천적 견지에서, 그러므로 비감성적 견지에서 순수 범주가 (그에 상응하는 도식 없이) 창조 개념 안에서 사용되는 경 A 113

산 행위를 다음과 같이 이해하는 것은 실천적 관점에서 보면 지극히 옳으며 또한 필연적이기도 하다. 즉 하나의 인격을 그의 동의 없이 이 세상에 등장시키고 멋대로 이 세상에 데려오는 생산행위를 했기에 '힘이 닿는 한 그 인격이 자기 상태에 만족하도록 만들어주어야 하는 구속성'이 부모에게 부과된다. 부모는 자녀를 자신의 생산품(이것은 본성상 자유로운 존재자일 수 없다)이나 재산처럼 파괴하거나 우연에 방치할 수 없다. 부모들은 자녀들을 [특정한] 상태로 진입시키는 셈인데, 자녀들이 세계 존재자로서만이 아니라 세계시민으로서도 진입하게 되는 이러한 상태는 법 개념들에 따라 [생각해보면] 부모들과도 무관한 것이 아니기 때문이다.

A 114

§ 29

이러한 의무에서 또한 필연적으로 부모가 자녀를 관리할 권리와 교육할 권리가 유래한다. 이것은 자녀가 자신의 신체 사용과 지성 사용에 능숙하게 되기 전까지 지속된다. 이 권리는 먹이고 입히는 것 외에도 자녀를 양육하는 권리이며 자녀를 실용적이고 도덕적으로 교육할 권리다. 훗날 자녀가 자신을 보존하고 성장시킬 수 있으려면 자녀 교육은 실용적이어야 한다. 동시에 자녀 교육은 도덕적이어야 하는데 그렇지 않으면 부모가 소홀히 한 책임이 부모에게 귀착될 것이기 때문이다. 이 모든 것은 [자녀의] 독립 시점까지만 그렇다. 독립은 부모의 가부장적 명령권에 대한 부인이며 지금까지 양육과 수고에 비용을 지불하라는 모든 요구에 대한 거부이기 때문이다. 양육이 끝

우, 그것—모순—은 사라진다. 이와 같은 철저한 연구는 선험철학의 최초 요소들에 도달하게 될 것이며, 철학적 법이론가는 '그러한 연구는 도덕(Sitte)형이상학에서 불필요한 궤변일 뿐이며 끝없는 어둠 속에서 길을 잃게 될 궤변일 뿐이다'라고 천명하지는 않을 것이다. 해결해야 할 과제의 어려움과 이곳에서 법원리들을 만족시켜야 하는 필요성을 생각한다면 말이다.

난 후 부모가 자녀들에게 기대할 수 있는 것은 (부모에 대한) 책무이지만, 이것은 단지 감사함의 덕의무일 뿐이다.

후자[자녀]의 인격성에서 다음 사실 또한 귀결된다. 즉 자녀는 부 VI 282
모의 재산으로 간주될 수 없으나 그럼에도 부모의 것에 해당되며(자녀는 마치 사물처럼 부모의 점유 안에 있으며 또한 모든 타인의 점유에서 자신들의 의지에 반하여 부모의 점유로 되돌려질 수 있기 때문이다), 따라서 전자[부모]의 권리는 한갓 물권이 아니어서 양도될 수 없으되(극도의 대인적 권리) 동시에 한갓 대인적 권리도 아닌, **물적 특성을 가진 대인적 권리**다.

이상에서 알 수 있듯 법론 안에 물권이라는 항목과 대인적 권리라 A 115
는 항목 외에 **물적 특성을 가진 대인적 권리**라는 항목이 반드시 추가되어야 하며, 따라서 지금까지 [물권과 대인적 권리로] 세분화한 것은 완전하지 못한 것이었다. 자녀는 가정의 한 부분이므로 그러한 자녀에 대한 부모의 권리가 문제되는 경우, [가령] 자녀가 집을 나간 경우 부모는 자녀의 귀가 의무에 호소해야 하는 것이 아니라 (도망친 가축처럼) 자녀를 사물로 선점하고 잡아들일 권리가 있기 때문이다.

가정 사회의 법
제3항
집주인의 권리

§ 30

한 가정의 자녀들은 부모와 함께 하나의 **가족**을 구성한다. 자신들의 유지 능력에 도달하는 것만으로도(자녀들은 부분적으로는 자연의 보편적 진행 일반에 적합하게 또 부분적으로는 자녀들의 특별한 자연소질에 적합하게 성년이 된다) 자녀들은 **성년**, 즉 자기 자신의 주인이 되며 그에 해당하는 권리를 별도 법적 행위 없이, 다시 말해서 법칙

을 통해 획득하게 된다. 그때까지 의존성을 폐기하기 위한 어떠한 계
A 116 약도 [필요] 없다.—자녀 양육에 관해 부모에게 [더는] 책임이 없고 자녀는 부모에 대한 구속성에서 동일한 방식으로 벗어나게 되면 양측은 자연적 자유를 획득하거나 재획득하게 된다.—법칙을 통하여 필연적이었던 가정 사회는 이제 해체된다.

VI 283 양쪽은 이제 전과 다름없는 가정을 유지하지만 다른 책무 형식, 즉 가장과 하인(가사 도우미)의 결합으로 가정을 유지한다. 그들은 이제 동일한 가정 사회를 가장 중심 사회로 유지한다. 이것은 계약을 통해 이루어진다. 가장은 성년이 된 자녀들과 함께 계약을 통해 하나의 가정 사회를 만들며 그 가족에 자녀가 없을 경우 다른 자유로운 인격들(동거자)과 함께 가정 사회를 만든다. 이러한 사회는 불평등한(명령자 내지는 지배자와 복종자 내지는 머슴) 사회다.

하인은 가장의 소유이다. 그것은 형식(점유 상태) 측면에서 보면 물권에 따른 것과 동일하다. 하인이 도망치는 경우 가장은 일면적 자의로 그를 자신의 강제력 안으로 데려올 수 있기 때문이다. 반면 질료 측면에서 보면, 즉 '가장은 동거자를 어떻게 사용할 수 있는가' 하는 측면에서 보면 가장은 그의 소유자(하인의 소유자)로 행동할 수
A 117 없다. 그[동거자]는 계약을 통해 주인의 강제력 아래 들어오게 되었지만, 한쪽이 다른 쪽의 이익을 위해 자기 자유 전부를 포기하게 되는 계약, 즉 하나의 인격이기를 포기하게 되는 계약은 결과적으로 계약 준수 의무를 [부과하지] 않는 계약이며, 단지 강제력만 인정할 뿐인 계약, [즉] 자기 자신과 모순되는 계약, 다시 말해서 아무것도 아닌 것이기 때문이다. (범죄로 인해서 자기 인격성을 상실한 사람에 대한 소유권은 이곳에서 언급할 사안이 아니다)

따라서 하인과 맺은 가정 지배 계약은 '하인의 사용은 [곧] 소모함이다'는 특성을 가질 수 없다. 이와 관련된 판단은 가장만이 아니라

집사(따라서 이들은 노예일 수 없다)도 한다. 이 계약은 종신 계약일 수 없으며 특정 기간만 유지된다. 그 기간 안에라도 한쪽이 다른 쪽에게 결합 해제를 예고할 수 있다. 그런데 자녀들은 (죄를 저질러 노예가 되어버린 사람의 자녀를 포함해서) 언제나 자유로운 존재자다. 인간은 누구나 자유롭게 태어났고 아직 아무런 범죄도 저지르지 않았으며, 성년이 될 때까지 양육비는 자녀가 갚아야 하는 부채로서 자녀에게 부과될 수 없기 때문이다. 노예 역시 (가능하다면) 자기 자녀를 양육해야 하지만 노예는 그 비용을 지불할 수 없으므로 노예의 소유자가 노예의 무능력에 직면하여 그의 의무를 대신해야 한다.

* * * VI 284

앞의 두 항[제1항과 제2항]에서처럼 이곳에서도 우리는 물적 특 A 118
성을 가진 대인적 권리(하인을 지배하는 권리)가 존재하는 것을 보게 된다. 우리는 [도망친] 그들을 끌고 돌아와 그들이 가지고 있을지도 모를 근거와 권리를 찾아보는 것이 허용되기 전에라도 모든 점유자 앞에서 그들이 외적인 나의 것임을 주장할 수 있기 때문이다.

계약에 의해 획득된 권리의 확정적 세분화

§ 31

형이상학적 법론은 아프리오리하게 세분화(논리적 세분화) 항목들을 완전하고도 확실하게 열거하고 그렇게 하여 그것의 참된 체계를 제시한다. 이 점을 우리는 형이상학적 법론에 요구할 수 있다. 반면 경험적 세분화는 모두 단편적이어서 '세분화된 개념의 영역 전체를 채우기 위해 필요한 항목들이 더는 존재하지 않는지'를 불확실하게 남겨둔다.—(경험적 세분화와는 반대로) 아프리오리한 원리에 의거한 세분화를 우리는 확정적이라고 할 수 있다.

모든 계약은 그 자체로, 즉 객관적으로 보면 약속과 수용이라는 두
A 119 법적 행동으로 구성되어 있다. 후자를 통한 획득은 (만일 그것이 [사물의] 인도를 요구하는 현실계약이 아니라면) 계약의 한 부분이 아니라 법적으로 필연적인 귀결이다.—주관적으로 보면, 다시 말해서 '이성에 의거하여 필연적인 귀결(그것은 획득이어야 한다)이 실제로도 귀결되는가(물리적 귀결이 되는가)' 하는 질문에 답변하는 측면에서 보면, 약속을 수용하는 것은 나에게 아직 아무런 보장도 제공하지 않는다. 따라서 이와 같은 보장은 계약의 양상, 즉 계약을 통한 획득의 확실성에 속한 것으로서 하나의 보완 장치인 셈인데, 이것은 계약 목적, 즉 획득에 도달하기 위한 수단의 완전성에 해당된다.—이러한 필요성 때문에 제안자, 수용자, 보증인 세 사람이 등장한다. 보증인을 통해 그리고 제안자와 별도 계약을 통해 수용자는 대상과 관련해서는 아무것도 더 획득하지 못하지만 그럼에도 자기 권리에 도달하기 위한 강제 수단을 획득하게 된다.

VI 285 이러한 논리적(합리적) 세분화 원칙들에 따르면 원칙적으로 오직 단순하고도 순수한 세 개의 계약만이 존재한다. 반면 혼합된 경험적 세분화 원칙들은 이성 법칙에만 의거한 각자의 것의 원리들에 실정적이고 관습적인 원리들을 추가하는데, 그에 따르면 무수히 많은 계약이 존재하게 된다. 하지만 이것들은 형이상학적 법론의 영역 외부에 있다. 우리는 이곳에서 오직 형이상학적 법론만 제시하고자 한다.

A 120 그러므로 모든 계약은 A. 일방적 획득(무상 계약) 또는 B. 상호적 획득(유상 계약) 또는 C. 획득 없는 자기 것의 보증(한편으로는 자선이면서 동시에 다른 한편으로는 부담일 수 있는 것)을 목적으로 한다.

A. 무상 계약

a) 위탁물의 보관(임치)

b) 물건의 차용(사용대차)

c) 증여

B. 유상 계약

Ⅰ. 양도 계약(광의의 교환)

a) 교환(협의의 교환)

b) 매매: 상품 대 화폐

c) 차용(소비대차): 동일한 종류의 것으로 되돌려받는 조건(가령 곡식 대 곡식이나 화폐 대 화폐) 아래서 물건의 양도

Ⅱ. 임대 계약(임대, 임차)

α) 내 물건을 사용하도록 타인에게 임대(사물 임대): 임대는 [동일한] 종류의 것으로 변제될 수 있다면 유상 계약으로서 이자와 결합될 수 있다(이자 계약). A 121

β) 고용 계약(노동 임대): 일정한 보수를 대가로 내 힘의 사용을 타인에게 허락함. 이 계약에 따라 노동자는 임금을 받는 피고용자가 된다.

γ) 위임 계약: 타인 지위에서 타인의 이름으로 업무를 수행함. 타인의 지위만 대신하고 그의 (위임자의) 이름으로 업무를 수행하지는 않는 경우는 위탁 없는 업무 수행이다. 타인의 이름으로 수행하는 경우 위임이라 하며 이 VI 286
경우 고용 계약으로서 유상 계약이다.

C. 보증 계약

a) 질권과 질권 설정(물적 보증)

b) 타인의 약속 보증(인적 보증)

c) 인적 담보

자신의 것을 타인에게 양도하는 방식을 모두 포함하는 위의 표에서 우리는 양도의 대상과 수단에 관한 개념들을 보게 된다. 이것들은 지극히 경험적인 것으로 보이며, 가능성 측면에서 보아 형이
A 122 상학적 법론 안에 결코 들어올 수 없는 것들이다. 형이상학적 법론 안에서는 세분화가 원리에 따라 아프리오리하게 이루어져야 하며 따라서 (관습적일 수도 있는) 거래의 질료를 추상한 채 형식만 주목되어야 한다. 이와 같은 개념으로는 **화폐** 개념이 있는데, 이것은 **구매와 판매** 항목에 있는 **상품**, 즉 매각 가능한 모든 사물과 짝을 이루는 개념이다. 책의 개념도 있다.—하지만 이제 곧 보게 되겠지만 화폐의 개념과 책의 개념은 전적으로 지성적 관계로 해소되며 따라서 순수 계약들의 표는 경험적 혼합물로 혼탁해지지 않는다. 화폐의 개념은 **구매와 판매**(교역)라고 불리며, 인간이 사물과 교류하기 위한 수단들 가운데 가장 거대하고도 유용한 수단에 관한 개념이다. [책의 개념은] 사유의 가장 거대한 교류에 관한 개념이다.

I
화폐는 무엇인가?

화폐는 **처분**을 통해서만 **사용**이 가능한 물건이다. 이것은 (**아헨발**[9]이 제시한) 화폐에 대한 훌륭한 **명목적 설명**으로, 그러한 종류의 자의 대상을 다른 모든 것과 구별하기에 충분하다. 하지만 이러한 설명은 우리에게 그런 사물의 가능성에 관하여 아무런 해명도 제공하지 않는다. 그럼에도 우리는 이로부터 다음과 같은 사실을 알 수 있다. 첫
A 123 째, 거래에서 그와 같은 처분은 선물이 아니라 (유상 계약을 통한) 상호 획득을 의도한다. 둘째, 화폐는 모든 상품을 **대변**한다. 화폐는 (그 자체로 가치가 있으면서 국민의 이러저러한 특정한 욕구와 연결되는) **상품**으로서의 물건과 달리 그 자체로는 아무런 가치도 없는, (국민 사

이에서) 일반적으로 선호되는 교역 수단으로만 생각되기 때문이다. VI 287

1셰펠[10]의 곡식은 인간의 욕구를 위한 수단으로서 직접적 가치를 많이 가지고 있다. 그것으로 우리는 우리에게 식량을 제공하거나 이동 수단으로 삼거나 우리 대신 일하는 가축들을 먹일 수 있다. 또 그것을 수단으로 인류가 늘어나거나 보존될 수 있다. 가축들은 그러한 자연 산물들을 반복해서 생산할 뿐 아니라 인위적 산물들이 됨으로써 우리 욕구에 도움이 될 수도 있다. 집을 짓거나 옷을 만들거나 우리가 추구하는 즐거움이나 공장에서 만들어내는 모든 안락함 등이 그것이다. 반면 화폐 가치는 단지 간접적일 뿐이다. 우리는 화폐 자체를 향유할 수 없으며 다른 무엇을 위해 직접 사용할 수도 없다. 그럼에도 화폐는 모든 것 가운데 사용 가능성이 최고인 수단이다.

화폐에 관한 실질적 [개념] 정의는 이러한 사실에 잠정적이나마 근거한다. 즉 화폐는 사람들의 노동을 서로 거래하는 일반적 수단이다. 따라서 국부는, 화폐를 매개로 획득되는 것인 한, 본래 사람들이 주고받고 국민 안에서 통용되는 화폐로 대변되는 노동의 총합일 뿐이다.

화폐라는 이름의 사물을 창출하거나 타인에게서 획득하기 위해 우 A 124
리는 노동을 대가로 치러야 하므로 그러한 노동은 상품(자연 산물들이나 인위적 산물들)을 획득하거나 교환할 때 들어가는 노동에 필적해야 한다. 만일 화폐라는 이름의 물질을 만들어내는 것이 상품을 만드는 것보다 더 쉽다면 매물로 나오는 상품보다 더 많은 화폐가 시장에 나올 것이고, [이 경우] 화폐는 더 신속하게 구매자 수중에 들어가며 판매자는 구매자보다 더 많은 노동을 자기 상품에 투입해야 하기 때문이며, 그렇게 되면 상품 생산에 들어가는 노동과 산업 일반 역시 공적인 부를 가져오는 생산노동과 함께 사라지거나 위축될 것이기 때문이다. — 그러므로 은행권[수표]과 아시냐 지폐[11]는 비록 일정 기간 화폐의 위상을 대신할 수 있을지라도 화폐로 간주될 수 없다.

그것을 만드는 데에는 거의 아무런 노고도 들어가지 않기 때문이다. 또 그것들을 현금으로 전환하는 것이 지금까지 성공했으며 앞으로도 VI 288 지속될 것이라는 안일한 생각에 그것들의 가치가 근거를 두지만, 확실하고 쉽게 교환하기 위해 충분할 만큼 현금이 존재하지 않는다는 사실이 만에 하나 드러나는 경우, 그러한 생각은 즉각 사라질 것이며 지급 불능은 불가피하게 될 것이기 때문이다.—따라서 가령 페루나 뉴멕시코에서 금광이나 은광을 건설하는 사람들의 생산노동은 비록 광맥을 찾기 위해 헛되이 들어간 노동이 거듭 실패한 시도에 머물렀을지라도 유럽에서 상품 생산에 들어가는 생산노동보다 아마도 훨씬 더 클 것이다. 만일 그들이 공급한 사치품이 유럽에서 광업에 대
A 125 한 흥미를 지속적으로 유발하지 않았다면, 그리하여 바로 그 물질들에 매혹되어 유럽의 노동이 적절한 정도로 확대되지 않았다면 [그곳의] 생산노동은 보수도 받지 못한 채 중단되고 그곳 국가들은 즉각 빈곤 속으로 추락하고 말았을 것이다. 이와 같은 방식으로 노동은 언제나 노동과 경쟁 상태에 있게 된다.

그런데 처음에는 물품이었던 것이 나중에는 화폐로 변하는 것이 어떻게 가능한가? 처음에는 단지 (궁중의) 하인들을 치장하는 데 필요했던 물질들(가령 금, 은, 동, 장식 조개인 카우리스, 마쿠텐이라는 이름의 콩고 깔개, 세네갈의 쇳조각, 기니 해변의 흑인노예 등)을 대규모로 낭비하는 권력자가 있었을 때, 다시 말해서, 군주가 신하들에게 이러한 물질로(물품으로) 세금을 내라고 요구하고 그리고 그것을 구하기 위해 애쓰지 않을 수 없는 신하들에게 동일한 것을, (시장이나 거래소의) 그들 사이의 거래 규정에 맞게, 다시 보수로 주었을 때 [가능했을 것이다]—오직 그렇게 해서만 (내 생각으로는) 하나의 물품은 신하들이 노동을 교역하기 위한 법적 수단으로 변할 수 있었을 것이며, 그럼으로써 국부의 수단, 즉 화폐가 될 수 있었을 것이다.

경험적 개념은 지성적 개념 아래에 있거니와 화폐에 관한 지성적 A 126
개념은, 점유의 유통(공적 교환)에서 이해하자면, 다른 모든 사물(물
품)의 가격을 규정하는 하나의 사물에 관한 개념인 셈이다. 학문들조
차 우리가 다른 사람에게 공짜로 가르치는 것이 아닌 한 그런 사물
(물품)들 가운데 하나다. 그러므로 한 국민 안에서 화폐의 양은 그 국
민의 부(富)를 결정한다. 가격은 한 사물의 **가치**에 관한 공적 판단이
며 **노동**의 (유통의) 상호 교환을 위한 일반적이고 대표적인 수단의
양적 적절성과의 연관 속에서 [내려진] 판단이기 때문이다.—교역
규모가 큰 곳에서는 **금**이나 동이 진정한 화폐로 간주되지 않고 물품
으로 간주될 뿐이다. 교역에서 쉽게 사용하기에 금은 너무 적고 동은 VI 289
너무 많기 때문이다. 그럼에도 물품과 교환하거나 그것들끼리 교환
하려면 극히 적은 부분을 보유하거나 획득하는 것이 필요하기 때문
이다. (많든 적든 동과 혼합된) 은은 대규모 국제무역에서 화폐의 진
정한 수단과 모든 가격 측정의 기준으로 받아들여진다. 여타의 금속
들(과 수많은 비금속 물질)은 소규모 교역을 하는 국민 안에서만 등장
한다.—앞의 두 금속[금과 동]은 무게만 측정되는 것이 아니라 그것
에 각인이 부여되면, 다시 말해 그것의 가치를 나타내는 표지를 부여
받게 되면 법적인 화폐, 즉 **동전**이 된다.

"그러므로 화폐는 (애덤 스미스가 말하듯) 그것의 처분이 노동의 A 127
수단이자 동시에 기준인 물체이며, 그것을 가지고 사람들과 민족들
이 서로 교역하게 되는 물체다."[12]—이러한 설명은 유상 계약에서
상호 의무 이행의 **형식**에만 주목함으로써(또 그것의 질료를 추상함으
로써), 그리고 그 결과 각자의 것을 교환(광의의 교환)할 때 법 개념
일반에 주목함으로써 화폐에 대한 경험적 개념을 지성적 개념으로
이끌어간다. 이는 곧 앞서의 확정적 세분화 표(表)를 아프리오리하
게, 따라서 체계로서 법의 형이상학에 걸맞게 나타내기 위한 것이다.

II

책은 무엇인가?

독자를 향해 행하는 연설을 시각적 언어기호로 표현하는 저작물(펜으로 썼든 인쇄했든, 분량이 적든 많든 전혀 상관없다)이 책이다.—독자에게 자기 이름으로 이야기하는 사람은 저자라고 불린다. 다른 사람(저자) 이름으로 저작물을 활용해 공개적으로 이야기하는 사람은 출판가다. 그것을 저자의 허락 아래 하는 사람은 합법적 출판가이며 허락 없이 하는 사람은 비합법적 출판가, 즉 복제자다. 원본의 모든 복사물(사본) 전체는 출판물이다.

A 128 책의 복제는 법으로 금지된다.

저작물은 (특정 인물을 표현하는 동판화로 만든 초상화나 석고로 만
VI 290 든 흉상처럼) 어떤 개념을 직접 표현한 것이 아니라 독자를 향한 이야
기다. 즉 저자는 출판가를 매개로 공개적으로 이야기한다.—그런데
후자, 즉 출판가는 (그의 직공장, 즉 인쇄업자를 통해서) 자기 자신의 이
름으로가 아니라 (이 경우 출판가 자신이 저자로 불리게 될 것이므로)
저자 이름으로 이야기한다. 이를 위한 권리를 그는 저자가 승인한 권
한위임으로 가지게 된다.—판권 침해자는 자의적으로 출판해서 저
자 이름으로 이야기하지만 그를 위한 권한을 위임받지 않은 사람이
다(위임받지 않고도 위임받은 체한다). 결국 그는 저자가 인정한 (따라
서 유일하게 합법적인) 출판가에게 범죄를 저지르는 셈인데, 후자가
자기 권리를 사용해 얻을 수 있고 또 얻고자 했던 이익을 훔치는 것
(사용의 절도)이 그것이다. 따라서 책의 판권 침해는 법으로 금지된다.

판권 침해는 한눈에 즉각 드러나는 부정의인데도 합법적 외양을
가지고 있다. 왜냐하면 책은 한편으로는 물질로 된 인위적 생산물이어
A 129 서 (한 부를 적법하게 점유한 자가) 복제 생산이 가능하고 따라서 그

복제물에 대한 물권이 성립하지만 다른 한편 책은 동시에 출판가가 저자의 권한위임 없이는 공개적으로 반복해 이야기할 수 없는(노동 제공) 출판가의 독자를 향한 이야기일 뿐이고 그 이야기에 대한 대인적 권리가 성립하기 때문이다. 이 둘을 혼동하는 데서 오류가 생긴다.

* * *

또 다른 경우, 즉 임대 계약(B. Ⅱ. α)의 하나인 임차(정주 권리)의 경우에도 대인적 권리와 물권의 혼동은 분쟁의 소지를 가지게 된다.—문제는 다음과 같다. 즉 타인에게 임대한 자기 건물을 (또는 토지를) 임대 기간 만료 이전에 또 다른 사람에게 판매한 경우 소유자는 잔여 임대 조건을 매매계약에 첨부해야 할 의무가 있는가 아니면 '매매는 임대를 파기한다'고 말할 수 있는가[?](관습으로 정해진 해약 통고 기간 안에 해야겠지만).—전자의 경우라면 마치 그 건물 자신이 자신에게 주어져 있는 부담을 실제로 가지고 있으며 그 사물 안
에 있는 권리를 가지고 있는 셈이 될 것이다. 임차인이 그것(건물)에 VI 291
서 획득하기라도 한 것 같은 권리를 말이다. 어쩌면 그런 일이 (건물 임대차계약의 등기로) 일어날 수도 있다. 하지만 그러면 그것은 한갓
임대차계약이 아닐 것이고 (임대인은 거의 동의하지 않을) 또 다른 계 A 130
약이 추가되어야 할 것이다. 그러므로 '매매는 임대에 우선한다'는 명제는 타당하다. 즉 사물에 대한 완전한 권리(재산[권])는 이것[사물에 대한 완전한 권리]과 병존할 수 없는 모든 대인적 권리에 우선한다. 계약 파기로 초래된 불이익 때문에 손해를 보지 않도록 해달라는 요구는 후자[대인적 권리]를 근거로 해서 제기되는데, 이러한 요구는 임차인에게 미해결로 남게 된다.

부수적인 절
자의의 외적 대상의 관념적 획득에 관하여

§ 32

시간상 인과를 갖지 않으며 따라서 순수 이성의 이념만을 토대로 하는 획득을 나는 관념적 [획득]이라고 하겠다. 이러한 획득은 결코 허구가 아닌 참된 획득이며 단지 획득 활동이 경험적이지 않다는 이유로, 즉 점유에 도달하는 것이 이성의 한갓 실천적 이념이라는 이유로 실재적이라고 불리지 않을 뿐이다. 이 경우 주체는 타인에게서 [대상을] 획득하거니와, 타인은 아직 존재하지 않거나(존재 가능성만 전제된다) 존재하는 것을 막 중단했거나 더는 존재하지 않는 사람이
A 131 다.—이런 것에는 다음과 같은 세 가지 획득 방식이 있다. 1. 취득시효를 통한 것 2. 상속을 통한 것 3. 사멸하지 않는 공덕을 통한 것, 즉 사후 명예에 대한 요구. 세 가지 모두 분명 오직 공적이고 법적인 상태 안에서만 효력이 있을 수 있다. 그런데 그것들은 공적이고 법적인 상태의 헌법과 임의적 법규 안에 근거가 있을 뿐만 아니라 자연 상태에서[도] 아프리오리하게 존재한다. 더욱이 그것들은 나중에 그것들에 따라서 시민 체제 안에 법칙들을 창출하기 위해서 반드시 선행적으로 생각 가능한 것이기도 하다(그것들은 자연법에 속한다).

I
취득시효를 통한 획득 방식

§ 33

나는 타인의 재산을 단지 오랜 점유(취득시효)를 통해 획득하기도 한다. 이러한 획득의 근거는 '나는 그 점에 대한 타인의 동의를 합법
VI 292 적으로(추정적 동의를 통해) 전제해도 좋거나 그가 이의제기를 하지

않는다는 이유로 자기 사물을 포기한 것으로(소유권 방기) 간주할 수 있다'는 사실에서가 아니라, 오히려 '비록 주인으로서 그 사물에 대한 진짜 권리를 주장하는 사람(자칭 권리자)이 존재한다고 할지라도 내가 오랜 점유를 통해 그를 배제해도 되고 또 그전까지 그의 현존을 무시해도 되며 내 점유 기간에 마치 그는 한갓된 사유물로만 존재하는 것처럼 내가 행동해도 된다'는 사실에 기초를 둔다. 비록 그의 실재함이나 청구[권]의 실재함에 대해 내가 나중에 소식을 듣게 될지 A 132
라도 말이다.—우리는 이와 같은 획득 방식을 소멸 시효를 통한 획득 방식이라고도 하는데, 이는 완전히 올바른 것은 아니다. [이전 소유자의] 배제가 획득의 귀결로 간주되어야 하기 때문이다. 즉 획득이 선행되었어야 하기 때문이다.—이러한 방식의 획득 가능성은 다음과 같이 증명될 수 있다.

외적 사물을 자신의 것으로 점유하는 행위를 지속적으로 하지 않는 사람은 당연히 (점유자로서는) 존재조차 하지 않는 사람으로 간주된다. 점유자 명의에 대한 권리가 없는 한 그 사람은 [권리] 침해 소송을 제기할 수 없기 때문이다. 설사 타인이 이미 점유했기 때문에 추후에 [자신의 것임을] 천명한다고 할지라도, 그는 '그것은 예전에 내 재산이었다'고 말하는 것일 뿐 '그것은 여전히 내 재산이며 점유는 연속적인 법적 행위가 없더라도 중단되는 일 없이 지속된다'는 점을 말하는 것은 아니다.—장기간 사용하지 않고도 자기 권리를 보장할 수 있는 방법은 지속적으로 유지되고 문서화된 법적 점유 행위뿐이다.

그 이유는 다음과 같다. 점유 행위를 소홀히 하는 것이 다음의 사실, [즉] '타인은 정당한 지속적 점유(확실한 점유)를 합법적이고 진정한 점유(진실한 점유) 위에 정초하며, 그가 점유하는 사물을 자신이 획득한 것으로 간주한다'는 사실을 귀결하지 않는다고 가정해보 A 133
자. 그런 경우라면[그런 가정 아래에서라면] 어떤 획득도 확정적이

지 못할 것이며(보장되지 않을 것이며) 모든 획득은 단지 잠정적(일시적)인 것에 머물게 될 것이다. [점유의] 내력은 점유를 역추적하면 되겠지만 최초 점유자나 그의 획득 행위까지 추적하는 것은 가능하지 않기 때문이다.—따라서 취득시효를 정초하는 추정은 추측으로는 권리에 상응하는 (허용된)[13] 것이며 강제 법칙에 따른 가정(법치적 가정)으로는 합법적인 것(권리에 의거하고 또 법칙에 의거한 추정)이기도 하다. 자신의 점유 행위를 서류상으로 하지 않는 사람은 당시
VI 293 점유자라고 주장할 [권리]를 상실한다. 이때 우리가 태만의 기간(이것은 규정될 수도 없고 되어서도 안 되지만)을 언급하는 것은 단지 그러한 게으름[점유행위 중단]을 확실하게 하기 위한 것일 뿐이다. 그런데 지금까지 알려지지 않은 점유자가, (설사 그의 책임이 아니라고 해도) 점유 행위가 중단된 상태에서, 언제라도 사물을 다시 돌려받을 수(반환 청구를 할 수) 있다면(사물의 소유를 불분명하게 만든다면) 그것은 앞에서 [언급한] 법적-실천적 이성의 요청과 모순될 것이다.

그런데 만일 그가 공동체 구성원이라면, 즉 시민 상태 안에 살고 있다면 국가가 (대리인으로서) 그의 점유를 보존할 수 있을 것이다. 비록 그 점유가 사적 점유로는 중단되었다고 할지라도 말이다. [이 경우] 현재 점유자는 획득의 권리 근거를 최초의 것까지 제시할 필요가 없으며, 장기 점유라는 권리 근거에 기초를 두어서도 안 된다. 반면 자연 상태에서라면 후자[장기 점유라는 권리 근거]는 합법적[14]이다. 다만, 이 경우 합법적인 것은 '그것을 통해 하나의 사물을 획득함'이 아니라 '법적 행위 없이 사물을 점유함'이다. 하긴 우리는 [권
A 134 리] 요구에서 벗어나는 것을 종종 획득이라고 하기는 한다.—따라서 이전 점유자의 시효소멸은 자연법에 해당한다(그것은 자연법에 속한다).

Ⅱ

상속(유산의 획득)

§ 34

죽음을 앞둔 자와 생존한 자 두 사람 의지의 일치에 근거하여 전자의 재산과 재화가 후자에게 양도되는 것이 상속이다. **상속인**의 획득과 **피상속인**의 [소유] 포기, 즉 소유 변화는 하나의 시점(사망 순간), 곧 후자가 생존을 멈추는 시점에 일어난다. 따라서 그것은 결코 순차적인 두 행위, 즉 한쪽이 먼저 자기 점유를 포기하고 그 후 다른 쪽이 그것을 점유하는 것을 전제하는 경험적 의미의 양도가 아니라 하나의 관념적 획득이다.—[피상속인의] **상속 행위**(최종 의사의 처분) 없는 상속은 자연 상태에서는 생각할 수 없는 일이다. **상속 계약**의 경우든 **일방적 상속인 지정**(유언)의 경우든 주체가 생존을 중단했으므로 '과연 또 어떻게 하나의 동일한 시점에 소유의 양도가 가능한가?' 하는 물음이 나오게 된다. 그 때문에 우리는 '상속을 통한 획득 방식이 A 135; Ⅵ 294
어떻게 가능한가?' 하는 물음을 탐구해야 하며 더욱이 그 실현(이것은 하나의 공동체 안에서만 일어난다)의 여러 가능한 형태와 무관하게 탐구해야 한다.

"상속인 지정을 통한 획득은 가능하다."—그 이유는 다음과 같다. 피상속인(카이우스)은 자신의 최종 의지 안에서 상속인(티티우스)에게 '사망 시 자기 소유는 상속인에게 소속된다'고 약속하고 천명하는데, 상속인은 이에 대해 아무것도 모른다. 따라서 피상속인은 그가 생존해 있는 한 유일한 재산 소유자다. 그런데 단순한 일면적 의지로는 타인에게 아무것도 양도될 수 없다. 약속과 관련하여 상대방의 수용이 아직 필요하며 또한 하나의 동시적 의지도 필요하다. 이 경우 후자는 존재하지 않는다. 피상속인의 약속은 그가 죽고 나서만 존재하고(그렇지 않다면 재산은 잠시 공유상태가 되겠지만 그것은 피상속인이 원하는 것이 아니다) 그가 생존해 있는 동안에는 상속인이 획득하기 위해 명시적으로 수용할 수 없기 때문이다.—그럼에도 상속인은 유산에 대한 고유한 권리를 하나의 물권으로서 암묵적으로 획득한다. 즉 그는 그것을 배타적으로 수용할 권리(귀속 미정의 물건에 대한 권리)를 획득한다. 이 때문에 사유된 시점에서 유산은 **귀속 미정의 상속 재산**이라고 불린다. 모든 사람은 (무엇인가를 얻을 수는 있어도 잃는 것은 전혀 없으므로) 반드시 그러한 권리를 암묵적으로라
A 136 도 수용하지만 상속인은 피상속인이 죽고 나서 그와 같은 경우에 처하므로 약속을 수용함으로써 유산을 획득할 수 있게 된다. 또 유산은 그사이 주인이 없는 상태가 아니라 **텅 비어 있는** 상태에 있게 된다. 상속인만이 '남겨진 소유물을 자신의 것으로 만들 것인가 아닌가'에 관한 선택권을 독점적으로 가지고 있기 때문이다.

그러므로 유언은 또한 단순한 자연법에 의거해서도 타당하다(그것들은 자연법에 속한다). 하지만 이러한 주장은 단지 '유언은 (언제고 성립하게 될) 시민 상태 안으로 도입되고 그 안에서 승인될 수 있는 자격과 가치가 있다'고 이해되어야 한다. 이것(시민 상태 안의 보편 의지)만이 [유산이] 수용과 거절 사이에서 동요하고 있어서 사실상 누구에게도 귀속되어 있지 않는 동안 유산의 점유를 보존하기 때문이다.

VI 295 **Ⅲ**

사후 명예 유지

§ 35

망자가 자신이 죽은 뒤에도 (그가 더는 존재하지 않을 때에도) 무엇인가를 점유할 수 있다고 생각하는 것은, 그가 남긴 것이 하나의 물

건이라면, 불합리한 생각이다. 그런데 명예는 비록 단지 관념적이긴
해도 생득적이고 외적인 소유이며 인격으로서 주체와 결합되어 있
다. 인격이 죽음과 함께 완전히 소멸되는지 아니면 여전히 지속되는 A 137
지와 같은 인격의 본성을 나는 도외시할 수 있고 또 해야 한다. 나는
타인과의 법적 관계에서 모든 인격을 그들의 인간성 측면, 즉 지성적
인간으로서 실제로 고찰하기 때문이다. 결국 누군가를 사후에 악의
적이고 거짓으로 비방하려는 시도는 그에 대한 정당한 고발이 제기
되는 경우라도 언제나 염려스러운 일이다. (사실 '망자에 대해서는 좋
은 것만 말하라'는 원칙은 옳지 않다) 자신을 변호할 수 없는 부재자를
향해 비난을 퍼붓는 것은 비록 아무리 확고한 확신이 있다 할지라도
기껏해야 옹색할 뿐이기 때문이다.

인간은 흠 없는 삶을 살고 흠 없이 삶을 마감함으로써 (소극적으
로) 좋은 명예를 자신에게 남겨진 자신의 것으로 획득한다. 그가 현상
적 인간으로서 더는 실존하지 않을 때도 그렇다. (가족이든 타인이든)
살아 있는 자들은 재판정 앞에서도 그를 변호할 권한이 있다(증명되
지 않은 비난은 그들 자신이 죽었을 때 유사한 대우를 받도록 만들 것이
고 그들 모두를 위험에 빠뜨릴 것이기 때문이다). 내가 보기에 그가 그
와 같은 권리를 획득할 수 있는 것은 아프리오리하게 입법하는 이성
의 특이하지만 결코 부인할 수 없는 현상이다. 이성은 [이 경우] 자신
의 명령과 금지를 삶의 한계 너머로까지 확장하는 것이다. 망자와 관
련해 누군가 어떤 비행을 널리 퍼뜨려 생전의 그를 불명예스럽고 경
멸스럽게 만드는 경우, 그러한 모략이 거짓이고 기만이라는 사실을 A 138
증명할 수 있는 사람이라면 누구나 망자에게 악담을 퍼부은 그 사람
을 중상모략가라고 공개적으로 천명할 수 있으며, 그렇게 함으로써
그 사람 자신을 불명예스럽게 만들 수 있다. '망자는 비록 죽었다고
해도 그러한 모략으로 피해를 입으며 또한 비록 더는 존재하지 않더

VI 296 라도 그러한 변호로 명예가 회복될 수 있다'는 전제가 정당한 것으로 받아들여지지 않는다면 그 모든 행위는 허용되지 않을 것이다.* 망자
A 139 를 위해 변호인 역할을 수행할 권한은 변호인 자신도 증명할 필요가 없다. 모든 사람이 그것을 (윤리적으로 보아서) 덕의무에 속한 것으로 여길 뿐만 아니라 인간성의 권리 일반에 속한 것으로 여기는 것이 불가피하기 때문이다. 또한 그렇게 질책할 권리를 그에게 부여하기 위해 특수한 개인적 불이익, [즉] 망자의 흠에서 유래하여 친구들이나 친지들이 [당하게 될] 불이익이 필요한 것도 아니다.—그러므로 그와 같은 관념적 획득과 자신의 죽음 이후 살아 있는 사람에게 갖게 되는 권리가 근거를 가지고 있다는 것은 비록 그것의 가능성이 연역될 수 없을지라도 이론의 여지가 없다.

---

* 하지만 여기서 우리는 내세의 삶에 대한 예상이나 이탈된 영혼과의 불가시적 관계 등으로 허황되게 귀착해서는 안 된다. 이곳에서 논의되는 것은 오직 우리가 살아 있는 동안 인간들 사이에서 성립하는 순수 도덕적이고 법적인 관계이며, 인간은 이러한 관계 속에서 지성적 존재자로서 존재하기 때문이다. 이 경우 우리는 물리적인 것(공간·시간 안에서 인간 생존에 속해 있는 것)을 모두 그것에서 논리적으로 분리한다. 즉 그것에서 추상한다. 그렇다고 우리가 인간에게서 그러한 인간 본성을 제거해버리고 인간을 유령으로 만들고자 하는 것은 물론 아니다. 위와 같은 상태에서 인간들은 비방자 때문에 모욕을 느끼는 것이다.—100년 후 나에 관하여 어떤 나쁜 것을 왜곡하여 이야기하는 사람은 지금의 나를 모욕하는 것이다. 전적으로 지성적인 순수 법적 관계 안에서는 (시간의) 모든 물리적 조건이 추상되기 때문이며, 명예를 훔쳐간 이 사람(중상모략자)을 마치 그가 내가 살아 있을 때 나에게 한 것처럼 동일하게 처벌할 수 있기 때문이다. 다만 형사재판을 해서가 아니라 '그가 타인에게 행했던 것과 동일한 명예훼손이 여론을 통해서 그에게 귀속되도록 만듦으로써' 그렇
A 139 게 된다. 이것은 보복법에 따른 것이다.—저술가가 망자를 표절하는 것 역시, 비록 표절이 망자의 명예를 더럽히는 일이 아니라 명예의 일부를 사취하는 경우라 할지라도, 그에 대한 침해(약취)라고 생각하는 것이 옳다.

제3장
공적 재판권의 판결에 따른 주관적 · 제약적 획득에 관하여[1)]

§ 36

만일 우리가 자연법을 단지 성문화되지 않은 법, 따라서 단적으로 각각의 모든 인간 이성을 통해 아프리오리하게 인식될 수 있는 법으 A 140; VI 297
로 이해한다면, 상호 교류하는 사람들 사이에 통용되는 정의(교역 정의)만이 아니라 분배 정의 또한 똑같이 자연법에 속하게 될 것이다. 분배 정의가 '자신이 판결을 내려야 한다'는 법칙에 따라서 아프리오리하게 인식될 수 있는 한에서 말이다.

정의를 대변하는 도덕적 인격은 법정이며 정의의 직무 수행 상태에 있는 도덕적 인격은 법관이다. 이 모두는 법의 조건들에 따라 아프리오리하게 생각된 것이며 그러한 체제가 실제로 설치되고 조직될 수 있는 방법(이것에는 제정법규들에 따라서 경험적 원리들이 해당된다)은 고려되지 않는다.

따라서 이곳에서 물음은 단순히 '그 자체로 올바른 것은 무엇인가? 즉 어떻게 각자가 스스로 판결을 내려야 하는가?' 하는 것이 아니라 '법정 앞에서 올바른 것은 무엇인가? 즉 누구의 권리인가?' 하는 것이다. [다음] 네 경우에서는 두 판결이 상이하고 대립적인 것으로 나타나지만 그럼에도 상호 병존할 수 있다. 이 판결들은 상이하지만 각자 측면에서는 참된 두 관점에서 내려진 판결이기 때문이다. 하나는 사법에 따른 판결이며 다른 하나는 공법의 이념에 따른 판결이다. 이 네 경우는 1. 증여 계약 2. 대여 계약 3. 반환 청구 4. 선서다.

A 141 법이론가들이 흔히 범하는 사취(詐取)의 오류는 법정이 자신의 필요성 때문에 (따라서 주관적 의도에서) 수용해도 되고 심지어 수용해야만 하는 법적 원리를 그 자체로 객관적으로도 올바른 원리로 간주하는 것이다. 전자와 후자는 전혀 다르다.—이러한 종적 차이를 깨닫게 하고 그것에 주목하게 만드는 것은 사소한 일이라 할 수 없다.

A

§ 37

증여 계약에 관하여

나의 것, 나의 사물(또는 나의 권리)을 대가 없이 양도하는 [증여]
VI 298 계약은 증여자인 나와 수증자인 타인의 관계를 포함하며, 나의 것은 사법에 의거하여 수증자가 그것을 수용함으로써 그에게 이전된다.—하지만 이 경우 우리는 '약속 이행이 나에게 강제되고 약속을 지키지 않는 경우 내 자유를 무료로 넘겨주는 것이고 동시에 나 자신을 넘겨주는 것이라는 점을 내가 생각한다'고 추정할 수는 없다(자신의 것을 내버리는 것으로 추정되지 않는다). 그러한 일들은 시민 상태
A 142 에서 법에 따른다면 일어났을 것인데, 시민 상태에서는 수증자가 나에게 약속 이행을 강제할 수 있기 때문이다. 따라서 이 사안이 재판에 부쳐질 경우, 다시 말해 공법에 따르게 되는 경우 우리는 '증여자가 그러한 강제에 동의하리라는 것'을 불합리하게도 추정해야 하거나 아니면 '판결을 내릴 때 법정은 그가 약속에서 면제될 자유를 확보하고자 했는지에 주목하는 것이 아니라 오히려 확실한 것, 즉 약속과 수증자의 동의에[만] 주목한다'는 점을 추정해야 한다. 따라서 우

리가 충분히 추측할 수 있듯이 자기 약속을 약속 이행 이전에 후회하게 되는 경우, 비록 약속한 사람이 '나는 약속 이행으로 구속될 수 없다'는 생각을 한다 할지라도 법정은 '그는 그 점을 명시적으로 확보했어야 했고 그렇게 하지 않았다면 그는 약속 이행을 강제당할 수 있다'고 생각한다. 법정이 이와 같은 원리를 받아들이는 이유는 그렇게 하지 않을 경우 권리 선고는 그에게 무한히 어려워지거나 아니면 전혀 불가능하게 되어버리기 때문이다.

B

§38

대여 계약에 관하여

타인에게 나의 것을 사용하도록 대가 없이 허용하는 계약이 [대여] 계약이다. 이러한 계약에서 계약 당사자들은 나의 것이 하나의 사물인 경우 '타인은 나에게 동일한 사물을 내 강제력 안에 되돌려놓을 것이다'라는 점에 동의한다. A 143
이때 대여물을 인수한 사람(차용자)은 '있을지도 모를 분실의 모든 위험은 대여물 소유자(대여자)가 감수한다'고 추정할 수 없다. [분실되는 것이] 사물이든 소유자에게 도움이 되는 사물의 특성들이든 그러하다. [또한] 그러한 분실이 '소유자가 그것을 차용자의 점유 안에 가져다놓았다'는 사실에서 유래할 수도 있는 분실인 경우에도 그러하다. 차용자에게 자신의 사물 사용([과] 그에 따른 불가피한 사물 훼손)을 허용한 소유자가 그것 외에도 '차용자 자신의 부주의에서 유래할 수 있는 모든 훼손에서 [물건을] 보전[해야 할 책임]도 차용자에게 부과하지 않았다'고는 생각할 수 없기 때문이며 또 '이와 관련해서는 하나의 특수 계약이 체결되어야 VI 299
했을 것이다'라고 생각하기 때문이다. 따라서 단지 다음과 같은 문제만이 성립한다. [대여되는] 사물에서 발생할 수 있는 위험과 관련해서 위험 부담의 조건을 대여 계약에 명기해야 하는 의무는 대여자와 차용자 두 사람 가운데 누구에게 부과되는가? 또는 그 점이 명기되지 않은 경우 우리는 대여자 재산의 보호(동일한 것이나 유사한 것을 되돌려줌으로써 이루어지는 보호)에 동의하는 것을 누가 [해야 하는] 것으로 추정할 수 있는가? 대여자의 동의는 아닐 것이다. 우리는 대여자가 사물의 단순 사용 이상의 것(즉 재산의 보호를 스스로 떠맡을 것)에 동의했다고 추정할 수 없기 때문이다. 반면 아마도 차용자의 동의일 수는 있을 것이다. 그는 계약서에 포함된 것 이상은 결코 [책무로서] 이행하지 않을 것이기 때문이다.

A 144 가령 갑자기 비가 와서 내가 어느 집에 들어가 우비를 빌려달라고 부탁해서 [빌렸는데], 그 우비가 의도한 것은 아니지만 창문에서 떨어진 물감 때문에 영원히 못 쓰게 된 경우 또는 그 우비를 내가 방문했던 다른 집에 놓아두고 왔는데 그곳에서 도난당한 경우, '우비를 그 상태로 되돌려주는 것 이상은 아무것도 할 필요가 없다'거나 '도난이 발생한 것을 그저 보고하는 것 이상은 아무것도 할 필요가 없다'고 주장하는 것은 누구에게나 말도 안 되는 일로 여겨질 것이다. 그러한 손실에 대해 주인에게 하소연이라도 하는 것은, 주인이 자기 권리에 의거하여 무엇인가를 요구하지 않을 수도 있을 터이므로, 어떻든 예의라도 되겠지만 말이다.—우비의 이용을 부탁할 때 나는 너무도 가난해서 손실을 보상할 만한 능력이 없으니 혹시 내 손에 있는 동안 그것에 안 좋은 일이 생길 경우 그러한 위험 역시 [대여자가] 감수해달라고 부탁했다면 상황은 전혀 다르다. 어느 누구도 그러한 것[추가적 부탁]을 불필요하거나 우스운 짓이라고 생각하지 않을 것이다. [다만] 대여자가 잘 알려진 재산가이자 동정심이 많은 사람이라면 그렇지 않을 텐데, 이 경우 그가 내 책무를 대범하게 면제해 주리라고 추정하지 않는 것 자체가 거의 모욕이 될 것이기 때문이다.

* * *

만일 (이 계약의 본성에서 유래하듯이) 가능한 불의의 사고와 관련해 사전에 아무것도 약속되지 않았다면, 그러한 계약은 임대 계약에서 유래하는 소유에 관한 한 불확정 계약인 셈이다. 우리는 [대 A 145; VI 300 여물 보호 의무에 관한] 동의를 단지 추정할 수 있을 뿐이기 때문이다. [그러므로] 그에 관한 판결, 즉 '누가 불운을 감당해야 하는가?'에 대한 결정은 계약 조건들 자체에 의거해서 내리는 것이 아니라 항상 계약의 확실한 부분(이 경우 사물을 재산으로 소유한다는 사실)에만 주목하는 **법정 앞에서만** 내릴 수 있다. 이상과 같은 이유로 **자연 상태**에서의 판결, 즉 사태의 내적 특성에 따른 판결은 다음과 같다. 대여한 사물이 사고로 훼손된 경우 그것은 **차용자** 책임이다(차용자가 불운을 부담한다). 반면 **시민 상태**에서라면, 따라서 법정 앞에서라면 훼손은 **대여자** 책임이라고 판결할 것이다(소유자가 불운을 부담한다). 이것은 단순히 건강한 이성의 선고와는 다르다. 공적인 법관은 관련자 가운데 어느 한 사람이 생각했을지도 모르는 점을 추정할 수 없으며 그러한 훼손은 대여한 사물의 모든 훼손에서 자유[면책]를 특수한 부가 계약으로 유보해놓지 않은 사람 자신이 감당해야 하기 때문이다.—결국 법관이 내려야 하는 판결과 각자의 사적 이성 자신이 권한을 갖고서 내리는 판결, 이 둘의 차이는 권리 판결을 교정할 때 결코 간과해서는 안 되는 핵심이다.

C

유실물 반환 청구(재점령)에 관하여

§ 39

나의 것인 사물은, 그것이 지속적으로 존재하는 경우, 비록 내가

계속해서 그것을 물리적으로 점유하지 않더라도 나의 것으로 남는
A 146 다. '그것은 나의 것이다'라는 점은 [나의] 법적 행위(포기나 양도) 없
이는 중단되지 않는다. 이 경우 내게 귀속되는 권리는 그 사물에 대
한 권리[2]이며 따라서 모든 보유자에 대한 권리이지 어느 특정한 사
람에 대한 권리에 불과한 것은 아니다. 이 점은 위에 언급한 것들에
서 분명해진다. 그런데 이곳에서 물음은 다음과 같다. 내가 [나의 것
인] 사물을 포기한 적이 없으나 그것이 [현재] 타인의 점유 안에 있는
경우 다른 모든 사람은 그것에 대한 내 권리를 그 자체로 지속적 소유
물[소유권]로 간주해야만 하는가?

누군가가 사물을 잃어버리고(유실물) 다른 사람이 그것을 습득물
VI 301 로 생각하여 진실한 방식으로 소유하게 된 경우 또는 소유자가 아닌
데도 소유자로 자처하는 점유자의 정상적 처분으로 내가 [사물을]
갖게 된 경우 다음과 같은 물음이 제기된다. 비소유자에게서는 사물
을 획득할 수 없으므로 나는 소유자에 의해 그 사물에 관한 모든 권
리에서 배제된 채 단지 합법적이지 않은 점유자에 대한 대인적 권리
A 147 만 갖게 되는가?—만일 획득 [여부] 판정이 법정의 편익에 따라 내
려지지 않고 (자연 상태에서처럼) 권리를 정초하는 내적 근거들에 따
라서만 내려진다면, 그렇게 될 것이 분명하다.

왜냐하면 우리는 처분 가능한 것을 언제나 어느 누군가에게서[만] 획득할 수 있고, 이 점은 분명하기 때문이다. 하지만 획득의 합법성은 타인이 점유하는 것이 나에게 양도되고 나에 의해 수용되는 형식, 즉 사물 점유자와 획득자 사이의 교역이라고 하는 법적 행위의 형식성에 전적으로 근거를 둔다. 이때 나는 '어떻게 그가 점유자가 되었는지' 물어서는 안 된다. 그러한 물음 자체가 이미 모욕이기 때문이다([유죄가 입증될] 때까지는 누구나 선한 자로 추정된다). 이제 우리는 그가 아닌 어떤 다른 사람이 소유자라는 사실이 나중에 밝혀졌다

고 생각해보자. 이 경우 나는 그 다른 사람이 즉각적으로 나에게 (또한 마찬가지로 사물 보유자일 수 있는 누군가에게) 자신[자기 권리]을 주장할 수는 없다고 말할 수 있다. 나는 그에게서 아무것도 빼앗은 것이 없고, 가령 공적 시장에 매물로 나온 말[馬]을 법칙에 적합하게 (매매의 권원에 의거하여) 구입한 것과 마찬가지이기 때문이다. [이 경우] 획득 권원은 내 쪽에선 논의의 여지가 없으며 (구매자로서) 나는 (판매자로서) 타인의 점유의 권원을 추적해야 할 의무도 없고—이러한 추적은 무한히 진행될 것이다—그럴 권한 역시 전혀 없다. 그러므로 나는 적법한-권원을 동반하는 구매를 통해 말의 한갓 **추정적 소유자**가 아니라 **참된 소유자**가 되는 것이다.

그런데 이에 반대하여 다음과 같은 법적 근거들이 제기된다. 사물 A 148
소유자가 아닌 사람에게서 획득한 것은 모두 무효다. 나는 타인이 합
법적으로 가지고 있는 것보다 더 많은 것을 그의 것에서 나에게로 이
끌어낼 수 없다. 만일 내가 시장에 매물로 나온 말을 구입했는데 그
것이 훔친 것이라면 비록 내가 획득 형식과 관련하여 전적으로 합법
적 태도를 취했다 할지라도 획득의 권리 근거는 여전히 결여되어 있
는 셈이 된다. 그 말은 현재 판매자 소유가 아니기 때문이다. 내가 아
무리 그것의 **진실한 점유자**라 할지라도 나는 단지 추정적 소유자일
뿐이다. [결국] 참된 소유자는 **반환을 청구**(자신의 것을 반환요구)할 VI 302
권리가 있다.

그것은 **본성상** 누구의 소유인가? [즉] 외적 사물의 획득에서 (자연상태에서) 사람들의 상호 거래에 [적용되는] 정의(교역 정의)의 원리들에 따른다면 그것은 누구의 것인가? 만일 이러한 물음이 제기된다면 우리는 다음을 인정해야 한다. 소유를 원하는 사람은 '자신이 획득하고자 하는 사물이 이미 다른 사람에게 귀속되어 있는 것은 아닌지'를 반드시 추적해야 한다. 즉 비록 그가 사물을 타인 소유에서 이

끌어내기 위한 형식적 조건들을 준수했다고 할지라도(말을 시장에서 정상적으로 구입했다고 할지라도) (판매자가 아닌) 타인이 그것의 참된 소유자가 아닌가 하는 것이 그에게 알려져 있지 않는 한 그는 기껏해야 그 물건에 대한 대인적 권리(사물과 관련된 권리[3])만 획득할
A 149 수 있었을 뿐이다. 따라서 '그 사물이 자신의 이전 소유물이라는 것'을 서류상으로 기록할 수 있는 어떤 사람이 등장하는 경우 [자신이] 새로운 소유자라고 생각했던 그 사람에게는 그가 그때까지 진실한 점유자로서 바로 그 시점까지 합법적으로 그 물건을 사용했다는 것 외에는 아무것도 남지 않게 될 것이다.—서로 상대에게서 자기 권리를 이끌어내는 것으로 생각하는 일련의 소유자들 안에서 단적으로 최초 소유자(원소유자)를 찾아내는 일은 대개 불가능하다. 따라서 외적 물건의 어떤 거래도 확실한 획득을 보장할 수는 없다. 비록 그 거래가 이런 종류의 정의(교역 정의)의 형식적 조건들과 아무리 잘 일치한다고 할지라도 말이다.

* * *

여기서 이제 또다시 법적-입법적 이성이 분배 정의의 원칙을 갖고서 등장한다. [이 원칙에 따르면] 우리는 점유의 합법성을 판결 기준으로 삼아야 한다. 그러나 그러한 합법성은 (자연 상태에서) 각자의 사적 의지와 관련하여 [그것의] 본성에 따라 판결되는 것이 아니라 보편적-통합적 의지로 성립된 상태(시민 상태) 안에 존재하는 하
A 150 나의 법정 앞에서처럼 판결되어야 한다. 그러므로 이곳에서 우리는 '획득의 형식적 조건들은 본성상 대인적 권리만을 정초하지만 지금은 형식적 조건들과의 일치가 (자칭 선행 소유자의 권리로부터 [내 권리의] 도출을 정초하는) 질료적 근거들을 대체하기에 충분하다'는 점

을 요청하는 셈이다. 본성상으로는 대인적 권리인 것이 법정 앞에서 판결되는 경우라면 물권으로 타당성을 갖게 된다. 예를 들어 경찰법으로 규제되고 있는 공적 시장에 누군가가 매물로 내놓은 말은, 만일 모든 VI 303
매매 규칙이 정확하게 준수되었다면, 내 소유물이 되며 (결과적으로 진정한 소유자에게는 판매자에게 항의할 권리만 남게 된다. 이 권리는 그의 예전 점유가 상실되지 않았다는 점에 근거를 둔다) 본래는 대인적 권리였을 내 권리는 판매자가 그것을 손에 넣게 된 방식에 관여할 필요 없이 물권으로 전환된다. 후자에 따라 나는 나의 것을 내가 그것을 얻은 곳에서 가져가도(청구해도) 괜찮다.

따라서 그러한 일은 오직 법정 앞에서 권리를 선고하기 위해서만 일어나는 셈이다. 우리는 어떤 사물과 관련된 권리를 그것[권리]의 본성(대인적 권리)에 따라서가 아니라 가장 용이하고 가장 확실하게 판정할 수 있는 방식(물권)에 따라서 인정하고 취급한다. 비록 그것이 아프리오리한 순수 원리에 따르는 것이라고 할지라도 말이다.—이와 같은 원리에 다양한 실정적 법칙(법령)이 추후 토대를 두게 되는데, 이 법칙들의 최우선 목표는 '어떤 획득 방식은 [특정] 조건들 아래서 법적 효력이 있는데, 그러한 조건들을 제시함으로써 재판관이 각자에게 각자의 것을 가장 용이하게, 가장 주저하지 않고 귀속시킬 수 있도록 만든다'는 것이다. 가령 계약의 본성에 따르면, 즉 본성상 물권인 것(임대)이 단지 대인적 권리로 간주되는 곳에서나 반대로 위의 사례에서처럼 본성상 단지 대인적 권리가 물권으로 간주되는 곳에서 그와 같은 조건이 '매매는 임대를 파기한다'는 명제 안에 명시된다. 여기서 문제는 '각자에게 귀속되는 권리에 관한 판결을 가장 안 A 151
전하게 진행하려면 시민 상태의 법정은 어떤 원리에 의존해야 하는가?' 하는 점이다.

D

선서에 의한 보증의 획득[4]에 관하여

§ 40

'신들의 존재에 대한 믿음과 고백'으로 사람들을 법적으로 구속할 수 있는 근거 가운데 우리가 제시할 수 있는 것은 '진실하게 이야기하고 진정으로 약속할 것'을 선서하고 또 우리가 그것을 강요할 수 있다는 사실뿐이다. 이러한 강요는 그들의 진술이 거짓인 경우 그들을 엄중히 처벌하게 될 전지(全知)한 최고 권력에 대한 두려움에 기
VI 304 인한다. 이 경우 우리는 그러한 두 부분[진술과 약속]의 도덕성이 아니라 그들의 맹목적 믿음에 의지하는 셈인데, 이 점은 다음에서 알 수 있다. 인간들 사이에 존재할 수 있는 가장 신성한 것(인간의 권리)이 문제되는 경우, 진실성의 의무가 누구에게나 아주 분명하다고 할
A 152 지라도 재판정 앞에서 하는 한갓된 엄숙한 진술은 법적 사안에 관한 어떠한 보증도 약속하지 않는다. 그 때문에 한갓된 설화들이 동인을 만들게 된다. 가령 마스든[5]에 따르면 수마트라 섬의 이교도 부족인 레장인은 사후 삶을 전혀 믿지 않으면서도 죽은 친지의 뼈에다 대고 맹세한다. 또 기니의 흑인들은 새의 깃털과 같은 그들의 주물에 대고 맹세하면 [거짓말한] 사람들의 목을 부러뜨릴 수 있다고 억측한다. 어떤 보이지 않는 힘이, 지적 능력이 있든 없든, 그것의 본성상 이러한 마력이 있으며 위와 같은 맹세로 그것을 현실로 불러올 수 있을 것이라고 그들은 믿는다.—그런데 종교라는 이름을 가지고 있지만 사실상 미신이라고 해야 할 그러한 믿음은 법을 집행하려면 불가결하다. 그것에 의존하지 않는 법정은 감춰진 사실을 규명하고 선고를 내리기에 충분한 상태에 있지 않기 때문이다. 그러므로 그것[선서]에 [우리를] 구속하는 법칙은 단지 재판권의 편의를 위해 제정되었을 뿐이다.

그런데 문제는 다음과 같다. 모든 분쟁을 종식하는 타인의 선서를 '그의 주장이 진리'라는 증명 근거, [더욱이] 법적으로 타당한 증명 근거로 받아들여야 하는 구속성은 무엇에 토대를 두는가? 법정 앞에서 누구나 가질 수밖에 없는 구속성의 토대 말이다. 다시 말해서 내 권리가 그의 선서에 의존하도록 만들기 위해서 나를 법적으로 구속해 '타인(맹세하는 사람)이 종교가 있음'을 믿도록 하는 것은 무엇인가? 거꾸로 말하면 도대체 나는 맹세를 하도록 구속될 수 있는가? 이 A 153
두 경우는 본성상 올바르지 않다.

반면에 법정과의 관계에서라면, 즉 시민 상태에서라면 우리는 '누구나 종교가 있음'을 전제해야 한다. 진실을 밝히는 수단으로 선서 이외에 다른 것이 존재하지 않는다는 것이 인정되는 사례들에서라면 말이다. [여기서] 종교는 법적 절차를 위하여 (긴급한 경우) 하나의 긴급수단으로 법정 앞에서 사용되기 위한 것이다. 법정은 그러한 정신적 강제를 은폐된 것을 발견하는 수단으로 간주하며 자신이 그것에 권리가 있다고 간주한다. 이러한 수단은 매우 교묘하며 인간의 미신적 경향성에 더 적합한 수단이다.—하지만 만일 입법 권력이 사법 권력에 그와 같은 권한을 부여한다면 그러한 입법 권력의 행위는 원칙적으로 보면 올바르지 않다. 시민 상태 안에서도 선서 이행을 VI 305
강제하는 것은 인간의 상실될 수 없는 자유에 반하기 때문이다.

'자기 직무를 의무에 맞게 수행하고자 하는 진실한 의도가 있다'는 직무 선서에는 흔히 **약속의 특성**이 있다. 관료는 연말에 (또는 일정 연도가 지난 연말에) 그 기간의 직무 이행에 대해 성실성을 맹세할 의무가 있는데, 이러한 직무 선서에는 **확정의 특성**이 있다. 만일 전자가 후자로 전환된다면 그것은 약속 선서보다 일정 부분 양심을 더 많이 움직이게 될 것이다. 약속 선서는 나중에 항상 '최선

을 다했지만 [선서] 이후 직무 수행 중에야 깨닫게 된 어려움을 미
A 154 처 예상하지 못했다'는 내적 핑계를 남기기 마련이다. 또한 [만일 그렇게 된다면] 의무 위반 역시 그것이 하나하나 고발당하는 경우보다(이전의 것들은 이미 잊어버리게 된다) 그것의 합계가 기록자를 통해 눈앞에 제시되는 경우 고소에 따른 근심을 더 많이 가져오게 될 것이다.—그러나 믿음의 맹세에 관한 한 재판관은 그것을 결코 요구할 수 없다. 먼저 그것은 자기 안에 모순이 있기 때문이다. 그것은 의견과 지식 사이에 [존립하는] 중간자와 같은 것인데, 어떤 것에 대해 내기를 걸 수는 있으나 감히 맹세할 수는 없는 것이다. 또 자신이 의도한 것을 찾아내려고 당사자에게 믿음 선서를 부당하게 요구하는 재판관은, 그것이 아무리 모두에게 최선이라 할지라도, 선서자의 양심에 심각한 피해를 주기 때문이다. 그러한 피해는 한편으로는 경솔함에서 오는데, 선서한 사람은 그것으로 잘못 이끌려가고 재판관의 의도는 그로써 수포로 돌아간다. 또 한편으로는 하나의 사실을 오늘은 특정 관점에서 봄으로써 매우 그럴듯하게 생각했으나 다음 날에는 다른 관점에서 봄으로써 전혀 그럴듯하지 않게 생각할 수도 있는, 인간이면 느낄 수밖에 없는 양심의 가책으로 그런 것이다. 그러므로 그와 같은 재판관은 선서 이행을 강요당한 사람에게 피해를 주는 셈이다.

자연 상태에서의 각자의 것으로부터 법적 상태에서의 각자의 것으로 이행

§41

A 155; Ⅵ 306 법적 상태는 [특정한] 조건들을 포함하는 인간들의 상호 관계인바, 이 조건들 아래서만 각자는 자신의 권리에 도달할 수 있다. 우리는 그것의 가능성의 형식적 원리를, 보편적 입법 의지의 이념에 따라

생각하는 경우, 공적 정의라고 부른다. 공적 정의는 법칙에 따른 대상(자의의 질료) 점유의 가능성·실재성·필연성과의 관계에서 보면 보호 정의, 획득 정의(교역 정의), 분배 정의로 세분화될 수 있다.—법칙이 이곳에서 말하는 것은 첫째, 어떤 행위가 내적으로 [즉] 그것의 형식 측면에서 [보았을 때] 올바른가(올바름의 법칙), 둘째, 어떤 것이 질료로서 외적으로도 역시 법칙화의 자격을 갖는가, 즉 그것의 점유 상태가 합법적인가(합법성의 법칙), 셋째, 어떤 것이 정당한가, 즉 주어진 법칙 아래에 있는 하나의 특수 사례와 관련해서 법정 앞에서 제기되는 주장이 과연 그 법칙에 상응하는가(정의의 법칙) 등이다. 우리는 그러한 법정 자체를 한 국가의 정의라고도 한다. 또 우리는 모든 법적 사안 가운데 가장 중요한 요인으로 '과연 그와 같은 정의가 존재하는가, 존재하지 않는가?' 하는 물음을 던질 수 있다.

비(非)법적 상태, 즉 분배 정의가 존재하지 않는 상태를 우리는 자연적 상태라고 한다. 자연적 상태에 대비되는 상태는 (아헨발이 생각하듯) 사회적 상태나 인위적 상태라고 할 수 있을 어떤 상태가 아니라 시민적 상태, [즉] 분배 정의 아래 존립하는 사회다. 자연 상태에서도 A 156
합법적[6] 사회들(가령 부부 사회, 부자 사회, 가정 사회, 여타 임의적 사회 등)이 존재할 수 있기 때문이다. 이러한 사회들에 대해서는 "너는 이 사회 안으로 진입해야 한다"라는 아프리오리한 법칙이 타당성을 갖지 못한다. 비록 우리가 법적 상태에 관해서는 '(자의적이지 않을지라도) 상호 법적 관계를 갖게 될 가능성이 있는 사람들은 모두 그러한 상태 안으로 마땅히 진입해야 한다'고 말할 수 있지만 말이다.

우리는 첫째와 둘째의 상태를 사법의 상태로, 셋째의 마지막 상태를 공법의 상태로 부를 수 있다. 후자는 전자에서 생각될 수 있는 것 이상의 인간들 사이의 의무들 또는 그것 이외의 의무들을 포함하지 않는다. 사법의 질료는 두 상태에서 동일하다. 따라서 후자의 법칙들은 단지 '사람들의 함께 있음'의 법적 형태(체제)에만 관여한다. 이러한 형태와 관련해 우리는 그 법칙들을 불가피하게 공적 법칙들로 생각하지 않을 수 없다.

우리는 시민 연합체 자체를 사회라고 할 수 없다. 명령하는 자와 명
VI 307 령에 복종하는 자 사이에는 어떠한 동료 관계도 존재하지 않기 때문
이다. 그들은 사회구성원[동료]이 아니며 상호 수평적 관계가 아니라
수직적 관계에 있다. 바로 그렇기 때문에 상호 수평적 관계에 있는 사
람들이 서로 상대를 '평등하다'고 여기게 되는 것은 오직 그들이 공
A 157 동의 법칙 아래에 있을 때뿐이다. 그러므로 앞서의 연합체는 하나의
사회라기보다는 오히려 하나의 사회를 만든다.

§ 42

자연 상태에서의 사법에서 공법의 요청이 도출된다. 즉 만일 네가 모든 타인과 불가피하게 함께 있을 수밖에 없는 상태라면 너는 마땅히 앞의 [자연] 상태에서 벗어나 법적 상태, 즉 분배 정의의 상태로 이행해야 한다.—그 근거는 외적 관계에서의 권리 개념에서 분석적으로 전개되어 나온다. [권리는] 폭력의 반대[개념]이다.

만일 타인이 '나는 당신 것에 손대지 않겠다'는 것을 나에게 동일한 정도로 보장하지 않는다면 나는 그에게 '그의 점유[물]에 손대지 않음'의 의무를 지지 않는다. 그러므로 어느 누구도 타인의 반대 견해에 대한 고통스러운 경험이 자신에게 가르침을 주게 될 때까지 기다릴 필요가 없다. 타인에게 주인 노릇을 하고자 하는 인간의 경향성(권력이나 지략에서 타인을 능가한다고 느끼는 경우 타인의 권리에 우선성을 인정하려 하지 않는 인간의 경향성) 일반을 우리 자신 안에서 충분히 깨달을 수 있는데, 무엇이 우리를 '피해를 겪으며 현명해지도록' 구속하겠는가. 또 실재의 적의(敵意)를 기다릴 필요도 없다. 자

신의 본성 자체 때문에 나에게 위협이 되는 사람을 향하여 [내] 강제를 행할 권한을 [이미] 나는 가지고 있다(상대방의 안전을 보장할 때까지 누구나 악인으로 추정된다).

외적으로 무법칙적인 자유 상태에 존재하고 또 계속 머물려는 의도를 가지고 있는 경우라면 사람들은 서로 싸울 때조차 상대에게 옳지 않은 행위를 하는 것이 아니다. 한편에게 타당한 것은, 마치 의견이 일치하기라도 한 것처럼, 다른 편에게도 타당하기 때문이다(당사자들의 권리는 그들이 자기 권리를 주장하는 바로 그만큼이다). 하지만 일반적으로 그들은 법적 상태가 아닌 상태, 즉 어느 누구도 자기 권리를 폭력 행위에서 보호받지 못하는 상태에 존재하고 또 계속 머물고자 함으로써 최고로 옳지 않은 행위를 하는 것이다.* A 158

* 단지 형식적으로만 옳지 않은 것과 질료적으로도 역시 옳지 않은 것 양자를 구별하는 일은 법론에서 다양하게 이용되어왔다. 포위된 요새가 함락된 후 항복 계약을 제대로 이행하지 않고 [상대] 병력이 철수하자 항복 계약을 오용하거나 파기하는 적군은 만일 그의 상대가 기회가 돼서 자신을 똑같이 농락하게 되더라도 [상대의] 옳지 않음을 탄원할 수 없다. 그들은 법의 개념에서 모든 타당성을 빼앗아가며 마치 법칙에 적합하기라도 한 듯이 모든 것을 야만적 폭력으로 이끌어가고 그리하여 인간의 권리 일반을 와해한 것이기 때문에 [그들의 행위는] 최고로 옳지 않은 행위다.

제2편 공법

A 159; VI 309

제1절 국가법 A 161; Ⅵ 311

§ 43

법적 상태를 창출하기 위해 보편적 공표(公表)가 필요한 법칙들의 총체가 **공법**이다.—따라서 이것은 하나의 국민, 즉 다수 사람을 위한 법칙들 또는 다수 국민을 위한 법칙들의 체계다. 서로 영향을 주고받는 사람들은 자기 권리에 도달하기 위해 하나의 체제, 즉 '그들을 통합하는 하나의 의지 아래에 있는 법적 상태'가 필요하다.—우리는 국민 속에 있는 개인들의 이러한 [법적] 상태를 그들 상호 관계에서는 **시민적 상태**라고 한다. 또 우리는 개인들의 전체를 그 자신의 구성원과 관계에서는 **국가**라고 한다. 우리는 국가를, 법적 상태에 있고자 하는 모든 사람의 공동의 이해 관심을 통해서 결합되어 있는 그 형식으로 인해, **공동체**(광의의 국가)라고 한다. 반면 우리는 국가를 다른 국민과의 관계에서는 간단히 **권력**이라고 한다(그래서 **세력**이 A 162
라는 단어가 있는 것이다). 국가는 상속된 (상속되었다고 참칭되는) 통합체이기 때문에 민족이라고 불리기도 한다. 그 때문에 우리는 공법 일반의 개념 아래서 단지 국가법만이 아니라 **민족들의 법**(국제법) 역시 생각할 계기를 갖게 된다. 이제 이 둘[두 법]은, 지구 표면은 한계가 없지 않은 닫혀 있는 표면이므로, **민족들의 국가법** 내지는 **세계시민**

법이라는 이념으로 불가피하게 나아가게 된다. 법적 상태의 가능적 형식은 이와 같은 세 가지다. 결과적으로 외적 자유를 법칙을 통해 제한하는 원리가 그것들 가운데 어느 하나에서만이라도 결여된다면 여타 모든 것의[것으로 세워진] 건물은 불가피하게 무너져 내려 종국에는 붕괴하고 만다.

VI 312 § 44

우리는 인간 폭력 행위의 준칙들을 경험으로 배우는 것이 아니다.
또한 권력을 가진 외적 입법이 등장하기 이전에 인간들이 서로 행한
싸움의 사악함을 우리는 경험으로 배우는 것이 아니다. 다시 말해 어
떤 하나의 사실이 공적으로 법칙적인 강제를 불가피하게 만드는 것
이 아니다. 우리는 사람들이 선량하고 법을 사랑한다고 얼마든지 생
각할 수 있다. 그것[공적으로 법칙적인 강제의 필연성]은 그와 같은
(비법적) 상태라는 하나의 이성 이념 안에 아프리오리하게 놓여 있
A 163 다. 공적으로 법칙적인 상태가 창출되기 전에는 개개의 인간과 국민
과 국가는 결코 상호 무력 행위에서 안전할 수 없다. 더욱이 [이러한
안전 결핍은] 모두가 가지고 있는 고유한 권리, 즉 자신에게 올바르고
좋다고 여겨지는 것을 행하는 권리와 그 점에 관하여 타인의 의견에
의존하지 않을 권리에서 유래한다. 따라서 만일 모든 권리 개념을 부
인하려는 것이 아니라면 각자가 결심해야 하는 최초의 것은 다음과
같은 원칙이다. 우리는 모두가 자신만의 생각을 좇고자 하는 자연 상
태에서 벗어나 (상호 영향을 피할 수 없는) 모든 타인과 '공적 법칙의
외적 강제에 복종할 것'에 합의해야 한다. 즉 자신의 것으로 승인받
아야 하는 것이 각자에게 법칙적으로 규정되고 충분한 권력(이것은 자
기 자신의 것이 아니라 외적 권력이다)을 통해 주어지게 되는 상태로
진입해야 한다. 다시 말해서 각자는 무엇보다도 먼저 하나의 시민 상

태로 마땅히 진입해야 한다.

물론 그의 자연적 상태가 바로 자연적이라는 이유로 **부정의**[1]의 상태인 것은 아니다. 즉 자신의 완력 크기에 상응해서만 서로 상대를 대하는 상태인 것은 아니다. 하지만 자연적 상태는 **무법** 상태(정의가 결여된 상태)이기는 하다. 권리 **분쟁**이 발생하는 경우 법적 효력이 있는 판결을 내리는 권한을 가진 재판관이 존재하지 않는 상태 말이다. 그러한 상태에서 벗어나 이제는 법적 상태로 진입할 것을 각자는 타인에게 강제력을 가지고 촉구해도 좋다. 각자가 자신의 **법 개념**에 따
라 선점하거나 계약을 통해 외적인 것을 획득할 수 있다고 할지라도 A 164
그와 같은 획득은 단지 **잠정적**일 뿐이기 때문이다. 공적 법칙의 승인을 얻지 못하는 한 그러한 획득은 잠정적일 뿐인데, 공적 (분배적) 정의가 그것을 규정하지 않았고 또 법을 집행하는 강제력이 그것을 보장하지도 않았기 때문이다.

우리가 시민 상태로 진입하기 전에는 어떠한 획득도, 비록 잠정적으로라도 법적인 것으로 인정하지 않으려 했다면 시민 상태 자체가 불가능했을지도 모른다. 형식 측면에서 보면 자연 상태에서
소유에 관한 법칙들은 시민 상태의 법칙들이 규정하는 것과 동일 VI 313
한 것을 포함하기 때문이다. 시민 상태가 오직 순수 이성 개념에 따라 생각된다면 그러하다. [결국] 전자의 것들이 (분배 정의에 상응하여) 집행될 수 있는 조건들이 후자 안에서 제시되는 것일 뿐이다.—그러므로 만일 자연 상태에서 **잠정적**으로라도 외적인 각자의 것이 존재하지 않았다면 그와 관련된 어떠한 법의무도 존재하지 않았을 것이며, 결국 그러한 상태에서 벗어나야 한다는 명령 역시 존재하지 않았을 것이다.

§45

국가는 권리 법칙들 아래에 다수 사람이 통합되어 있는 것[상태]을 말한다. 그러한 권리 법칙들이 아프리오리한 법칙으로서 필연적인 경우, 즉 그것들이 외적 권리 일반의 개념들에서 자체적으로 귀결되는(실정적이 아닌) 경우, 그러한 국가의 형식은 국가 일반의 형식이다. 즉 그것은 순수 법원리들에 따라 마땅히 존재해야만 하는 이념
A 165 상의 국가다. 이 이념은 공동체로의 현실적인 통합을 위한 준거로서(말하자면 그 핵심에서) 항상 사용된다.

하나의 국가는 각각 자신 안에 세 권력을 포함하고 있다. 다시 말해서 하나의 국가는 보편적으로 통합된 의지를 삼중의 인격 안에 포함하고 있다. 즉 지배 권력(주권)을 입법자의 인격 안에서, (법칙에 상응하는) 집행 권력을 통치자의 인격 안에서 그리고 (법칙에 의거해서 각자 권리를 승인하는) 재판 권력을 재판관의 인격 안에서 포함하고 있다(입법권, 행정권, 사법권). [이 점은] 하나의 실천적 이성 추론 안에 있는 세 명제와 마찬가지다. [첫째는] 위의 의지 법칙을 포함하는 대전제와 같으며 [둘째는] 법칙에 따른 행위의 명령, 즉 '법칙들 아래로 포섭함'의 원리를 포함하는 소전제와 같으며 [셋째는] '주어진 사안에서 무엇이 정당한가'[2)]에 관한 권리 선고(판결)를 포함하는 결론 명제와 같다.

§46

입법 권력은 오직 국민의 통합된 의지에만 귀속될 수 있다. 이는 바로 모든 법은 마땅히 입법 권력에서 시작되어야 하므로, 자신의 법칙으로 누군가에게 불법을 행하는 것이 입법 권력에는 가능하지 않아야 하기 때문이다. 누군가가 타인에게 무엇인가를 행하는 경우 그로써 그가 타인에게 불법을 행하게 될 개연성이 항상 있기 마련이지만, 자

기 자신에 대해 결정한 것은 그렇지 않다(동의한 자에게는 불법이 행해지지 않기 때문이다). 따라서 모든 사람의 일치되고 통합된 의지, 즉 A 166; VI 314 보편적으로 통합된 국민 의지만이 입법적일 수 있다. [이것이] 각자는 모든 사람에게, 모든 사람은 각자에게 하나의 동일한 것을 결정하는 의지다.

입법에로 통합된 사회(시민사회)의 구성원, 즉 국가 구성원을 우리는 **국가 시민**이라고 한다. 국가 시민들은 자신의 본질(그 자체)과 분리 불가능한 법적 속성들을 가지고 있는데, 그것들은 다음과 같다. [첫째] 자기가 동의한 것 이외의 다른 어떤 법칙에도 복종하지 않을 법칙적 **자유**, [둘째] 자신의 [자유]와 관련해서 **국민 안**에 어떤 상위자도 인정하지 않을 시민적 **평등**, [단 상위자를 인정할 경우] 그가 시민들을 구속할 수 있는 바로 그만큼 시민들이 그를 법적으로 구속할 수 있는 도덕적 능력(권한)이 있는 한에서 [인정하는 시민적 불평등], 셋째 자신의 실존과 생계를 국민 중 다른 사람의 자의에 의존하는 것이 아니라 공동체 구성원으로서 자신에게 있는 권리와 능력에 의존할 수 있는 시민적 **자립성**이라는 속성, 즉 법적 문제에서 타인이 대신해서는 안 되는 시민적 인격성.

국가 시민의 자격을 구성하는 것은 투표 능력뿐이다. 그런데 이 능력은 국민 가운데 공동체의 한갓 부분만이 아니라 또한 그것의 구성원이기를 원하는 사람, 즉 자신의 자의로 타인과 함께 공동체의 활동 부분이 되고자 하는 사람의 자립성을 전제한다. 그런데 후자[자립성]의 성질은 필연적으로 **능동적** 시민을 **수동적** 시민과 구별하도록 만든다. 비록 수동적 시민이라는 개념이 국가 시민 일반 A 167 의 개념에 대한 설명과 모순되는 것처럼 보이지만 말이다.—다음 사례들은 그러한 난점을 제거하는 데 기여할 수 있다. 상인이나 수

공업자 옆에서 일하는 도제, (국가 용역을 수행하는 경우가 아닌) 용역 제공자, (자연적으로든 시민적으로든) 미성년자, 모든 가사 노동자, 자신의 일로써가 아니라 (국가를 제외한) 타인의 처분으로 자기 존재(생계와 안전보장)를 유지할 수밖에 없는 모든 사람 등은 시민적 인격성을 갖지 못한다. 그의 실존은 단지 [부가적] 속성일 뿐이다.—자신의 노동 산물을 상품으로 공공연하게 내다 팔 수 있는 유럽의 목수나 대장장이와 달리 내가 내 농장 일에 고용한 나무꾼, 제철 작업을 위해 자신의 망치와 모루와 풀무를 가지고 여러
VI 315 집을 방문하는 인도의 대장장이, 교사와 구별되는 가정교사, 임차인과 구별되는 소작농 등은 공동체의 하인들일 뿐이다. 그들은 다른 개인들의 명령이나 보호를 받아야 하고, 따라서 시민적 자립성을 갖지 않기 때문이다.

하지만 타인들의 의지에 대한 이러한 종속과 불평등이 함께 국민을 구성하는 인간으로서 그들의 자유 및 평등과 대립하는 것은 아니다. 오히려 오직 그러한 조건들에 합치됨으로써만 국민은 하나의 국가가 될 수 있고, 하나의 시민 체제로 진입할 수 있다. 그러나 이러한 체제 안에서 투표의 권리를 갖게 되는 자격, 즉 한갓 국가 구성원이 아니라 국가 시민이 되는 자격은 모든 사람이 동일한
A 168 권리를 가지고 획득하게 되는 것이 아니다. 모든 사람은 자연적 자유와 평등의 법칙에 따라 다른 모든 사람에게 [자신을] 국가의 수동적 부분으로 대우해줄 것을 요구할 수 있지만, 이러한 사실에서 능동적 구성원으로서 국가 자체를 운영하고 조직하거나 어떤 법칙들을 함께 도입하는 권리가 도출되어 나오는 것은 아니기 때문이다. 실정 법칙들은, 그들이 어떤 실정 법칙에 찬성표를 던지든, 자유 및 그에 걸맞은 국민 모두의 평등, 즉 '수동적 상태에서 능동적 상태로 자신을 고양할 수 있음'이라는 평등의 자연적 법칙들에 위

배되지 않아야 한다.

§ 47

앞서 [언급한] 세 국가권력은 모두 위엄을 가지고 있으며, 그것들이 국가 정초(헌법)를 위한 국가의 이념 일반에서 본질적인 것으로서 필연적으로 유래하는 한, 그것들 자신이 곧 **국가 위엄**이기도 하다. 그것들은 (자유 법칙들에 따라 고찰하면, 통합된 국민 자신 이외에 다른 것이 아닌) 하나의 보편적 [국가]**수반**과 **신민**으로서 개별화된 많은 국민 사이의 관계, 다시 말해 **명령자**(통치자)와 **복종자**(신민)의 관계를 포함한다.—국민이 자신을 하나의 국가로 구성하는 행위가 **근원적 계약**이다. 사실은 그것의 이념만이 그러하다. 이 이념에 따라서만 우리는 국가의 합법성을 생각할 수 있다. **이러한 계약**에 따라 모든(만인과 각인) **국민**은 자신들의 외적 자유를 포기하는데, 그것은 한 공동체의 구성원으로서, 다시 말해 국가로 여겨지는 국민의(전체) 구성원으로서 자신의 외적 자유를 즉각 다시 [되돌려]받기 위해서다. [이때] 우리는 '국가 안에 있는 사람이 자신의 생득적인 외적 자유의 **일부**를 어떤 목적을 위해 희생했다'고 말할 수 없다. 우리는 오히려 '그는 자신의 자유 일반을 하나의 법칙적 예속, 즉 법적 상태에서 온전히 또다시 발견하기 위해서 야만적이고 무법칙적인 자유를 남김없이 버린 것이다'라고 말할 수 있다. 그러한 예속 상태가 그 자신의 입법적 의지에서 유래하는 것이기 때문이다. A 169; Ⅵ 316

§ 48

그러므로 국가의 세 권력은 **첫째**, 도덕적 인격체로서 상호 대등한 위치에 있다(수평적 권력들). 즉 어느 한 권력은 다른 권력의 보충 부분(보완을 위한 보충)인데, 이는 국가 체제의 완결성을 위해서다. 반면 그것들은 둘째, 상호 수직적(위계적) 위치에 있다. 따라서 어느 하나는 자신이 돕는 다른 하나의 기능을 침탈할 수 없으며 [각각은] 자기만의 고유한 원리를 가지고 있다. 즉 그것은 특수한 인격의 자격으로, 당연히 상위 인격의 의지라는 조건 아래에서 명령을 내린다. 셋째, 그러한 두 권력의 통합을 통해 각각의 신민에게 그들의 권리가 [재판을 통해] 선고된다.

권력들의 위엄이라는 측면에서 본다면 우리는 그 권력들에 대해
A 170 다음과 같이 말할 수 있다. 외적 권리와 관련하여 입법자의 의지는 결점이 없고, 최고 명령권자의 집행 능력에 대한 저항은 가능하지 않으며, 최고 재판관의 판결은 변경될 수 없다.

§ 49

국가의 통치자는 집행 권력을 가지고 있는 (도덕적이거나 물리적인) 인격을 말한다. 그는 국가의 대리자이며 관료를 임명하고 국민을 위한 규칙을 제정한다. 이 규칙에 상응하여 국민 각자는 합법적으로 (하나의 사례를 법칙 아래 포섭함으로써) 어떤 것을 획득하거나 자신의 것을 보존할 수 있다. 도덕적 인격으로 이해되는 경우, 그는 관리국이라는 이름의 행정부다. 국민과 관료, 국가행정을 책임지는 관청 책임자(장관)에게 행하는 그의 지시들은 (법칙이 아닌) 훈령, 즉 명령이다. 그것들은 특수한 경우의 결정과 관련되며 변경 가능한 것으로 주어지기 때문이다. 만일 정부가 법까지 제정한다면 그러한 정부는 독재[독재 정부]라고 불릴 것이다. 그러한 정부는 애국 정부와는 다
VI 317 르다. 이것은 (시민을 어린아이 취급하는) 가장 독재적인 가부장적 정부를 의미하는 것이 아니라 조국(祖國) 정부(국가이면서 가정인 정부)를 의미한다. 이러한 정부에서는 국가가 신민들을 가족 구성원으로
A 171 취급하면서 동시에 국가 시민으로, 즉 그들 자신의 자립성 법칙에 상

응해서 취급한다. 또 그곳에서 각자는 자기 자신을 소유하되 자기 옆이나 위에 있는 타인의 절대적 의지에 예속되어 있지 않다.

따라서 국민을 지배하는 자(입법자)가 동시에 **통치자**일 수는 없다. 통치자는 법칙 아래 있고 법칙을 통해, 즉 **타자**인 주권자에게서 의무를 부과받기 때문이다. 지배하는 자는 통치자에게서 권력을 박탈하거나 그를 하야시키거나 그의 행정[조직]을 개편할 수 있다. 하지만 지배하는 자가 통치자를 **처벌**할 수는 없다. ('군주, 즉 최상위 행정 권력은 불법적인 것을 행할 수 없다'는, 영국에서 사용되는 표현이 바로 이것을 의미한다) 그러한 처벌은 다시금 행정 권력의 행위일 텐데, [행정 권력이] 법칙에 따라 **강제**할 권한을 최상위로 부여받으면서 동시에 그 자신이 어떤 강제에 복종한다면, 그것은 자기모순이기 때문이다.

끝으로 국가 지배자나 통치자는 **판결**을 내릴 수 없으며 단지 재판관을 관료로 임명할 수 있을 뿐이다. 국민은 자유로운 선별을 거쳐 국민의 대변자로서 더욱이 각각의 행위를 위해 특별히 임명된 동료 시민들 가운데 [특정한] 사람들을 통해 자기 자신을 재판한다. 권리 선고(판결)는 국가 행정관(재판관이나 법정)을 통해서 신민에게, 즉 국민 가운데 한 사람으로서 어떠한 권력도 없는 어떤 사람에게 그의 권리를 승인해주는(부여하는) 공적 정의(분배 정의)의 개별적 행위이 A 172
기 때문이다. 국민 한 사람 한 사람은 (당국과의) 이와 같은 관계에서 단지 수동적일 뿐이다. 그렇기에 각자의 권리가 충돌하는 경우 앞의 두 권력 각각은 신민에게 결정을 내릴 때 불법을 행하게 될지도 모른다. 왜냐하면 [그 경우] 그러한 결정 및 동료 시민에게 **유죄**나 **무죄**를 선고하는 것을 국민 자신이 행하지 않기 때문이며, 소송사건에서 사실 조사에 법칙을 적용해야 하는 것은 법정이고 집행 권력을 매개로 각자에게 권리가 돌아가도록 만들어야 하는 것은 사법 권력이기 때

문이다. 결국 오직 국민만이 자신의 전권을 위임받은 대변자(배심원)
를 통해서 간접적으로나마 국민 속의 각자를 심판할 수 있다.—재
VI 318 판관 역할을 하는 것, 즉 불법을 행할 가능성에 자신을 밀어 넣는 것,
그리하여 항소의 경우에 봉착하게 되는 것(나쁜 정보를 가진 왕에서
더 좋은 정보를 가진 왕이 되는 것)은 국가수반의 위엄에 어울리지 않
는 일이다.

국가가 자신의 자율성을 가지게 되는 것, 즉 자유 법칙에 따라 자
기 자신을 형성하고 유지하게 되는 것은 이러한 상이한 세 권력(입법
권력, 행정 권력, 사법 권력)에 의거한다.—국가의 안녕은 그것들의 통
합에서 성립하는데(국가의 안녕이 최고 법이다), 우리는 이러한 안녕
을 국가 시민의 안락이나 행복으로 이해하면 안 된다. 행복은 (루소[3]
A 173 역시 주장했듯이) 자연 상태에서나 독재 정부 아래서도 훨씬 더 기분
좋고 훨씬 더 원하던 대로 나타날 수 있기 때문이다. 우리는 그것을
'[국가] 체제가 법 원리들에 최대한 합치하는 상태'로 이해하며, '그
상태로 나아가도록 노력할 것'을 이성이 하나의 정언명령을 통해 우
리에게 의무지우는 것으로 이해한다.

일반적 주석
시민 연합체의 본성에서 유래하는
법적 귀결들에 관하여

A

최상위 권력의 원천은 그것 아래 있는 국민에 의해 실천적 의도에서 추적될 수 없다. 즉 신민은 그러한 원천과 관련하여 현실에 영향을 미칠 만한 이야기, '[가령] 복종의 책무와 관련해서 의심받을 만

한 [권력자의] 권리'라는 이야기를 해서는 안 된다. 최상위 국가권력(최고 지배)에 법적 효력이 있는 판결을 내리기 위해 국민은 이미 하나의 보편적 입법 의지 아래 통합되어 있는 것으로 간주될 수밖에 없으므로, 국민은 현재 국가수반이 원하는 것과 다르게 판결할 수 없고 또 판결해서도 안 되기 때문이다.—국가수반에 대한 실제적 복종계약(시민들의 복종계약)이 최초에 하나의 사실로 선행했는지, 권력이 선행하고 법칙은 단지 후속했을 뿐이었는지, 이러한 순서를 따라야 했는지 등은 이미 시민적 법칙 아래 사는 국민에게는 아무런 의미도 A 174
없고 심지어 국가를 위험에 빠뜨리는 궤변에 지나지 않는다. 만약 직전 권력의 기원을 생각해낸 신민이 현재의 지배적 권위에 대항하고자 한다면 그는 현재 법칙에 따라, 다시 말해 지극히 합법적으로 처 VI 319
벌받을 것이고, 죽임을 당하거나 (새처럼 자유롭게) 추방될 것이기 때문이다.—그것에 대해 실천적으로 의혹을 제기하는 것조차, 더구나 그것의 효력을 한순간이라도 정지시키는 것조차 이미 하나의 범죄라고 할 정도로 성스러운 (불가침의) 법칙이라면, 그러한 법칙은 마치 인간에게서가 아니라 어떤 완벽한 최고 입법자에게서 유래하기라도 한 것 같은 모습을 지닐 것이다. 바로 이것이 "모든 권세는 신에게서 나온다"라는 명제의 의미다. 이 명제는 시민 체제의 역사적 근거를 이야기하는 것이 아니라 '기원이야 어찌되었든 현존하는 입법 권력에 마땅히 복종해야 한다'는 하나의 이념을 실천적 이성원리로 이야기하는 것이다.

이상에서 다음 명제가 귀결된다. 국가 지배자는 신민에게 오직 권리만 가질 뿐 어떠한 (강제) 의무도 갖지 않는다.—한 걸음 더 나아가 지배자의 기관, 즉 통치자가 법칙을 위반하더라도, 가령 납세나 병역 같은 국가 의무를 배분할 때 평등 법칙에 어긋나더라도 신민은 그러한 부정의에 대해 소원 제기(항의)는 해도 되지만 저항해서는 안 된다.

A 175 최상위 명령권자가 헌법을 위반할 경우 그에게 저항하는, 그러니
까 그를 제한하는 것을 국가 내의 한 권력에 가능하도록 만드는 법
조항은 물론 헌법 안에 결코 있을 수 없다. 국가권력을 제한해야 하
는 사람은 제한받게 되는 사람보다 더 많거나 최소한 크기가 같은 힘
을 가지고 있어야 한다. 또 그는 신민에게 저항을 명령하는 합법적
명령자로서 신민을 보호할 수 있어야 하고, 실제로 [저항이] 일어난
경우 법적 효력이 있는 판결을 내릴 수 있어야 한다. 즉 공적으로 저
항을 명령할 수 있어야 한다. 하지만 그렇게 되면 전자가 아니라 후
자가 최상위 명령권자가 될 것이고, 이것은 자기모순이기 때문이다.
그 경우 주권자는 자신의 장관을 통해 동시에 통치자로서 행동하는
것이자 독재적으로 행동하는 것이다. '자신의 대리인을 통해 국민
자신이 그러한 제한을 하는 권력이 된다'는 기만(국민은 원래 입법 권
력만을 갖기 때문에 그것은 착각이다)도 그러한 독재를 은폐할 수 없
다. 독재는 장관이 사용하는 수단들 때문에 폭로된다. (의회에 있는)
대리인을 통해 자신을 대변하는 국민에게 그들의 자유와 권리를 보
증하는 사람들은 자신과 자기 가족에 대한 생생한 이해관심이 있는
사람들이며, 또한 군대나 함대나 대체 복무지에서 그들의 생활, [즉]
장관에게 좌지우지되는 생활에 대한 생생한 이해관심이 있는 사람
VI 320 들이다. 그들은 (정부의 월권에 저항하는 대신) 언제든 자신을 정부 손
에 넘겨줄 준비가 되어 있다. (저항의 공개적 선포에는 어쨌거나 이미
준비된 국민의 일치단결이 필요한데, 이것은 평화 시에는 허용될 수 없
A 176 다)—결국 국가의 내적 법체제로서 이른바 완화된 국가 체제는 불
합리한 것이다. 그것은 법에 속한 것이기보다는 영리함의 원리에 해
당되며, 국민의 권리를 침해하는 권력자가 정부에 대해 자의적 영향
력을 [행사하는 것을] 가능한 한 어렵게 만들려는 것이 아니라 오히
려 국민에게 허락된 반대라는 거짓된 모습 아래 그것을 은폐하려는

것이다.

결국 입법권을 가진 국가 최고 수반에 대항하는 국민의 합법적 저항은 존재하지 않는다. 그의 보편적 입법 의지에 복종함으로써만 하나의 법적 상태가 가능하기 때문이다. 따라서 **봉기**의 권리는 존재하지 않으며 **반란**의 권리는 더더욱 존재하지 않는다. 하물며 [국가수반이] 권력을 남용했다는 구실로 개인(군주)으로서 국가수반의 인격에, 심지어 그의 생명에 위해(폭군 살해를 명분으로 한 군주 시해)를 가하는 권리는 결코 존재하지 않는다. 그와 같은 시도는 아무리 작은 것이어도 **대역죄**이며, 그러한 반역자는 **조국을 전복하려는** 시도를 한 자로서 사형에 처해지지 않을 수 없다.—국민은 견딜 수 없는 것으로 여겨지는 최상위 권력의 남용조차 견뎌내야만 하는 의무가 있는바, 이러한 의무의 근거는 '최상위 입법에 대한 국민의 저항은 그 자체가 법칙을 위반하는 것, 심지어 법체제 전체를 파괴하는 것으로 생각될 수밖에 없다'는 사실에 있다. [국민에게] 저항의 권한이 주어지 A 177
려면 국민의 저항을 허용하는 하나의 공법이 존재해야 하지만, 즉 최상위 입법이 자신 안에 '[자신이] 최상위가 아님'에 관한 규정이나 '신하인 국민을 하나의 동일한 판결에서 그가 복종하는 사람에 대한 주권자로 만드는' 규정이 있어야 하지만, 그것은 자기모순이기 때문이다. 우리는 이러한 모순을 '국민과 주권자 사이의 이와 같은 분쟁에서 도대체 누가 재판관이 되어야 하는가?(이 둘은 법적으로 보면 언제나 서로 다른 두 도덕적 인격이다)' 하는 질문으로 즉각 깨닫게 된다. 이때 '국민이 자기 자신의 일과 관련해 재판관이 되기를 원한다'는 사실이 드러나기 [때문이다].*

* 군주의 폐위는 왕관을 스스로 내려놓고 권력을 국민에게 되돌려줌으로써 자 VI 321
신의 권력을 스스로 포기하는 것으로 생각될 수 있다. 또는 군주의 폐위는 결과적으로 시민의 지위로 되돌아가게 되는 최상위 인격에게 악행을 가하지 않

고 이루어지는 권력 이양으로 생각될 수 있다. 따라서 그것을 강제했던 국민
의 범죄행위는 기껏해야 긴급권이라는 핑계를 대기는 해도 결코 [국가]수반
을 이전의 행정 활동을 이유로 처벌할 권리가 있는 것은 아니다. 군주가 이전
에 [국가]수반 자격으로 했던 모든 것은 외적으로 합법칙적인 것으로 간주되
어야 하고 또 그 자신은 법칙들의 원천으로서 불법적인 것을 행할 수 없기 때
문이다. 군주 살해가 반란에 따른 국가 변혁의 혐오스러움 가운데 가장 지독
A 178 한 것도 아니다. 만약 군주가 생명을 유지하게 되면 다시 힘을 모아 국민에게
상응한 처벌을 내리게 될 거라는 공포에서 국민에 의해 저러한 살해가 일어나
고, 따라서 군주 살해는 처벌 정의의 구현이라기보다는 자기 보존의 구현이라
고 생각될 수 있기 때문이다. [오히려] 공식적 처형이야말로, 찰스 1세나 루이
16세의 운명의 장면을 생각하자마자 그리고 생각할 때마다 [알 수 있듯이],
인간 권리의 이념으로 가득 찬 영혼을 전율에 빠뜨린다. 그런데 우리는 심미
적인 것(동감, 고통을 당하는 사람에게 자신을 대입하는 상상력의 결과물)이 아
니라 도덕적인 것인 그와 같은 감정, [즉] 모든 법 개념의 전면적 전도(顚倒)
감정을 어떻게 설명해야 할까? 그것은 영원히 지속되고 결코 지워질 수 없는
범죄 행위로 간주될 것이며 신학자들이 이승에서도 저승에서도 용서받을 수
없는 죄악이라고 하는 것과 유사해 보인다. 인간 마음 안에 있는 이와 같은 현
상에 대한 설명은 아마도 그 자체로 국가법의 원리들에 빛을 던지는, [우리]
자신에 대한 아래와 같은 성찰에서 주어질 것이다.
A 179 법칙 위반은 어느 것이나 범죄자의 (그러한 위반을 규칙으로 만든) 준칙에서
유래하는 것으로만 설명될 수 있다. 만일 우리가 법칙 위반을 감성적 충동에
서 도출한다면 그것은 자유로운 존재자로서 사람이 행한 것이 아니게 되어 그
에게 책임을 물을 수 없게 되기 때문이다. 그런데 입법 이성의 명백한 금지에
반하는 그와 같은 준칙을 갖게 되는 것이 [행위] 주체에게 어떻게 가능한지는
결코 설명되지 않는다. 자연의 기제에 따라 주어진 것들만이 설명 가능하기
때문이다. 범죄자는 자신의 범죄를 [자신이] 받아들인 객관적 규칙(보편타당
한 것으로 받아들인 규칙)의 준칙에 의거해서 저지르거나 아니면 규칙의 예외
(자신을 일시적으로 규칙에서 면제하는 것)로만 저지를 수 있다. 후자의 경우 그
는 (물론 의도적으로) 단지 법칙에 어긋나는 것일 뿐이다. 그는 즉각 자신의 위반
을 혐오할 수도 있고, 또한 법칙에 대한 복종을 온전히 거부하지 않고 법칙을
단지 우회할 수도 있다. 그러나 전자의 경우 그는 법칙의 권위 자체를 거부하
는 것이며 자신의 이성 앞에서는 법칙의 타당성을 부인할 수 없으면서도 법
VI 322 칙에 위반되는 행동을 규칙으로 만드는 것이다. 따라서 그의 준칙은 단지 결
핍되는 방식으로(부정적으로)가 아니라 파괴적인 방식으로(대립적으로), 또는 흔
히 말하듯 대각선적 모순으로서 (마치 적의가 있는 양) 법칙과 대립한다. 온전
한 (전혀 무익한) 악을 감행하는 그와 같은 범죄행위는 우리가 아는 한 인간에

(결점이 있는) 국가 체제를 변경하는 일은 때때로 필요하지만 그러 A 178
한 변경은 오직 주권자 자신의 개혁으로만 이루어질 수 있고 국민 자 A 179
신의 혁명으로는 이루어질 수 없다. 또 그러한 변경이 일어나는 경우 A 180
개혁은 단지 집행 권력에만 해당될 뿐 입법 권력에는 해당되지 않는
다.—국민이 (의회에서) 자신을 대변하는 사람들을 통해 집행 권력 A 181
과 그 대표자(장관)에게 저항하는 것이 법칙적으로 가능한 국가 체제
에서라 할지라도—우리는 이것을 제한된 체제라고 하겠지만—국
민의 적극적 저항(국민이 임의로 결탁하여 정부로 하여금 어떤 적극적
활동을 하도록 강제하는 것, 즉 국민 자신이 집행 권력의 행위를 감행하
는 것)은 허용되지 않으며 단지 소극적 저항, 즉 '국가행정을 위해 필
요하다'며 이러저러한 요구들을 제기하는 집행 권력에 항상 순순히
따르기만 하지는 않는 (의회에서) 국민의 거부만이 허용될 뿐이다. 만

게는 가능하지 않지만, 그럼에도 그것은 (극단적인 악이라는 한갓된 이념이긴 해도) 도덕 체계에서 간과되어서는 안 된다.

그러므로 국민이 군주를 공식적으로 처형하는 것에 관한 생각에서 느끼게 되는 전율의 근거는 다음과 같다. 살인은 단지 국민이 자신의 준칙으로 삼은 규칙의 예외로 간주되어야 하지만 처형은 주권자와 국민의 관계에 관한 원리들의 전적인 전도(자신의 현존을 전자의 입법에 의지해야 하는 후자를 전자의 지배자로 만드는 것)로 간주되어야 한다. 그렇게 하여 폭력 행위는 뻔뻔하게도 그리고 원칙에 따라 지극히 신성한 권리 위로 추켜올려지는데, 이러한 것은 마치 모든 것을 영원토록 삼켜버리는 심연과도 같이 국가가 그에게 행하도록 한 자살로서 결코 용서될 수 없는 범죄인 것처럼 보인다. 결국 우리가 인정하지 않을 수 없는 원인은 그러한 처형에 대한 동의가 실제로는 억측된-법적 원리에서가 아니라 복수에 대한 공포, [즉] 언제 다시 살아날지 모를, 국가의 국민에 대한 복수의 공포에서 유래했다는 사실 및 처벌, 즉 법적 재판이라는 겉모습(그것은 살인이 아닌 듯한)을 그 행위에 부여하기 위하여 그와 같은 의식이 치러졌다는 사실 등이다. 하지만 국민의 그러한 찬탈 행위는 살인보다도 더 지독하기 때문에 이와 같은 가식은 실패하기 마련이다. 그러한 찬탈 행위는 파괴된 국가의 재건 자체를 불가능하게 만들 수밖에 없는 하나의 원칙을 포함하고 있다.

약 [순순히 따르기만 하는] 이런 일이 일어난다면 그것은 '국민은 타락했고 국민의 대변자는 매수되었으며 정부 수반은 자기 장관을 통해 독재를 하고 장관 자신은 국민을 배반했다'는 것에 대한 확실한 징표다.

VI 323 그뿐만 아니라 하나의 혁명이 일단 성공하여 새로운 정치 체제가 들어섰을 경우 그러한 혁명의 시작과 진행의 불법성이 신민들을 '훌륭한 국가 시민으로서 사물들의 새로운 질서에 복종해야 하는 책무'에서 해방시킬 수도 없다. 그들은 현재 권력을 갖고 있는 바로 그 상관에게 진정으로 복종하는 것을 거부할 수 없다. (그러한 변혁에서 살아남은) 폐위된 군주는 예전의 업무 수행으로 고발될 수 없고 처벌될 수는 더더욱 없다. 일개 국가 시민의 지위로 되돌아간 그가 국가에서 멀리 떨어져 나와 비밀리에 모의한 반대혁명으로든 다른 나라의 도움으로든 왕위를 회복하려는 모험을 고집하는 과감함보다는 자신과
A 182 국가의 평온을 선택했다면 그렇다. 그런데 그가 모험을 택한 경우, 그의 점유[왕위] 권리는 그에게 그대로 남아 있게 된다. 그를 그의 점유[왕위]에서 쫓아낸 반란이 부당하기 때문이다. 하지만 국민이 저지른 범죄가 벌을 받지 않거나 모든 국가에 대한 추문으로 남는 것을 막으려고 다른 국가들이 불운을 당한 군주를 대신해 서로 연합하여 국가 동맹을 만들 권리가 있는지, 다른 국가에서 혁명으로 세워진 체제를 강제력을 동원해서 그 이전 체제로 되돌리는 권리와 사명이 여타 다른 국가들에 있는지 등은 국제법에 해당된다.

B

지배자는 (토지의) 최고 소유자로 간주될 수 있는가? 아니면 법칙에 따라 국민과 연관되어 있는 한갓 최고 명령권자로만 간주되어야 하는가? 토지는 외적 사물을 자신의 것으로 소유하는 것을 가능하게

하는 최상의 조건이며, 외적 사물의 가능한 점유와 사용은 최초의 획
득 권리를 형성한다. 따라서 그러한 권리는 모두 **토지 지배자**로서의
주권자에게서, 더 정확히 말해 최고 소유자(영토 소유자)로서의 주권
자에게서 도출되어야 한다. 신민들의 집합체로서 국민 역시 그에게
귀속되어 있지만(국민은 그의 국민이다) 이때 그는 (물권에 따른) 소
유자가 아니라 (대인적 권리에 따른) 상위 명령권자다.—그런데 이 A 183
러한 최고 소유물[전체 토지]은 시민 조직체가 가지고 있는 하나의
이념일 뿐이다. 이 이념은, 특정한 소유를 규정할 때 국민 모두의 사
적 소유가 공적인 보편적 점유자 아래에 필연적으로 통합되어 있다
는 점을 표상하기 위한 것이며, [더욱이] **결합**(부분에서 전체로 경험
적으로 진행하는)의 원칙에 따라서가 아니라 법 개념에 의거한 **분할** VI 324
(토지의 분할)의 필연적이고 형식적인 원리에 따라 통합되어 있음을
표상하기 위한 것이다. 이러한 법 개념에 따르면 상위 소유자는 특정
토지를 사적으로 소유할 수 없고(그렇지 않으면 그가 자신을 사적 개
인으로 만들기 때문이다), 특정 소유는 오직 국민(집합적으로 생각되
는 국민이 아니라 개별적으로 생각되는 국민)에게만 귀속된다. 토지의
사적 소유가 전혀 성립하지 않는 유목 민족은 예외다.—따라서 상
위 명령권자는 사적으로 이용하기 위한(궁정을 유지하기 위한) **국유
지**, 즉 영지를 가질 수 없다. '영지의 크기가 어느 정도여야 하는가?'
는 그의 판단에 달린 문제일 것이므로, 국가는 모든 토지를 정부 소
유로 이해하고 모든 신민을 **농노**로 그리고 타인의 영원한 소유물을
단지 점유하는 자, 결국 모든 자유를 박탈당한 자(노예)로 간주할 위
험에 봉착하기 때문이다.—우리는 '**토지 지배자**는 자기 자신 이외에
는 (자신의 것으로) **아무것도 소유하지 않는다**'고 말할 수 있다. 만일 그 A 184
가 국가 안에 있는 무엇인가를 타인과 별도로 자신의 것으로 가지고
있다면 그 타인과 분쟁이 생길 수 있는데, 이를 조정할 재판관이 없

을 것이기 때문이다. 반면 우리는 '토지 지배자는 모든 것을 소유하고 있다'고도 말할 수 있다. 그에게는 '모든 외적인 것(분할된 것)은 나에게 귀속된다'는 명령을 국민에게 내릴 수 있는 (각자에게 각자의 것이 주어지도록 만드는) 권리가 있기 때문이다.

이상에서 다음 사실들이 귀결된다. 토지를 배타적으로 사용하기 위해 일정한 법규에 따라 대를 이어가면서 (무한히) 토지를 물려줄 수 있는 소유자로서 단체, 신분, 교단 등은 국가 안에 결코 있을 수 없다. 국가는 남아 있는 후손들에게 변상한다는 조건 아래 언제라도 그러한 사용을 중지할 수 있다. (단체로든 특별히 선택받은 개인들의 지위로든) 기사단과 교회라고 불리던 성직자회는 자신에게 혜택으로 주어진 그러한 특권으로 후대에 물려줄 수 있는 토지 소유를 획득할 수 없고, 단지 토지의 일시적 사용만 획득할 수 있을 뿐이다. 한편 기사단 영지와 다른 한편 교회 영지는 '국가 방어를 태만히 하는 것에 대항하여 국가를 보호하는 수단으로서 무훈'이나, '영원한 불에서 국가 안의 사람들을 보호하려고 사람들을 추동하는 수단으로서 예배와 기도 그리고 다수의 필요한 성직자' 등에 관한 공공의 견해가 사라질 경우 주저 없이 (단 위에 언급한 조건 아래서) 폐쇄될 수 있다. 이런 경
A 185 우 개혁을 당하는 이들은 자신들의 소유물을 빼앗기는 것에 이의를
VI 325 제기할 수 없다. 그들이 그때까지 점유한 것은 오직 국민 의견에 근거를 두었을 뿐이며 그 근거는 국민 의견이 지속되는 동안만 타당성이 있기 때문이다. 그런데 자신들의 공로로 국민을 이끌 최대한의 자격을 지닌 자들의 판단에서만이라도 그와 같은 국민 의견이 사라져버리면, 그들이 추정하는 소유는 마치 국가에 대한 국민의 항소에서 나온 것(나쁜 정보를 가진 왕에서 더 좋은 정보를 가진 왕이 되는 것)처럼 즉각 폐지되어야 한다.

이와 같은 근원적으로 획득된 토지 소유가 최고 명령권자의 권리,

다시 말해 최고 소유자(토지 지배자)로서 토지의 사적 소유자에게 과세하는 권리, 즉 토지세나 물품세나 관세의 납부를 요구할 권리와 (전투 요원으로 근무하라는 것과 같은) 공익 근무를 요구하는 권리의 근거다. 그럼에도 이것은 국민이 자신에게 세금을 부과하는 셈인데, 국민 대리인의 대표자가 시행한다면 그것이 권리 법칙에 상응하여 진행되는 유일한 방식이기 때문이다. 또한 국가가 해체 위험에 처한다면 대권에 의거하여 강제되는 (그때까지 존속했던 법칙에는 어긋나는) 징수도 허용된다.

그것은 국가 경제권과 재정권과 경찰권의 근거이기도 하다. 경찰은 안전과 평온과 미풍양속을 위해 노력해야 한다. 미풍양속에 대한 A 186
감정이 구걸·노상 소란·악취·공공연한 매춘 등으로 위축되지 않는 경우, [즉] 도덕감을 훼손하는 이와 같은 것들에 대한 부정적 취향이 위축되지 않는 경우, 법에 의한 국민 통솔이라는 정부 과제가 더욱 용이하게 이루어지기 때문이다.

국가를 유지하려면 아직 셋째 것이 있어야 하는데, 감시 권리가 그것이다. 사회의 공적 안녕에 영향을 미칠 수 있는 모든 결사는 (국가 광명단[4]의 것이든 종교 광명단의 것이든) 감시권에서 벗어날 수 없으며 경찰이 요구할 경우 자신의 체제를 바로 공개해야 한다. 하지만 개인 가택에 대한 경찰 수색은 불가피한 경우에 한하며 이를 위한 권리를 경찰은 각각의 특수한 경우에 상급 관청에서 부여받아야 한다.

C

최고 명령권자는 간접적으로, 즉 국민의 의무를 위임받은 자로서 자기 자신(국민)을 유지하기 위해 국민에게 세금을 부과할 권리가 있 VI 326
다. 이때 [그는] 빈민 구제소, 고아원, 종교 기관, 그 밖의 구호단체나 자선단체라는 이름을 가진다.

말하자면 보편적 국민 의지는 영구히 보존되어야 하는 하나의 사
A 187 회로 자신을 통합한 것이며, 결국에는 자신을 보존할 능력이 없는 사회 구성원들을 보존하려고 내적 국가권력에 스스로 복종한 것이다. 따라서 정부는 국가 이름으로 자산가를 강제할 권리, 즉 '최소한의 자연적 욕구를 충족할 능력조차 없는 사람들을 보존하기 위해 필요한 수단을 창출하도록' 강제할 권리가 있다. 자산가의 실존 자체가 공동체의 보호 아래 자신을 내맡기고 자신의 현존에 필요한 것을 제공하는 공동체에 복종하는 행동이며 자산가들은 그것에 대한 구속성을 스스로에게 부과했으므로, 이제 국가는 그들의 실존에 '그들의 동료 시민들을 보존하기 위해 그들의 것을 투여할' 권리를 정초하기 때문이다. 이와 같은 것은 국가 시민의 재산이나 상거래에 대한 과세로 또는 조성된 기금과 그 이자로 할 수 있다. 그것은 국가의 필요를 위한 것이 아니라(국가는 부유하기 때문이다) 국민의 필요를 위한 것이다. 또 그것은 탐욕적인 것이 섞여 있기 마련인 한갓된 자발적 기여(복권과 같은 것이 그것인데, 복권은 가난한 자나 공적 소유에 위험한 자를 그것이 없을 때보다 더 많이 만들어내므로 허용해서는 안 된다)를 통해서가 아니라 강제적으로, 즉 국가 세금으로 해야 한다(여기서 문제시되는 것은 단지 국민에 대한 국가의 권리이기 때문이다). 이제 다음과 같은 물음이 제기된다. 빈곤층을 위한 원조는 지속적 기여금으로 해야 하는가 아니면 누적된 모금이나 자선 단체(미망인 보호소, 의료기관 등과 같은 것)만을 통해서 해야 하는가? 각 세대가 자기 시대의 빈곤층을 먹여 살리는 전자의 경우라도 약탈과 다름없게 될 지원 요
A 188 구가 아니라 법칙에 따른 부과금으로 해야 하겠지만 말이다.—국가는 생존을 이어가야 하는 사람 가운데 누구도 외면할 수 없는데, 우리는 전자[지속적 재원]를 그러한 국가의 권리에 합당한 유일한 제도로 간주해야 한다. 지속적 재원은 빈곤층의 수와 함께 증가하는 경

우라도 (자선 단체가 시행하는 경우처럼) 가난을 게으른 자의 [원조] 획득 수단으로 만들지 않으며, 따라서 그것은 정부를 통해 국민에게 부과되는 부당한 부담이 되지 않을 것이기 때문이다.

빈곤이나 수치 때문에 유기되거나 죽임을 당하는 아이들의 보호와 관련해 국가는 국민에게 의무를 부과할 권리가 있다. 그것은 곧 '이러한 증가된 국가 자산을, 비록 그것이 환영받지 못한 것이라 해도, 모른 척하고 죽도록 놔두어선 안 된다'는 의무다. 하지만 그것에 VI 327
일부나마 책임을 져야 할 사람인 남녀 독신자(능력 있는 미혼자를 의미하지만)에게 세금을 부과하고 전담 기아 양육원을 이용해서 그 일을 할 수 있을지, 아니면 다른 방식으로(그들을 보호하는 다른 수단은 아마도 존재하기 어려울 것이다) 올바로 할 수 있을지는 아직 해결하지 못한 과제다. 법에도 저촉되지 않고 도덕에도 저촉되지 않으면서 그것을 하려고 한다면 말이다.

종교 기관은 시민 권력의 영향권 밖에 있는 내적 심성으로서 종교와는 면밀하게 구별되어야 한다(그것은 국민을 위해 공적으로 예배 의식을 하는 기관이며, 예배 의식의 원천은 단순한 생각이든 아니면 확신 A 189
이든 국민이다). 종교 기관은 자신을 비가시적인 최고 권력의 신하로 간주하며 그것에 충성을 맹세해야 하지만 그 권력은 종종 시민 권력과 매우 불평등한 분쟁에 휘말릴 수 있다. 이러한 종교 기관 역시 진정으로 국가에 필요하다. 이러한 필요성 때문에 국가는 권리를 갖게 된다. [하지만] 이 권리는 내적인 헌법적-입법적 권리, 즉 국가가 자신에게 유리하다고 생각하는 것에 맞추어 종교 기관을 마련하거나 믿음과 예배 형태를 국민에게 규정하거나 명령하는 권리가 아니다(그것은 전적으로 설교자와 대표자에게 위임되어야 하기 때문이다). 그 권리는 단지 소극적 권리, 즉 공개적으로 설교하는 자가 가시적 정치 공동체에 미치는 영향, [가령] 공적 안정을 해칠 수 있는 영향을 차단

하는 권리다. 그러므로 내적 갈등에서든 아니면 상이한 교회들 사이의 갈등에서든 시민적 단합이 위험에 빠지지 않도록 만드는 권리다. 즉 그것은 경찰권이다. 교회는 하나의 믿음이 있으며 어떤 특정한 믿음이 있어야만 한다는 사실 또는 교회는 그 믿음을 바꿔서는 안 되며 자신을 개혁해서도 안 된다는 사실 등은 해당 권력이 관여할 것들이며 해당 권력의 위엄 아래에 있는 것들이다. 이 경우 해당 권력은 논쟁하는 학자로서 자신을 자기 신민들과 같은 높이에 놓는 셈이며(군주가 자신을 사제로 만든 셈이며), 신민들은 그에게 "당신은 이것에 대해 아무것도 이해하지 못하는군요. 특히 후자, 즉 내적 개혁의 금지에 관해서는 말입니다"라고 즉각 말할 수 있기 때문이다.—이를테면 전체 국민이 자신에게 내릴 수 없는 결정은 입법자라도 국민에게
A 190 내릴 수 없는 법이다. 그런데 이제는 어느 국민도 '믿음에 관한 (계몽시대의) 통찰과 관련해서 자신은 결코 더는 앞으로 나아가지 않을 것임'을 결정할 수 없으며, 따라서 또한 '종교 기관과 관련해서도 자신을 개혁하지 않을 것임'을 결정할 수 없다. 그러한 결정은 국민 자신의 인격 안에 있는 인간성, 즉 국민의 최상의 권리와 충돌하기 때문이다. 결국 해당 권력 역시 국민에게 그러한 것에 대한 결정을 내릴
VI 328 수 없다.—그런데 종교 기관의 유지 비용과 관련해서 말하면, 그러한 비용은 바로 그와 동일한 이유로 국가에 부과될 수 없고 이러저러한 신앙을 고백한 일부 국민, 즉 [신앙] 공동체가 부담해야 한다.

D

국가에서 최고 명령권자의 권리는 또한 1. 공직의 분배에 해당되며, 이것은 부과된 업무 수행에 대한 급료를 동반한다. 그의 권리는 2. 위엄의 분배에 해당되며, 이것은 급료를 동반하지 않는 지위 상승, 즉 하위자들(이들은 물론 자유로운 사람들이고 오직 공적 법칙을 통해

서만 구속되는 사람들이지만 동시에 상위자들에게 복종하도록 미리 규정되어 있는 사람들이다)에게 (명령하는) 상위자라는 위상을 부여하는 것으로 단지 명예에만 기초를 둔다.—또한 그러한 권리는 3. 이상의 (명예적-시혜적) 권리 외에 형벌권에도 해당된다.

시민적 공직과 관련해서 다음과 같은 물음이 제기된다. 주권자는 자신이 공직을 부여했던 사람에게서 자기 생각대로 (그가 범죄를 저 A 191
지르지 않았어도) 그의 공직을 다시 회수할 권리가 있는가? 내 대답은 '아니다!'이다. 국민의 통합된 의지가 시민적 공직자에게 내리지 않을 결정은 국가수반 역시 그에게 내릴 수 없기 때문이다. (한 사람을 공직에 앉힘으로써 발생하게 될 비용을 부담해야 하는) 국민이 원하는 것은 의심할 여지없이 공직자가 자신에게 부과된 업무를 충분히 잘해내는 것이다. 하지만 그것은 오랜 기간 지속된 준비와 배움으로만 할 수 있다. 공직자는 [준비와 배움에] 시간을 많이 보냈으니, 그 시간은 그가 자기 생계를 해결할 다른 어떤 업무를 배우기 위해 사용했을 수도 있을 시간이다. [만일] 결국 공직이 일반적으로 그것을 위해 필요한 숙련됨과 훈련으로 도달해야 하는 성숙한 판단력을 획득하지 못한 사람들로 채워진다면, 그것은 국가의 의도에 어긋나는 일이다. 이러한 국가의 의도를 위해선 다음과 같은 것 역시 필요하다. 누구나 하위 공직에서 상위 공직으로 올라갈 수 있어야 하며 (그렇지 않을 경우 상위 공직은 무능력자의 손에 떨어지게 된다) 따라서 평생지원[종신 고용]에 의지할 수 있어야 한다.

위엄에는 하나의 공직에 수반되는 위엄과 [그것의] 점유자를 특별한 기여 없이도 고위 신분의 구성원으로 만드는 위엄 등이 있다. 이러한 위엄과 관련해서 보면 국민이 속해 있는 시민 신분과 구분되는 귀족은 남자 후손에게 상속되며 그로써 태생적 귀족이 아닌 여자 A 192; VI 329
에게 상속되기도 한다. 반대로 귀족으로 태어난 여자는 자신의 평민 배우자에게는 이러한 위상을 전해주지 못하며 오히려 그녀 자신이 한갓 (국민의) 시민적 위상으로 떨어진다.—이곳에서 물음은 다음과 같다. 주권자와 여타 국가 시민 사이에 위치하는 중간 신분이되 상속되는 신분인 귀족 신분을 만들어낼 권리가 주권자에게 있는가? [귀족 신분의 정초는] '원래는 신민이되 국민과의 관계에서는 생득적 명령권자(최소한 우선권을 가진 자)인 사람들'이라는 하나의 신분을 [국민이] 자신 위에 갖게 되는 것인데, 이곳의 물음에서 제기되는 것은 '그것은 주권자와 국민의 이익과 관련해서 과연 현명한가?' 하는 문제가 아니라 '그것은 국민의 권리에 부합하는가?' 하는 문제다.—그에 대한 대답은 여기서도 앞서와 마찬가지로 "국민(신민 전체)이 자기 자신과 동료에게 내릴 수 없는 결정은 주권자 역시 국민에게 내릴 수 없다"라는 원리에서 도출된다. 세습된 귀족은 공적에 선행하는 지위이지만 이 지위가 그러한 공적을 희망하도록 만드는 근거는 전혀 없다. [따라서] 그것은 아무런 실재성이 없는 사유물에 지나지 않는다. 만일 조상이 어떠한 공로를 세웠다 해도 그가 그것을 자기 후손에게 물려줄 수는 없었을 것이며, 후손은 그러한 것을 언제나 스스로 획득해야 했을 것이기 때문이다. 국가를 위한 공로를 가능하게 만드는 재능이나 의지 역시 타고난다는 것은 자연의 섭리에도
A 193 맞지 않는다. 보편적 국민 의지가 그와 같은 근거 없는 특권에 동의하는 것은 가능하지 않을 텐데, 인간이 자신의 자유를 버릴 것이라고는 누구도 생각할 수 없기 때문이다. 따라서 주권자 역시 그것을 타당하게 만들 수 없다.—국가 시민 이상의 것, 즉 (마치 세습 교수처럼) 타고난 관리가 되기를 원하는 신민들의 그와 같은 비정상적 행위는 오래전부터 (거의 전적으로 전쟁에 몰입되어 있던 봉건시대부터) 정부라는 기계 안에 섞여 들어와 있었을 것이다. 그렇기는 해도 국가는 오직 그러한 직책의 소멸과 비워둠을 통해서만 자신이 저지른 잘

못, 즉 법에 어긋나게 부여된 세습 특권을 점진적으로 제자리로 되돌릴 수 있다. 따라서 국가는 공적 의견 안에서 '주권자와 귀족과 국민'이라는 분류가 '주권자와 국민'이라는 유일하게 자연적인 분류에 자리를 내어줄 때까지 그러한 위엄이 명목상 지속되도록 놓아둘 권리를 잠정적으로 가진다.

국가 안에 있는 사람은 최소한 국가 시민의 위엄을 가지고 있으므로 아무런 위엄도 전혀 갖지 않을 수는 없다. 다만 자신의 **범죄**로 그 VI 330
것을 상실한 사람은 예외다. 비록 살아 있기는 해도 타인(국가나 다른 국가 시민)의 자의를 위한 한갓 도구가 되었기 때문이다. 그와 같이 된 사람(오직 판결과 법으로만 그렇게 될 수 있다)은 **노예**(엄밀한 의미에서 노예)이며 타인의 **소유물**이다. 이 경우 타인은 그의 주인일 뿐만 이 아니라 소유자이기도 하므로 그를 사물로서 양도하거나 임의로 A 194
(치욕적인 목적이 아니라면) 사용하거나 그의 생명과 신체는 아니어도 **그의** 힘을 마음대로 **처리**(처분)할 수 있다. 그와 같은 의존성은 '인격으로 존재하는 것'을 중단시킬 것이다. 어느 누구도 계약에 따라서 자신을 그와 같은 의존성에로 구속시킬 수 없는데, 우리는 오직 인격으로만 계약을 맺을 수 있기 때문이다. 이제 다음과 같은 생각이 등장한다. 고용계약에 따라 (임금이나 식사나 보호를 대가로) 타인에 대해 내용에서는 허용되고 정도에서는 **무제한적인** 용역을 제공하도록 자신을 구속할 수 있으며, 그리하여 우리는 노예는 아니되 하인은 될 수 있지 않을까? 하지만 이것은 잘못된 생각일 뿐이다. 주인에게 하인의 힘을 임의로 이용하는 권한이 있는 경우 (사탕수수 섬에 사는 흑인처럼) 주인은 하인이 죽음이나 자포자기에 도달할 때까지 그의 힘을 소진할 수 있으며, 하인은 자신을 주인에게 사실상 소유물로서 제공하는 셈인데, 이러한 일은 있을 수 없기 때문이다.—따라서 우리는 단지 내용에서나 정도에서 제한되어 있는 노동을 위해서만 고용

될 수 있다. 일용직 노동자나 소작농으로 고용되는 경우가 그러하다. 후자에 관해 말하면, 소작농은 한편으로는 주인의 토지를 이용하려고 자기 용역을 토지에 투여하되 일급(日給)을 받지 않으며, 다른 한편으로는 그 토지를 자기가 이용하는 대가로 소작 계약에 따라 특정액의 세금(소작료)을 지불한다. 이런 경우 우리는 농노가 되지는 않을
A 195 텐데, [농노가 된다면] 우리 인격성이 훼손될 것이다. 결국 우리는 기한제 소작이나 세습 소작은 시행할 수 있다. 그런데 우리가 범죄행위 때문에 인격적 하인이 될 수도 있겠지만 그렇다고 해서 그러한 종속성이 상속될 수 있는 것은 아니다. 우리는 그러한 종속성을 자기 잘못으로만 자신에게 귀속할 수 있기 때문이다. 또 노예의 자녀가 자신으로 인해 발생한 양육비용을 지불해야 하는 것도 아니다. 양육은 부모의 절대적 자연 의무이며, 부모가 노예인 경우 주인은 자기 하인들을 점유하는 것과 함께 그들의 의무 역시 떠맡기 때문이다.

VI 331

E

형벌권과 사면권에 관하여

I

형벌권은 명령권자가 복종자에게 갖는 권리, [즉] 범죄를 이유로 그에게 고통을 부과하는 권리다. 그러므로 국가에서 최상위에 있는 사람은 처벌될 수 없으며 단지 지배 권리가 박탈될 수 있을 뿐이다.—공적 법칙의 위반은 위반자로 하여금 국가 시민의 자격을 상실하도록 만드는데, 우리는 그것을 간단히 범죄라고 하거나 공적 범
A 196 죄라고 한다. 그래서 전자(사적 범죄)는 민사재판에, 후자는 형사재판에 회부된다.—횡령, 즉 거래를 위해 맡겨둔 화폐나 상품을 유용하는 것, 타인이 보는 앞에서 이루어진 사기 거래 등은 사적 범죄다. 반면에 위조지폐를 만들거나 교환하는 것, 절도와 강도 등과 같은 것

은 공적 범죄다. 그로써 개인들만이 아니라 공동체가 위험에 빠지기 때문이다.—우리는 그것들을 파렴치한 성향의 범죄와 폭력적 성향의 범죄로 구분할 수도 있다.

사법적 처벌은 자연적 처벌과 다르다. 자연적 처벌은 악덕이 자기 자신을 처벌하는 것으로 입법자는 이에 대해서는 아무런 고려도 하지 않는다. 사법적 처벌은 결코 범죄자 자신을 위해서든 시민사회를 위해서든 다른 어떤 선을 촉진하기 위한 한갓된 수단으로 시행될 수 없으며, 언제나 범죄자가 범죄를 저질렀다는 이유만으로 범죄자에게 시행되어야 한다. 우리는 인간을 타인의 의도를 위한 수단으로만 대할 수 없으며 인간을 물권의 대상들 아래 뒤섞을 수 없기 때문이다. 인간의 생득적 인격성은 그가 물권의 대상이 되는 것에서 그를 보호해준다. 비록 그가 시민적 인격성의 상실을 선고받은 경우라도 그렇다. 처벌에서 범죄자 자신을 위하거나 동료 시민을 위한 이익을 다소 끌어내는 것을 생각하기 이전에, 우리는 그가 처벌 가능한 자라는 것을 먼저 확인해야 한다. 처벌 법칙은 하나의 정언명령이다. 행복론의 미로를 기어다니는 자에게 재앙이 있을지니! 그는 약속받은 이익 때문에 범죄자에게 처벌 또는 그 일부를 면제해줄 그 무엇을 찾아내려고 미로를 기어다니는 자다. 그는 "국민 전체가 몰락하는 것보다 한 명이 죽는 것이 낫다"라는 바리새인의 격언에 따르는 사람이다. [그 A 197; VI 332
런 자에게 재앙이 있을지니!] 정의가 사라지면 인간이 지구 위에서 살아야 할 가치가 더는 존재하지 않게 될 것이기 때문이다.—우리는 다음과 같은 제안, 즉 '사형 선고를 받은 어떤 범죄자가 공동체에 유익한 이론을 얻기 위해 의사들이 그에게 행하는 위험한 실험에 동의하고 그가 그 실험을 무사히 마치는 행운을 얻게 되는 경우 그를 살려주자'는 제안을 어떻게 받아들여야 할까? 법정은 그것을 제안한 의료인단을 경멸하고 물리칠 것이다. 어떤 대가를 위해 포기되는 정의는 더 이상 정의가 아닐 것이기 때문이다.

그런데 공적 정의가 자신의 원리와 규준으로 삼는 처벌 종류와 처벌 정도는 어떤 것일까? 그것은 (정의의 저울에 있는 저울 침이 가리키는) 동일성의 원리, 즉 어느 한쪽으로 다른 한쪽보다 더 많이 기울지 않는다는 원리다. 그러므로 네가 국민 가운데 다른 한 사람에게 행한 부당한 악행은 네가 너 자신에게 행하는 악행인 셈이다. 네가 그에게 욕하면 너는 너 자신에게 욕하는 셈이다. 네가 그의 것을 훔치면 너는 너 자신의 것을 훔치는 셈이다. 네가 그를 때리면 너는 너 자신을
A 198 때리는 셈이다. 네가 그를 죽이면 너는 너 자신을 죽이는 셈이다. 오직 **응보법**만이, 단 올바로 이해된 응보법, 즉 (사적 판결에서가 아니라) 법정 앞에서의 응보법만이 처벌의 질과 양을 정할 수 있다. 다른 것들은 모두 유동적이며 또 여타의 것에 대한 고려가 혼합되기 때문에 순수하고 엄격한 정의를 선고하는 데 적합하지 않다.—그런데 사실 신분 차이는 '같은 것을 같게'라는 응보 원리를 용인하지 않는 것처럼 보인다. 하지만 그 원리는 비록 글자 그대로는 가능하지 않더라도 신분 높은 사람들의 감수성을 고려하면 결과에서 여전히 타당하게 남아 있을 수 있다.—예를 들어보자. 욕지거리에 대한 벌금형은 모욕과 아무런 관계가 없다. 돈이 많은 사람은 그것을 한번쯤 재미삼아 할 수도 있기 때문이다. 반면 어떤 사람의 명예심에 상처를 입히는 것은 다른 사람의 자존심에 고통을 주는 것과 아주 같을 수 있다. 만일 후자가 판결과 법을 통해 공개적으로 용서를 빌어야 할 뿐만 아니라 전자의 손에, 그가 신분이 낮은 사람일지라도 입을 맞추도록 강요된다면 말이다. 신분이 낮은 무고한 국가 시민을 폭행한 신분이 높은 사람이 사죄만이 아니라 고통스러운 독방 감금을 선고받는 경우
VI 333 도 마찬가지다. 이렇게 함으로써 불편함 외에도 가해자의 성급함에 고통이 가해질 것이고 굴욕감을 통해 같은 것이 같은 것으로 정확하

게 보상될 것이기 때문이다.—그런데 "네가 그의 것을 훔치면 너는 너 자신의 것을 훔치는 셈이다"라는 말은 무슨 뜻일까? 도적질을 하는 사람은 다른 모든 사람의 소유물을 불안하게 만든다. 따라서 그는 (응보법에 따라) 자신의 모든 가능한 소유물의 안전성을 빼앗는 셈이다. 절도범은 아무것도 가지지 않고 아무것도 획득할 수 없지만 그럼에도 생명을 유지하고는 있는데, 그러한 것은 오직 타인들이 그를 먹여 살림으로써만 가능하다. 하지만 이런 일을 국가가 거저 하지는 않을 것이므로 그는 자기 힘을 국가가 원하는 노동(손수레 노역이나 교도소 노역)을 위해 국가에 넘겨주어야 한다. 그리하여 그는 일정 기간 또는 경우에 따라서는 일생 동안 노예 상태에 들어서게 된다.—하지만 그가 살인했다면 그는 죽어야 한다. 이 경우에는 정의를 충족하는 대용품이 존재하지 않는다. 아무리 괴로운 인생이라도 그것과 죽음은 같은 종류의 것이 아니며 따라서 범죄와 응보의 동일함은 가해자에게 사법적으로 집행되는 죽음뿐이다. 그 죽음은 당사자 안에 있는 인간성을 추악하게 만들 수도 있을 모든 가혹 행위에서 벗어나 있어야 한다.—설령 시민사회가 구성원 모두의 동의로 해체되는 경우(가령 섬에 살고 있는 국민이 서로 헤어져서 전 세계로 흩어지자고 결정하는 경우)라 할지라도 감옥에 남아 있는 살인자는 최후의 한 사람까지 그전에 처형되어야 한다. 그것은 누구에게든 그의 행위에 상응하는 것이 주어지도록 만들기 위한 것이고, 또 이러한 처벌을 촉구하지 않았던 국민에게 살인죄가 씌워지지 않도록 만들기 위한 것이다. [그를 처벌하지 않을 경우] 국민은 정의를 공적으로 침해하는 데 참여한 자로 간주될 수 있다. A 199

처벌의 이와 같은 동일함은 엄격한 응보법에 근거한 재판관의 사형 선고로만 가능하다. 우리는 그러한 동일함을 '범죄자의 내적 악함에 비례해서 [판결을 내려야 한다면] 우리는 모든 사람에게 사형 선 A 200

고를 내리게 될 것이다'라는 사실에서 볼 수 있다. (비록 문제가 되는
것이 살인이 아니라 죽음으로만 상쇄될 수 있는 다른 국가 범죄인 경우
에도 그러하다)—최근 있었던 스코틀랜드 반란에 참여한 (발메리노
와 다른 몇몇 사람 같은) 여러 사람은 '자신들은 그러한 봉기로 (스튜
어트 왕가[5]에 대한) 의무를 이행한 것뿐이다'라고 생각했다. 반면 다
른 어떤 사람들은 개인적 목적이 있었다. 이들에 대해 최고재판소가
'각자는 죽음과 강제 노역 가운데 하나를 선택할 수 있다'는 판결을
내렸다고 가정해보자. 나는 말하거니와, 명예를 아는 사람은 죽음을
VI 334 택할 것이나 비겁한 사람은 노역을 택할 것이다. 인간 마음의 본성은
반드시 그렇게 하게 된다. 전자는 자신이 자기 생명 자체보다 더 높
게 평가하는 것, 즉 **명예**가 무엇인지를 알지만 후자는 치욕으로 뒤덮
인 삶이라도 여전히 죽음보다는 나은 것으로 여기기 때문이다(생명
이 명예에 앞선다—유베날리스[6]). 전자는 후자보다 단연코 더 적게
처벌받아야 한다. 그래서 그들은 모두에게 똑같이 선고된 사형으로
적절하게 처벌받는 셈이다. 그들의 감수 방식에 비추어볼 때 전자는
미약하게, 후자는 엄하게 처벌받는 셈이다. 반면 모두에게 강제 노역
이 선고된다면 전자는 너무 가혹하게, 후자는 그 비열함에 비해 너
A 201 무 미약하게 처벌받는 셈이다. 그러므로 이 경우 공모에 참여한 범죄
자 전원에 대한 판결에서 공적 정의 앞에서 최상의 균형자는 죽음이
다.—또한 살인으로 죽음을 선고받은 사람이 "그것은 너무 지나치
며 따라서 내게 불법을 행하는 것이다"라고 불평했다는 이야기는 누
구도 들어본 적이 없다. 만일 그가 그런 이야기를 했다면 누구나 그
의 면전에서 그를 비웃었을 것이다.—그렇지 않다면 우리는 '범죄
자에게 부당한 일이 일어나지 않을 때에도 국가 입법권은 이와 같은
종류의 처벌을 정할 권한이 없고, 만약 그것을 정한다면 자기 자신과
모순에 빠지는 셈이다'라는 사실을 인정해야 한다.

따라서 살인했거나 살인을 명령했거나 살인에 참여했던 자는 누구든 사형에 처해져야 한다. 이것이 사법 권력의 이념으로서 정의가 아프리오리하게 정초된 보편 법칙들에 따라 원하는 것이다. 그런데 그러한 행위를 공모한 사람들이 너무도 많아서 만일 국가가 그 범죄자들을 모두 없애고자 한다면, 국가는 불가피하게 신민을 한 명도 더는 가질 수 없게 되는 경우가 있을 수 있겠다. 이때 만일 국가가 자신이 해체되기를 원하지 않는다면, 즉 모든 외적 정의가 결여된 훨씬 더 나쁜 자연 상태로 이행하는 것을 원하지 않는다면(무엇보다도 도살대라는 구경거리를 가지고 국민감정을 무뎌지게 만들고자 하지 않는다면), 주권자는 이와 같은 긴급사태에서는 스스로 재판관이 되어(그 역할을 맡아) 범죄자들에게 사형 대신 '국민 다수가 유지될 수 있는 다른 처벌'—유형 같은 것이 그러하다—을 선고하는 권력이 있어 A 202
야 한다. 다만 이것은 공법에 따른 것이 아니라 주권자의 절대명령, 즉 대권(大權)의 행사이며, 언제나 개별 사례에서만 시행될 수 있는 사면 행위다.

이에 반대하여 베카리아 후작[7]은 허황된 인간애에 대한 공감에서 VI 335
모든 사형의 불법성을 주장했다. 사형은 근원적 시민 계약에 포함될 수 없기 때문이라는 것이다. 그럴 경우 국민 각자는 만일 그가 (국민 가운데) 다른 사람을 살해한다면 자기 생명을 상실하는 것에 동의해야만 할 텐데, 그러나 어느 누구도 자신의 생명을 처분할 수 없기 때문에 그와 같은 동의는 가능하지 않다는 것이다. 모두 궤변이자 법의 왜곡이다.

누구든 그가 처벌을 원했기 때문이 아니라 처벌받아야 할 행동을 원했기 때문에 처벌을 받는 것이다. 자신이 원하는 것이 자신에게 일어난다면 그것은 처벌이 아니며 또 처벌받기를 원하는 것은 가능하지 않기 때문이다.— '내가 누군가를 살해하는 경우 나는 처벌받기를 원한다'고 말하는 것은 곧 '나는 다른 모든 사람과 함께 국민 가운데 범죄자가 있는 경우 당연히 형법이 될 법칙들에 복종하겠다'고 A 203 말하는 것이다. 형법을 부여하는 공동 입법자로서 나와 법칙에 의거하여 처벌받는 신민으로서 나는 동일한 인격일 수 없다. 후자, 즉 범법자로서 나는 입법에 동참할 수 없기 때문이다(입법자는 신성하다). 따라서 만일 내가 범법자로서 나에 대해 하나의 형법을 마련하는 경우 내 안에는 순수 법적-입법적 이성(예지적 존재)이 있는 것이며 이와 같은 이성이 범법의 가능성을 가진 사람으로서 나를, 즉 다른 어떤 인격(현상적 존재)으로서 나를 시민 공동체 안에 있는 모든 타인과 함께 형법 아래 복종시키는 것이다. 달리 말하면 사형 선고는 국민(국민 안에 있는 개인)이 아니라 법관(공적 정의)이, 따라서 범법자가 아닌 다른 어떤 사람이 하는 것이다. 사회계약은 '자신을 처벌하도록 하거나 자기 자신과 자기 생명을 처분하는 것'에 관한 약속을 포함하지 못한다. 만일 '나는 처벌되기를 원한다'는 범죄자의 약속을 처벌 권한의 근거로 삼아야 한다면 '나를 처벌받아야 할 사람으로 생각하는 것' 역시 범죄자에게 위임되어야 하는데, 이는 곧 범법자가 자기 자신의 심판자가 되는 셈이기 때문이다.—그러한 궤변이 저지르는 오류의 핵심(제일의 오류)은 우리가 '목숨을 반드시 잃어야 한다'는 범법자 자신의 판단(그의 이성이 그것을 할 수 있음을 우리는 반드시 믿어야 한다)을 '자기 자신에게서 목숨을 박탈'하려는 의지의 결정으로 간주하고, 결국 법 집행과 법 판단이 하나의 동일한 인격 안에 통합되어 있는 것으로 생각하는 데 있다.

A 204; VI 336 사형당해야 할 범죄이긴 하나, 그것과 관련해서 '과연 입법이 그것에 사형을 부과할 권한이 있는지'가 여전히 의심스러운 범죄가 둘 있다. 그런 범죄들로 우리를 잘못 이끌어가는 것은 명예감인데, 하나는 여성의 명예라는 감정이며 다른 하나는 군인의 명예라는 감정이다. 이

감정들은 이 두 부류의 인간 집단에 속하는 누구에게나 의무로 부과되는 참된 감정이다. 한 범죄는 부모의 영아 살해이고 다른 하나는 전우 살해, 즉 결투다.—입법은 비혼 상태에서 출생하는 수치를 제거할 수 없다. 또한 어떤 모욕적 움직임에 죽음의 공포를 무릅쓰고 전력을 다하여 맞서지 않은 하위 명령권자가 비겁함의 혐의를 받는 경우 그로써 그가 갖게 된 오점 역시 입법은 제거할 수 없다. 이 두 경우에 처해 있는 사람들이 자연 상태에 존재하는 것처럼 보이는 것은 그 때문이다. 또한 이 두 경우에서 살인이, 당연히 처벌받을 만한 것이지만, 최고 권력에 의해 사형에 처해질 수 없는 것처럼 보이는 것도 그 때문이다. 우리는 그것을 교살(의도적 살인)이라고 해서도 안 되겠지만 말이다. 비혼 상태에서 태어난 아이는 법칙의 외부에서 태어난 것이며 (혼인이란 그런 것이기 때문이다) 따라서 법칙적 보호의 외부에서 태어난 것이다. 그러한 아이는 공동체 안으로 (마치 금지된 상품처럼) 슬쩍 끼어든 것이다. 따라서 공동체는 그의 존재를 무시할 수 있고(정당하게라면 그와 같은 방식으로 존재하게 되지 않았을 것이므로)
그의 폐기 역시 무시할 수 있다. 혼외 출생이 알려지면 어떠한 명령 A 205
도 모친의 수치를 제거할 수 없다.—하위 명령권자로 전쟁에 투입된 사람에게 모욕이 가해진 경우, 신분이 같은 사람들의 여론은 그로 하여금 명예를 회복하거나 아니면 자연 상태에서처럼 모욕한 자를 처단하도록 강요한다. 그것은 법을 통해서 법정 앞에서 하는 것이 아니라 자기 자신의 생명을 위험에 내맡기는 결투로 하게 된다. 그것은 군인의 용기를 증명하기 위한 것이며 그의 신분이 지닌 명예는 본질적으로 그러한 용기에 토대를 둔다. 비록 결투가 상대의 살인과 결합되어 있더라도 그러하다. 공개적으로 그리고 양자의 동의를 얻었으나 억지로 행해지는 이와 같은 싸움에서 [일어나는] 살해를 우리는 결코 교살이라고 할 수 없다.—그렇다면 이러한 (형사 정의에 속하는) 두 경우에 무엇이 정당한가?—이곳에서 처벌 정의는 심각한 곤란에 빠지게 된다. 그것은 명예 개념(이 개념은 잘못된 것이 아니다)을 법칙을 통해 부인한 후 [범죄자를] 사형에 처하든가 아니면 범죄에서 그것에 합당한 사형을 면제하든가 해야 하는 곤란이며, 따라서 잔혹하든가 아니면 관대하든가 해야 하는 곤란이다. 이러한 매듭을 푸는 것은 다음과 같다. 처벌 정의의 정언명령(다른 사람을 불법적으로
VI 337 죽였다면 그는 사형에 처해져야 한다)은 그대로 유지되지만, 다음 사실에는 입법 자신에(따라서 시민 체제에도) 책임이 있다. 즉 '국민에 내재한 (주관적) 명예 충동이 척도들에, 즉 (객관적으로) 그것의 의도에 적합한 척도들에 부합하려고 하지 않는다'는 사실과 결과적으로 '국가에서 유래하는 공적 정의가 국민에서 유래하는 정의의 관점에
A 206 서 볼 때 하나의 **부정의**가 된다'는 사실에 대해서는, 입법이 아직 야만적이고 미개한 상태인 한, 입법 자신에 책임이 있다.

II

처벌의 경감이나 면제 같은 범법자에 대한 **사면권**은 아마도 주권자의 권리들 가운데 가장 잘못되기 쉬운 권리일 것이다. 그것은 지배자의 영광을 나타내는 것이면서 그로 인해 최고 불법을 행하는 것이기도 하다.—신민들의 상호 범죄와 관련해서 주권자는 결코 그러한 권리를 행사해서는 안 된다. 이 경우 처벌하지 않는 것(형벌의 면제)이 다른 신민들에 대한 최대 불법이기 때문이다. 그러므로 오직 **주권자 자신**에게 일어난 침해(주권자를 침해하는 범죄)에만 주권자는 그러한 권리를 사용할 수 있다. 하지만 이때에도 처벌하지 않음으로써 국민 자신의 안전에 위험이 커질 수 있다면 그러한 권리를 사용해서는 안 된다.—이와 같은 권리는 대권이라는 이름을 가질 만한 유일한 것이다.

조국과 외국에 대한 시민의 법적 관계에 관하여

§50

우리는 다음과 같은 영토, 즉 그곳의 거주자가 이미 헌법에 따라 A 207
서, 말하자면 어떤 특정한 법적 행위를 할 필요 없이 (따라서 출생으로) 하나의 동일한 공동체의 공동 시민이 되는 그와 같은 영토를 **조국**이라고 한다. 우리는 다음과 같은 영토, 즉 그곳의 거주자가 그와 같은 조건 없이는 그것[공동시민]이 될 수 없는 영토를 **외국**이라고 한다. 외국이기는 하되 그것이 영토 지배권의 일부를 구성하는 경우 그러한 외국은 (로마인이 사용했던 단어의 의미로) **속국**이라고 한다. 속국은 지배 국가의 영토를 **모국**으로 존중해야 한다. 속국은 공동 시민들의 **거주지**로서 제국의 연합된 일부를 구성하는 것이 아니라 하나의 **하위 지역**으로서 단지 제국의 **점유 재산**을 구성하기 때문이다.

1. **신민**은 (시민으로 이해되는 경우에도 마찬가지로) 국외로 **이주할** VI 338
권리가 있다. 국가는 그를 자신의 소유물처럼 붙잡고 있을 수 없기 때문이다. 하지만 신민은 오직 동산만 가지고 갈 수 있으며 부동산은 가지고 나갈 수 없다. 자신이 소유한 토지를 매각할 권한이나 그 돈을 자신이 차지할 권한이 있다면 아마도 부동산을 가지고 나가는 것이라고 할 수 있겠다.

2. **영토의 주인**은 이방인(이주자)의 **국내 이주**와 정착을 후원할 권리가 있다. 그의 자녀들[국민]이 그것을 시기하는 경우에도 그러하다. 다만 토지에 대한 그들의 사적 소유가 축소되지 않아야 한다.

3. 한 신민이 [다른] 동료 시민과 만나는 것이 모두 국가에 해를 끼
치는 범죄가 되는 경우, 나라의 주인은 그를 외국에 있는 속국으로 추 A 208
방할 권리, 즉 **유형**의 권리를 가진다. 그곳에서 그 신민은 시민의 권리를 갖지 못한다.

4. 그를 아주 먼 곳, 즉 외국 어디로든 (옛 독일어로 유배지라고 하던 곳으로) 보내는 국외 추방의 권리 역시 마찬가지다. 국외 추방은 그를 '국경의 안 편에서는 새처럼 자유롭게 되도록 만든다[그에게서 모든 권리를 박탈한다]'는 것을 의미한다. 나라의 주인이 그에게서 모든 보호를 제거하기 때문이다.

§51

국가 안의 세 권력은, 그것이 하나의 공동체 일반(넓은 의미의 국가)
이라는 개념에서 유래한 경우, 아프리오리하게 이성에 기인하는 통
합된 국민 의지의 관계들이다. 또 그것은 하나의 국가수반에 관한 순
수하고 객관적인 실천적 실재성을 지니는 이념이다. 이러한 수반(주
권자)은 다음과 같은 경우에 한에서는 단지 (국민 전체를 표상하는)
하나의 사유물일 뿐이다. 즉 최상의 국가권력을 표상하며 그러한 이
념에 현실성, [즉] 국민 의지에 작용하는 현실성을 창출해주는 물리
적 인격이 그것에 결여되어 있는 한 그러하다. 그런데 전자와 후자의
관계는 세 가지 다른 방식으로 생각될 수 있다. 국가 안의 일인이 모
든 사람에게 명령하는 관계, 서로 평등하되 통합된 몇몇 사람이 다른
모든 사람에게 명령하는 관계, 모든 사람이 함께 각자에게, 그러므로
자기 자신에게도 명령하는 관계가 그것이다. 같은 말이지만 국가형
A 209 태는 전제적이거나 귀족제적이거나 민주제적이다. (전제적이라는 표현
을 대신하여 군주제적이라는 표현을 사용한다면 그것은 우리가 여기서
VI 339 말하고자 하는 개념에 적합하지 않은 표현이 된다. 군주는 최상의 권력
을, 반면에 전제자나 자기 지배자는 모든 권력을 가진 자이기 때문이다.
후자는 주권자이나 전자는 단지 주권자를 대표할 뿐이다)—우리가 쉽
게 알 수 있듯이 자기 지배적 국가형태가 가장 단순한 형태다. 그것은
일인(군주)과 국민의 관계로 이곳에서는 오직 일인만이 입법자다. 귀

족제적 국가형태는 이미 두 관계, 즉 주권자 형성을 목적으로 한 (입법자로서) 귀족들의 상호 관계와 이러한 주권자와 국민의 관계가 복합되어 있는 형태다. 반면 민주제적 국가형태는 모든 것이 복합되어 있는 국가형태다. [즉 이곳에서는] 먼저 하나의 국민을 형성하기 위해 모든 사람의 의지가 통합되고 다음에 공동체를 형성하기 위해 국가 시민들의 의지가 통합되며 그다음에 통합된 의지 자체인 주권이 그 공동체에 부여된다.* 국가 안에서의 법 운용과 관련해서 보면 물론 가장 단순한 국가형태가 동시에 가장 좋은 국가형태이겠지만, 법 자체와 관련해서 보면 그것은 자칫 독재를 부른다는 점에서 국민에게 A 210
가장 위험한 국가형태다. 권리 법칙을 통한 국민 통합이라는 기계장치 안에서라면 물론 단순화가 합리적 준칙일 것이다. 국민 모두가 수동적으로 되어 자신 위에 있는 일인에게 복종하는 경우가 그러하다. 하지만 이 경우 국가 시민으로서 신민은 존재하지 않는다. 국민에게 주어져야 하는 희망 섞인 위로에 관한 한 최선의 국가 체제는 훌륭한 (그것에 대한 의지만이 아니라 통찰력도 있는) 군주 아래에 있는 군주적 국가형태(여기서는 원래 전제적 국가형태겠지만)일 것이다. 하지만 이 말은 동어반복적 격언인 셈이며 이것이 말하는 것은 다음과 같은 것일 뿐이다. 최선의 체제는 국가 관리자를 가장 좋은 통치자로 만드는 체제다. 즉 최선의 체제가 최선의 체제다.

§ 52

그와 같은 [통치] 기제의 역사적 증거를 추적하는 것은 헛된 일이다. 즉 우리는 시민사회의 시작 시점까지 거슬러 올라갈 수 없다. (미

---

* 이른바 혼합된 국가 체제들은 국가형태가 강압적이고 권한을 남용하는 권력자에 의해 왜곡된 것(과두정치와 중우정치)이다. 나는 이에 대해서는 언급하지 않겠다. 너무 멀리 나가게 되기 때문이다.

개인이 법칙 복종 장치를 만들었을 리는 없기 때문이다. 또 우리는 그것이 폭력과 함께 시작되었으리라는 사실을 원시 인간의 본성에서도 알
VI 340 수 있기 때문이다) 그런데 현존하는 체제를 폭력으로 변화시킬 의도에서 [그것을] 찾고자 하는 것은 처벌 대상이다. 그 이유는 다음과 같다. 이러한 변혁은 그것을 위해 모인 국민을 통해서 일어날 것이 분
A 211 명하고 따라서 입법을 통해 일어나는 것이 아니며 또한 기존 체제 안에서 일어나는 모반은 모든 시민적-법적 관계, 즉 모든 법을 전복하는 것이며 그것은 시민 체제의 변화가 아니라 그것의 해체다. 그렇게 되면 더 좋은 체제로 이행하는 것은 변형체제가 아니라 신생체제인 셈이되 이 체제는 이전의 (이제 폐기되어버린) 사회계약은 아무런 영향을 미치지 못하는 새로운 사회계약이 필요하다.—하지만 기존의 국가 체제가 근원 계약의 이념에 합치하지 않는 경우, 주권자는 그러한 국가 체제를 변경할 수 있어야 한다. 또 그 경우 주권자는 '국민이 국가를 형성함'에 본질적으로 귀속되어 있는 [국가]형태를 유지할 수 있어야 한다. 하지만 이러한 변화는 국가가 셋 가운데 어느 하나의 형태에서 다른 둘 가운데 어느 하나로 자신을 구성하는 것, 마치 '주권자는 국민을 어떤 체제에 복종시키기를 원하는가?' 하는 문제가 자유선거나 주권자의 자의에 근거를 두는 양, 가령 귀족정 체제가 의견을 모아 군주정 체제에 복종하거나, 민주정 체제로 해체되기를 원하는 경우 또는 그 반대의 경우 등을 말하는 것이 아니다. 그 이유는 주권자가 민주정 체제로 변경하기로 결정한 경우에도 주권자는 국민에게 불법을 행할 수 있고, 국민 자신은 이 체제를 싫어하고 다른 둘 가운데 어느 하나를 자신에게 적합한 것으로 생각할 수도 있기 때문이다.

국가형태들은 시민 상태에서 근원적 입법의 문자일 뿐이다. 국가
A 212 형태들은 국가 체제라는 기계에 속하며 옛적의 그리고 오랜 관습에

따라 (따라서 단지 주관적으로만) 필연적인 것으로 간주되는 동안만 지속된다. 반면 근원적 계약의 정신은 구성 권력[입법 권력]의 구속성을 포함하고 있다. 그것은 통치 방식을 앞의 이념에 적합하게 만들어야 한다는 구속성이며 그것을 한번에 이룰 수 없다면 점진적으로 또 지속적으로 변화시켜야 한다는 구속성이다. 이러한 변화를 거쳐 통치 방식은 유일하게 합법적인 체제, 즉 순수 공화정 체제와 그 작용에서 일치하게 되며, 국민의 예속을 낳는 데만 기여했던 저 오래된 경험적 (실정적) 형태들 역시 근원적 (합리적) 형태로 해소될 것이다. 오직 이러한 근원적 형태만이 자유를 모든 강제 원리로, 더욱이 그것의 조건으로 만든다. 여기서 강제는 하나의 법적 체제가 국가의 본래적 의미에 있어서 필요하며 또한 결국에는 문자에 있어서도 그것으로 나아가게 되는 그러한 것이다.—이것이 유일하게 지속되는 국가 VI 341
체제다. 이곳에서는 법칙 자신이 지배하며 법칙은 어떤 특정한 인격에 의존하지 않는다. 이것이 모든 공법의 최종 목표이며 각자에게 각자의 것이 확정적으로 배분되는 것이 가능해지는 유일한 상태다. 반면 앞서의 국가형태들이 문자 그대로 그 수만큼 상이한 도덕적 인격들을 표상하고 최상의 권력으로 치장한 도덕적 인격들을 표상해야 하는 한, 인정될 수 있는 것은 시민사회의 잠정적인 내적 권리뿐이며 절대적-법적 상태는 아니다.

그런데 모든 참된 공화정 체제는 국민의 대의적 체계이며 그 외의 A 213
다른 것일 수 없다. 이것은 국민의 이름 아래, 모든 국가 시민을 통해 통합되어, 시민들의 대변자(의원)를 매개로 해서 시민들의 권리를 보살피기 위한 체계다. 그런데 국가수반이, 인격으로 (왕이든 귀족계급이든 전체 국민이든 민주적 단체든 간에) 자기 자신 또한 대변하도록 만든다면 통합된 국민은 곧바로 주권자를 단순히 대변하는 것이 아니라 그 자신이 주권자 자체인 셈이 된다. 최상의 권력은 근원적으로 그

(국민) 안에 있고, 여기에서 한갓 신민으로서 (기껏해야 국가공무원으로서) 개인의 모든 권리가 도출되어야 하기 때문이다. 또 일단 확립된 공화정 체제는 이제 통치의 고삐에서 손을 뗀 후 예전에 그것을 잡았던 사람들, [즉] 모든 새로운 제도를 제멋대로 또다시 폐기해버릴 수도 있는 사람들에게 그것을 다시 넘겨줄 필요가 더는 없기 때문이다.

따라서 우리 시대의 한 강력한 지배자가 막대한 국가 부채로 생긴 곤경에서 벗어나려고 '그러한 부담을 국민 생각에 따라 떠맡고 분배할 것'을 국민에게 위임한 것은 큰 판단 착오였다. 왜냐하면 이제 국민은 자연스럽게 신민의 세금 징수와 관련된 입법 권력만이 아니라 정부와 관련된 입법 권력, 즉 정부가 낭비나 전쟁으로 새로운 부채를 만들지 않도록 [정부를] 저지하는 입법 권력 역시 손에 넣게 되었으며 그 결과 군주의 지배 권력은 (단순히 중지
A 214 된 것이 아니라) 통째로 사라져 국민에게 넘어갔고, 결국 모든 신민이 가진 각자의 것이 국민의 입법 의지에 복종되었기 때문이다. 우
VI 342 리는 또한 '그 경우 국민입법회의의 암묵적이되 계약에 상응한 하나의 약속, 즉 스스로 주권을 구성하는 것이 아니라 단지 자신들의 업무를 수행할 뿐이며 업무 완수 이후 통치의 고삐를 군주 손에 다시 쥐어주겠다는 약속이 전제되어 있어야 한다'고 말할 수도 없다. 왜냐하면 그러한 계약은 그 자체로 아무것도 아닐 것이기 때문이다. 공동체 내 최상위 입법의 권리는 양도 가능한 권리가 아니라 지극히 대인적 권리다. 그것을 가진 사람은 국민의 전체 의지로만 국민을 처리할 수 있을 뿐 모든 공적 계약의 원(原)토대인 전체 의지 자체는 처리할 수 없다. 자기 권력을 다시 돌려줄 것을 국민에게 의무로 부과하는 계약은 국민 자신이 가진 입법 권력으로서의

권한에 속하지 않으면서도 국민을 구속하는 그러한 계약일 테지만, '누구도 두 명의 주인을 섬길 수 없다'는 명제에 따르면 그것은 모순이다.

제2절 국제법 A 215; VI 343

§ 53

국민을 구성하는 사람들을 우리는 같은 **조상**의 후예에 비유하여 국가 원주민이라고 표현할 수 있다. 비록 그 둘이 같은 것은 아니지만 말이다. 그럼에도 지성적이고 법적인 의미에서 보면 그들은 같은 어머니(공화국)에서 태어나 마치 하나의 가족(동족, 민족)을 구성하는 사람들로 표현될 수 있다. 이 가족의 구성원(국가 시민)들은 모두 같은 피를 이어받았으며 자연 상태에서 살기를 원하는 비천한 이웃 사람들과는 섞이려 하지 않는다. 비록 이 사람들(야만인들)은 자신들이 선택한 무법칙적 자유 덕분에 자기 자신들이 더 고귀하다고 제멋대로 생각하겠지만 말이다. 이 사람들은 기껏해야 종족을 구성하기는 해도 국가를 구성하지는 못한다. 상호 관계 안에 있는 **국가들의 법**(독일에서는 이것을 **민족들의 법**이라고 하는데, 이는 정확한 표현은 아니며 오히려 국가들의 법(국가들의 공법)이라고 해야 할 것이다)은 이제 우리가 국제법이라는 이름 아래 고찰해야 하는 바로 그것이다. 국
제법에서 우리는 하나의 국가를 '도덕적 인격으로 다른 국가와 마주 A 216
하고 있으나 자연적 자유의 상태에 있는 것, 따라서 지속적 전쟁 상태에 있는 것'으로 간주한다. 국가는 한편으론 전쟁에로의 권리, 다른

한편으론 전쟁 중의 권리, 또 다른 한편으론 전쟁 후의 권리를 가지고 있다. [셋째] 권리는 전쟁 상태에서 벗어나도록 서로 강요하는 권리이며 따라서 지속적 평화를 정초하는 체제를 과제로 만드는 권리다. 자연 상태에 있는 개인들이나 가정들(이들은 상호 관계 안에 있다)의 권리는 국가들의 권리와 다르며, 그와 같은 상이성은 국제법 안에 포함되어 있다. 즉 국제법에서는 한 국가가 다른 국가 전체와 갖게 되는 관계만이 아니라 한 국가의 개인이 다른 국가의 개인과 갖게 되는
VI 344 관계 역시 고려되며, 다른 국가 전체 자체와 갖게 되는 관계도 고려된다. 그러나 한갓 자연 상태에 있는 개인들의 권리의 상이성은 그것[자연 상태]의 개념에서 쉽게 도출될 수 있는 규정들만 필요로 한다.

§ 54

국제법의 요소들은 다음과 같다. 1. 국가들은 그것들의 외적 상호 관계에서 보면 (무법칙적 야만인들처럼) 본성상 비-법적인 상태에 있다. 2. 이와 같은 상태는 전쟁 (강자의 권리) 상태다. 비록 그것이 실재하는 전쟁이나 지속적 위협(적대 행위)은 아닐지라도 그러하다. 이러
A 217 한 위협은 (두 국가가 그것의 개선을 원하지 않는 한) 그로써 양자 가운데 어느 누구에게 불법이 행해지는 것은 아니더라도 그 자체로 최고의 불법이다. 서로 인접한 국가들은 그러한 상태에서 이탈해야 할 의무가 있다. 3. 근원적 사회계약의 이념에 상응하는 하나의 국가 결합체가 불가피하다. 이것은 국가들의 국내적 갈등에 개입하기 위한 것이 아니라 외부 적들의 공격에서 국가를 방어하기 위한 것이다. 4. 이러한 결합은 (시민 체제에서처럼) 주권적 권력을 갖는 것이 아니라 단지 동료 관계(동맹)만 포함해야 한다. 이러한 결합은 언제든 파기될 수 있어야 하고 매순간 갱신되어야 한다.—이것은 다른 근원적 권리의 보조적 권리이며, 국가들이 상호 실재적 전쟁 상태로 떨어지는

것을 방지하기 위한 권리다(암픽티오누스 동맹[1]).

§55

앞서 전쟁에로의 근원적 권리(법적 상태로 접근해가는 상태를 창출하려는 권리)는 자연 상태에 있는 자유로운 국가들이 서로 상대에게 가지고 있는 권리다. 이와 관련해 먼저 제기되는 물음은 다음과 같다. 국가는 자신의 신민에게 어떤 권리를 갖고서 그들을 타국과 전쟁하는 데 이용하고 그들의 소유물과 심지어 생명을 전쟁에서 소모하거나 도박에 거는가? 그러한 권리는 전쟁 참여 여부에 관한 신민들 자신의 판단에 달려 있는가? 아니면 주권자의 최고 명령이 신민들을 A 218
전쟁에 내보낼 수 있는 것인가?

이러한 권리는 자신의 것(소유물)을 갖고서 자신이 원하는 것을 행하는 권리로 쉽게 설명될 수 있는 것처럼 보인다. 우리는 우리가 실 VI 345
체 측면에서 만들어낸 것에 의심할 여지없는 소유[소유권]를 가지고 있지 않은가.—따라서 이제 [그와 같은 권리의] 연역이 있어야 할 텐데, 단지 법률가들이나 할 법한 연역은 다음과 같다.

어떤 땅에는 자연 생산물이 많은데, 어떤 종류는 분량 측면에서 볼 때 국가의 인위적 산물로 간주되어야 하는 것들도 있다. 만일 국가나 권력을 가진 정상적인 정부가 존재하지 않고 주민들이 자연 상태에 머물러 있었다면 그 땅이 그것들을 그 정도 분량으로 제공하지 않았을 것이기 때문이다.—만일 주민에게 그들의 획득과 점유를 보장해 주는 정부가 없었다면 (조류 가운데 유용한 종류인) 닭은 물론 양, 돼지, 암소, 수소 등을 우리는 먹이 부족이나 내가 살고 있는 곳의 맹수 때문에 전혀 만나지 못하거나 아니면 매우 드물게만 만나게 되었을 것이다.—그러한 사실은 아메리카 황무지처럼 수많은 노고를 쏟아 부었음에도 그곳의 인구가 늘지 못하는 이유이기도 하다(저 사람

들은 그 정도 노고를 들이지 않았다). 주민들이 매우 적은 이유는 그곳
A 219 의 어느 누구도 자기 하인과 함께 자신의 영토를 사람 내지는 야만인과 맹수에 의해 황폐해질 위험이 늘 있는 곳까지 확장할 수 없어서, 그 땅에 살고 있는 많은 사람을 위해 충분할 정도의 식량이 마련되지 않기 때문이다.―(감자 같은) 재배작물이나 가축에 대해, 분량 측면에서 보면, 우리는 "그것은 인간이 만들어냈으므로 이용하고 소비하고 (죽여서) 먹어 없앨 수 있는 것이다"라고 말할 수 있다. 마찬가지로 우리는 국가 안의 최고 권력, 즉 주권자에 대해서도 "그는 상당 부분 자신의 생산물인 신민들을 마치 사냥에 보내듯 전쟁에, 야유회에 보내듯 전쟁터에 내보낼 권리가 있다"라고 말할 수 있을 것처럼 보인다.

그런데 (추측하건대 군주들 눈앞에도 흐릿하게 어른거릴) 이러한 권리 근거는 인간의 소유물일 수 있는 짐승과 관련해서는 분명히 타당하다. 하지만 인간에게는, 특히 국가 시민으로서 인간에게는 결단코 적용되면 안 된다. 국가 시민은 국가 안에서는 언제나 함께 입법하는 구성원으로 (수단으로만이 아니라 동시에 목적 자체로) 간주되어야 하며 따라서 전쟁 수행 일반뿐만 아니라 모든 특수한 선전포고에도 자
VI 346 신의 대변자를 통해 자유롭게 동의해야 한다. 이와 같은 제한된 조건 아래서만 국가는 위험으로 가득한 자신의 업무를 처리할 수 있다.

A 220 그러므로 우리는 아마도 그와 같은 권리를 국민에 대한 주권자의 의무에서(그 반대가 아니라) 이끌어내야 할 것이다. 이 경우 우리는 '국민이 그것[전쟁]에 찬성표를 던졌다'고 간주해야 한다. 이러한 [투표] 자격에서 국민은, 비록 소극적이지만(처분에 맡겨지지만), 자발적이기도 하며 또 주권자 자체를 표상한다.

§56

국가들의 자연적 상태에서라면 전쟁에로의 권리(적대 행위를 할 권리)는 한 국가가 다른 국가에 자신의 권리를 관철하는 허용된 방식이다. 즉 한 국가가 다른 국가에 의해 침해받고 있다고 생각하는 경우 그 국가는 자신의 강제력에 의지한다. 자연 상태에서는 그러한 것이 소송으로 이루어질 수 없기 때문이다(법적 상태에서는 오직 소송으로만 갈등이 조절된다).—침해 행동(이것은 최초 침략이며 최초 적대 행위와 다르다) 외에도 위협이 있다. 선제적 군사시설이나 (영토 확장을 통한) 타국의 무섭게 증가하는 세력이 그에 해당한다. 전자에 예방 권리가 근거를 두고 있다. 후자는 단지 강대국의 상태를 통해 일어나는 약소국 침해이며 강대국의 모든 행동에 선행해 일어나는 침해다. 자연 상태에서라면 그와 같은 공격 행위는 물론 합법적이다. 따라서 행동에 의해 서로 저촉하는 모든 국가 사이의 균형 상태에 대한 권리는 이에 근거를 둔다.

전쟁에로의 권리를 부여하는 적극적 침해를 말하자면, [우리] 국민 A 221
이 행한 모욕에 다른 국가 국민이 직접 보복하는 것, [즉] 자국에서 (평화로운 방식으로) 어떤 보상을 찾지 않고 [감행하는] 되갚음이 그에 해당한다. 이것은 형식면에서 보면 사전에 평화의 중단을 통고(선전포고)하지 않고 시작하는 전쟁과 비슷하다. 전쟁 상태 가운데 권리를 한 번이라도 찾기를 원한다면 우리는 계약과 유사한 무엇, 곧 상대방의 선언에 대한 수용, 즉 '양측은 자기 권리를 그와 같은 방식으로 추구하기를 원한다'는 것을 전제해야 하기 때문이다.

§57 VI 347

전쟁 중의 권리는 국제법상의 권리이지만 우리는 이곳에서 가장 큰 어려움에 처하게 된다. 그것에 관한 개념을 만드는 것조차 어려우며 또한 이러한 무법칙 상태에서 법칙(전시에는 법칙이 침묵한다)을 자기모순 없이 생각하기도 어려운 일이다. 그러한 권리는 원칙들에 따라 전쟁을 수행하는 권리, [즉] '(상호 외적 관계에 있는) 국가들이 그와 같은 자연 상태에서 벗어나 법적 상태로 진입하게 될 가능성'을 담보하는 원칙들에 따라 전쟁을 수행하는 권리다.

A 222 독립 국가들 사이의 전쟁은 **처벌 전쟁**일 수 없다. 처벌은 상위자(명령자)와 하위자(복종자)의 관계에서만 존재하는 것으로, 국가들 사이의 관계는 아니기 때문이다.—그것은 또한 한 국가를 도덕적으로 궤멸하는 (그 국가의 국민을 승리한 국가의 국민과 하나로 융합하거나 아니면 노예 상태로 전락시키는) **말살 전쟁**이나 **정복 전쟁**일 수도 없다. 그 이유는 평화 상태에 도달하기 위해 국가가 가지고 있는 이러한 긴급수단이 그 자체로 국가의 권리와 모순되기 때문이 아니라 오히려 국제법의 이념 자체가 외적 자유의 원리들에 따른 적대 상태라는 개념을 포함하기 때문이다. 이 원리들은 자신의 것을 지키려는 것이지 자신의 것을 한 국가의 세력 확대가 다른 국가에 위협이 될 수 있는 방식으로 획득하기 위한 것은 아니다.

공격을 받은 국가에는 모든 방어 수단이 허용된다. 다만 자기 신민으로 하여금 국가 시민의 능력을 상실하게 만드는 방어 수단만은 허용되지 않는다. 그 경우 국가는 자기 자신을 즉각 국제법에 따른 국가 관계에서 (다른 국가와 같은 권리를 누리는) 하나의 인격으로 볼 수 없게 만들기 때문이다. 가령 자신의 신민을 간첩으로 이용하는 것, 자신의 신민이나 외국인을 암살자나 독 살포자(한 사람씩 복병으로 매복하는 이른바 저격병도 이런 부류에 들어간다) 또는 단순한 거짓 정
A 223 보 유포자로 이용하는 것, 한마디로 말해 향후 지속적인 평화 구축에 필요한 신뢰를 말살하는 교활한 수단을 이용하는 것이 그에 해당된다.

전쟁 중에는 물자 공급이나 점령 분담금을 제압된 적에게 부과하 VI 348
는 것이 허용된다. 하지만 국민을 약탈하는 것, 즉 개인들 것을 강탈하는 것은 허용되지 않는다. (그것은 강도짓이다. 패배한 국민이 아니라 국민을 지배 아래 둔 국가가 국민을 사용해 전쟁을 수행했기 때문이다) [그러한 부과는] 징발로 [이루어지며] 증서가 교부되어야 한다. 이것은 평화가 온 후 그 나라와 속국에 부과될 부담을 균형 있게 분배하려는 것이다.

§ 58

전쟁 후의 권리는 평화조약을 체결하는 것과 그 결과와 관련된 권리인데, 그것은 다음과 같다. 승리자는 패배자가 동의할 수 있고 종전 선언에 도달할 수 있는 조약들과 연관된 조건들을 만든다. 이때 승리자는 그것을 '상대가 [내게] 준 잘못된 피해 때문에 나에게 주어지는 것은 무엇인가?' 하는 점을 염두에 둔 어떤 권리에 상응해서 만드는 것이 아니라 그러한 물음은 방치한 채 자신의 강제력에 스스로 의지해서 만든다. 그래서 정복자는 전쟁 비용의 배상을 청구할 수 없다. 그럴 경우 그는 상대방의 전쟁을 부당한 전쟁이라고 주장해야 하
기 때문이다. 비록 그가 그러한 생각을 할지라도 그는 그것을 내세워 A 224
서는 안 된다. 그렇게 하면 그는 그 전쟁을 처벌 전쟁으로 천명하는 것이고 [상대를] 또다시 모욕하는 것이 되기 때문이다. 전쟁 후 권리에는 (보상금 요구 없는) 포로 교환 역시 포함되는데, 이때 포로들의 수가 같은지는 고려되지 않는다.

영토 정복으로 패전국이나 패전국 신민이 국가 시민적 자유를 상실하는 것은 아니다. 즉 패전국이 식민지로 격하되거나 그 신민이 노예로 격하되는 것은 아니다. 그렇게 되면 그 전쟁은 처벌 전쟁이라서 그 자체로 자기 모순적이기 때문이다.—식민지나 속국은 [그곳] 국

민이 분명 체제와 입법과 영토를 갖고 있지만 [동시에] 이방인일 뿐인 타국에 속한 사람이 최고 집행 권력을 가지는 곳을 말한다. 우리는 후자[집행 권력을 가지고 있는 국가]를 모국(母國)이라고 한다. 자국(子國)은 모국의 지배를 받지만 자기 자신이 (의회를 통하거나 필요한 경우 대리 군주를 대표로 하여) 통치한다(혼합 국가). 아테네와 여러 섬의 관계 그리고 오늘날 영국과 아일랜드의 관계가 그렇다.

노예제와 그것의 합법성이 전쟁을 통한 국민 정복에서 도출될 수
VI 349 있는 것은 더더욱 아니다. 그러려면 처벌 전쟁이 인정되어야 하기 때
A 225 문이다. 노예제를 상속하는 일은 결코 있을 수 없다. 그것은 단연코
부조리하다. 누군가의 범죄로 생긴 책무는 상속될 수 없기 때문이다.

사면 역시 종전 선언과 결합되어 있다는 점은 이미 종전 선언 개념에 포함되어 있다.

§ 59

평화의 권리는 1. 주변에서 전쟁이 벌어진 경우 [자신은] 평화 안에 있을 권리 내지는 중립의 권리 2. 체결된 평화의 지속을 확약받을 권리, 즉 보장의 권리 3. 자신을 모든 불시의 외적·내적 공격에서 공동으로 방어하기 위해 다수 국가가 상호 결합(동맹관계)할 권리다. 이때 결합은 공격이나 내적 확장을 위한 결합을 의미하지 않는다.

§ 60

한 국가가 부정의한 적에게 가지는 권리에는 한계가 없다(아마도 내용에는 한계가 있겠지만 양의 한계, 즉 정도의 한계는 없다). 침략당한 국가가 모든 수단을 다 사용해도 괜찮은 것은 물론 아니지만 그럼에도 그 국가는 자신의 것을 주장하기 위해 허용된 수단을 힘닿는 데까지 사용해도 괜찮다.—그런데 국제법에서는 마치 자연 상태에

서처럼 각 국가는 자신의 사안에 대한 재판관이 된다. 그렇다면 국
제법 개념에 따른 부정의한 적이란 무엇인가? 공적으로 (말로든 아니
면 행동으로든) 천명한 의지의 준칙이, 그것이 보편적 규칙이 되는 경 A 226
우, 민족[국가]들 사이의 평화 상태를 불가능하게 만들고 자연 상태
를 영구화하지 않을 수 없게 만든다면, 그러한 의지를 가진 자가 부정의한 적이다. 그와 같은 것은 공적 계약들의 훼손이므로 이에 대해 우리가 전제할 수 있는 것은 '그러한 훼손은 그로써 자유를 위협받게 되는 모든 민족[국가]의 현안이며 이들은 그러한 폐해에 대항하여 자신들을 통합하고 그에게서 권력을 박탈해야 할 요구에 직면하게 된다'는 사실이다.—하지만 이것이 그의 영토를 나누어 갖기 위해 하나의 국가를 마치 지상에서 사라지게 만드는 것과 같은 요구는 아니다. 만일 그렇게 한다면 그것은 그 민족에 대한 부정의, [즉] 자신을 결합해 하나의 공동체를 만드는 근원적 권리를 상실할 수 없는 민족에 대한 부정의가 되기 때문이다. 오히려 요구되는 것은 그 민족으로 하여금 본성상 전쟁 성향에 유리하지 않은 새로운 체제를 수용하게 만드는 것이다.

그 외에도 '자연 상태에서 부정의한 적'이라는 것은 중복된 표현이 VI 350
다. 자연 상태 자체가 부정의의 상태이기 때문이다. 정의로운 적이란 내가 그에게 저항하는 것조차 불법을 행하는 것이 되는 사람을 말할 테지만, 그러한 사람이라면 그가 내 적이 되는 일조차 없을 것이다.

§61

국민의 자연 상태는 개인들의 자연 상태와 마찬가지로 우리가 하나의 법칙적 상태에 진입하기 위해 마땅히 벗어나야 하는 상태다. 그
렇기 때문에 그러한 사건이 [일어나기] 이전에는 국민의 모든 권리 A 227
및 국가가 전쟁으로 획득 또는 유지할 수 있는 모든 외적 소유는 한

갓 잠정적일 뿐이다. 그 모든 것은 오직 보편적 국가연합 안에서만 (국민이 통합되어 국가로 되는 것과 유사하게) 확정적으로 타당할 수 있으며 하나의 참된 평화 상태가 될 수 있다. 그런데 그와 같은 국민의 국가가 광대한 지역까지 너무 크게 확대되는 경우 국가의 통치는 불가능하게 되고 따라서 각 구성원의 보호 역시 결국 불가능하게 될 수밖에 없으며, 그러한 연합체들이 다수가 되면 그것이 또다시 전쟁 상태를 초래하게 될 것이다. 그렇기 때문에 (국제법 전체의 최종 목표인) 영원한 평화는 정녕코 실현 불가능한 이념인 것이다. 하지만 그것을 목표로 가지는 정치적 원칙들, 즉 영원한 평화에 지속적으로 접근하는 데 기여하는 국가 결합체를 만들고자 하는 정치적 원칙들은 실현 불가능한 것이 아니다. 그러한 정치적 원칙들은 단연코 실현 가능하다. 그러한 지속적 접근은 의무에 기초를 둔, 따라서 또한 인간들과 국가들의 권리에도 기초를 둔 과제다.

평화 유지를 위한 몇 개 국가의 그러한 연합을 우리는 상설 국가회의라고 할 수 있다. 그것의 회원이 될지는 이웃한 국가 각각의 재량에 맡겨진다. (최소한 평화 유지를 위한 국제법의 형식면에서) 이와 유사한 것이 금세기 전반 헤이그에서 열렸던 주의회 총회에서 있었다.
A 228 그곳에서 유럽 왕실의 장관들과 심지어 아주 작은 공화국의 장관들은 대부분 서로 상대에게 행했던 위해들을 고발했다. 그들은 그런 식으로 유럽 전체를 하나의 유일한 연합국으로 생각했고, 이 연합국을 그들의 공적 분쟁에서 마치 중재 재판관인 양 받아들였다. [하지만] 시간이 지나자 국제법은 그렇게 되는 대신 단지 책 속에만 남게 되어 내각들의 눈앞에서 사라졌거나 폭력이 먼저 행사된 후 그것을 정당화하는 형태로 문서고의 어둠에 맡겨지고 말았다.

VI 351 이곳에서 [국가]회의는 상이한 국가들이 임의로 모인 것이라서 언제라도 해체가 가능한 것으로 이해될 뿐 (주들의 결합체인 미국처럼)

하나의 국가 체제에 토대를 두어서 해체가 불가능한 결합체로 이해되는 것은 아니다.—이러한 회의를 통해서만 민족[국가]들의 공법이라는 이념이 실현될 수 있다. 우리가 창출해야 하는 이 공법은 민족[국가]들 사이의 분쟁을 야만적 방식(미개인의 방식), 즉 전쟁이 아니라 민사적(民事的) 방식인 소송으로 해결하게 될 것이다.

제3절 세계시민법

A 229; Ⅵ 352

§62

상호 실제적 관계에 들어올 수 있는 지구 위의 모든 민족[국가]의 —비록 우호적이지는 않지만—**평화적이고** 전면적인 공동체라는 이성 이념은 인류애적인(윤리적인) 것이라기보다는 오히려 **법적인** 원리다. 자연은 민족[국가]들 모두를 (그들의 거주지가 둥근 형태, 즉 모양이 둥근 지구인 덕분에) 제한된 경계 안에 묶어놓았다. 또 지구 거주자가 살고 있는 토지의 점유는 언제나 단지 '제한된 전체의 한 부분을 점유한 것'으로, 따라서 '근원적으로는 누구나 그것에 대한 권리가 있는 하나의 점유'로 생각될 수 있다. 그렇기에 모든 민족[국가]은 **근원적으로는** 하나의 토지 공동체 안에, [단] 토지의 점유 및 이용 내지는 소유의 **법적** 공동체가 아니라 가능한 물리적 **상호 작용의** 공동체 안에 있는 셈이다. 다시 말해 일인과 모든 타인 사이의 전면 A 230
적 관계, [더욱이] 서로 교류를 제공하는 관계 안에 있는 셈이다. 또 모든 민족[국가]은 근원적으로 교류를 시도할 권리가 있다. 그러한 시도를 한다고 해서 외부인이 그를 적으로 대할 권리를 가지게 되는 것은 아니다.—우리는 그와 같은 권리를 **세계시민권**이라고 부를 수 있다. 민족들의 가능한 교류를 위한 확실하고도 보편적인 법칙들을 만들 의도에서, 그것이 모든 민족의 통합에 관련되는 한 그러하다.

바다는 민족[국가]들을 상호 공동체에서 모두 분리하는 것처럼 보일 수 있다. 하지만 항해술만 있다면 바다야말로 민족[국가]들이 교류하는 데 최적의 자연조건이다. (지중해의 해안처럼) 인접한 해안이
VI 353 많으면 많을수록 교류는 더욱더 활발해질 수 있다. 해안을 방문하고 더욱이 해안을 모국과 연결할 목적으로 해안에서 거주하는 것은 아마도 우리 지구 어느 한곳의 재앙과 폭력 행위가 [다른] 모든 곳에서도 감지되도록 만드는 요인을 동시에 제공할 것이다. 그러나 이와 같은 오용이 있을 수는 있겠지만 그렇다고 그것이 지구 시민의 권리, 즉 모든 민족[국가]과 함께 공동체[의 창출]를 시도하는 권리 및 그것을 위해 지구의 모든 지역을 방문하는 권리를 폐기할 수 있는 것은 아니다. 비록 그것이 다른 민족[국가]의 토지 위에 정주할 권리는 아니지만 말이다. 이 권리를 위해서는 특수한 계약이 필요하다.

그런데 다음과 같은 물음이 제기된다. 어느 한 민족이 새로 발견된 땅에서 [다른] 민족에 이웃하여 거주나 점유 취득을 감행하는 경우
A 231 이미 그곳에 자리 잡고 있는 [다른] 민족의 동의가 없어도 괜찮은가?

개척이 선주민의 본거지에서 아주 멀리 떨어진 곳에서 일어나 전자[개척자] 중 누구도 자신의 토지 이용으로 타인[선주민]에게 손해를 입히지 않는 경우라면 그와 같은 권리는 의심받을 여지가 없다. 반면에 선주민이 (남아프리카 토인, 퉁구스인, 대부분 아메리카 원주민들처럼) 유목민족이나 수렵민족이어서 그들의 생계가 광대한 황무지에 의존하는 경우라면 그러한 일은 폭력이 아니라 계약을 통해서만, 더욱이 영토 할양과 관련된 거주민의 무지를 이용하지 않는 계약을 통해서만 일어날 수 있다. 비록 때로는 미개 민족들을 문명화함으로써(이것을 핑계로 뷔싱[1]은 기독교가 독일로 유입될 때 있었던 유혈 사태에 면죄부를 주려고 했다) 때로는 퇴락한 인간들에서 자기 나라를

정화하고 또 바라건대 그들이나 그들의 후손이 (뉴홀랜드 같은) 세계의 다른 지역에서 개선됨으로써 '그러한 폭력 행위가 세계 발전을 초래한다'는 사실을 정당화하는 근거들이 충분히 있는 것처럼 보인다고 할지라도 말이다. 이러한 자칭 선하다는 모든 의도는 자신이 사용한 수단들의 오점, [즉] 부정의라는 오점을 지워버릴 수 없기 때문이다. — '폭력으로 법적 상태의 정초를 시작하는 것을 망설였다면 아마도 지구 전체는 여전히 무법칙적 상태로 남아 있었을 것이다'라고 누군가 반론을 제기한다고 해도 그러한 반론이 앞서의 법적 조건을 폐기할 수 있는 것은 아니다. [그 점에서] '체제들이 잘못된 경우 A 232
국민은 체제를 폭력으로 변혁할 권한을 가지며 또한 나중에 정의를 더욱더 안정적으로 정초하고 번성하기 위해 이번 한 번만은 부정의하게 될 권한을 가진다'고 하는 국가 혁명가들의 핑계도 마찬가지다.

* * *

결어 VI 354

하나의 사물이 존재하는 것을 증명할 수 없는 경우 아마도 우리는 그것이 존재하지 않는다는 것을 증명하고자 시도할 것이다. (흔히 일어나는 일이지만) 어느 쪽도 증명하지 못한다 해도 우리는 여전히 '(하나의 가설에 의존해) 둘 중 어느 쪽을 받아들이는 것이 내게 흥미를 줄까?' 하는 물음을 던질 수는 있다. 이것은 분명 이론적 고려에서 하는 것이거나 아니면 실천적 고려에서 하는 것이다. 즉 그것은 (가령 천문학자에게 별들의 역행이나 중지 현상과 같은) 어떤 현상을 설명하려는 것이거나 아니면 어떤 목적에 도달하려는 것이다. 후자의 목적은 다시 실용적이거나(즉 한갓된 인위적 목적이거나) 아니면 도덕적일 수 있다. [도덕적 목적은] '그것을 갖고자 하는 준칙 자체가 곧 의무인' 그와 같은 목적을 말한다.—당연한 말이지만, 지금 우리는 '그러한 목적의 실현 가능성을 받아들이는 것'을 의무로 만들고자 하는 것이 아니다. 그것은 단지 이론적 판단이자 더욱이 개연적 판단일 뿐이며 그러한 받아들이는 것(어떤 것을 믿음)에 대해서는 어떠한 구속
A 233 성도 없기 때문이다. 반면 그 목적의 실현 가능성에 대한 최소한의 이론적 개연성조차 없지만 그럼에도 만일 그것의 불가능성 [역시] 마찬가지로 제시될 수 없다면, 그러한 목적의 이념에 따라서 행동하는 것은 우리에게 의무로 부과된다.

그런데 우리 안에 있는 도덕적-실천적 이성이 "어떠한 전쟁도 있어서는 안 된다"라는 저항 불가능한 거부권을 표명한다. 자연 상태에 있는 너와 나 사이의 전쟁도 있어서는 안 되며 또한 우리들 사이의 전쟁, 즉 내적으로는 법칙적 상태에 있으나 외적으로는 (상호 관계에서) 무법칙적 상태에 있는 국가들 사이의 전쟁도 있어서는 안 된다.—그것은 각자가 자신의 권리를 추구하는 당위적 방식이 아니기 때문이다. 그러므로 '영원한 평화는 사실인가 아니면 허상인가?' 하는 것이 더는 문젯거리가 아니다. '만일 우리가 영원한 평화를 사실이라고 전제할 때 우리는 우리 자신의 이론적 판단에서 자신을 기만하는 것은 아닌가?' 하는 점 또한 더는 문젯거리가 아니다. 오히려 우리는 비록 영원한 평화가 사실이 아닐지라도 그것이 사실이기라도 한 듯 그렇게 행동해야 한다. 또 지금껏 모든 국가가 예외 없이 핵심 목적인 전쟁을 수행하려고 내부적으로 준비해왔지만 우리는 평화를 도입하여 저 구제 불가능한 전쟁 수행에 종지부를 찍기 위해, 평화를 정초하고 평화에 가장 도움이 될 듯해 보이는 체제(아마도 모든 국가의 공화적 체제, 전체에서 그리고 각각에서)를 만들기 위해 노력해야

한다. 그리고 비록 후자[전쟁 종식]가, 그 목표의 도달과 관련해서는,
여전히 하나의 경건한 소망에 머물지라도 우리는 '그것을 위해 끝없 VI 355
이 노력한다'는 준칙을 받아들여야 한다. 그러한 준칙을 받아들이는
것은 우리 의무이며 따라서 그것은 우리가 자신을 기만하는 것이 아
니다. 그런데 만일 우리가 우리 자신 안에 있는 도덕 법칙을 기만적 A 234
인 것으로 받아들이게 되면 그것이야말로 혐오를 불러일으키는 소
망을 만들어내게 될 것이다. 차라리 모든 이성을 포기하려는 소망이
나 자신의 원칙에 따라 자기 자신을 여타 부류의 동물과 함께 자연의
동일한 기제 안에 던져져 있는 것으로 간주하려는 소망 말이다.

우리는 '그와 같은 보편적이고 지속적인 평화 창출은 순수 이성의
한계 안에서의 법론의 한 부분을 구성하는 것이 아니라 그것의 궁극
목적 전체를 구성한다'고 말할 수 있다. 평화 상태는 다수의 상호 인
접한 사람 안에서, 따라서 하나의 체제 안에 함께 있는 사람들 안에
서 각자의 것이 법칙들 아래서 보장되는 유일한 상태이기 때문이다.
그런데 우리는 이러한 체제의 규칙을 사람들의 경험, 즉 그곳에서 지
금까지 아주 잘 지냈다는 사람들의 경험에서 다른 사람들을 위한 규
범으로 도출해서는 안 되며, 공적 법칙들 아래 인간들의 법적 결합
일반이라는 이상에서 이성을 통해 아프리오리하게 도출해야 한다.
(단지 설명할 수만 있을 뿐 증명할 수는 없는) 모든 예는 기만적이어
서 형이상학이 반드시 필요하기 때문이다. 형이상학을 조롱하는 사
람들이 흔히 그러듯, "인간이 아니라 법칙들이 권력을 쥐고 있는 곳
이 가장 좋은 체제다"라는 말을 할 때 그들조차 형이상학의 필연성
을 부지불식간에 인정하는 셈이다. 도대체 바로 그러한 이념보다 더
형이상학적으로 승화될 수 있는 것이 무엇이 있겠는가? 이 이념이야 A 235
말로 그들 자신의 주장에 따를지라도 가장 확실한 객관적 실재성을
가지며 현상적 사례들에서도 쉽게 적시된다. 또 우리가 혁명적으로

나 비약에 의해서가 아니라, 즉 결점 많은 기존 체제의 폭력적 전복을 통해서가 아니라—(그 경우 모든 법적 상태를 폐기하는 순간이 중간에 발생할 것이기 때문이다) 확고한 원칙에 따른 점진적 개혁을 통해서 그것을 모색하고 구현하기만 한다면 최상의 정치적 선, 즉 영원한 평화를 향해 계속 나아가도록 [우리를] 이끌 수 있는 것은 그러한 이념뿐이다.

부록
법론의 형이상학적 기초원리의 해명을 위한 소견[1]

VI 356

이 책에 대한 서평이 1797년 2월 18일 『괴팅겐 학술지』 제28호에 실렸는데, 주로 그 서평이 나에게 이 소견을 쓰는 계기를 제공했다. 나는 이곳에서 체계를 평가하고 부분적으로 확장하기 위한 단서로 이 해명을 이용하고자 한다. 나는 검토의 식견과 예리함을 바탕으로 이 일을 하지만, 또한 '저 기초원리가 학문을 위한 승리가 될 것'이라는 지지와 희망을 가지고 이 일을 할 것이다.

법론의 서론이 시작된 바로 그곳에서 예리한 검사자인 내 서평자는 하나의 [개념] 정의와 부닥친다.—욕구능력이란 무엇인가? [내] 텍스트는 '욕구는 자신의 표상을 통해서 표상하는 대상의 원인이 되는 능력이다'라고 말했다.—이러한 설명은 다음과 같은 논박에 직면한다. "욕구 귀결의 외적 조건들이 추상되면 욕구는 즉시 무(無)로 되어버린다.—하지만 욕구능력은 외적 세계를 무(無)라고 생각하는 관념론자에게조차 실재하는 그 무엇이다."—내 대답은 다음과 같다. 행위를 수반하지 않지만 귀결을 수반하지 않는 것은 아니며, 외적 사물에는 아무런 작용도 하지 않지만 주체 자신의 내면에서는 강력하게 작용하는 (병들게 만드는) 강렬하기는 하지만 정신을 차리고 보면 허망한 동경(가령 신이여, 그 남자가 아직 살아 있기를!)이란 것 역시 있지 않은가? 욕구는 자신의 표상들을 수단으로 해서 [다른 것의] 원인이 되려는 노력을 말한다. 욕구는 비록 주체가 '그 표상들은 의도된 결과에 도달하지 못할 것이다'라는 점을 깨닫는다 해도 최소한
VI 357 주체의 내면에서는 언제나 하나의 인과다.—앞에서 오해를 살 만했던 것은 '자신의 능력 일반에 대한 의식은 (언급한 경우에서) 동시에 외적 세계와 관련된 자신의 무능력에 대한 의식이므로 그러한 정의는 관념론자들에게 적용할 수 없다'는 점이다. 그럼에도 이곳에서 문제시되는 것은 하나의 원인(표상)과 결과(감정)의 관계 일반이므로 우리는 표상의 인과를 (그것이 외적이든 내적이든 관계없이) 그것의 대상과 관련해 욕구능력의 개념 안에서 불가피하게 생각할 수밖에 없다.

1
새롭게 감행된 하나의 권리 개념을 위한 논리적 준비

만일 법을 잘 아는 철학자들이 자신을 법론의 형이상학적 기초원리에 이르기까지 고양하거나 상승시키고자 한다면(이러한 원리들이 없는 한 그들의 법학은 모두 한갓 성문법적인 것에 불과할 것이다), 그들은 법론이 법 개념 세분화의 완전성을 확보하는지를 무심히 외면할 수 없다. 그렇지 않을 경우 저 학문은 이성 체계가 아니라 한갓 [이것저것] 긁어모아 놓은 것에 불과하게 되기 때문이다.—원리들의 위상론은 체계의 형식 때문에 완전해야 한다. 즉 하나의 개념에 제시되는 장소(공통의 장소)는 세분화의 종합적 형식에 상응하여 그 개념을 위해 남겨져야 한다. 그런 뒤에야 우리는 이 장소에 들어와 있는

어떤 개념이나 다른 어떤 개념이 그 자체로 자기 모순적이어서 그곳에서 추방되어야 한다는 것 역시 밝힐 수 있다.

법이론가들은 지금까지 물적 권리의 장소와 대인적 권리의 장소라는 두 공유 장소를 가지고 있었다. [그런데] 두 장소의 결합이라는 한갓 형식으로부터 다시 두 장소가 아프리오리한 세분화의 항목으로서 개념을 위해 남게 된다. 대인적 권리의 특성을 가진 물적 권리[개념]의 장소와 물적 특성을 지닌 대인적 권리[개념]의 장소가 그것이다. 따라서 자연히 다음과 같은 질문이 생긴다. 즉 그와 같은 새롭게 추가될 개념 역시 허용되는가? 또 그러한 개념은 비록 의심스러울지라도 일단 세분화의 완전한 표 안에 자신의 자리가 있어야 하는가? 후자는 의심할 여지가 없다. (인식의 내용—대상—을 추상하는) 한갓 논리적 세분화는 언제나 이항적이기 때문이다. [이에 따르면] 가령 모든 권리는 각각 물적 권리이거나 아니면 비-물적 권리다. 반면 지금 문제시되는 세분화, 즉 형이상학적 세분화는 VI 358
사항적일 수도 있다. 두 가지 단순한 항목 외에도 둘의 관계, 즉 권리를 제한하는 조건들의 관계가 세분화에 추가되고 이 조건들 아래서 하나의 권리는 다른 권리와 결합하며, 그러한 결합의 가능성은 특수한 연구가 필요하기 때문이다.—대인적 권리의 특성을 가진 물적 권리라는 개념은 주저 없이 제거될 수 있다. 우리는 인격에 대한 사물의 권리라는 것을 생각할 수 없기 때문이다. 이제 제기되는 물음은 다음과 같다. 반대 방향의 결합 역시 마찬가지로 생각할 수 없는가? 아니면 이러한 개념, 즉 물적 특성을 가진 대인적 권리라는 개념은 내적 모순이 있지 않을 뿐만 아니라 그 자체로 외적인 각자의 것이라는 개념에 귀속되는 필연적 (이성에 아프리오리하게 주어진) 개념이기도 한가? 인격들을 사물과 유사한 방식으로 대우하되 모든 부분에서 그렇지는 않으며 그럼에도 그들을 점유하고 많은 점에서 사물처럼 처리하는 권리 말이다.

2
물적 특성을 가진 대인적 권리라는 개념의 정당화

물적 특성을 가진 대인적 권리에 대한 간략하고 훌륭한 [개념] 정의는 다음과 같다. "그것은 인간이 가지는 권리로서, 자기 이외의 인격을 자신의 것으로* 소유하는 권리다." 나는 의도적으로 인격이라고 말했다. 우리는 범죄로 자신의 인격성을 훼손한(노예가 된) 다른 어떤 인간을 자신의 것으로 가질 수 있을지도 모르기 때문이다. 하지만 이러한 물권은 여기서 논의거리가 아니다.

'법학의 하늘에 [나타난] 새로운 현상으로서' 그와 같은 개념은 과
VI 359 연 불가사의한 별[2)](일등급 크기의 별로 커졌다가 점차 다시 사라지는,
이전에는 보인 적이 없지만 아마도 언제고 반복될 현상)인가 아니면 한갓된 별똥별인가? 이 점을 이제 탐구해야 한다.

---

* 나는 여기서 '하나의 인격을 (형용사로 표현되는) 나에게 속한 것으로 가지고 있음'에 관해 말하는 것이 아니라 '하나의 인격을 (명사로 표현되는) 나의 것으로 가지고 있음'에 관해 말하고 있다. 나는 '이 사람은 나의 아버지다'라고 말할 수 있으며 이것은, 가령 '나는 아버지를 가지고 있다'처럼, 그와 나의 물리적 관계(결합) 일반만 표현하기 때문이다. 하지만 '나는 아버지를 나의 것으로 가지고 있다'고는 말할 수 없다. 그런데 내가 '나의 아내'라고 말하는 경우 이것은 점유자가 사물로서 대상(비록 이것이 하나의 인격이라 할지라도)에 대해 갖는 하나의 특수한 관계, 즉 법적 관계를 의미한다. 그런데 (물리적) 점유는 어떤 것을 사물로 사용하기 위한 가능 조건이다. 설사 그것이 다른 관계에서는 동시에 하나의 인격으로 대우받아야 할지라도 말이다.

3
사례들

외적인 어떤 것을 자신의 것으로 소유한다는 것은 그것을 법적으로 점유한다는 것을 말한다. 그런데 점유는 사용을 가능하게 하는 조건이다. 이러한 조건이 한갓 물리적 조건으로 생각되는 경우 점유는 보유를 말한다.—권리에 적합한 보유만으로는 대상을 나의 것으로 간주하거나 그렇게 만들기에 충분하지 않다. 그런데 나의 강제력에서 벗어나 있거나 이탈해 있는 어떤 대상에 대해 어떤 근거에서든 [내가] 그것을 보유해야 한다고 주장할 권한이 나에게 있다면, 이와 같은 권리 개념은 '그 대상을 나의 것으로 여기며 그것을 지성적 점유 안에 있는 것으로 대하고 그런 방식으로 대상 사용 권한이 나에게 있는 것으로 여긴다'는 점을 나타내는 하나의 징표다(결과가 원인의 표시이듯 말이다).

그의 것은 물론 여기에서는 타인의 인격을 소유하는[3] 권리를 의미하는 것이 아니라(인간은 결코 자기 자신의 소유자일 수 없으며 더더욱 타인 인격의 소유자일 수 없기 때문이다) 타인을 마치 하나의 사물처럼, 하지만 그의 인격성이 단절되는 일 없이, 내 목적을 위한 수단으로 직접 사용하는 향유 권리를 의미한다.

그런데 그와 같은 목적은 사용의 합법성의 조건으로서 도덕적으로 필연적이어야 한다. 여자를 물건처럼 향유하기 위해, 즉 여자와 한갓 동물적으로 교섭하는 데서 직접적 즐거움을 느끼기 위해 남자가 여자를 욕구할 수 있는 것은 아니다. 또한 양쪽이 자신의 인격성을 포기하는 일(육체적 동거나 동물의 동거) 없이 여자가 자신을 남자에게 제공하는 것도 있을 수 없다. 그것은 결혼이라는 조건 아래서만 있을 수 있으며 결혼은 곧 두 사람이 자신의 인격을 타인의 점유에 상호 제공하는 것을 말한다. 한쪽이 다른 쪽을 육체적으로 사용함으로써 그들의 인간다움이 상실되는 일이 일어나지 않도록 하기 위해서 그들은 먼저 결혼해야만 한다.

이와 같은 조건이 없는 한 육체적 향유는 원칙적으로 (비록 항상 그 결과에서 그런 것은 아니지만) 야만적이다. 입과 이로 그러든, 아니면 임신이나 그에 따른 힘든 출산으로 여자 쪽이 소진되든, 아니면 남
VI 360 자의 성적 능력을 여자가 자주 요구해서 일어난 탈진으로 남자 쪽이 소진되든 그것들은 단지 향유 방식에서만 다를 뿐이다. 어느 한쪽은 다른 한쪽의 처지에서 보면 성적 기관을 상호 사용하면서 사실상 소모할 수 있는 사물인 셈이다. 따라서 계약에 의거해서 자신을 그러한 사물로 만든다면 그것은 법칙을 위반하는 계약(수치 계약)이 된다.

마찬가지로 양쪽이 스스로 자녀 양육의 구속성을 자녀에게 또 서로에게 수용하지 않고는 남자는 여자와 함께 어떤 자녀도 그들의 작품으로 만들어낼 수 없다. 이것은 하나의 인간을 마치 하나의 사물을 획득하듯 그렇게 획득하는 것이기도 하지만 오직 형식에서만 (한갓 물적 특성을 가진 대인적 권리에 적합하게) 그러하다. 부모*는 그들의 강제력에서 이탈한 자녀를 점유하는 모든 사람에게 [자녀를 돌려받을] 권리가 있으며(물권), 동시에 가능적이고 법칙적인 자유에 저해되지 않는 그들의 명령을 전부 이행하고 복종하도록 자녀를 강요할 권리, 즉 자녀에 대한 대인적 권리도 있다(사물과 관련된 권리).

끝으로 자녀들이 성년이 되어 부모의 자녀 양육 의무가 끝난 경우 부모는 가정을 유지하기 위해 자녀들을 자신의 명령에 복종하는 가족 구성원으로서 사용할 권리가 있다. 이것은 자녀가 독립할 때까지

---

* 독일어에서 Ältern이라는 단어는 연장자로 이해되는 반면, Eltern이라는 단어는 양친으로 이해된다. 양자는 발음으로는 구별되지 않지만 의미가 전혀 다르다.

지속된다. 양육 의무는 자녀에 대한 부모의 의무로, 부모 권리의 자연스러운 제한에서 유래하는 의무다. 그때까지 자녀들은 분명 가족 구성원이며 가족이다. 하지만 이제부터는 가족 안의 도우미에 속하며 결국 그들은 오직 계약을 통해서만 (가장의 머슴으로서) 가장의 소유가 될 수 있다. 마찬가지로 가족 외의 도우미 역시 물적 특성을 가진 대인적 권리에 따라 가장의 소유가 될 수 있으며 또한 계약을 통해 하인(가정의 도우미)으로 획득될 수 있다. 그와 같은 계약은 단순 고용 계약(노동 임대차계약)이 아니라 자신의 인격을 가장의 점유에 제공하는 계약, [즉] 임대(인격 임대차계약)다. 이것이 앞의 고용과 다른 점은 '이 하인은 가정의 행복을 위해 허락된 모든 것을 행하되 특별히 정해진 주문된 노동이 그에게 부과되어 있지 않다'는 것이다. 반면 특정 노동을 하도록 고용된 사람(수공업자나 일용 노동자)은 자신을 VI 361
타인의 소유로 제공하지 않으며 따라서 가족 구성원이 아니다.—후자는 특정한 급부를 행하도록 그를 의무지우는 타인에게 법적으로 점유되어 있지 않다. 그러므로 비록 그가 [가장의] 집에 살더라도(동거인) 가장은 그를 사물로서(사실에 의하여) 선점할 수 없다. 주인은 법적 수단을 통해(법에 의하여) 그에게 명령되어 있는 약속의 이행을 대인적 권리에 따라 강요해야 한다.—자연적 법칙론 안에 새로이 첨부된 낯선 권원에 대한 해명과 변명은 이 정도로 하자. 이 권원은 사실 암묵적으로는 항상 사용되었던 것이다.

4
물적 권리와 대인적 권리의 혼동에 관하여

그뿐만 아니라 나는 '매매는 임대에 우선한다'(『법론』 § 31, 129[이

책의 123]쪽)는 명제는 자연적 사법에서는 이단적 교설이다'라는 비난에도 직면했다.

누구든 자기 집의 임대를 약정된 거주 기간이 만료되기 전에 세입자에게 해약을 고지할 수 있으며, 만약 관례적이고 시민적-법칙적으로 [정해진] 유예기간에 [통상의 민법상 기한 안에] 통상적인 퇴거 시간을 주기만 한다면, 세입자에 대한 약속을 파기할 수 있다. 이러한 사실은 분명 얼핏 보면 계약에서 유래하는 모든 권리에 상충하는 듯이 보인다.—하지만 임대자가 소유자로서 세입자에게 한 약속이 자연적으로(계약서에 명시적으로 언급할 필요 없이), 따라서 암묵적으로 '소유자는 자신의 집을 그 기간에는 팔지 않을 것이다(또는 소유자가 파산하면 자신의 집을 채권자에게 넘겨야 한다)'라는 조건과 결부되어 있는 경우 그리고 세입자가 이러한 사실을 계약 체결 시점에 알았거나 알았음이 분명하다는 사실이 증명될 수 있는 경우라면, 임대자는 이성에 따라 정해진 약속을 파기하는 것이 아니며 또한 세입자의 권리가 임대 기간 이전에 일어난 해지 통보로 침해되는 것도 아니다.

VI 362 왜냐하면 임대차계약에서 유래한 세입자의 권리는 대인적 권리로서, 일인이 타인에게 행해야 하는 것에 대한 권리(사물과 관련된 권리)이지 사물의 모든 점유자에게 대항하는 권리(사물에 대한 권리), 즉 물적 권리는 아니기 때문이다.

따라서 임대차계약에서 세입자는 자신을 보호할 수도 있었을 것이며 또한 집에 대한 물적 권리를 확보할 수도 있었을 것이다. 즉 세입자는 임대차계약을 토지 위에 있는 임대자의 가옥에 대해서만이라도 등기(등기부 기재)했으면 되었을 것이다. 그랬더라면 세입자는 소유자의 계약 해지로, 심지어 소유자의 사망(자연적 사망이나 시민으로서 사망, 즉 파산)으로도 약정된 기간이 만료되기 이전에 쫓겨나는 일은 없었을 것이다. 세입자가 그렇게 하지 않은 이유가 다른 곳에서 더 좋은 조건으로 계약하기를 원했기 때문이거나 아니면 소유자가 자신의 집에 그와 같은 부담이 지워지는 것을 바라지 않았기 때문이라면, 우리는 이러한 사실에서 '두 사람 모두 계약 해지의 시기와 관련하여 (그에 대해 시민[법]적으로 규정되어 있는 기간을 제외하고는) 하나의 암묵적-조건부 계약이, 즉 자신들의 편의에 따라 [언제든] 계약을 다시 해지할 수 있다는 점에 관한 계약이 체결되었음을 알고 있었다'고 결론지을 수 있다. 그와 같은 무방비의 임대차계약이 [초래하는] 일정한 법적 귀결들 역시 매매로 임대를 파기할 권한이 인정된다는 사실을 우리에게 보여준다. [즉 우리는] 세입자가 사망하는 경우 그의 상속자가 임차를 계속해야 할 구속성을 갖고 있다고는 생각하지 않는데, 이와 같은 것은 단지 어떤 한 인격에 대한 구속성일 뿐으로 그의 죽음과 함께 소멸되기 때문이다(이 경우 법률이 정한 해약 고지 시기가 언제나 함께 고려되어야 한다). 이와 마찬가지로 세입자의 권리 역시 특수한 계약이 없는 한 그 자체로는 상속인에게 위임될 수 없으며 세입자는 양자가 생존했을 때라도 명시적 합의가 없는 한 후임 세입자를 정할 권한이 없다.

5
형벌권 개념의 해명에 대한 부언

사람들 사이의 국가 체제라는 단순한 이념이 이미 최고 권력에 귀속되는 처벌 정의라는 개념을 수반한다. [그러므로] 제기되는 물음은 이러한 것뿐이다. 만일 처벌 방식이 (각자의 것에 대한 점유와 관련해서 국가의 안정성을 훼손한 것인) 범죄를 제거하는 수단으로서 유용하기만 하면 입법자는 처벌 방식에 개의치 않아도 좋은가? 아니면

VI 363 범죄자의 인격 안에 있는 인간성에 대한(즉 인류에 대한) 존중은 여전히, 더욱이 단순한 권리 근거들에 따라 고려되어야 하는가? 내가 응보법을 그 형식에서 아프리오리하게 (어떤 회복 수단이 그러한 목적을 위해 가장 강력한지에 대한 경험에서 유래하지 않는) 규정적인 유일한 이념으로, 형법의 원리로서 이념으로 여전히 간주하면서도 말이다.*—그런데 보복 자체가 불가능하거나 처벌되어야 하는 범죄이지만 가령 강간, 남색, 수간 등 인간성 일반에 대한 범죄라서 어떠한 보복도 가능하지 않은 범죄들에 대한 처벌은 어떻게 할 것인가? 앞의 둘은 (터키 황제 궁전에 있는 거세된 백인이나 흑인처럼) 거세하고 뒤의 하나는 시민사회 밖으로 영원히 추방해야 한다. 이 범죄자는 스스로 자신을 인간 사회에 적합하지 않은 자로 만들었기 때문이다.—죄를 범한 자는 동일한 것으로 그리고 동일한 방식으로 처벌받는다.—앞서 말한 범죄들은 인간성 자체에 행해졌으므로 비자연적 범죄라고 한다.—그것들을 자의적으로 처벌하는 것은 처벌 정의의 개념에 글자 그대로 위배된다. 범죄자가 자기 악행을 자기 자신에게 마지막에 이르기까지 가하고 또한 그가 타인에게 범했던 것이 비록 글자 그대

* 모든 처벌에는 피고인의 명예감을 (법적으로) 손상하는 무엇이 들어 있다. 처벌은 단지 일면적 강제를 포함하며 국가 시민이라면 가지고 있는 위엄이 그런 식으로 피고인에게서 하나의 특수한 경우에 최소한 정지되기 때문이다. 이 점은 피고인이 그의 입장에선 어떤 이의 제기도 허락되지 않는 하나의 외적 의무를 부담하게 된다는 사실에서 기인한다. 신분이 높은 사람이나 부자는 벌금형을 받는 경우 금전적 손실보다는 신분이 낮은 사람의 의지 앞에 몸을 숙여야 한다는 굴욕감을 더 많이 느낀다. 이 경우 처벌 정의는 처벌의 지혜와 구별되어야 하는데, 처벌 가능성의 논의(범죄가 일어났기 때문에)는 도덕적이되 [처벌의 지혜에 관한] 논의(범죄가 일어나지 않도록 하는)는 한갓 실용적이어서 범죄 예방에 가장 효과적인 것과 관련된 경험에 근거를 두기 때문이다. 처벌 정의는 법 개념의 위상론에서 전혀 다른 지점, 즉 올바름의 지점에 위치하며, 목적 적합성 내지 어떤 의도에서의 적합성의 지점에 위치하지 않으며 또 윤리 안에서 구해야 하는 단순한 성실성의 지점에도 위치하지 않는다.

로는 아니어도 형법의 정신에 적합하게 그에게 되돌려 행해질 때라도, 그는 자신에게 불법적인 일이 일어났다고 청원할 수 없다.

6
취득시효의 권리에 관하여

"취득시효의 권리는 131[이 책의 132]쪽 이하에 따르면 자연법을 통해 정초되어야 한다. 만일 우리가 '진정한 점유는 관념적 획득— VI 364 그는 이렇게 불렀다—을 정초한다'는 점을 전제하지 않는다면 어떤 획득도 확정적으로 보장되지 않기 때문이다(그러나 K씨[칸트]는 '자연 상태에서는 단지 잠정적일 뿐인 획득만이 [존재한다]'고 전제했으며 그 때문에 그는 시민적 체제의 법률적 필연성으로 나아갔다.—그런데 내가 나 자신을 그 사물의 진정한 점유자로 주장했던 것은 오직 '나보다 먼저 그 사물의 진정한 점유자였으며 자신의 [주인으로서] 의지를 중단한 적이 없었다'는 사실을 증명할 수 없는 사람을 향한 주장이었을 뿐이다)."—그 점은 여기서 문제시되지 않는다. 문제는 다음과 같다. 어떤 청구인이 '내가 그 사물의 참된 선행 소유자다'라고 이야기하지만 우리가 점유자로서 그의 실존이나 소유자로서 그의 점유 상태를 절대로 알아낼 수 없었던 경우, 나는 나 자신이 그것의 소유자라고 주장할 수 있는가? 이것은 청구인이 (자기 잘못이든 아니든) 자신의 지속적 점유에 대한 공적으로 타당한 증표를, 가령 서류상 등기이든 또는 시민 회의에서 소유자로서 반론 없는 투표로든 전혀 아무것도 제시하지 못했을 때 대두된다.

지금 제기되는 물음은 '누가 합법적 획득을 증명해야 하는가?'이다. [현] 점유자에게 그와 같은 구속성(증명 의무)이 부과될 수는 없다. 그의 점유는 그것의 역사가 확인되는 한 유지되기 때문이다. 자칭 그 사물의 선행 소유자는 자기 재산에 대한 시민적으로 타당한 증표를 전혀 제시하지 못한 그 기간 때문에 법적 원리에 따라 이어지는 점유자들의 연속적 계열에서 완전히 제외되고 만다. 아무런 공적 점유 행위를 하지 않으면 이름[명의] 없는 청구인이 되어버리는 것이다. (그에 대하여 우리는 여기서 신학에서 이야기되듯 '보존은 지속적 창조다'라고 말할 수 있다) 지금까지 알려지지 않았으나 추후에 [새로] 발견된 서류를 가진 청원자가 나타나는 경우라도 여전히 '그보다 더 앞선 청원자가 언제든 등장해서 더 앞선 점유를 주장하는 근거를 제시할 수 있지 않을까?' 하는 의구심은 재차 강력하게 남게 된다.—점유 기간은 사물을 시효를 통해 최종적으로 취득(시효를 통한 취득)하는 데에 전혀 중요하지 않다. '불법도 오래 지속되면 차츰 법으로 된다'는 점을 받아들이는 것은 불합리하기 때문이다. (아무리 오래되었다 해도) 사용이 물건에 대한 권리를 전제하는 것이지 권리
VI 365 가 사용에 근거를 둔다는 것은 완전히 틀린 말이다. 그러므로 장기간 사용함으로써 사물을 획득하게 된다는 시효취득은 자기모순적 개념이다. 점유 유지 방식으로서 [권리] 주장의 소멸시효(소멸시효를 통한 내 소유의 보존) 역시 마찬가지이지만 그럼에도 이것은 전유의 논의와 관련해서는 앞의 개념과 구별된다. 이를테면 그것은 하나의 부정적 근거, 즉 자기 권리를 전적으로 사용하지 않는 것, 자신을 점유자로 표명하는 데 필요한 권리를 단 한 번도 사용하지 않는 것이다. 그것은 하나의 법적 행위, 즉 타인의 요구를 배제함으로써(소멸시효를 통해) 그 사물을 획득하기 위해 행하는, 타인을 향한 자신의 권리 사용 자체를 포기했다는 것에 대한 근거다. [하지만] 이것은 모순을 포함한다.

따라서 나는 아무런 입증 과정 없이, 또 아무런 법적 행위 없이—

나는 증명할 필요가 없다—법칙을 통하여 [그것을] 획득하게 된다. 그리고 그다음에는? [권리] 요구들에서 공적인 해방, 즉 내 점유의 법칙적 보장이 뒤따른다. 이제 나는 증명을 수행하지 않아도 되며 지속적 점유에 의지하게 된다. '자연 상태에서 모든 획득은 단지 잠정적이다'라는 사실은 획득된 것의 점유 보장에 관한 물음에 아무런 영향도 미치지 않는다. 후자가 전자에 선행해야 한다.

7
상속에 관하여

상속법과 관련해서 말하면, 비평가들의 날카로운 시선은 이번에는 내 주장의 증명에서 핵심을 빗나갔다.—135[이 책의 135]쪽에서 내가 이야기한 것은 "누구나 자신에게 [유산으로] 제공된 사물을 반드시 받아들여야 한다. 그러한 수용으로 잃는 것은 아무것도 없고 오직 무엇인가 얻을 수 있을 뿐이다"라는 것이 아니다. (그런 물건은 없기 때문이다) 그곳에서 내가 이야기한 것은 다음과 같다. 우리가 불가피하게 또 암묵적으로 그러나 분명 유효하게 제공의 권리를 실제로 받아들이는 것은 항상 바로 그 순간, 즉 사물의 본성에 따라 다가와서 결코 되돌릴 수 없는 순간, 다시 말해 죽음의 순간에 일어난다. 그 순간 제공자는 철회할 수 없고 피제공자는 동일 시점에 어떠한 법적 행위도 할 필요 없이 수용자가 되기 때문이다. [다만] 그는 약속된 VI 366
상속의 수용자가 아니라 상속을 수용하거나 거절할 권리의 수용자다. 바로 이 시점에 그는 유언장을 공개함으로써 '유산을 수령하기 전에 이미 자신이 그전보다 더 부유해져 있다'는 사실을 알게 된다. 그는 유산을 수령할 권한을 배타적으로 획득한 것이고 그것 자체가 이미 하나의 재산이기 때문이다.—이 경우 우리는 하나의 시민 상태를 전제하는 셈인데, 그것은 자신이 더는 존재하지 않게 될 때 어떤 것을 타인의 소유로 만들기 위해서다. 망자에서 유래한 점유 상태의 그와 같은 이행은 자연법의 보편 원리들에 따른 획득 가능성과 관련해서 아무것도 변화시키지 않는다. 비록 그 원리들을 구체적 사례에 적용하는 것은 반드시 시민적 체제라는 토대 위에서만 가능하지만 말이다.—수용과 거절이 아무 조건 없이 나의 자유로운 선택에 놓여 있는 사물을 우리는 **버린 물건**이라고 한다. 어떤 물건의 소유자가 나에게 어떤 것을, 가령 막 이사 나가기 시작한 집에 있는 가구를 무상으로 나에게 제공하는 경우(그가 '그것은 나의 것이 될 것이다'라고 약속하는 경우), 그가 철회하지 않는 한(그사이에 그가 사망하는 경우 철회는 불가능하겠지만) 나는 제공된 것을 수령할 권리(버린 물건에 대한 권리)를 배타적으로 갖는다. 즉 나는 내 마음대로 그것을 받아들이거나 거절할 수 있다. 이와 같이 배타적으로 선택할 권리를 나는 어떤 특수한 법적 행위, [즉] '나는 그러한 권리가 나의 것이 되기를 원한다'는 의견 표명을 하지 않고 오히려 그런 행위 없이(법칙을 통해) 획득하게 된다.—나는 따라서 (그것을 수용하는 것이 나에게 다른 사람과 불편함을 초래할 수도 있기 때문에) '**나는 그 사물이 나의 것이 되지 않기를 원한다**'고 의견을 표명할 수는 있겠지만, '**그 사물이 나의 것이 될지 아닐지**'에 대한 배타적 선택권을 갖지 않으려 할 수는 없다. 이러한 (수용이나 거절) 권리를 나는 수용 의사를 표명하지 않아도 [유산의] 제공을 통해 직접적으로 갖게 되기 때문이다. 만일 내가 선택권을 갖는 것조차 거절할 수 있다면 그것은 내가 선택하지 않는 것을 선택하는 것이겠는데, 이는 모순인 셈이다. 이러한 선택 권리는 피상속인이 사망하는 순간 나에게 이전되며, 피상속인의 유언으로 나는 아직 피상속인의 소유나 재산을 획득하게 되는 것은 아니지만 그것이나 그것의 일부에 대한 **순수-법적**(지성적) 점유를 획득하게 된다. 그런데 나는 다른 사람을 위해 그것의 수용을 포기할 수도 있다. 그렇다고 그러한 점유가 어느 순간 중단되는 것은 아니며 그의 수용을 통해 승계가 하나의 지속적 계열로 망자에서 지정된 상속자에게 이행되는 것이다. 그리하여 **유언은 자연법에 속한다**는 명제는 의심할 여지없이 확립된다.

8 신민들을 위한 영구적 기관과 관련해 국가가 갖는 권리들에 관하여

VI 367

재단(유언에 따른 영구적 복지 재단)은 자발적이지만 국가에서 승인받은 구호 시설이다. 이것은 대대로 이어지는 국가의 특정 성원들이 모두 죽을 때까지 지속된다.—그것을 유지하기 위한 규정이 국가 헌법 자체와 통일되어 있는 경우 우리는 그것을 **영구적** 기관이라고 한다. (국가는 영구적인 것으로 간주되어야 하기 때문이다). 그런데 기관의 구호 활동은 **국민** 일반을 위한 것일 수도 있고 어떤 특수한 원칙에 따라 통합된 국민의 일부를 위한 것일 수도 있다. 또한 어떤 신분을 위한 것일 수도 있고 어떤 **가족**이나 그 가족의 후손들이 영원히 존속하기 위한 것일 수도 있다. 첫째 것의 예는 **요양 병원**, 둘째 것의 예는 **교회**, 셋째 것의 예는 (정신적이고 세속적인) **단체**, 넷째 것의 예는 **세습**이다.

'이러한 단체와 그들의 **권리**를 승계한다'는 것은 곧 '그 단체들은 폐지될 수 없다'는 것을 말한다. 그것은 **유산으로 남겨짐으로써** 지정된 상속인의 재산이 된 것으로, 그러한 체제(비밀 단체)를 폐지한다는 것은 곧 누군가에게서 그의 것을 박탈하는 것과 같기 때문이다.

A

국유 재산으로 설립된 가난한 사람, 노동 능력이 없는 사람, 병든 사람 등을 위한 구호 시설(기관과 요양병원)은 결코 해체될 수 없다. 그런데 유언자[국가]의 겉모습이 아니라 그 의지의 내용이 우선 되어야 한다면 그러한 기관의 폐지를 최소한 형식면에서는 권할 만하게 되는 시대 상황이 올 수도 있다.—그리하여 우리가 이미 알듯이 가난한 사람이나 병든 사람은 (정신질환자는 제외해야겠지만)—그린 비치에 있는 병원에서처럼—사치스럽고 비싼 인력이 있기는 하지만 자유를 매우 제약하는 시설에 보내지기보다는 (필요한 기간에 상응하는) 일정 액수의 보조금을 받아 그가 원하는 친척 집이나 다른 지인 집에 세 들어 사는 것이 더 훌륭하게, 또 더 저렴하게 보살핌을 받게 된다.—그러므로 우리는 '국가는 그와 같은 기관을 향유할 권리가 있는 국민에게서 그 권리를 빼앗을 수 없으며 오히려 기관을 유지하기 위해 더 현명한 수단을 선택함으로써 그것을 활성화해야 한다'고 말할 수 있다.

B

VI 368 혈육으로 자손을 잇지 않는 성직자(가톨릭 성직자)는 국가의 비호 아래 영지와 그에 부속하는 신민들을 점유한다. 이것들은 (교회라는 이름의) 정신적 국가에 속한다. 세속의 신민들은 영혼을 정화하기 위해 이 정신적 국가에 자신의 소유물을 유산으로 제공하며, 성직자는 하나의 특수한 신분으로서 세대를 거쳐 합법적으로 상속되면서 교회 문서에 상세히 기록되어 있는 재산을 소유하게 된다.—우리는 과연 '세속국가의 주권은 성직자와 평신도 사이의 이러한 관계를 특히 성직자에게서 제거할 수 있다'는 점을 받아들일 수 있을까? 그것은 누군가에게서 그 소유를 강제로 빼앗는 것과 마찬가지가 아닐까? 프랑스 공화국의 비신자들이 시도했듯이 말이다.

교회와 국가라는 두 최고 권력은 모순 없이는 서로 종속될 수 없기 때문에 여기서 물음은 '교회가 국가에 그의 소유로서 속할 수 있는가 아니면 국가가 교회에 그의 소유로서 속할 수 있는가?' 하는 것이다.―오직 전자의 체제(정치-교권 체제)만이 스스로 존립할 수 있다는 점은 분명하다. 모든 시민적 체제는 현세의 것이기 때문이다. 시민적 체제는 (인간이 사는) 지상의 강제력이며 이것은 그 결과들과 함께 경험에 기록되기 때문에 그러하다. 신자들의 왕국은 하늘과 피안의 세계에 있다. 그들에게 하나의 체제, 즉 차안에 관여하는 체제(교권-정치 체제)가 용인되는 한 그들은 세속 인간의 상위 권력 아래서 현재 시간의 고통을 겪어야 한다.―결국 오직 전자의 체제만 성립한다.

(현상 안에서) 종교는 교회의 규약과 사제의 권위를 믿는 것이다. 사제는 그와 같은 체제의 귀족이며 이 점은 그 체제가 군주적(교황제)인 경우에도 마찬가지다. 종교는 국가 시민적 강제력에 의해 국민에게 강요되거나 금지될 수 없으며 또한 (영국에서 아일랜드 민족에게 하는 것처럼) 국가 시민은 자기 종교가 국가의 그것과 상이하다는 이유로 국무에서 배제되거나 그로써 얻게 될 이익에서 배제될 수 없다.

교회는 신자들에게 그들이 죽은 뒤 받게 될 축복을 약속한다. 기도와 속죄와 고해성사는 그런 것을 위해 임용된 교회 종사자(성직자)들이 약속하는 것처럼 신자들이 다른 세계로 진입하는 것을 유리하게 만든다. 경건하고 독실한 신자들이 그러한 은총을 받으려 재단을 영구적으로 설립하고 그렇게 함으로써 신자들의 어떤 소유지가 그들

VI 369 이 죽은 뒤 교회 재산이 되어야 하는 경우, 국가는 전자나 후자의 일부 또는 아예 전부를 교회 것으로 인정해야 한다. [하지만] 그렇듯 영구적으로 만들어진 듯 보이는 기관도 결코 영구적으로 유지되는 것은 아니며 국가는 교회가 자신에게 부과했던 그와 같은 부담을 자신이 원할 때 벗어버릴 수 있다.—왜냐하면 교회 자체는 단지 믿음 위에 설립된 단체이기 때문이며 또 그러한 생각에서 유래한 기만이 국민의 계몽으로 소멸되면 그것에 기초를 둔 무시무시한 성직자의 강제력은 무너지고 국가는 교회가 참칭한 재산, 즉 유산으로 그에게 선사된 토지를 지극히 정당한 권리로 자신의 것으로 만들 것이기 때문이다. 그럼에도 그때까지 유지되는 단체의 봉토 보유자들은 자기가 살아 있는 동안 '피해가 있어서는 안 된다'는 것을 자신들의 권리에 따라 요구할 수 있다.

빈민을 위한 영구 기관들이나 학교 시설들조차도 설립자 생각에 따라 기획된 특정한 모습을 갖추게 되자마자 곧바로 영구적으로 창설되거나 [그것을 위한] 토지가 마련될 수 있는 것은 아니다. 오히려 국가가 그런 것들을 시대의 요구에 따라 조절할 자유가 있어야만 한다.—[설립자의] 생각을 영원히 실현하는 것(가령 가난한 학생이 자선 기관의 교육기금 부족분을 거리에서 노래해서 보충해야만 하는 것)은 점점 더 어려워지는데, 그것은 놀랄 일이 아니다. 좋은 마음으로, 동시에 어느 정도는 명예심 때문에 기관을 만든 사람이 원하는 것은 자신이 그 안에서 영속하는 것이지 다른 어떤 사람이 자기 생각에 따라 기관을 변경하는 것은 아니기 때문이다. 하지만 그 점이 사태 자체의 특성을 바꾸지는 않으며 또 기관의 변경에 대한 국가의 권리를, 만약 그 기관이 국가의 유지와 발전에 저해된다면, 심지어 그에 대한 국가의 의무를 바꾸지는 않는다. 따라서 [그러한 기관은] 결코 영구히 설립된 것으로 볼 수 없다.

C

귀족 체제가 아니라 군주 체제 아래 있는 국가에서 귀족 신분은 언제나 어떤 일정 기간 허용된, 상황에 따라 필요해진 제도라고 할 수 있다. 그러나 우리는 결코 '그러한 신분은 영원토록 유지될 수 있다' 거나 '국가수반은 그 신분의 특권을 전적으로 폐지할 권한을 가질 VI 370
수 없다'거나 '만일 그렇게 할 경우 국가수반은 그의 (귀족) 신민에게서 [그 신민이] 세습으로 갖게 된 권리를 빼앗은 셈이라고 말할 수 있다'고 주장할 수 없다. 그러한 신분은 국가가 인가한 일시적 단체로서 시대 상황에 따라 변화되어야 하며 보편적 인권을 침해해서는 안 된다. 오랜 세월 유보되었던 인권 말이다.—왜냐하면 국가에서 귀족의 지위는 헌법 자체에 의존할 뿐만 아니라 국가의 우연적 속성이기도 해서 오직 국가에 내재함으로써만 존재할 수 있기 때문이다. (귀족은 오직 국가 안에서만 생각될 수 있지 자연 상태에서는 생각될 수 없다) 그러므로 국가가 헌법을 변경함으로써 그러한 직함과 특권을 침해당한 사람은 자신의 권리가 박탈되었다고 말할 수 없다. 그는 그것들을 단지 그러한 국가형태가 지속된다는 조건 아래서만 자신의 것이라고 할 수 있고 국가는 그 조건[국가형태]을 변경할 (가령 공화제로 바꿀) 권리가 있기 때문이다.—따라서 단체[귀족 신분] 및 그것의 어떤 표식을 착용하는 특전이 그것을 점유할 영원한 권리를 부여하는 것은 아니다.

D

끝으로 상속 재산 신탁유증에 관해 말하자면, 이 경우 재산 소유자가 상속지정을 통해서 '연이어 등장하는 일련의 상속인 계열에서 가족 중 가장 근친자가 재산 주인이 되어야 한다'고 규정하기 때문에 (군주적-세습적 체제를 가진 국가와 유사한데, 이곳에서는 토지 주인이 바로 그런 식으로 규정된다) 그와 같은 기관은 부계 친족의 동의를 얻어 언제든 폐지될 수 있을 뿐만 아니라—마치 상속권이 토지에 붙어 있기라도 한 듯이—영원히 지속되어서도 안 된다. 또한 우리는 '기관을 폐지하는 것은 기관을 침해하는 것이며 그것의 원소유자, 즉 창설자의 의지를 침해하는 것이다'라고 말해서도 안 된다. 오히려 여기서도 역시 국가는 하나의 권리, 아니 하나의 의무를 가진 셈인데, 국가 자신을 개혁해야 하는 이유들이 점차로 등장하는 경우 (왕조나 지역 총독처럼) 마치 소(小)군주와도 같은 신하들의 그와 같은 연합 체제가, 그것이 일단 소멸되면, 다시는 나타나지 않도록 만들 권리 내지 의무가 그것이다.

결어

끝으로 서평자가 "그 부분에 관해 이야기할 만한 공간이 주어지지
않았다"라고 말하는 것, 즉 공법이라는 표제 아래 서술된 [내] 생각들
과 관련해 그는 다음과 같이 지적했다. "[저자에 따르면] 주제넘게도
VI 371 내 주인인 체하는 사람은 누구나 내 주인이고, 최고 지배라는 한갓된
이념이 나를 강요하여 그에게 복종하도록 만들며, 나는 '누가 그에
게 나에 대한 명령권을 부여했는가?' 하는 물음을 제기해서도 안 된
다. 하지만 우리가 아는 한 어떤 철학자도 이와 같은 모든 모순된 명
제 가운데도 가장 모순된 명제를 받아들인 적이 없다. '우리는 최고
지배나 최고 지배자를 승인해야 한다'는 사실과 '우리는 아프리오리
하게는 단 한 번도 현존한 적이 없는 이 사람 또는 저 사람을 우리 주
인으로 아프리오리하게 받아들여야 한다'는 사실이 동일한 것이어
야 한다는 말인가?"—하지만 나는 설사 '그것은 모순이다'라는 사

실은 인정되더라도 최소한 '그것은 요설이 아니다'라는 점만이라도 증명될 수 있기를 희망한다. 우리가 조금만 더 자세히 살펴본다면 말이다. 더욱이 이 통찰력 있고 겸손하게 질책하며 철두철미한 서평자는(앞서의 거부감에도 서평자는 "『법론의 형이상학적 기초원리』를 전체적으로 보아 학문의 진보로 간주했다") 나의 생각을 최소한 '두 번째 심사는 필요하지 않은 시도'라며 다른 사람들의 완고하고 피상적인 혹평들에서 보호해주었는데, 나는 그것이 후회스러운 일이 되지 않기를 바란다.

우리는 국민을 향해 최상위에서 명령하고 입법하는 강제력이 있는 사람에게 복종해야 하며 더욱이 법률적-무조건적으로 복종해야 한다. 따라서 그가 강제력을 획득한 권원을 공적으로 추적하는 것, 혹시라도 근거가 없는 경우 그에게 저항하기 위해서 그 근거를 의심하는 것은 그 자체만으로도 처벌받을 수 있다. 결과적으로 '너는 너를 향한 강제력을 가진 당국에 (내적이고 도덕적인 것과 충돌하지 않는 한 모든 점에서) 복종해야 한다'는 것은 하나의 정언명령이다. 이것이 [서평자의] 비난을 초래한 불유쾌한 명제다.—이와 같은 원리는 ([권력] 장악이라는) 하나의 사실을 [지배] 권리의 토대에 조건으로 놓는 것이다. 그런데 이 원리만이 아니라 '국민에 대한 최고 지배라는 단순한 이념 자체가 나와 내가 속한 국민을 그와 같이 부당하게 성립한 권리에 복종하도록 강제하며, [더욱이] 그것에 대한 사전 추적 없이 그러하다'(『법론』, § 49)라는 점이 서평자의 이성을 격분시킨 것처럼 보인다.

모든 사실(실제 사태)은 현상 안에 있는 (감성의) 대상이다. 반면 순수 이성을 통해서만 표상될 수 있는 것, 우리가 '상응하는 대상이 현상 안에 주어질 수 없는 이념들'이라고 생각하지 않을 수 없는 것, 마찬가지로 인간들 사이의 완전한 법적 체제 등은 사물 자체다.

만일 어떤 국민이 법칙을 통해 통일된 상태로 하나의 권력자 아래 어디엔가 현존한다면 그러한 국민은 통일성의 이념 일반에 상응하여
VI 372 권력을 가진 최고 의지 아래 경험 대상으로서 존재하는 것이다. 그것은 분명 오직 현상 안에서 존재한다. 말하자면 단어의 일반적 의미에서 [이해된] 하나의 법적 체제가 그곳에 현존하는 것이다. 설사 그러한 법적 체제에 커다란 부족함과 심각한 결함이 있어서 중요한 개선이 점차 요구된다 할지라도 그러한 체제에 저항하는 것은 결코 허용되지 않으며 처벌 가능하다. 만일 국민이 '결함이 많은 체제라면 그러한 체제와 권한을 향해서 폭력을 행사해도 된다'는 권리가 자신에게 있다고 생각하는 경우, 국민은 자신에게 '모든 권리를 최상위에서 규정하는 입법의 자리에 폭력을 위치시킬 권리'가 있다고 생각하는 것이고, 그것은 자기 파괴적인 최상위 의지가 될 것이기 때문이다.

국가 체제 일반이라는 이념은 법 개념에 근거를 두어 판단하는 실천이성의 절대적 명령으로 신성하며 저항 불가능하다. 비록 국가 조직이 그 자체로 결함이 있더라도 국가 내에 있는 하위 권력이 최고 입법권자에게 실제로 저항할 수는 없으며 국가의 문제점들은 국가 자신이 수행하는 개혁을 통해 점차 제거되어야 한다. 그렇지 않으면 신민의 반역적 준칙('독단적 자의에 따라 행동하겠다'는 준칙)에 직면하게 되는 경우, 훌륭한 체제의 성립은 단지 맹목적 우연으로만 가능하게 될 것이기 때문이다.—"그대를 향한 강제력을 가진 상관에게 복종해야 한다"라는 명령은 '어떻게 그가 그러한 강제력을 갖게 되었는지'를 따지지 않는다(기껏해야 그것을 뒤집어엎기 위해서라도 그러하다). 현존하는 그리고 그 아래에서 그대들이 살고 있는 권력은 이미 입법을 소유하며 이러한 입법에 대해 그대들이 공적으로 이런 저런 말을 할 수는 있겠지만 그대들 자신을 상반된 입법자로 내세울

수는 없기 때문이다.

(통합되어 있지 않아서 법칙을 갖고 있지 않은) 국민 의지는 (모든 사람을 하나의 법칙을 통해서 통합하는) 주권적 의지 아래 무조건 복종한다. 이와 같은 무조건적 복종은 최고 강제력을 장악함으로써만 시작될 수 있는 행위이며 그렇게 해서 최초로 하나의 공적 법칙이 제정되는 것이다.—이와 같은 절대 권력에 대한 (앞서의 최고 강제력을 제한하고자 하는) 저항을 허용한다는 것은 자기모순이다. 그럴 경우 (저항이 허용된) 최고 강제력은 최고의 법칙적 강제력, 즉 공적인 옳음과 옳지 않음을 최초로 규정하는 강제력이 아닐 것이기 때문이다.—또 이와 같은 원리는 국가 체제 일반이라는 이념 안에, 즉 실천이성의 개념 안에 이미 아프리오리하게 포함되어 있다. 이 개념에 딱 들어맞는 사례가 경험 안에 주어질 수는 없겠지만 어떤 국가 체제도 규범으로서의 그러한 개념과 모순되어서는 안 된다.

덕론의 형이상학적 기초원리

김수배 옮김

차례

일러두기

1. 『덕론의 형이상학적 기초원리』는 1797년 출판된 초판본 *Die Metaphysik der Sitten. Abgefaßt von Immanuel Kant. Zweiter Theil. Metaphysische Anfangsgründe der Tugendlehre*, Königsberg, bey Friedrich Nicolovius, 1797(A)을 대본으로 했고, 학술원판(*Kant's gesammelte Schriften*, Bd. Ⅵ, hrsg. von der Königlich Preußischen Akademie der Wissenschaften, Berlin, 1907, pp.373-493)과 바이셰델판(*Immanuel Kant Werke in Zehn Bänden*, Bd. Ⅶ, hrsg. von Wilhelm Weischedel, Darmstadt 1983, pp.501-634)을 참조했다. 재판(1803)의 수정은 내용의 의미 전달과 직접 관계가 있는 경우에만 번역에 반영했고 이를 각주에 표기했다.
2. 본문에 우리말로 번역한 외래어는 해당 원어를 옮긴이주에 표기했다. 옮긴이의 사항 설명 역시 옮긴이주에 포함시켰다.

머리말 A Ⅲ; Ⅵ 375

만일 어느 한 대상에 관한 철학(개념들로 이루어진 이성인식의 체계)이 존재한다면, 이 철학을 위해 하나의 순수한 체계, 다시 말해 직관에 관한 모든 조건과 무관한 이성 개념들로 구성되는 하나의 체계인 형이상학 역시 존재하지 않을 수 없다. 여기서 제기되는 문제는 단지 다음과 같은 것뿐이다. 의무론으로서 모든 실천철학, 그 가운데 덕론(윤리학) 역시 그것이 한낱 개별적으로 발견된 교설[1]들을 (단편적으로) 모아놓은 집합이 아니라 하나의 진정한 학문으로서 (체계적으로) 확립될 수 있으려면 형이상학적 기초원리가 필요한가 하는 물음이 그것이다. 순수한 법론에 그와 같은 원리가 필요하다는 사실을 의심할 사람은 없을 것이다. 순수한 법론은 [사람들이] 자유 법칙에 따라 외적 관계를 맺게 될 때 제한해야 하는 자의의 형식적 부분만 문제 삼을 뿐 (자의의 실질에 해당하는) 모든 목적은 도외시하기 때문이다. 그 A Ⅳ
러므로 의무론은 여기서는 [즉 순수한 법론에서는] 그저 지식에 관한 교설에 불과하다.*

---

* 실천철학에 익숙한 자라고 해서 그가 곧 실천철학자인 것은 아니다. 후자는 이성의 궁극목적을 자신의 행위에 대한 원칙으로 삼는 자인데, 그는 이와 동시에 거기에 필요한 지식을 그 일과 결합하는 [즉 그 목적을 실현하려고 활용하는]

그런데 이 (덕론이라는) 철학에서는 아무런 경험적 요소(일체의 감
A V 정)도 포함하지 않은 정화된 의무 개념을 다루되 그것을 [행위의] 동
VI 376 기로 만들기 위해 형이상학적 기초원리까지 문제 삼는다면, 이것은 [통상적인] 덕론의 이념과 정면으로 대립하는 것처럼 보인다. 만일 덕이 자기 무기를 형이상학의 무기고에서 빌려와야 마땅하다면, 사람들이 악덕을 낳는 경향을 통제하기 위해 가져야 하는 힘 또는 [비유하건대] 헤라클레스적 강함이라는 [이 덕] 개념은 대체 어떤 것일까 하는 의문이 생기기 때문이다. 이 같은 물음은 오로지 소수만이 취급할 줄 아는 사변에 관한 문제다. 그러므로 강의실, 강단, 대중서적 등에서 거론되는 모든 덕론을 형이상학적 파편조각들로 치장해 댄다면, 그것은 웃음거리밖에 안 된다. 그렇다고 해서 덕론의 제일원리들을 형이상학에서 탐색하는 것이 무익한 일은 아니며, 비웃음을 살 일은 더더욱 아니다. 누군가는 철학자로서 이 의무 개념의 제일원리들을 추구해야만 하기 때문이다. 그렇게 하지 않으면 덕론에 필요한 확실성과 순수성은 도저히 기대조차 할 수 없을 것이다. 사정이 이러하므로 일반 대중을 가르치는 교사는 [통상] 사람들이 기대하는 결과 때문에 도덕적이라고 부르는 어떤 감정에 의지하는 것만으로도 충분할 수 있다. 교사는 어떤 의무가 정말 덕의무인지 아닌지를 판별

자다. 이때 그 지식이 행동을 목적으로 할 경우 그리고 법의무에 관한 것이 아니라 그저 덕의무에 관한 것이라면, 형이상학의 세세한 실마리들까지 전개한 것이 아니어도 된다. 법의무의 경우 요구되는 지식은 정의의 저울 위에서 작용과 반작용의 원리에 따라서 나의 것과 너의 것이 정확하게 규정되어야 하므로 수학적 측정과 유비적일 수밖에 없다. 덕의무의 경우, 그저 무엇을 행하는 것이 의무인지 아는 것만이 중요한 것이 아니라(이것은 모든 인간이 자연스러운 방식으로 가지고 있는 목적들에 의거하여 쉽게 진술될 수 있다), 오히려 주로 의지의 내적 원리, 즉 '이 의무에 대한 [내] 의식이 동시에 이 행위의 동기다'라는 원리가 중요하다. 그리하여 우리는 자신의 지식에 이 같은 지혜의 원리를 결합하는 자를 가리켜 '그는 실천철학자다'라고 말할 수 있는 것이다.

하는 시금석으로 다음과 같은 과제를 명심하라고 요구하기만 하면
되기 때문이다. 즉 "어느 누구든 언제나 네 준칙을 보편 법칙으로 삼
는다고 할 경우, 어떻게 그 같은 준칙이 자기 자신[의 준칙]과 합치
할 수 있을까?" 하고 물어보기만 하면 된다. 그러나 만일 이 명제를
시금석으로 삼으라는 의무를 만든 것이 한낱 감정에 불과하다고 한
다면, 그러한 의무는 이성이 지시한 것이 아니라 그저 본능에 따라서 A VI
맹목적으로 의무로 간주된 것에 지나지 않을 것이다.

그러나 사람들이 믿는 것과 달리 어떠한 도덕적 원리도 실제로는
어떤 **감정**에 기초하지는 않는다. 오히려 그 원리는 모든 인간의 이성
적 소질에 내재하는, 애매한 상태로 생각된 **형이상학**과 정말 다른 것
이 아니다. 제자에게 **소크라테스적** 문답법에 따라 의무의 명령과 그
명령을 그의 행동에 대한 도덕적 판정에 적용하는 법을 가르치는 선
생은 그 같은 사실을 쉽게 간파한다. 선생이 제자를 철학자로 육성하
려는 것이 아니라면, 선생의 **강의**(기법[2])가 늘 형이상학적이어야 하
거나 스콜라적 언어로 이루어질 필요는 없다. 그러나 그 **사상**은 형이
상학의 요소들까지 반성해본 것이어야만 한다. 형이상학이 없다면,
덕론에서는 어떠한 확실성이나 순수성, 심지어 [행동으로 나아가게
할] 동력조차 전혀 기대할 수 없다.

우리가 이 같은 원칙에서 벗어나 정념적인[3] 또는 한낱 감성적이거
나 도덕적인 **감정**(객관적으로 실천적인 것이 아니라 주관적으로 실천
적인 것)에서 시작하고, 다시 말해 의지의 형식인 **법칙**이 아니라 실질
인 **목적**에서 시작하고 그렇게 함으로써 의무들을 규정한다면, 덕론 VI 377
의 **형이상학적** 기초원리는 당연히 성립할 수 없다. 무엇으로 발생하든
감정은 언제나 **자연본성적**[4]이기 때문이다. 하지만 그러한 경우 덕론 A VII
은 학교에서든 강의실에서든 혹은 그 밖에 어디에서든 뿌리까지 똑
같이 부패하게 된다. 우리가 어떠한 동기 때문에 그 동기를 발판으로

삼아 (모든 의무를 준수하고자 하는) 선한 의도를 갖게 되는가 하는 문제는 대수롭지 않은 일이 아니기 때문이다. 그러므로 신탁에 의거해서 또는 천재에 따라서 의무론을 부정하는, 자칭 지혜의 스승들에게는 형이상학이 한층 더 불쾌감을 일으킬 수 있다.[5] 그렇다고 해도 지혜의 스승을 참칭하는 자들은 덕론에서도 형이상학의 원칙들을 소급하여 문제 삼고, 일단 먼저 자신이 형이상학의 의자에 앉아 학습해야 할 의무가 있다.

* * *

우리가 여기서 충분히 놀랄 만한 사실은, 의무의 원리가 순수한 이성에서 도출되는 한에서 그것에 대해 지금까지 행한 모든 정화작업 이후에도 여전히, 어떻게 그 원리를 다시 행복론으로 환원하는 일이 가능할 수 있었나 하는 것이다. 어쨌든 경험적 원인에 의존하지 않는 어떤 도덕적 행복을 고안해낸 것은 자기모순적 부조리다.—사고하는 인간은 자신이 악덕의 유혹을 극복하고 자주 힘겨운 의무들을 수행했다고 의식하게 되면, 영혼이 평온해지고 만족하는 상태에 이른다. 우리는 이것을 행복이라고 할 수 있으며, 덕은 이 상태에서 주어
A Ⅷ 지는 자기 자신에 대한 보수인 셈이다.—이제 행복론자는 이 기쁨, 이 행복이 그로 하여금 유덕하게 행동하도록 하는 원래 동인이라고 말한다. [다시 말해] 의무 개념이 직접적으로 그 사람의 의지를 규정하는 것이 아니라, 그는 오로지 행복에 대한 전망을 매개로 해서만 자기 의무를 수행하기 위하여 움직인다는 것이다. 이제 분명한 점은 그 사람이 덕에 대한 이 같은 보수를 자신이 의무를 수행했다고 하는 의식으로만 자기에게 약속할 수 있으므로, 의무를 수행했다고 하는 의식이 [행복에 대한 전망보다] 선행해야만 한다는 것이다. 즉 그는 행

복이 의무를 준수한 결과로 주어지리라고 생각하기에 앞서서, 아니 그렇게 생각하지 않더라도 자신이 의무를 수행하도록 구속되어 있다는 사실을 발견하지 않을 수 없다. 이처럼 행복론자는 자신의 원인론에 따라 순환에 빠지게 된다. 다시 말해 그는 자신이 의무 준수를 의식할 때에만 행복을 (또는 내면적인 최고 행복을) 희망할 수 있지만, [동시에] 자신이 의무를 준수함으로써 행복하게 되리라는 것을 예견할 때에만 의무 준수로 나아갈 수 있기 때문이다. 그러나 이러한 궤 VI 378
변에도 역시 모순이 존재한다. 한편으로는 자신이 의무를 준수함으로써 자기 행복과 관련하여 어떠한 결과가 나타나게 될지 먼저 묻지 않고서, 즉 오직 도덕적 근거에 따라서 자기 의무를 준수해야 마땅한 법인데, 다른 한편으로는 그가 의무를 준수한 결과로 자신에게 나타날 행복을 [미리] 계산할 수 있어야만, 무엇인가를 자기 의무로 인정할 수 있기 때문이다. 여기서 후자는 정념적 원리에 따르는 것으로 전자와 정면으로 대립한다.

나는 다른 곳(『월간베를린』[6])에서 정념적인 쾌와 도덕적인 쾌의 차 A IX
이를 아주 이해하기 쉽게 표현했다고 생각한다. 법칙에 맞게 행동하기 위해서 그 법칙의 준수에 선행해야만 하는 쾌는 정념적인 것이며 그러한 태도는 자연 질서를 따르는 것이다. 그러나 쾌가 감각되기 위해 법칙이 그 쾌에 선행해야만 하는 쾌는 도덕적 질서 안에 있다. 만일 이 같은 차이를 인지하지 못해서 자유의 법칙(내적 입법의 자유원리) 대신에 행복(행복원리)이 원칙으로 내세워진다면, 그 결과는 모든 도덕의 안락사(편안한 죽음)로 나타난다.

이 같은 오류의 원인은 다음과 같다. 위와 같은 법칙들을 독재적 방식으로 나타나게 하는 정언명령은 그저 자연학적 설명에 익숙한 사람들의 머리로는 이해되지 않는다. 비록 그들이 그 명령에서 저항할 수 없는 압박감을 느낀다고 하더라도 말이다. 그러나 그와 같은

[자유의] 이념을 산출할 수 있는 인간이 지닌 바로 그 우월함이 아무
리 정신을 고양하는 것이라 하더라도, 저 [자연학적 설명] 범위를 완
전히 넘어서 있는 것(자의의 자유)을 **설명할** 수 없다는 사실은, 다른
영역에서는 통상 자기 능력을 아주 강하게 느끼는 사변적 이성의 자
AX 부에 찬 요구로 말미암아, 이론이성이 전능하다는 사실을 설명하기
위해 연대한 동맹자들에게 이를테면 **총동원령**을 내리게 만든다. 그리
하여 비록 결국에는 쓸데없는 짓으로 드러난다 할지라도, 그 이념에
반발하게 만들고, 그렇게 해서 도덕적 자유 개념을 지금 여기서, 그
리고 경우에 따라서는 더 오랫동안 괴롭히고 가급적 의심스럽게 만
들고 만다.

덕론 서론 A 1; Ⅵ 379

윤리학은 고대에 도덕론(도덕철학)[1] 일반을 의미했으며, 도덕론은 의무에 관한 이론이라는 이름으로도 불렸다. 나중에 사람들은 윤리학이라는 명칭을 도덕론의 한 부분에만, 즉 외적인 법칙 밑에 놓이지 않는 의무들에 관한 이론에만 한정하여 사용하는 것이 권장할 만하다고 보았다. (이 부분만이 덕론이라는 독일어 단어가 의미하는 것에 적합하다고 보았던 것이다) 그리하여 이제는 의무들 일반에 관한 이론의 체계가, 외적인 법칙들에서 주어지는 의무들을 다루는 법론(법)[2]의 체계와 그러한 법칙들에서 주어질 수 없는 의무들을 다루는 덕론(윤리학)[3]의 체계로 나뉘게 되었다. 그리고 이러한 구분은 여전히 유효할 수 있다.

I A 2
덕론이라는 개념에 대한 해명

의무라는 개념은 이미 그 자체가 자유로운 자의를 법칙에 따라 강요(강제)[4]함을 뜻한다. 그런데 이때 강제는 외적 강제이거나 자기 강

제다. 도덕적 명령은 자신의 정언적 언표(무제약적 당위)로 이러한 강
제를 선포한다. 그러므로 이러한 강제는 이성적 존재 일반(여기에는
신성한 존재들도 포함될 수 있겠다)에 관여하는 것이 아니라, 이성적
자연 존재인 인간들에 관여한다. 즉 충분할 정도로 신성하지 못해 쾌
에 지배당하기 쉬워서, 비록 도덕 법칙의 권위 자체를 인정하기는 하
지만 그럼에도 그것을 위반하며, 그 법칙에 순종할 때조차 마지못해
(그들 자신의 경향의 반발 때문에) 그렇게 하는—바로 이 점에 본래
A 3 그 강제가 성립한다—인간에게만 해당한다.* 그런데 인간은 여전히
VI 380 자유로운 (도덕적) 존재이므로 의지의 내적 규정(동기)에 주목할 경
우, 의무 개념은 (법칙의 표상에 따라서만 일어나는) 자기 강제 이외의
것을 포함하지 않는다. 그렇게 해서만 앞에서 말한 강요(비록 그것이
외적인 것이라 할지라도)가 자의의 자유와 양립할 수 있기 때문이다.
이때 의무 개념은 비로소 윤리적 개념이 된다.

그러므로 우리는 자연의 충동들이 의무 수행을 방해하는 장애물과
(또 때로는 강력한) 저항력을 인간의 마음속에 포함시켜놓아서 인간

---

* 그러나 인간이 자신을 객관적으로 (자신의 고유한 인격이 내포하는 인간성에 준
VI 380 하여) 고찰한다면, 즉 자신의 순수 실천이성이 규정하는 것에 따라서 고찰한
다면, 인간은 도덕적 존재로서 자신이 [또한] 충분히 신성하므로 내적인 법칙
을 어길 때에도 그것을 마지못해 어긴다는 사실을 발견하게 된다. 그렇게 법
칙을 위반할 때 자기 내면에서 어떤 거부감과 자기 자신에 대한 혐오감을 느
끼지 않을 만큼 사악한 인간은 없어서 법칙을 위반할 때 자기 자신을 강제해
야만 하기 때문이다. 그런데 우리는 인간이 양자택일의 기로에서 ([그리스신
A 3 화에 나오는] 아름다운 이야기에서 헤라클레스도 덕과 쾌락의 갈림길에 서 있었
다) 법칙보다 경향에 더 귀를 기울이려는 성향을 보이는 현상을 설명할 수 없
다. 우리는 발생하는 어떤 것을 자연 법칙에 근거하는 원인에서 도출함으로써
만 설명할 수 있기 때문이다. 그런데 이렇게 설명할 경우 우리는 자의를 자유
로운 것으로 간주하지 않는 셈이 된다. 이렇게 서로 대립적인 방식으로 일어
나는 자기 강제와 이것의 불가피성은 자유 자체가 지닌 이해하기 어려운 고유
속성을 인식하게 해준다.

은 미래의 어느 때가 아니라 지금 즉시 (의무를 생각하는 바로 이 순간) 이성에 따라 그것에 맞서 싸울 수 있고 극복할 수 있다고 판단해야만 한다. 즉 그는 법칙이 마땅히 행해야 한다고 무조건적으로 명령하는 것을 자신이 할 수 있다고 판단해야만 한다.[5]

그런데 강력하지만 부당한 적에 대항하여 저항하는 능력과 숙고된 결의[6]가 용기(힘)[7]다. 그리고 우리 내면에 있는 도덕적 심정의 적 A 4
에게 저항하는 능력과 의지는 덕(도덕적 힘[8])이다. 따라서 의무들에 관한 일반 이론에서 외적 자유가 아니라 내적 자유를 법칙에 종속시키는 부분이 덕론이다.

법론은 외적 자유의 그저 형식적 조건(외적 자유의 준칙이 보편적 법칙이 되었을 경우, 이 외적 자유가 자기 자신과 합치하는지)에만, 다시 말해 법에만 관여했다. 이에 반해 윤리학은 한 걸음 더 나아가 실질(자유로운 자의의 대상)을, 즉 순수 이성의 목적을 제공한다. 그런데 이 목적은 객관적이면서 동시에 필연적인 목적으로, 다시 말해 인간에게 의무로서 표상된다. 감성적 경향들이 의무와 대립할 수 있는 목적들을 (자의의 실질로) 가지고 현혹할 경우, 입법하는 이성은 그것 VI 381
들에 대립하는 도덕적 목적, 즉 경향과는 무관하게 아프리오리하게 주어져 있어야 하는 목적을 통해서만 자기 영향력을 지킬 수 있기 때문이다.

목적은 (이성적 존재가 지닌) 자의의 대상인데, 자의는 이 대상을 표상함으로써 이를 산출하는 행위를 하도록 규정된다. 타인들이 나로 하여금 어떤 목적을 실현하는 수단인 행위들을 하도록 강제할 수는 있어도, 결코 어떤 목적을 갖도록 강제할 수는 없으며, 나 스스로 A 5
어떤 것을 내 목적으로 삼을 수 있을 뿐이다. 그러나 나는 실천이성의 개념 안에 놓여 있는 어떤 것을 목적으로 삼도록, 다시 말해 (법이 포함하는 것과 같은) 자의의 형식적 규정 근거들 이외에 어떤 실질적 규정 근거이자 감성적 충동들과 대립할 수 있는 목적을 갖도록 구속되어 있다.[a] 이것은 그 자체가 의무이기도 한 목적에 관한 개념을 뜻할 것이다.[b] 이러한 목적에 대한 이론은 법이론에 속하는 것이 아니라 윤리학에 속할 텐데, 윤리학만이 자기 개념 안에 (도덕적) 법칙들에 따른 자기 강제를 포함한다.

이러한 까닭에 윤리학을 순수 실천이성의 목적들의 체계라고도 정의할 수 있다. 목적과 의무[c]가 일반적인 도덕론의 두 부분을 구분한다. 윤리학이 타인들에 의해 (물리적으로) 강제될 수 없는 의무들에 대한 고찰을 포함한다는 것은 이것이 목적들의 이론이라는 사실에서 간단히 나오는 결론이다. 목적들에 대한 (즉 목적들을 갖도록 만드는) 강제는[d] 자기모순이기 때문이다.

하지만 윤리학이 덕론(덕의무의 이론[9])이라는 사실은 의무지움[10]—이것의 고유한 특징은 방금 위에서 제시했다—과 비교함으로써 제시된, 덕에 대한 설명에서 나온다. 다시 말해 자의에 대한 규정은 이 자의 개념 자체가 타인의 자의에 따라 물리적으로 강제될 수 없는
A 6 성격을 지녔기에 단지 목적에 대한 규정일 뿐이라는 것이다. 비록 타인은 내 목적이 아니라 (그저 타인의 목적을 위한 수단일 뿐인) 무엇인가를 행하도록 나를 강제할 수는 있지만, 그것을 내 목적으로 삼도록 강제하지는 못한다. 내가 어떤 것을 [나 스스로] 내 목적으로 삼지 않는다면 나는 그것을 목적으로 가질 수 없다. 만일 내가 목적으로 삼지 않고도 목적을 가질 수 있다면 이는 자기모순이다. 그것은 자유롭지 않은 자유의 행위를 의미하기 때문이다. 그러나 의무이기도 한 것을

a) 재판: '그러나 내가 실천이성의 (…) 구속되어 있다면'.
b) 재판: '목적에 관한 개념을 제시한다고 할 수 있다.'
c) 재판: '강제의무'.
d) 재판: '그와 같은 것들[즉 목적들]을 갖거나 결의하도록 하는 강제는'.

스스로 자기 목적으로 설정하는 것은 모순이 아니다. 그 경우 나는 나 자신을 강제하는 것이지만, 이 같은 강제는 자유와 충분히 공존할 수 있기 때문이다.* 그런데 어떻게 이러한 목적이 가능할까 하는 것 VI 382
이 지금 문제다. 어느 사태가 (자기 자신과 모순되지 않기에) 개념적으로 가능하다는 사실만으로는 아직 그 사태 자체의 가능성(그 개념의 객관적 실재성)을 상정하기에는 충분하지 않기 때문이다. A 7

II
의무인 동시에 목적이라는 개념에 대한 해명

목적과 의무의 관계를 두 가지 방식으로 생각해볼 수 있다. 목적에서 출발하여 의무에 적합한 행위의 준칙을 발견하든가, 이와 반대로 준칙에서 시작하여 동시에 의무이기도 한 목적을 발견하든가 하는 방식이 그것이다. 법론은 첫째 길을 택한다. [법론에서는] 각자 자기 행동에 대해 어떤 목적을 설정하려 하는가가 각자의 자유로운 자의에 맡겨진다. 하지만 행위의 준칙은 아프리오리하게 규정되어 있다. 다시 말해 행위자의 자유가 모든 타인의 자유와 하나의 보편 법칙에

---

* 인간이 자연본성적으로 더 적게 강제될 수 있다면 그만큼, 또 이에 반해 (오로지 의무에 대한 표상에 따라) 도덕적으로 더 많이 강제될 수 있다면 그만큼, 그는 더 자유롭다. 예컨대 자신이 스스로 의도했던 향락을, 아무리 사람들이 그것이 초래할 많은 손해를 경고할지라도 포기하지 않을 정도의 확고한 결의와 강한 영혼을 소유한 자가 있다고 가정해보자. 하지만 만일 그가 향락을 좇음으로써 자기 직무를 소홀히 하게 된다거나 병든 부친을 등한시하게 된다는 생각을 하게 되어 비록 아주 마지못해서이기는 하지만 그런데도 주저하지 않고 자신의 [향락에 관한] 결심을 포기한다면, 이로써 그는 자신이 의무를 다하라는 목소리를 거역할 수 없을 만큼 아주 높은 정도로 자유롭다는 사실을 증명하는 것이다.

따라 공존할 수 있[어야 한]다는 것이다.[11)]

그러나 윤리학은 이와 반대의 길을 택한다. 윤리학은 인간이 설정할 수 있는 [임의의] 목적에서 출발하여 그 목적에 따라 선택되어야 하는 자기 준칙들을, 즉 자기 의무를 임의로 정할 수 없다. 그렇게 해서는 순수 이성 안에서만 자기 뿌리를 가지는 (정언적 당위를 표현하는) 의무 개념을 제공하지 못하는 준칙들에 대한 경험적 근거들만 주어질 뿐이기 때문이다. 그러므로 만일 준칙들이 (모두 이기적이기만 한) 목적에 따라서 선택되어야만 한다면, 의무 개념에 대해서는 실제로 전혀 아무런 언급도 할 수 없게 될 것이다. 따라서 윤리학에서는 의무 개념이 목적을 안내하고, 나아가 우리가 설정해야 마땅한 목적
A 8 에 관한 준칙들을 도덕적 원칙의 기초 위에 세워야만 한다.

VI 383 대체 그 자체가 의무이면서 동시에 목적인 것은 무엇이며, 어떻게 그러한 목적이 가능한가 하는 문제는 접어두더라도, 여기서 이러한 종류의 의무가 덕의무라는 이름으로 불린다는 것과 그것이 왜 그렇게 불리는지를 살펴볼 필요가 있다.

모든 의무에는 권한(도덕적으로 무엇을 요구할 수 있는 일반적 권한)[12)]으로 간주되는 하나의 권리가 상응한다. 그러나 모든 의무에 누군가를 강제할 수 있는 타인의 권리들(법적 권한[13)])이 상응하는 것은 아니다. 이러한 의무들은 특별히 법의무라 불린다.[e)] 이와 마찬가지로 모든 윤리적 구속성에는 덕 개념이 상응하지만, 그렇다고 해서 모든 윤리적 의무가 곧 덕의무들인 것은 아니다. 어떤 목적(자의의 실질, 객체)에 관여하기보다는 (예컨대 의무에 적합한 행위가 의무로 말미암아 일어나야만 한다는) 도덕적 의지규정의 형식적인 부분에만 관여하는 의무는 덕의무가 아니다. 의무이기도 하면서 동시에 목적인 것

---

e) 재판: '[그러한 권리들은] 특별히 이른바 법의무들에만 상응한다'.

만이 덕의무라 불릴 수 있다. 따라서 후자에는 다수가 있으며(이 점은 상이한 덕목들도 마찬가지다), 전자에는 오직 하나이지만 모든 행위에 타당한 의무(유덕한 심정)가 있다.

덕의무는 다음과 같은 점에서 법의무와 본질적으로 다르다. 즉 후 A 9
자는 외적인 강제가 도덕적으로 가능한데 반해, 전자는 자유로운 자
기 강제로만 성립한다는 것이다. 유한하면서도 (결코 의무를 손상하
려는 시도조차 할 수 없는) 신성한 존재에는 덕론이 없으며, 오히려 도
덕론만 있다. 후자는 실천이성의 자율[에만 의거하는 것]이다. 이에
비해 전자[덕론]는 그 실천이성의 자기 지배,[14] 즉 비록 직접 지각된
것은 아니라 하더라도 도덕적 정언명령에서 올바로 추론된 의식, 즉
법칙에 저항하는 자기 경향을 통제하는 능력에 대한 의식을 포함한
다. 따라서 최고 단계에 있는 인간의 도덕성은 덕 이상의 것이 아니
다. 비록 그것이 전적으로 순수해서 (의무의 동기 이외에 온갖 생소한
동기의[f] 영향에서 완전히 자유로우며 사람들이 그것에 끊임없이 접
근해 가야만 하는) 이상으로 간주되어 보통 현자라는 이름으로 시적
으로 인격화되는 경우라도 말이다.

그러나 덕은 단순히 숙련성을 의미하지도 않으며, (궁정 사목인 코
키우스[15]가 현상논문에서 말하듯) 훈련으로 습득되고 오래된, 도덕적
으로 선한 행위들의 습관으로 설명되거나 평가될 수 없다. 만일 덕이
숙고되고 확고하며 지속적으로 한층 더 정화된 원칙들의 결과물이
아니라면, 그것은 기술적·실천적 이성에서 나온 다른 모든 체제처럼 VI 384
모든 경우에 대해 준비되어 있는 것도 아니고, 또 새로운 유혹들이 A 10
일으킬 수 있는 변화에 대해서 충분히 안전한 것도 아니기 때문이다.

f) 재판: '순수하고 (의무에 생소한 어떤 동기의)'.

주해

소극적 부덕(도덕적 취약함)(=0)은 덕(=+a)에 논리적 반대(모순대당)[16]로 대립하는 데 비해, 악덕(=-a)은 덕에 저항(반대대당 또는 실재적 대당)[17]으로 대립한다. 그러므로 다음과 같은 불필요할 뿐만 아니라 거부감조차 불러일으키는 질문이 제기될 수 있다. 즉 큰 덕들보다는 오히려 큰 범죄에 영혼이 더 크고 강하게 귀속되는 것이 아닌가 하는 물음 말이다. 우리는 우리 영혼의 강함을 자유로울 능력이 있는 인간이 보이는 결의의 강함으로 이해해서 인간이 자기 자신을 (분별 있게) 통제하는 한 그가[g] 건전한 상태에 있다고 여기기 때문이다. 그러나 큰 범죄들은 발작 증세이다 보니 그것들을 바라보는 건전한 영혼을 지닌 인간을 오싹하게 만든다. 따라서 앞의 물음을 대략 다음과 같은 물음으로 이해할 수 있겠다. 인간이 분별 상태에 있을 때보다 광란 상태에 빠졌을 때 더 큰 본성적 강함을 지닐 수 있을까 하는 물음으로 말이다. [그러나] 그러한 사실은 우리가 영혼을 자기 능력들을 자유로이 사용할 수 있는 인간의 생명 원리로 이해한다면, 그 영혼의 더 큰 강함을 상정하지 않고도 인정할 수 있다. 큰 범죄는 자신의 근거를 이성을 약화시키는 경향의 힘 안에 가지는데, 이러한 사실이 영혼의 강함을 증명하지는 않기 때문이다. 따라서 위의 물음은 인
A 11 간이 건강한 상태에 있을 때보다 병이 들었을 때 더 강함을 증명하는가 하는 물음과 거의 같은 물음이 되는 셈이다. 이 물음에는 바로 부정적으로 대답할 수 있다. 건강하다는 것은 인간의 모든 신체적 힘이 균형 상태에 있음을 그리고 건강이 좋지 않다는 것은 이 힘들의 체계—우리는 이것으로만 절대적인 건강상태를 판별할 수 있다—가 약화되었음을 뜻하기 때문이다.

---

[g] 재판: '그의 영혼이'.

III
의무인 동시에 목적인 것을 생각하는 이유에 관하여

목적은 자유로운 자의의 대상이다. 이 목적에 대한 표상이 자의를
행위로 나아가도록 (그렇게 해서 그 대상이 산출되도록) 규정한다. 그 VI 385
러므로 모든 각각의 행위는 목적을 가지며, 아무도 자신의 자의의 대
상을 스스로 목적으로 삼지 않고는 어떠한 목적도 가질 수 없다. 따라
서 어떠한 행위의 목적을 가진다는 것은 행위하는 주체의 자유로운
활동이지 자연의 작용은 아니다. 그런데 [의무인 동시에 목적인 것의
경우] 목적을 결정하는 활동은 수단을 명령하는 것이 아니라(다시
말해 조건적으로 명령하는 것이 아니라), 목적 자체를 (즉 무조건적으
로) 명령하는 실천적 원리이므로, 이 원리는 순수한 실천이성의 정언
적 명령이며, 의무 개념을 목적 개념 일반과 결합하는 명령이다. A 12

이와 같은 목적과 이 목적에 상응하는 정언적 명령이 존재할 수밖에 없다. 자유로운 행위가 존재함으로써 그 행위가 대상으로서 지향하는 목적들 또한 틀림없이 존재하기 때문이다. 그런데 이 목적들 가운데에는 동시에 (즉 그 개념상) 의무이기도 한 것들이 존재해야만 한다. 만일 그와 같은 것들이 없다면 어떠한 행위에도 목적이 없을 수는 없기에 실천이성을 위한 모든 목적은 언제나 단지 다른 목적들을 위한 수단에만 해당할 것이고, 정언적 명령은 불가능할 것이며, 이는 [결국] 모든 도덕론의 폐기를 뜻하기 때문이다.

그러므로 여기서 말하는 것은, 인간이 본성에 기초하는 감성적 충동에 따라서 정하는 목적들이 아니라, 자유로운 자의가 자기 법칙에 따라 대상으로 삼는, 즉 목적으로 삼아 마땅한 대상들이다. 우리는 전자에 관한 이론을 기술적(주관적) 목적 이론이라고 할 수 있다. 이것은 본래 실용적 목적 이론이라고도 할 수 있는데, 목적의 선택에 관

한 영리함의 규칙을 포함한다. 후자는 도덕적(객관적) 목적 이론이라고 해야 하지만 여기서는 이러한 구분이 불필요하다. 도덕론은 개념상 자연학(여기서는 인간학)과 확실하게 구분되기 때문이다. 자연학
A 13 은 경험적 원리에 근거를 두지만, 의무들에 대해 논하는 도덕적 목적 이론은 아프리오리하게 순수 실천이성에 주어져 있는 원리들에 근거한다.

Ⅳ
의무인 동시에 목적인 것은 어떠한 것들인가?

그것들은 자신의 완전성과 타인의 행복이다.

우리는 그것들을 서로 교환할 수 없다. [다시 말해] 한편으로는 자신의 행복을, 다른 한편으로는 타인의 완전성을 그 자체로 한 인격체
VI 386 의 의무이자 목적으로 삼을 수는 없다는 말이다. 자신의 행복은 비록 모든 인간이 (본성의 충동에 따라) 가지는 목적이지만, 이 목적이 자기모순 없이는 결코 의무로 간주될 수 없기 때문이다. 누구나 불가피하게 스스로 의욕하는 것이 의무 개념에 속하지는 않는다. 의무는 원하지 않는 목적을 강요하는 것이다. 따라서 자기 행복을 전력을 다해 촉진할 의무를 지닌다고 말하는 것은 자기모순이다.

A 14 이와 마찬가지로 타인의 완전성을 내 목적으로 삼고 내게 그것을 촉진할 의무가 있다고 여기는 것 역시 모순이다. 하나의 인격체로서 어떤 타인의 완전성이란, 그가 자신의 의무 개념에 따라서 자기 목적을 스스로 설정할 수 있다는 사실에서 성립하기 때문이다. 그러므로 그 자신이 아니면 할 수 없는 어떤 것을 내가 마땅히 해야만 한다고 (즉 내 의무로 삼으라고) 촉구하는 것은 자기모순이다.

V
이 두 가지 개념에 대한 해설

A
자신의 완전성

완전성이라는 단어는 많은 오해에 노출되어 있다. 이 단어는 때로는 선험철학에 속하는 개념으로 이해되는데, 이때에는 총괄되어 하나의 사물을 이루는 다양함의 **전체**라는 의미다. 또 때로는 **목적론**에 속하는 개념으로 이해되기도 하는데, 이때에는 하나의 사물에 있는 성질이 어떤 목적에 합치함을 뜻한다. 우리는 전자의 의미의 완전성을 **양적** (질료적) 완전성, 후자의 의미의 완전성을 **질적** (형식적) 완전성이라고 할 수 있겠다. 전자는 오직 하나만 있을 수 있다. (하나의 사물에 속하는 것들의 전체는 하나이기 때문이다) 후자는 하나의 사물에서 여러 개가 있을 수 있다. 여기서 다루는 완전성 역시 원래 이 후자의 완전성이다. A 15

인간 일반에 (본래는 인간성에) 속하는 완전성에 대하여, 그 완전성을 목적으로 삼는 것이 자체로 의무라고 말할 경우, 그 완전성은 인간 자신이 한 **행동**의 결과일 수 있는 것 안에서 성립할 수밖에 없다. 그리고 이 완전성은 인간이 자연본성에 의존할 수밖에 없는 선물에 지나지 않는 것이 아니다. 만일 그것이 선물에 지나지 않는다면 그것은 의무가 아닐 것이기 때문이다. 그러므로 이 의무는 자기 능력 VI 387
(또는 자연소질)을 계발하는 것에서 성립한다. 그리고 이 능력 가운데에서는 의무와 관련되는 개념의 능력인 **지성**이 최고 능력이다. 동시에 이 의무는 자신의 **의지**(도덕적 사고방식) 계발 역시 포함하며, 그렇게 함으로써 모든 의무 일반을 충족한다. 1. 자연적 본성의 거친 상태에서, 즉 동물성에서 벗어나 (행위와 관련해서) 스스로 목적을 설

정할 수 있는 인간성을 향하여 점점 더 상승하는 것, 이것이 인간의 의무다. 배움으로써 자신의 무지를 보완하고 오류를 수정하는 것도 의무다. 그리고 이것은 기술적·실천적 이성이 여타 (기술에 관한) 의도들을 위하여 **권고하는** 것이 아니라, 도덕적·실천적 이성이 그것을 그에게 단적으로 **명령하는** 것이고 그러한 목적을 그의 의무로 만들어 [스스로] 자신 안에 들어 있는 인간성에 합당한 자격을 갖추기 위한 것이다. 2. 의지가 계발됨으로써 가장 순수한 덕의 심정에 이르게 되고—이때 법칙은 의무에 합치하는 자기 행위의 동기가 된다—의무[감]에서 그 법칙에 복종하게 될 정도가 되면 이것이 곧 내적인 도덕적·실천적 완전성이다. 이 같은 완전성은 인간의 내면에서 스스로 입법하는 의지가 그 의지에 따라서 행위하는 능력에 행사하는
A 16 작용의 결과로 나타나는 감정이므로 **도덕적 감정**, 즉 특별한 **감각**(도덕감)[18]이다. 이 감각은 마치 (소크라테스의 정령[19]처럼) 이성을 앞서 가거나 그 판단을 아주 배제할 수도 있는 것처럼 자주 광신적으로 오용되기도 하지만, 그럼에도 의무이기도 한 모든 특수한 목적을 자기 대상으로 만드는 도덕적 완전성이다.

B
타인의 행복

행복, 즉 자기 상태에 대한 만족을, 그것이 지속할 수 있다고 확신하는 한에서 소망하고 추구하는 것은 인간의 본성상 불가피한 일이다. 그러나 바로 그러한 이유에서 그것은 목적이자 동시에 의무이기도 한 목적은 아니다. 여기서 (자신 안에 이미 모순을 포함한) 이 단어의 오용을 질책할 필요는 없다. [하지만] 몇몇 사람은 도덕적인 행복과 자연적인 행복을 구별하므로(전자는 자신의 인격과 도덕적 행실에 대한 만족이므로 자신이 **행하는** 것에 대한 만족이다. 후자는 자연이 선

사한 것에 대한 만족, 즉 다른 곳에서 주어진 것을 향유하는 것에 대한 만족이다), 전자의 감각 방식만이 앞에서 언급한 명칭, 즉 완전성이라 VI 388
는 명칭에 해당한다는 점을 주의해야 한다. 자신이 올바르[게 처신했]다는 사실에 대한 의식만으로 행복을 느낀다고 하는 사람은 이미 A 17
앞 단락에서 의무이자 동시에 목적이라고 설명한 것과 같은 완전성을 소유하고 있기 때문이다.

그러므로 그것을 내 목적으로 삼아 성취하려고 노력하는 것이 의무가 되어 마땅한 그와 같은 행복이 문제가 된다면 그것은 타인의 행복임이 틀림없다. 그 경우 나는 그들의 (허용된) 목적을 내 목적으로도 삼는 셈이다. 그 사람들이 무엇을 자신들의 행복으로 간주할지는 그들의 판단에 놓여 있다. 단지 다음과 같은 것은 내게 달려 있다. 즉 그들이 행복에 포함시키는 것 가운데 많은 것을 내가 그렇게 여기지 않는다면 그것을 거부할 수 있다. 그들에게 그것을 그들의 것으로서 내게 요구할 권리가 없다면 말이다. 그러나 그러한 목적에, 나 자신의 (자연적) 행복 또한 배려해야만 한다고 하는 거짓된 구속성을 대립시킴으로써 나 자신의 본성적이고 단지 주관적이기만 한 목적을 의무로(즉 객관적 목적으로) 삼는 것은, 위에서 제시한 의무의 구분(Ⅳ항)에 대립하여 여러 번 사용된 반론인데, 바로잡을 필요가 있다.

재난, 고통, 궁핍은 자기 의무를 위반하게 하는 커다란 유혹이다. 따라서 그러한 유혹에 떨어지지 않게 하는 부유함, 강건함, 건강, 복지 일반 등은 의무이기도 한 목적들로 간주될 수도 있을 것처럼 보인다. 즉 자기 자신의 행복을 촉진하고, 그것을 그저 남의 행복에 맞추지
않는 것 말이다. 하지만 그러할 경우 행복은 목적이 아니다. 오히려 A 18
주체의 도덕성이 목적이다. 여기서 행복은 주체의 도덕성에서 장애물을 제거하려고 그저 허용된 수단일 뿐이다. 다른 사람 아무도 나에게 비도덕적이지 않은 목적을 희생하라고 요구할 권리는 없다. 그래

서 부유함 자체를 추구하는 것은 직접적 의무는 아니지만 간접적 의무일 수는 있다. 즉 악덕에 대한 커다란 유혹인 가난을 막는 것으로서 말이다. 하지만 그렇다면 어떤 것을 완벽한 상태로 보존하는 것이 내 목적이자 동시에 의무인 어떤 것은 [바로] 내 행복이 아니라 내 도덕성이다.

VI
윤리학은 행위를 위한 법칙을 제시하는 것이 아니라(이것은 '법'이 한다) 행위의 준칙을 위한 법칙만을 제시한다

VI 389 의무 개념은 법칙과 직접 관계되어 있다. (비록 내가 법칙의 내용인 모든 목적을 도외시한다 해도 말이다) 이것은 의무의 형식적 원리, 즉 "네 행위의 준칙이 보편 법칙이 될 수 있도록 행위하라"라는 정언명령 안에 이미 나타나 있다. 윤리학에서는 이 법칙이 단지 너 자신의 의지 법칙으로서 사유되는 것일 뿐, 타인의 의지일 수도 있는 의지 일
A 19 반의 법칙으로서 사유되는 것이 아니다. 후자라면 윤리학의 분야에 속하지 않는 법의무가 주어질 것이다. 여기[즉 윤리학]에서 준칙들은 그 자체로는 그저 보편적 입법을 위한 자격이 있는 주관적 원칙들로 간주되며, 이 같은 자격을 갖추라고 요구하는 원리는 (어떤 법칙과 결코 상충하지 말라고 요구하는) 소극적 원리일 뿐이다. 하지만 그렇다면 행위의 준칙을 위한 법칙은 또 어떻게 주어질 수 있는가?

의무이자 목적이라는 개념은 윤리학에 고유하게 속하는 것으로, 이것만이 행위의 준칙을 위한 법칙의 근거를 제공하는데, 이때 (아무나 가지는) 주관적 목적은 (아무나 목적으로 삼아 마땅한) 객관적 목적

아래에 종속된다. 다음의 명령, 즉 "너는 이것이나 저것(예컨대 타인의 행복)을 목적으로 삼아야 마땅하다"라는 명령은 자의의 실질(하나의 대상)을 지향한다. 그런데 이때 행위자가 (자의의 실질로) 어떤 목적을 동시에 의도하지 않고는 자유로운 행위가 가능하지 않을 것이므로, 만일 목적이면서 동시에 의무이기도 한 그와 같은 목적이 존재한다면, 그 목적을 위한 수단인 행위의 준칙은 오로지 가능한 보편적 입법의 자격 조건만을 포함하는 것이 틀림없다. 이에 반해 [즉 행위의 준칙이 오로지 가능한 보편적 입법의 자격 조건만 포함하는 데 반해], 의무이기도 한 그 목적은 그러한 준칙을 가질 것을 법칙으로 만들 수 있다. [물론] 이때 준칙 자체를 위해서는 보편적 입법에 합치할 가능성만으로 이미 충분하다. A 20

행위의 준칙은 자의적일 수 있다. 그것은, 행위의 형식적 원리로서 보편적 입법을 위한 자격을 제한하는 조건 아래 있을 뿐이다. 하지만 법칙은 행위의 자의적인 부분을 지양하며, 이 점에서 (어떤 목적을 위해 그저 가장 적합한 수단을 알 것만 요구하는) 모든 추천과는 다르다. VI 390

VII
윤리적 의무는 구속성이 넓지만, 법의무는 구속성이 좁다

이 명제는 앞의 명제에서[20] 나오는 결론이다. 법칙이 행위 자체가 아니라 행위의 준칙만 명령할 수 있다면, 이는 법칙이 그것의 복종(준수)에 자유로운 자의를 위한 활동 공간(여지)[21]을 허용한다는 것을 뜻하기 때문이다. 그러니까 [윤리적 의무는] 행위로써 의무인 동시에 목적인 것이 어떻게 그리고 얼마나 구현되어야 마땅한지를 명확하게 규정하여 제시할 수 없다. 하지만 넓은 의무는 행위의 준칙에 대한 예외 허용을 의미하는 것이 아니라, 그저 하나의 의무 준칙을 다른 준칙에 따라 (예컨대 보편적 이웃 사랑을 부모에 대한 사랑으로) 제한함을 의미하는 것으로 이해된다. 이렇게 함으로써 실제로 덕을
A 21 실천하기 위한 장(場)이 확장된다. 의무의 폭이 넓으면 넓을수록 인간의 행위에 관한 구속성은 그만큼 더 불완전하며, 의무 준수의 준칙을 (그의 심정[22] 안에서) 좁은 (법적) 의무에 가까이 가져가면 갈수록 그의 유덕한 행위는 그만큼 더 완전해진다.

그러므로 불완전한 의무들은 오직 **덕의무들**뿐이다. 이것들을 충족하는 것에서 **공로**(공적)[23](=+a)가 성립한다. 하지만 이것들을 위반하는 것이 곧 **죄지음**(과실)[24](=-a)은 아니며 그저 도덕적 **무가치**(=0)를 뜻할 뿐이다. 물론 행위 주체가 의무에 따르지 않을 것을 원칙으로 삼는 경우는 예외다. 전자[의무 충족]의 경우 결의의 강함이 본래의 유일한 덕(탁월함)[25]이다. 그리고 후자[의무 위반]의 경우에서 결의의 약함을 우리는 **악덕**(사악함)[26]이라기보다는 그저 **부덕**, 즉 도덕적 강함의 결함(도덕적 결함[27])이라고 부른다. (덕이라는 말이 '쓸모있다'는 말에서 기원하는 것처럼 부덕이라는 말도 '아무데도 쓸모없다'는 말에서 기원한다) 의무를 거스르는 모든 행위는 **위반**(잘못)[28]이라 불린다. 하지만 일부러 위반하는 일이 원칙이 되어버리면, 사람들이 **악덕**(사악함)이라 부르는 것이 된다.

행위가 법에 적합하다(즉 법을 준수하는 인간이 된다)고 해서 그것이 공로적인 것은 아니다. 그렇지만 의무로서 그러한 행위의 준칙을 법에 적합하게 하는 것, 즉 법에 대한 존중은 **공로적인** 것이다. 인간
A 22 은 그렇게 함으로써 인간성의 권리 또는 인간의 권리를 **목적**으로 삼고, 그렇게 해서 자기 의무 개념을 **채무** 개념(채무적 의무)[29] 너머까
VI 391 지 확장하기 때문이다. 이것은 또한 타인이 법칙에 따르는 행위를 자

기 권리에 의거해 내게 요구할 수 있지만, 이 법칙이 동시에 행위에 대한 동기까지 포함하라고 내게 요구할 수는 없기 때문이기도 하다. 동일한 것이 "의무로부터, 의무에 적합하게 행위하라"라는 보편적인 윤리적 명령에도 적용된다. 이러한 심정을 자신 안에 기초로 놓고 생기를 불어넣는 것은 앞의 경우에서처럼 **공로적**이다. 그러한 심정은 행위의 의무 법칙을 넘어서 나아가며, 그 법칙 자체를 동시에 동기로 만드는 것이기 때문이다.

그러나 바로 그렇기 때문에 이러한 의무들은 구속성이 넓은 것으로 여겨져야만 한다. 이러한 의무들과 관련해서 (그 의무들을 좁은 구속성 개념에 가능한 한 다가가게 하려는) 윤리적 보상에 관한 하나의 주관적 원리가 발생한다. 이는 그 의무들이 덕의 법칙에 따르기 쉽게 해주기 위한 것으로, 자기 자신에 대한 (소극적일 수 있을 뿐인) 단순한 만족을 넘어서는 도덕적 쾌라는 보상의 원리를 말한다. 이 같은 쾌에 대해 사람들은 덕이 [쾌에 대한] 의식에서 곧 자기 자신에 대한 보수가 된다면서 찬양한다.

이러한 공로가 타인들을 위한 인간의 공로이고 그 타인들의 본성적 목적 그리고 모든 인간이 그렇게 인정하는 목적을 촉진하는 (즉 그들의 행복을 자기 것으로 만드는) 것이라면, 우리는 이것을 **유쾌한 공로**[30]라고 할 수 있겠다. 이것에 대한 의식은 도덕적 향유 상태를 창 A 23
출하는데, 인간들은 이 상태를 함께 즐기면서 **탐닉하는** 경향이 있다. 이에 비해 **불편한 공로**[31]는 타인들의 진정한 안녕을, 비록 그들이 그것을 인정하지 않는다 해도 (알아주지 않고 고마워하지 않아도) 촉진하는 것인데, 이것은 통상 앞에서 언급한 것과 같은 반향을 불러오지는 않는다. 오히려 후자가 그 공로가 훨씬 더 클 수 있지만, 오직 자기 자신에 대한 **만족감**만 가져올 뿐이다.

Ⅷ
넓은 의무로 간주되는 덕의무 해설

1 의무이기도 한 목적으로 간주되는 자신의 완전성

a) 자연적 완전성은 이성에 따라 제시된 목적들을 촉진하기 위해 모든 능력 일반을 계발하는 데에서 성립한다. 우리는 다음과 같은 숙고로 이 의무가 그 자체로 목적이며, 능력 계발은 그것이 우리에게 보장하는 이익을 고려하지 않고도 조건적 (실용적) 명령이 아닌 무조
VI 392 건적 (도덕적) 명령을 그 기반에 둔다는 사실을 알 수 있다. 어떤 목적을 설정하는 능력은 그 자체가 (동물성과 구별되는) 인간성의 특징
A 24 이다. 따라서 우리 자신의 인격 안에 있는 인간성의 목적에는, 문화[계발] 일반으로 인간성에 기여하기 위해 온갖 가능한 목적을 실현하는 데 필요한 능력을, 이 능력이 인간 자신 속에서 발견될 수 있는 한 창출해내고 촉진해야 하는 이성의지,[32] 즉 의무가 결합되어 있다. 다시 말해 이것은 자기 본성의 조야한 소질들을 계발할 의무이며, 이로써 동물이 비로소 인간으로 고양된다. 따라서 이것은 의무 자체다.

그러나 이 의무는 그저 윤리적 의무이므로 구속성이 넓다. 우리가 계발을 수행(자기 지성능력을, 즉 지식이나 기술의 능력 면에서 확장하거나 수정하는 일)할 때 얼마나 멀리 나아가야 마땅한지는 어떠한 이성원리도 명확하게 규정하여 제시하지 않는다. 그뿐만 아니라 인간이 처할 수 있는 상황의 차이 역시 인간이 자기 재능을 키워서 종사해야 할 일의 종류를 대단히 임의적으로 선택하게 만든다. 따라서 여기서는 행위를 위한 이성의 법칙은 없으며, 행위의 준칙을 위한 법칙만 있는데, 그 준칙은 이러하다. "네가 봉착할 수 있는 모든 목적을 위해 유용한 마음과 몸의 힘을 키워라. 이 목적들 가운데 어떤 것들이 네 것이 될지가 불확실하더라도 말이다."

b) 우리 내면의 도덕성 계발. 인간의 가장 큰 도덕적 완전성은 자
기 의무를 수행하는 것이되, 이를 의무라서 수행하는 것이다. (이때 법
칙은 그저 행위의 규칙일 뿐만 아니라 동기이기도 하다) 이제 이 법칙
은 처음 볼 때는 비록 구속성이 좁은 것처럼 보이지만, 또 의무원리 A 25
가 모든 행위에 대해서 단순히 합법성뿐 아니라 도덕성까지도, 즉 심
정을 어떤 법칙의 정밀성과 엄밀성을 가지고 명령하는 것처럼 보이
지만, 실제로 이 법칙은 여기서도 그저 행위의 준칙만 명령하는 것이
다. 다시 말해 의무지움의 근거를 감성적 충동(이익이나 손해)에서가
아니라 전적으로 법칙에서만 찾으라고 명령한다. 따라서 그것은 행
위 자체를 명령하는 것이 아니다. 인간이 아무리 자기 마음속 깊은 곳
을 들여다본다 해도 단 하나의 행위에서조차 자기 심정의 도덕적 의
도와 순수성을 어떻게든 완전히 확신하지는 못하기 때문이다. 비록
그가 그 행위의 합법성은 전혀 의심하지 않는다 해도 말이다. [예컨
대] 대담한 범죄 행위를 하지 못하게 한 나약함은 흔히 그 당사자 자
신이 (강함의 개념에 해당하는) 덕으로 간주하곤 한다. [하지만] 얼마
나 많은 인간이 단지 운이 좋아서 그렇게도 많은 유혹을 피할 수 있었
고, 오랫동안 결백한 삶을 살아갈 수 있었던가. 각각의 행위를 할 때 VI 393
그 행위자의 심정 안에 순수한 도덕적 내용이 얼마나 있는가 하는 것
은 그들 자신에게도 은폐되어 있다.

그러므로 자기 행위의 가치를 그저 합법성에 따라서만 평가하는
것이 아니라 도덕성(심정)에 따라서도 평가하는 이 의무는 단지 넓은
구속성만을 지닐 뿐이다. 법칙은 인간의 마음 안에서 이러한 내적 행
위 자체를 명령하는 것이 아니라 그저 행위의 준칙만 명령한다. 즉 A 26
의무에 대한 생각이 그 자체로, 의무에 합당한 모든 행위를 위해 충
분한 동기가 될 수 있도록 모든 능력을 동원하라는 준칙 말이다.

2 의무이기도 한 목적으로 간주되는 타인의 행복

a) 자연본성에 관한 복지. 호의에는 한계가 없을 수 있다. 호의는 행동으로 나타나지 않아도 되기 때문이다. 하지만 선행은 사정이 다르다. 특히 선행이 타인에 대한 애정(사랑) 때문이 아니라 의무 때문에, 말하자면 많은 욕정을 희생하고 억제해야만 가능하다고 한다면 그와 같은 선행은 더 어려워진다. 이러한 선행이 의무라는 것은 다음 사실에서 드러난다. 우리의 자기애는 우리가 타인에게서도 사랑받아야 할 (예컨대 위급한 상황에서 도움을 구해야 할) 필요성과 분리될 수 없다. 따라서 우리는 우리 자신을 타인들의 목적으로 만들며, 이때 준칙은 보편적 법칙이 되기 위한 자격에 준하지 않고는, 즉 타인들까지도 우리 목적으로 만들려는 의지에 의거하지 않고는 구속력을 가질 수 없다는 것이다. 결국 타인의 행복은 의무이기도 한 목적인 셈이다.

그렇지만 나는 보답에 대한 희망이 없더라도 내 복지 일부분을 타
인을 위해 희생해야 마땅하다. 그것이 의무이기 때문인데, 그 희생을
A 27 어디까지 감내할지 명확한 한계를 진술하는 일은 불가능하다. 이때
아주 중요한 사실은 각자에게 무엇이 자신의 감각 방식에 따라서 진
정한 욕구에 해당하는가 하는 것이며, 이것을 규정하는 일은 각자 자
신에게 위임되어야만 한다는 점이다. 자기 행복(자신의 진정한 욕구)
을 희생함으로써 타인의 행복을 촉진한다는 준칙을 보편 법칙으로
만든다면 자기 모순적 준칙이 될 것이다. 그러므로 이러한 의무는 그
저 넓은 의무일 뿐이다. 이 의무는 한계를 명확하게 진술할 수 없더라
도 [그렇기 때문에 오히려] 더 많이 또는 더 적게 수행할 수 있는 활
동 공간을 가진다. 법칙은 준칙들에 대해서만 타당할 뿐이며, 특정한
VI 394 행위들에 대해서 타당한 것은 아니다.

b) 타인의 도덕적 건강(도덕적 건전성)[33]은 타인의 행복에 속하는

데, 그것을 촉진하는 것은 우리 의무이기는 하지만 단지 소극적 의무다. 인간이 양심의 가책으로 느끼는 고통은 비록 근원이 도덕적이기는 하지만, 그 결과에 따라 보면 회한, 두려움, 그 밖에 병적 상태 등과 마찬가지로 자연본성적이다. 타인이 그와 같은 내적 비난에 마땅히 직면하지 않도록 보호하는 일은 물론 내 의무가 아니라 그 사람의 일이기는 하다. 그러나 인간의 본성상 나중에 그의 양심이 그를 괴롭힐 수도 있는 것, 다시 말해 사람들이 추문이라고 하는 것에 빠져들도록 그를 유혹할 수 있는 것을 행하지 않는 것은 충분히 내 의무가 된다. 하지만 타인의 도덕적 만족을 위한 이러한 배려를 멈추어야 할 한계에 대한 규정은 없으므로 이 의무는 그 구속성이 넓다. A 28

IX
덕의무는 무엇인가?

덕은 인간이 자기 의무를 수행할 때 따르는 준칙의 강함이다. 모든 강함은 그 강함이 압도할 수 있는 장애를 매개로 해서만 인식된다. 덕의 경우 이 장애는 도덕적 결의와 다투게 될 수 있는 자연본성적 경향이다. 인간은 자신이 이러한 장애로써 자기 준칙을 방해하는 자이므로, 덕은 자기 강제에 그치는 것이 아니라 (이 경우 하나의 자연본성적 경향이 다른 경향을 강제하려 애쓰는 일이 일어날 수 있다) 내적 자유의 원리에 따르는 강제, 다시 말해 의무의 형식적 법칙에 따르는, 즉 자기 의무에 대한 표상을 통해서만 일어나는 강제이기도 하다.

모든 의무는 법칙을 통한 강요의 개념을 포함한다. 윤리적 의무는 오직 내적 입법만이 가능한 강요를, 법의무는 외적 입법도 가능한 강요를 포함한다. 그러므로 이 두 가지는 자기 강제이든 타인이 행하는

강제이든 모두 강제에 따른 것이다. 그리하여 전자의 도덕적 능력은
덕이며, 그러한 심정(법칙에 대한 존경)에서 나온 행위는 설사 그 법
칙이 법의무를 표현하더라도 (윤리적) 덕행위로 불릴 수 있다. 인간
A 29 의 권리를 신성하게 지키라고 명령하는 것이 덕론이기 때문이다.

그러나 [어떤 것을] 행함이 덕이 된다고 해서 그것이 곧 본래의 덕
의무는 아니다. 전자[즉 행함이 덕이 되는 것]는 준칙의 형식적인 것
에만 관계할 수 있지만, 후자[즉 덕의무]는 준칙의 내용, 즉 의무로
VI 395 생각되는 목적에 관계하기 때문이다. 그러나 여러 개가 있을 수 있는
목적들에 대한 윤리적 구속성은 단순히 행위의 준칙을 위한 법칙만
을 포함하므로 그저 넓은 구속성일 뿐이다. 이에 비해 목적은 자의의
실질(대상)이므로, 법칙적인[즉 법칙에 적합한] 목적이 다름에 따라
상이한 여러 의무, 즉 덕의무들(영예의 의무들)[34]이라 불리는 의무들
이 존재한다. 이 의무들이 덕의무로 불리는 까닭은 그것들이 타인의
강제가 아니라 자유로운 자기 강제에만 종속되어 있고, 목적이면서
동시에 의무이기도 한 목적을 규정하는 것들이기 때문이다.

의지와 일체의 의무가 확고한 심정 속에 근거하여 일치하는 데에
서 성립하는 덕은 모든 형식적인 것이 그러하듯 하나뿐이고 동일하
다. 하지만 행위들의 목적, 즉 목적이자 동시에 의무이기도 한 그러
한 목적, 사람들이 목적으로 삼아야 마땅한 것(실질)과 관련해서는 여
러 덕목이 있을 수 있다. 또 그와 같은 목적의 준칙에 대한 책무를 덕
A 30 의무라고 하는데 이것에는 여러 개가 있다.

덕론의 최고 원리는 이러하다. 어떠한 목적들을 가지는 것이 누구
에게나 하나의 보편 법칙일 수 있는 목적들의 준칙에 따라서 행동하
라. 이 원리에 따르면 인간은 자기 자신에 대해서뿐만 아니라 타인에
대해서도 목적이 된다. 그러므로 인간이 자기 자신이나 타인을 단순
히 수단으로 사용할 권한이 없다는 사실만으로는 충분하지 않으며

(이때 그는 여전히 타인들에 무심할 수 있다), 인간 일반을 자기 목적으로 삼는 것 자체가 인간의 의무다.

덕론의 이 같은 원칙은 하나의 정언명령으로서 증명을 허용하는 것은 아니지만, 순수한 실천이성으로는 연역될 수 있다. 인간이 자기 자신이나 타인과 관계를 맺을 때 목적이 될 수 있는 것은 순수한 실천이성을 위한 목적이다. 이 순수한 실천이성은 목적 전반에 대한 능력이기 때문이다. 그러므로 목적들에 개의하지 않는다는 것, 즉 아무런 관심도 갖지 않는다는 것은 모순이다. 만일 목적들에 무관심하다고 한다면 실천이성은 (행위는 언제나 목적을 포함하므로) 행위를 위한 준칙을 규정하지 않는 셈이 되고 결국 실천이성이 아닌 셈이 되고 말기 때문이다. 그러나 순수한 이성은 어떠한 목적들을 동시에 의무로서 선언할 때 그 목적들 말고는 어떠한 목적들도 아프리오리하게 명령할 수 없다. 이와 같은 의무는 덕의무라 불린다. A 31; Ⅵ 396

X
법론의 최고 원리는 분석적이었으나 덕론의 최고 원리는 종합적이다

외적 강제가 보편 법칙들에 따라 서로 조화하는 외적 자유에 대립하는 장애에 대한 저항(외적 자유에 대한 장애의 장애)인 한에서, 그러한 강제가 목적들 전반과 양립할 수 있다는 사실은 모순율에 따라 분명하다. 그러므로 나는 그와 같은 외적 강제를 통찰하려고 자유 개념을 넘어서 나아가지 않아도 된다. [이때] 각자가 어떠한 목적을 가지는지는 상관없다. 그러므로 최고 법원리는 분석 명제다.

이에 반해 덕론의 원리는 외적 자유라는 개념을 넘어서 나아가며,

이 개념에 그 원리가 의무로 만드는 **목적**을 보편 법칙에 따라 결부한다. 그러므로 이 원리는 종합적이다. 이 원리의 가능성은 [위에서 언급한] 연역(§ IX) 안에 함축되어 있다.

이처럼 의무 개념을 외적 자유 개념을 넘어서 확장하고 또 외적 자유의 전반적 조화라고 하는 한갓 형식을 통해 외적 자유의 제한 개념을 넘어서 확장하는 일은 외부의 강제 대신 **내적** 자유, 즉 자기 강제
A 32 능력이, 말하자면 여타 경향성을 매개로 해서가 아니라 (그러한 매개를 일절 거부하는) 순수한 실천이성을 통해 발휘되는 곳에서 일어난다. 이러한 의무 개념의 확장은 법이 대체로 도외시하는 **목적들**을 순수한 실천이성이 설정한다는 사실에서 성립하며, 이 사실을 통해 법적 의무 이상으로 나아간다. 도덕 명령 안에서 그리고 이것을 위해 필요한 자유를 전제함으로써 **법칙**, (법칙을 충족하는) **능력**, 준칙을 정하는 **의지** 등이 법적 의무 개념을 형성하는 모든 요소가 된다. 그러나 **덕의무**를 지시하는 명령에는 자기 강제 개념 외에 우리가 갖고 있는 것이 아니라 가져야 마땅한 **목적** 개념도 보태진다. 이 개념은 순수한 실천이성이 자신 안에 가지는 것인데, 그중 최고의 무조건적 (그뿐만 아니라 언제나 의무이기도 한) 목적은 다음과 같은 사실에서 성립한다. 즉 덕이란 그 자체가 자기 목적이며, 덕이 인간에게 가져다주는 공로 가운데 그 자신의 보수가 존재한다는 것이다. [이때 덕은 이상으로서 빛을 발하게 되는데 인간의 눈에는 그 광채가 마치, 위반하려는 시도가 결코 일어날 수 없는 **신성함** 자체까지도 무색하게 만드는
VI 397 것처럼 보인다.* 그런데도 이것은 기만이다. 우리는 우리가 극복할 수 있었던 (우리 안에 경향으로 존재하는) 장애의 크기 외에는 강도를 측정할 척도가 없기 때문에 크기를 측정하기 위한 **주관적** 조건들을

---

* 결함을 지닌 인간이[라도] 의지가 없는 천사 무리보다는 낫다네.—할러[35)]

크기 자체의 객관적 조건들로 간주하도록 유혹당하기 때문이다] 그
러나 싸워 물리쳐야 할 모든 장애가 있는 인간의 [여타] 목적들과 비 A 33
교할 경우 다음과 같은 주장은 옳다. 즉 자기 자신이 목적인 덕 자체
가 지니는 가치는 그 덕이 어쨌든 자기 결과로서 가져올 수 있을 모
든 유용함과 경험적 목적의 가치와 이익을 훨씬 능가한다는 것이다.

우리는 또 이렇게 말할 수도 있다. 인간은 (도덕적 강함인) 덕에 대
한 의무가 있다고 말이다. 비록 감성적으로 대립하여 작용하는 모든
충동을 극복하는 능력이 인간의 자유로 말미암아 단적으로 전제될
수 있고 또 전제되어야만 하지만, 강함(힘)[36]인 이 능력은 취득해야만
하는 어떤 것이기 때문이다. 이것은 도덕적 동기(법칙에 대한 표상)가
우리 안에 있는 순수한 이성 법칙의 존엄성을 숙고함으로써[37] 그리
고 동시에 훈련을 통해[38] 고양됨으로써 가능하다. A 34; VI 398

XI A 35; VI 399

덕의무의 도식은 위의 원칙들에 적합하게 다음과 같은 표로 나타낼 수 있다

덕의무의 실질적인 부분

내적 덕의무	1. 나에게 동시에 의무이기도 한 나 자신의 목적 (나 자신의 완전성)	2. 그것을 촉진하는 것이 나에게 동시에 의무이기도 한 타인의 목적 (타인의 행복)	외적 덕의무
	3. 동시에 동기이기도 한 법칙. 여기에 모든 자유로운 의지 규정의 도덕성이 기초함.	4. 동시에 동기이기도 한 목적. 여기에 모든 자유로운 의지 규정의 합법성이 기초함.	

덕의무의 형식적인 부분

XII
의무 개념 전반을 위한 마음의 감수성에 대한 감성적 예비 개념들[39]

도덕적 성질들 가운데에는 만일 누군가 그 성질을 갖고 있지 않을 경우 반드시 그것을 가져야 할 의무가 있을 수 없는 특정한 도덕적 성질들이 있다. 도덕적 감정, 양심, 이웃 사랑, 자신에 대한 존중(자기 존중) 등이 그것들인데, 이들을 가져야 할 책무는 없다. 이것들은 도덕성의 객관적 조건들로서가 아니라 의무 개념에 대한 감수성의 주관적 조건들로서 그 기초에 놓여 있기 때문이다. 이것들은 모두 감성적이며 이미 [천성적으로] 주어진 것들이지만 의무 개념을 통해 촉발되는 마음의 본성적 소질(천성적 소질)[40]이다. 이러한 소질들을 소유하는 것은 의무로 간주될 수 없다. 오히려 이 소질들은 모든 사람이 가지고 있고 또 이것들의 힘으로 의무를 질 수 있게 된다. 이러한 소질들에 대한 의식은 경험적 근원에서 비롯하는 것이 아니라 도덕 법칙에 대한 의식에서, 도덕 법칙이 마음에 작용한 결과로 나타난다.

a
도덕적 감정

A 36 이것은 우리 행위가 의무 법칙과 합치하거나 충돌한다는 의식에서 나타나는 쾌나 불쾌에 대한 감수성이다. 그런데 자의가 행하는 모든 규정은 가능한 행위에 대한 표상에서 시작하여 그 행위나 행위의 결과에 관심을 가지는 쾌나 불쾌 감정을 거쳐 행동으로 나아간다. 이때 (내감의 촉발로 생겨난) 감성적 상태는 정념적[41] 감정이거나 도덕적 감정이다. 전자는 법칙에 대한 표상에 앞서는 감정이고, 후자는 오로지 그 표상에 뒤이어 나올 수 있는 감정이다.

그런데 도덕적 감정을 가져야 한다거나 취득해야만 한다는 의무는 존재할 수 없다. 구속성에 대한 모든 의식은 의무 개념 속에 있는 강요가 의식되도록 하려고 이 감정을 기초에 두기 때문이다. 오히려 모든 인간은 (도덕적 존재로서) 그와 같은 감정을 원래부터 자신 안에 지니고 있다. 하지만 [도덕적] 구속성이란 그러한 감정의 계발에만, 심지어 자신의 탐구 불가능한 근원에 대한 감탄을 통해서도 그 감정을 강 VI 400
화하는 일에만 관여할 수 있다. 이 같은 일은 도덕적 감정이 어떻게 일체의 정념적 자극에서 벗어나 순수함을 간직한 채 오로지 이성의 표상을 통해서만 가장 강력하게 일어나는지 보여줌으로써 수행된다.

이러한 감정을 도덕적 감각 능력이라고 하는 것은 온당치 않다. 감각 능력이라는 단어는 통상 이론적인, 어떠한 대상에 관계된 지각 능력을 지칭하기 때문이다. 이에 반해 도덕적 감정은 (쾌와 불쾌라는 감 A 37
정이 전반적으로 그러하듯) 그저 주관적인 무엇이며 인식을 제공하지 않는다. 아무런 도덕적 감정도 없다면 사람이 아니다. 이러한 감각에 대한 감수성이 전혀 없다면 도덕적으로 죽은 것이기 때문이다. (의사들의 용어를 빌리면) 도덕적 생명력이 이 감정에 더는 아무런 자극도 유발하지 못할 경우, 인간성은 (말하자면 화학 법칙에 따라서) 단순한 동물성으로 해체되어 다수의 다른 자연적 존재자와 전혀 구별될 수 없게 뒤섞여버릴 것이다. 그러나 우리는 진리를 위한 특별한 감각 능력이 없는 것과 마찬가지로, (도덕적) 선과 악에 대해서도 그러한 것이 없다. 비록 사람들이 자주 그와 같이 [즉 그러한 감각 능력이 있는 것처럼] 표현하기는 하지만 말이다. 우리가 갖고 있는 것은 실천적 순수 이성(과 그 법칙)을 통해 자유로운 자의가 움직일 때 그 움직임에 대한 자의 자신의 감수성이다. 그리고 이것이 우리가 도덕적 감정이라고 하는 것이다.

b

양심에 대하여

양심 역시 [도덕적 감정과 마찬가지로] 취득할 수 있는 것이 아니며, 양심을 갖추어야만 한다는 의무는 없다. 모든 인간은 도덕적 존재로서 양심을 근원적으로 자신 안에 갖고 있다. 양심에 구속되어 있다는 것은 의무들을 의무들로서 인정하는 의무를 스스로 떠맡겠다는 것을 의미한다. 양심이란 인간에게, 한 법칙의 각 경우에서 그가
A 38 의무에서 자유로운지 그렇지 않은지를 보여주는 실천이성이기 때문이다. 따라서 양심은 대상과 관계를 맺는 것이 아니라 (실천이성의 작용으로 도덕적 감정을 촉발하는) 주체와 관계를 맺으므로 불가피한 사실이지 책무[42]와 의무는 아니다. 그리하여 누군가 "이자는 양심이 없다"라고 말한다면, 그가 뜻하는 것은 그 당사자가 양심의 발언에 주의를 기울이지 않는다는 것이다. 만일 그자에게 실제로 양심이 없다면, 그는 어떠한 것[행위]도 그것이 자기 의무에 적합하다고 간주하여 책임지려고 하거나 의무에 위배된다고 하여 자신을 비난하지
VI 401 는 않을 것이다. 따라서 그러한 자는 양심을 가져야만 한다는 의무를 전혀 생각할 수 없을 것이다.

여기서 나는 양심의 다양한 부류는 언급하지 않겠다. 다만 바로 앞에서 다루었던 것에서 나오는 귀결만 언급하겠다. 즉 **잘못을 범하는 양심**이라는 말은 무의미하다는 것이다. 어떤 것이 의무인가 아닌가에 대한 객관적 판단에서는 사람들이 때때로 잘못을 범할 수 있지만, 내가 그러한 판단을 내리기 위해서 어떤 것을 실천적 (여기서는 심판하는) 이성과 비교해보았느냐에 관한 주관적 판단에서는 잘못을 범할 수 없기 때문이다. 만일 내가 그 같은 잘못을 범한다면 나는 실천적으로 아무런 판단도 하지 않는 셈이 된다. 그러할 경우 오류도 진리도 발생하지 않는다. **양심 없음**은 양심이 부족한 것이 아니라 양심

의 판단에 주의를 기울이지 않는 성향이다. 그러나 만일 누군가 양심에 따라서 행동했다는 의식이 있다면, 그[의 행위 결과]에 대해서는 책임 여부를 더는 따질 수 없다. 그 사람에게는 단지 무엇이 의무이고 무엇이 의무가 아닌지에 대해 자기 지성을 계몽해야 할 과제만 있 A 39
을 뿐이다. 하지만 행위로 나아가거나 이미 나아갔을 경우 양심은 자의와 무관하고 불가피한 방식으로 자기 목소리를 낸다. 그러므로 양심에 따라서 행동하는 것이 그 자체로 의무일 수는 없다. 만일 그것이 의무라면, 그 첫 행위를 의식하기 위한 둘째 양심이 존재해야만 할 것이다.

여기서 의무는 그저 자기 양심을 키우고 마음속에 있는 심판자 목소리에 더욱 집중하며, 그에게 귀를 기울이기 위해 모든 수단을 (즉 오로지 간접적 의무만) 사용하는 일일 것이다.

c
인간사랑에 대하여

사랑은 감정[43] 문제이지 의욕[의지함] 문제가 아니다. 내가 의욕한다고 해서 사랑할 수 있는 것은 아니다. 내가 마땅히 사랑해야 한다고 해서 (즉 사랑을 강요당한다고 해서) 사랑할 수는 더더욱 없다. 따라서 사랑해야 할 의무라는 말은 무의미하다. 그러나 호의(친절에 대한 사랑)[44]는 하나의 행위로 의무 법칙에 종속될 수 있다. 그런데 인간에 대한 이기적이지 않은 호의까지도 (비록 본래적 의미와는 대단히 거리가 멀지만) 자주 사랑이라 불린다. 실제로 타인의 행복에 관한 일이 아니라, 자신의 모든 목적을 어떤 다른 존재자(초인적 존재자를 포함해서)의 목적들에 전적으로 그리고 흔쾌히 양보하는 것에 관한 일일 경우, 사람들은 우리 의무이기도 한 사랑을 말한다. 비록 강제가 법 A 40
칙에 따르는 자기 강제일지라도 의무는 모두 강요이고 강제다. 하지만 누군가 강제 때문에 행하는 것은 사랑으로 일어나는 것이 아니다.

VI 402 우리가 어떤 사람을 사랑하든 사랑하지 않든 능력껏 그 사람에게 친절을 베푸는 일은 의무다. 비록 인류는 유감스럽게도 그렇게 하는 데에 적합하지 못하며 또한 우리가 인류를 좀더 자세히 알게 된다면, 인류가 특별히 사랑스러운 존재는 아니라는 사실이 드러난다는 슬픈 진술을 덧붙여야만 할지라도, 이 의무의 중요성은 전혀 영향을 받지 않는다. 그러나 인간혐오는 언제나 혐오스럽다. 비록 그것이 적극적인 적대 행위 없이 그저 인간을 전적으로 등지는 데에서 성립하는 (고립주의적 인간혐오) 것일지라도 그러하다. 우리가 인간혐오자를 비록 사랑할 수는 없을지라도 그에게 선의를 보여줄 수는 있고, 호의는 그 같은 자에게조차 언제나 의무로 남아 있기 때문이다.

그러나 인간에 내재한 악덕을 미워하는 것은 의무도 아니고 의무에 반하는 것도 아니다. 그것은 의지에 영향이라도 주거나 반대로 의지에서 영향을 받는 일 없이 그저 악덕을 혐오하는 감정일 뿐이다. 친절을 베푸는 것은 의무다. 누군가 이 의무를 자주 행하고 또 친절한 의도로 그렇게 할 수 있게 되면, 마침내 그는 자기가 친절을 베풀어준 그 사람을 실제로 사랑하게 된다. 그러므로 네 이웃을 너 자신과 같

A 41 이 사랑해야 한다는 가르침은, 즉시 (먼저) 사랑하고 이 사랑을 매개로 (나중에) 친절을 베풀어야 한다는 것을 뜻하지 않는다. 그것은 오히려 네 이웃 사람에게 친절을 베풀라는 것이고 그러면 이 친절이 너의 내면에 (친절함 전반에 대한 경향의 완성으로서) 인간사랑을 가져온다는 것을 뜻한다.

만족에 대한 사랑(흡족함에 대한 사랑)[45]만이 직접적일 것이다. 하지만 (어떤 대상의 존재에 대한 표상과 직접 결합되어 있는 쾌로) 이러한 종류의 사랑에 의무를 지닌다는 것, 즉 그 표상에 쾌를 느끼도록 강요되어야만 한다는 것은 하나의 모순이다.

d

존중에 대하여

존중[46]도 [위에서 언급한 것들처럼] 역시 그저 주관적인 어떤 것이다. 존중은 독특한 종류의 감정이지, 실현하거나 촉진해야 할 의무가 있는 어떤 대상에 대한 판단이 아니다. 존중이 의무로 고찰될 경우, 이 존중은 의무에 대해 가지는 존중으로만 표상될 것이기 때문이다. 따라서 존중에 대한 의무를 가진다는 것은 의무에 대한 의무를 가진다는 것과 같은 의미일 것이다. 그러므로 인간이 자기 존중의 의무를 가진다고 말하는 것은 옳지 않다. 오히려 그의 내면의 법칙이 그로 하여금 그 인간 자신의 존재에 대한 존중을 불가피하게 강요한다고 말해야 할 것이다. 그리고 이때 이 (고유한 종류의) 감정은 어떤 VI 403
의무들의, 즉 자기 자신에 대한 의무와 양립할 수 있는 어떤 행위들 A 42
의 근거다. 그러므로 인간이 자기 자신을 존중할 의무를 가진다고 말하는 것은 옳지 않다. 오히려 인간이 도대체 의무라는 것을 생각할 수 있으려면 자신 안에 있는 법칙을 존중해야만 하기 때문이다.

XIII
도덕형이상학이 순수한 덕론을 다룰 때 적용되는 일반적 원칙들

첫째, 하나의 의무에 대해서는 의무지움에 관한 역시 오직 하나의 근거만 존재할 수 있다. 만일 하나의 의무에 대하여 두 개 혹은 그 이상 증명이 제시된다면, 이는 아직 타당한 증명이 주어지지 못했다거나 상이한 의무 다수를 하나로 간주했다는 사실을 확실히 보여주는 것이다.

도덕적 증명들은 철학적 증명으로서 개념들로 이루어진 이성인식
을 매개로 해서만 이루어질 수 있고, 수학에서와 같이 개념들의 구성
으로 이루어지지 않기 때문이다. 후자의 증명들은 아프리오리한 직
A 43 관 안에 하나의 대상의 속성에 관한 다수 규정—이 규정들은 모든
것을 동일한 근거로 귀속시킨다—이 존재할 수 있기 때문에 하나
의 동일한 명제에 대한 다수의 증명을 허용한다. 그렇지만 예컨대 만
일 진실성의 의무를 일단 거짓말이 타인들에게 입힌 손해를 근거로
증명하고, 또다시 거짓말한 자의 비열함과 자기 자신에 대한 존중 위
반을 근거로 증명하고자 한다면, 그 첫 증명 과정은 증명이 필요하던
이 [진실성의] 의무를 증명한 것이 아니라 호의의 의무, 즉 다른 의
무를 증명한 것이다. 그러나 하나의 동일한 명제에 대한 다수 증명이
문제가 될 경우, 사람들은 여러 근거가 각각의 개별 근거들이 가지는
결함, 즉 그 근거의 비중에 관한 결함을 보충해줄 것이라고 자신을
위로하려 하지만 이는 매우 철학적이지 못한 핑계다. 이 핑계는 기만
과 부정직함을 보여줄 뿐이다. 다양하고 불충분한 근거들을 나열할
경우, 하나의 근거가 다른 근거의 결함을 확실히 보완하기는커녕 보
완할 개연성조차 없다. 근거들은 근거와 결과로 하나의 계열을 이루
VI 404 어 충분한 근거에 이를 때까지 전진해야만 하고, 오직 이러한 방식으
로만 증명으로 비춰질 수 있다. 그런데 앞에서 언급한 것은 설득기술
에서 사용되는 통상적 수법이다.

둘째, 덕과 악덕의 차이는 결코 어떠한 준칙들을 준수하는 정도에
서 찾아질 수는 없고 그 준칙들의 특정한 성질(법칙과의 관계)에서만
A 44 찾아져야 한다. 다시 말해 (아리스토텔레스가) 칭찬한 원칙, 즉 덕을
두 가지 악덕의 중간에 놓는 원칙[47]은 잘못된 것이다.* 예를 들어 아

---

* "너는 중간의 길에서 가장 안전하게 걸어가게 되리라", "모든 과도함은 악으

리스토텔레스는 두 가지 악덕인 낭비와 인색함의 중간에 훌륭한 살림살이가 성립한다고 했다. 그런데 이 덕이 두 가지 악덕 가운데 전자를 점점 줄여나감(검약)으로나 후자의 악덕에서 지출을 증대함으로써 발생하는 것으로 생각할 수는 없다. 마치 이 악덕들이 대립된 방향에서 나와 훌륭한 살림살이에 이르러 서로 만나게 되는 것인 양 말이다. 오히려 이 악덕들은 하나가 다른 하나에 반드시 모순되는 고유한 준칙을 갖고 있다.

동일한 이유에서 우리는 어떠한 악덕도 특정한 의도를 합목적적 수준보다 더 많이 실행하거나 (예컨대 '낭비는 재산의 과도한 소비다') A 45
그 의도를 적정한 수준 이하로 적게 실현하는 것으로 (예컨대 '인색함은 [재산 소비의] 부족함이다' 등으로) 설명할 수 없다. 이러한 방식의 설명으로는 행실이 의무에 적합한지 아닌지에 관한 모든 것을 결정하는 정도가 전혀 규정되지 않아 설명으로서 역할을 수행할 수 없기 때문이다.

셋째, 윤리적 의무들은 인간에게 주어져 있는 능력, 즉 법칙을 만족시키는 능력에 따라서 평가되어야만 하는 것이 아니라 역으로 도덕적 능력이 정언적으로 명령하는 법칙에 따라서 평가되어야만 한다.

로 변한다", "일에는 적정 한도가 존재한다"[48] 등. "중도를 유지하는 자들이 행복한 자들이다", "현명한 자가 [오히려] 미친 자라는 이름을 얻게 되리라"[49] 등과 같이 보통 윤리적·고전적 정식이라 일컬어지는 것들은 아무런 확고한 원리들도 갖지 않는 공허한 지혜를 표현한다. 누가 내게 양쪽 사이에 있는 이 중도를 보여줄 것인가? (악덕으로서) 인색함이 (덕으로서) 검소함과 구별되는 까닭은, 전자가 후자를 과도할 정도로 행하기 때문이 아니라 이 후자와 전혀 다른 원리(준칙)를 가지기 때문이다. 즉 인색함은 가계를 유지하는 목적을 자기 재산을 누리는 일에서 찾지 않고 이를 단념하는 대신, 그저 그 재산을 점유하는 데에서만 찾는다는 것이다. 이와 마찬가지로 낭비는 자기 재산을 과도하게 누리는 데에서 성립하는 것이 아니라, 나쁜 준칙에서 성립한다. 즉 재산을 유지할 생각은 하지 않고 그것을 사용하는 것만 유일한 목적으로 삼는 준칙 말이다.

다시 말해 그 능력은 우리가 인간이 실제로 어떠한 존재인지를 경험적으로 알고 있는 지식이 아니라, 인간이 인간성의 이념에 적합하게
VI 405 어떠한 존재여야 마땅한지를 이성적으로 알고 있는 지식에 따라서 평가되어야만 한다.

덕론을 학문적으로 다루기 위한 이 세 가지 준칙은 [아래와 같은] 옛 잠언들과 대립한다.

1. 오로지 하나의 덕 그리고 하나의 악덕만이 존재한다.
2. 덕은 [두 가지] 대립된 의견들[h] 사이의 중도를 따르는 것이다.
3. 덕은 (영리함과 마찬가지로) 경험으로 학습되어야만 하는 것이다.

A 46 덕 전반에 대하여[50]

덕은 의지의 도덕적 강함을 의미한다. 그러나 이것만으로는 이 개념이 남김없이 드러나지 않는다. 그와 같은 강함은 어떤 신성한 (초인적) 존재, 즉 자기 의지의 법칙을 방해하는 어떠한 충동으로도 방해받지 않아서 모든 것을 기꺼이 법칙에 적합하게 행하는 존재에게도 주어질 수 있기 때문이다. 그러므로 덕은 [완전한 신의 의지가 아니라] 인간의 의지가 의무를 따를 때 드러나는 도덕적 강함이다. 의무는 인간의 입법적 이성이 스스로 법칙을 실행하는 힘[권능]을 형성하는 한에서 이 이성이 행하는 도덕적 강요다. 덕은 그 자체로는 의무가 아니며, 덕을 점유하는 것 역시 의무가 아니다. (만일 그렇지 않다면 의무에 대한 책무가 존재해야만 할 것이기 때문이다) 오히려 덕은 명령

h) 재판 및 학술원판: '악덕들'.

하며, 그 명령에 도덕적 (내적 자유 법칙에 따라 가능한) 강제력을 부여한다. 그런데 이 강제력은 저항 불가능한 것이어야 마땅하므로 강할 것이 요구되는데, 우리는 그 강도를 인간이 경향에 따라 만들어내는 장애물의 크기로만 평가할 수 있다. 법칙을 거부하는 심정과 같은 부류인 악덕들은 인간이 싸워야 하는 괴물들이다. 그래서 앞에서 언급한 도덕적 강함 역시 **용기**(도덕적 힘)이며 인간이 만들어낼 수 있는 가장 위대하고 유일하며 진정한 전쟁영웅이다. 그것은 본래적·실천적 **지혜**라고도 불리는데, 인간이 지상에서 존재하는 동안 추구해야 A 47
할 궁극목적을 자기 목적으로 만들기 때문이다. 이 덕을 소유할 때에만 인간은 자유롭고 건강하며 풍요로운 왕이 될 수 있다. 이뿐만 아니라 우연과 운명 등으로 아무것도 상실하지 않게 된다. 인간은 덕을 소유함으로써 자기 자신을 점유하며, 유덕한 자가 자기 덕을 잃어버리는 일이란 있을 수 없기 때문이다.

인간의 도덕적 완전성이라는 이상을 높이 칭찬하는 일은, 인간이 지금 어떻게 존재하고 있고, 과거에는 어떻게 존재했으며, 추측건대 미래에는 어떻게 존재할 것인가 등에 관한 반증사례가 주어진다고 해서 그 실천적 실재성[즉 효력]을 전혀 상실하지 않는 법이다. 그래 VI 406
서 그저 경험적 인식에서 성립하는 인간학은 무조건적으로 입법하는 이성이 설립하는 **인간에 관한 규범학**[51]에 해를 입힐 수 없다. 비록 덕이 (법칙에 대한 관계에서가 아니라 인간에 대한 관계에서) 때때로 공적으로 간주되어 보상을 받을 만하다고 평가될 수 있을지라도, 덕은 그 자체로 존립해야 하고, 그 자체가 목적이며, 자기 자신에 대한 보상으로 간주되어야만 한다.

덕을 전체적인 완성 상태로 보면, 마치 인간이 덕을 소유한 것이 아니라 덕이 인간을 소유한 것처럼 표상된다. 만일 인간이 덕을 소유한다고 하면, 마치 인간에게 선택권이 있는 것처럼 보이기 때문이다.

A 48 (이 경우 인간은 주어진 다른 상품들 가운데에서 덕을 고르기 위해 또 다른 덕이 필요해지는 셈이 될 것이다) 다수의 덕을 생각한다는 것은 (이는 불가피한데) 다양한 도덕적 대상을 생각하는 것과 마찬가지다. [하지만 어쨌든] 이때 의지를 그 대상에게 안내하는 것은 덕의 유일한 원리다. 악덕들도 이와 마찬가지다. 이 양자[즉 덕과 악덕]를 의인화해 표현하는 것은 감성적 고안물로서 도덕적 감각[52]을 위한 것이다. 따라서 도덕의 감성론은 도덕형이상학의 일부분은 아니지만 그럼에도 그것에 관한 주관적 서술이다. 거기[즉 도덕의 감성론]에서 도덕 법칙이 강요하는 힘을 수반하는 감정들은 자신들의 영향력(예컨대 도덕적 거부감을 감성적으로 표현하는 구토, 전율 등)을 [사람들이] 느끼도록 만드는데, 이는 한낱 감성적 자극에 대하여 우위를 점하기 위한 것이다.

XIV
덕론을 법론에서 구별하는 원리에 대하여

도덕론 전반에 걸친 큰 구분도 이 구별에 의존하는데, 이 구별은 다음과 같은 사실에 기반을 둔다. 즉 양자가 공유하는 자유 개념이 반드시 의무를 외적 자유의 의무와 내적 자유의 의무로 구분하며, 이 가운
A 49 데 후자만이 윤리적 의무라는 것이다. 그러므로 내적 자유를 그것도
VI 407 모든 덕의무의 조건으로서 (앞에서 양심을 모든 의무 전반에 대한 조건으로 논의했던 것처럼) 예비적인 부분(예비 논구)[53]으로 미리 다루어야만 한다.

주해
내적 자유의 원리에 따르는 덕론에 대하여

숙련성(습성)[54]은 행위하기 용이함이며 자의의 주관적 완전성이다. 그렇지만 그러한 용이함 모두가 자유로운 숙련성인 것은 아니다. 만일 그 용이함이 습관(관습),[55] 즉 자주 반복된 행동으로 필연적인 것처럼 되어버린 동일한 형태의 행동이라면, 그것은 자유에서 비롯된 숙련성이 아니라서 도덕적 숙련성이 아니기 때문이다. 따라서 덕을 자유로운 합법칙적 행위의 숙련성으로 정의할 수는 없다. "행위할 때 법칙 표상에 따라 자신을 규정하는"이라는 표현을 보탠다면 위와 같이 정의할 수도 있겠다. 이때 숙련성은 자의의 성질이 아니라 의지의 성질이고, 의지는 자신이 채택한 규칙을 가지고 보편적으로 입법하기까지 하는 욕구능력이다. 이러한 숙련성만이 덕으로 간주될 수 있다.

내적 자유를 위해서는 두 가지가 요구된다. 즉 주어진 경우에 자기 A 50
자신을 다스리는 자(자제하는 정신)[56]이면서 [동시에] 자기 자신의 주인(자기 지배권)[57]이 되어야 한다. 그러니까 자기 정념을 다스리고 욕정을 지배하는 것을 말한다. 성품[58]은 이 두 가지 상태에서는 고상(고결)[59]하지만 그 반대의 경우에는 비천(비열하고 비굴한 성품)[60]하다.

XV
덕을 위해서는 우선 자기 자신을 지배해야 한다

정념과 욕정[61]은 서로 본질적으로 다르다. 전자는 감정에 속하는데, 이 감정이 숙고보다 앞서서 일어나고, 숙고 자체를 불가능하거나 더 어렵게 만드는 한에서 그러하다. 그래서 정념은 성마르다(성급한
기질)[62]고 묘사되며, 이성은 덕 개념을 들어 우리에게 마음을 가라앉 VI 408

히라고 주문하는 것이다. 그럼에도 지성을 사용할 때 나타나는 이러한 약점은 마음의 움직임에 있는 강한 힘과 결합되면, 그저 일종의 부덕함일 뿐이고, 마치 유치하고 나약한 어떤 것처럼 아주 선한 의지와도 충분히 양립할 수 있다. 그리고 정념 자체의 유일하게 좋은 점은 그 폭풍우가 금방 걷힌다는 것이다. 그래서 정념(예컨대 분노)에 대한
A 51 성향은 욕정만큼 그렇게 악덕과 잘 어울리지는 않는다. 이에 반해 욕정은 지속적 경향이 되어버린 감각적 욕망(예컨대 분노와 대비되는 증오)이다. 욕정에 몰두하면서도 침착할 수 있게 되면 숙고가 가능하게 되고 마음이 욕정의 원칙을 만들 수 있게 된다. 이렇게 해서 경향이 법칙에 대립하는 것을 따르게 된다면, 그 원칙을 심사숙고하고 깊이 뿌리내리게 함으로써 악을 (의도적으로) 자기 준칙 안에 수용하는 일이 가능해진다. 이렇게 되면 이것이 곧 명실상부한[63] 악, 즉 진정한 악덕이 된다.

그러므로 덕은 그것이 내적 자유에 기초를 두는 한, 인간을 위한 긍정적 명령, 즉 자신의 모든 능력과 경향을 자기(이성) 힘 아래로 가져오라는 명령, 자기 자신의 지배에 대한 명령을 포함한다. 이 명령은 자기 감정과 경향에 지배당하지 말라는 금지명령(무정념의 의무)[64]을 넘어선다. 이성이 지배의 고삐를 손에 쥐고 있지 않을 경우, 전자가 [즉 감정과 경향이] 다스리는 자 행세를 하겠기 때문이다.

XVI
덕을 위해서는 (강함으로 간주되는) 무정념이 필연적으로 전제된다

이 단어[즉 무정념]는 마치 무감각의 상태, 즉 자의의 대상들에 대

한 주관적 무관심[65]을 의미하는 것처럼 간주되어 나쁜 평판을 들어 A 52
왔다. 약점으로 여겨진 것이다. 이러한 오해는 정념 없음의 상태를 무차별[66]과 구분하여 도덕적 무정념이라고 부름으로써 피할 수 있다. 법칙에 대한 존중이 감성적 인상들에서 생긴 감정들을 압도할 만큼 강력해질 경우에만 이 감정들이 도덕적 감정에 영향력을 행사하지 못하기 때문이다. 열병환자는 선에 대한 활발한 참여조차 정념으로 고조시키거나 나아가 그 정념 안에서 변질되는, 외관상 강함을 보일
수 있다. 사람들은 이러한 정념을 열광[67]이라고 하는데, 사람들이 덕 VI 409
을 실행하기 위해서도 추천하곤 하는 절제도 이 같은 맥락에서 해석할[즉 바라볼] 수 있다. (현명한 자는 미친 자라는 이름을 얻게 되고, 공정한 자는 불공정한 자라는 이름을 얻게 되리라. 만일 그자가 충분한 것 이상으로 덕 자체를 갈망한다면 말이다.[68] — 호라티우스) 만일 그렇지 않다면 현명함이 지나치다든지 덕이 너무 과하다고 말하는 것은 불합리하기 때문이다. 정념은 그것이 어떤 대상으로 말미암아 일어나는가와 상관없이 언제나 감성에 속한다. 덕의 진정한 강함은 자기 법칙을 실행에 옮기려는, 숙고되고 확고한 결의를 지닌 침착한 마음이다. 이것은 도덕적인 삶의 건강 상태를 나타낸다. 이에 반해 정념은 그것이 선에 대한 표상으로 말마암아 유발되는 경우조차도 곧 피곤해지는 일순간의 발광 현상이다. 도덕성과 관련하여 어떠한 무관심사(중
립적인 것)[69]도 허용하지 않고, 자신의 모든 발걸음마다 의무로 함정 A 53
을 파놓는 자는 환상적으로 유덕한 자[70]라고 불릴 수 있다. 그래서 내가 두 가지를 다 취할 수 있을 때, 즉 고기를 먹을지 생선을 먹을지, 맥주를 마실지 포도주를 마실지 등을 놓고 고심한다면, 이것은 [도덕적] 소심함[71]이다. 이것이 만일 덕에 관한 이론에 포함된다면 덕의 지배를 전제로 만들게 될 것이다.

주해

덕은 언제나 진보 과정에 있고 언제나 처음부터 다시 시작한다. 첫째는 [즉 덕이 언제나 진보 과정에 있다는 것은] 덕이란 객관적으로 고려될 경우 하나의 이상이고 도달 불가능함에도 계속해서 그것에 접근해가는 것이 의무라는 사실에 기인한다. 둘째는 [즉 덕이 언제나 처음부터 다시 시작한다는 것은] 주관적 측면을 고려할 경우, 다시 말해 경향으로 촉발되는 인간 본성을 고려할 경우 성립하는 주장이다. 덕은 본성의 영향 아래에서는 자신이 일단 최종적으로 채택한 준칙들과 함께 결코 고요한 정지 상태로 들어갈 수 없으며, 그 자신이 고양되지 못하면 반드시 추락하고 만다. 도덕적 준칙들은 기술적 준칙들처럼 습관에 기반을 둘 수 없으며(습관에 기반을 둘 수 있는 것은 의지규정의 자연본성적 성질에 속하기 때문이다), 심지어 덕의 실행이 습관이 되었을 때조차, 주체는 자기 준칙을 택할 자유를 대가로 지불하게 되기 때문이다. 그런데 이 자유야말로 의무에서 비롯하는 행위의 특징이다.

A 54; Ⅵ 410

XVII
덕론을 구분하기 위한 예비 개념들

이 구분의 원리는 첫째, 형식적인 부분에 관한 한, 보편적 도덕론의 한 부분을 법론과 구별할 때, 특히 도덕론 고유의 형식에 따라 구별할 때 필요한 모든 조건을 포함해야 한다. 이러한 구분은 다음과 같은 내용으로 이루어진다. 1. 덕의무들은 외적 입법이 필요하지 않은 의무들이다. 2. 모든 의무의 기초에는 틀림없이 법칙이 놓여 있으므로 윤리학에서 주어질 수 있는 의무 법칙은 [직접적] 행위를 위한 것이 아니라 그저 행위의 준칙을 위한 것이다. 3. (다시 이상의 사실에서 얻는 결과는) 윤리적 의무는 좁은 의무가 아니라 넓은 의무로 간주되어야만 한다는 것이다.

둘째, 실질적인 부분에 관한 한 덕론은 단순히 의무론 일반으로뿐 아니라 목적론으로도 세워져야 한다. 그렇게 함으로써 인간이 자기 자신뿐 아니라 모든 타인을 자기 목적으로 생각하도록 구속되어 있다는 사실이 드러나야 한다. 사람들은 이 같은 것을[72] 흔히 자기 사랑과 이웃 사랑의 의무라는 이름으로 부르곤 하는데, 이때 이 같은 표현들은 전의(轉義)되어 사용된 것들이다. 사랑에 대한 의무는 직접 주어질 수 없기 때문이다. 그러나 인간이 자신과 타인을 목적으로 만드는 행위와 관련해서는 충분히 의무가 있을 수 있다.

셋째, 의무의 원리에서 실질적인 것과 형식적인 것을 (즉 합법칙성과 합목적성을) 구별하는 일이 문제될 경우, 덕에 대한 의무지움(윤리 A 55
적 의무지움)[73]이 곧 덕의무(윤리적 의무)[74]는 아니라는 점을 주목해야 한다. 이는 달리 말하면, 법칙 일반에 대한 존중은 아직 하나의 목적을 의무로 근거짓지는 않는다는 사실을 뜻한다. 그런데 이 후자만이 [즉 의무로 근거지어진 목적만이] 덕의무다. 덕에 대한 의무지움은 오직 하나뿐이지만, 덕의무에는 많은 것이 존재한다. 우리 목적이 되고 동시에 그것을 소유하는 것이 의무인 많은 객체가 존재하기는 하지만, 그 의무를 충족하는 주관적 규정근거인 유덕한 마음씨는 오직 하나뿐이기 때문이다. 이 같은 마음씨는 법의무들에도 작용하는데, 그렇다고 해서 법의무들을 덕의무라는 명칭으로 부를 수는 없다. 그러므로 윤리학의 모든 구분은 오직 덕의무에만 관여한다. 형식적 원리에서 보았을 때, 외적 입법을 전혀 고려하지 않고도 어떻게 구속력이 가능한지를 다루는 학문이 본래 윤리학이다.

VI 411 주해

사람들은 내가 어떻게 해서 윤리학을 요소론과 방법론으로 구분하게 되었는지 물을 것이다. 더구나 나는 법론에서는 이 구분에서 자유로웠지 않았는가? 그 원인은, 윤리학은 넓은 의무들에 관여하고 법론은 순전히 좁은 의무들에 관여하기 때문이다. 그래서 후자[법론]는
A 56 본성에 따라 엄밀하게 (정확히) 규정되어야만 하고, 순수 수학처럼 판단이 따라야 할 절차에 관한 보편적 지침(방법)이 필요하지 않으며, 오히려 실행으로 그 지침을 증명해 보인다. 이에 반해 윤리학은 불완전한 의무들에 허용하는 활동 공간 때문에 판단력에 하나의 준칙을 어떻게 특수한 사례들에 적용할지를 결정하라고 촉구하는 물음들에 봉착한다. 더욱이 이는 이 준칙이 (언제나 다시 이 준칙을 당면 사례들에 적용하는 원리를 묻는다면) 다시 하나의 (하위) 준칙을 제시하는 방식으로 이루어진다. 이렇게 해서 윤리학은 법론은 전혀 알지 못하는 결의론에 들어서게 된다.

그러므로 결의론은 학문도 아니고 학문의 일부도 아니다. 만일 학문이거나 그 일부라면 그것은 학설일 터인데, 결의론은 어떤 무엇이 어떻게 발견되어야 마땅한지에 관한 가르침이 아니라 어떻게 진리가 추구되어야 마땅한지에 관한 훈련이다. 따라서 그것은 윤리학에 (전자[i]가 그러해야만 하는 것처럼) 체계적으로 편입되는 것이 아니라 단편적이고, 그저 마치 주석과 같이 체계에 덧붙여지는 것이다.

이에 반해 판단력보다는 이성을 훈련하는 것, 더욱이 그것의 의무들에 대한 이론과 관련해서뿐 아니라 실천과 관련해서도 훈련하는 것은 특히나 윤리학에 속하며, 도덕적·실천적 이성의 방법론으로서 그
A 57 러하다. 이 가운데 첫째 훈련은 학생에게 의무 개념들에 대해 이미 알

---

i) 재판: '윤리학'.

고 있는 내용을 캐묻는 것인데, 질문식 방법이라 할 수 있다. 이것은 그 학생에게 가르쳐준 것을 단순히 기억에서 끄집어내는 것이라면 본래적 문답식 방법이라 불리지만, 학생의 이성 안에 자연스럽게 포함되어 있어서 단지 개발할 필요만 있다고 전제하면 (소크라테스적) 대화식 방법이라 불린다.

이론적 훈련인 문답법에 대응하는 실천적 훈련은 수양법이다. 이 VI 412
것은 방법론의 한 부분으로서 덕 개념을 가르칠 뿐만 아니라 어떻게 하면 덕에 대한 능력과 덕에 대한 의지까지 실행으로 옮길 수 있고 또 계발할 수 있는지를 가르친다.

따라서 우리는 원칙에 따라 체계를 두 부분[편]으로, 즉 윤리적 요소론과 윤리적 방법론으로 세울 것이다. 각 편은 장들로 나뉘는데, 제1편의 장들은 인간이 구속력 있는 책무를 지는 [대상] 주체들의 상이함에 따라 다양한 항으로 나뉘며, 제2편의 장들은 이성이 목적으로 삼도록 명하는 목적들의 상이함에 따라 그리고 목적들에 대한 감수성의 상이함에 따라 다양한 항으로 나뉠 것이다.

XVIII A 58

실천이성이 윤리학에서 자신의 개념들로 이뤄진 체계를 정초하기 위해 기획하는 (건축술적) 구분은 이제 두 가지 원리에 따라서, 개별적으로 또는 결합된 상태로 만들어질 수 있다. 하나의 원리는 의무를 지닌 자가 의무를 지우는 자와 맺는 주관적 관계를 실질의 관점에서 표상하는 것이다. 다른 하나는 윤리적 법칙이 하나의 체계 안에서 의무 일반에 대해 가지는 객관적 관계를 형식 관점에서 표상하는 것이다. 첫째는 존재자들의 구분인데, 그것들과 관련해서 윤리적 구속성이 생각될 수 있는 존재자들의 구분이다. 둘째는 순수한 윤리적·실천적 이성 개념들의 구분인데, 이 개념들은 위에서 말한 존재자들의 의무에 해당한다. 그러므로 이 개념들은 윤리학이 학문이어야 하는 한 윤리학을 위해, 즉 첫째 구분에서 발견된 모든 명제를 방법에 따라 결합하기 위해 필요하다.

A 59; VI 413 **주체들과 그들의 법칙 차이에 따른 윤리학의 첫째 구분**

이 구분은 아래와 같은 내용을 포함한다.

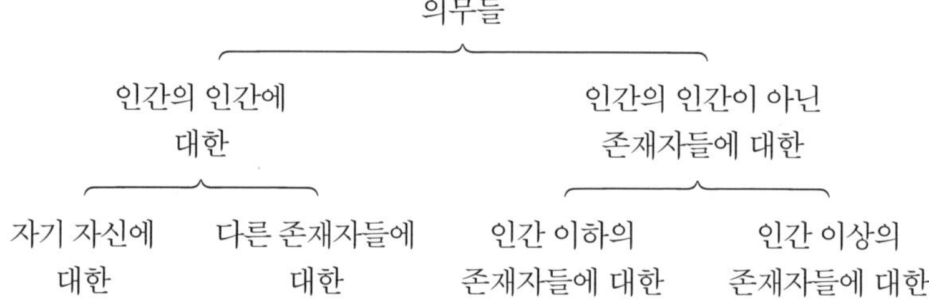

순수 실천이성 체계의 원리에 따른 윤리학의 둘째 구분

후자의 구분은 학문 형식에 관여하므로 전체에 대한 개요로서 전자의 구분에 선행해야만 한다.

I

윤리학적 요소론

제1편
자기 자신에 대한 의무들 일반에 대하여

서론 A 63; VI 417

§1 자기 자신에 대한 의무 개념은 (언뜻 보기에) 모순을 포함한다

만일 의무를 지우는 [부과하는] 내가 의무가 지워진 [의무를 부여받는] 나와 동일한 의미로 간주된다면, 자기 자신에 대한 의무는 모순된 개념이다. 의무 개념 안에 ('내가 구속된다'라는) 수동적 강요 개념이 포함되기 때문이다. 하지만 그것이 나 자신에 대한 의무라는 사실에는 내가 나를 구속하는 자로, 즉 능동적 강요 속에 있는 자로 표상한다는 의미가 내포되어 있다. (내가, 즉 동일한 주체가 구속하는 자다) 그래서 자기 자신에 대한 의무(내가 나 자신을 구속해야 한다)를 표현하는 명제는 구속당해 있는 구속함(즉 수동적 책무이면서 동시에 동일한 관계[즉 책무관계]의 의미에서 능동적 책무이기도 할 책무), 즉 모순을 포함하는 셈이다. 우리는 이 모순을 다음과 같은 사실에서도 밝 A 64
힐 수 있다. 즉 구속하는 자(책무를 부여하는 자)[1]가 구속받는 자(책무의 주체)[2]를 언제라도 책무(책무 기간)[3]에서 해방해줄 수 있고, 따라서 (만일 양자가 동일한 주체라면) 그는 자신이 스스로 부과하는 의무에 전혀 구속받지 않는 셈인데, 이것은 모순을 포함한다고 말이다.

§2 하지만 인간의 자기 자신에 대한 의무들은 존재한다

그러한 의무들이 없다고 가정해보자. 그러면 아무런 의무도, [따라서] 아무런 외적 의무도 역시 없게 될 것이다. 내가 동시에 나 자신을 구속하는 정도를 벗어나서는 내가 타인에게 구속되어 있다는 사실을 인식할 수 없기 때문이다. 또 내가 그 힘에 따라 나 자신이 구속되어 있다고 여기는 법칙은 어떠한 경우에도 내 실천이성에서 나오
VI 418 며, 이 이성에 따라 내가 강요받을 뿐 아니라 동시에 나는 나 자신에게 강요하는 자이기 때문이다.*

§3 이 같은 외견상 이율배반에 대한 해결

A 65 인간은 자기 자신에 대한 의무를 의식할 때 의무 주체로서 자신을 두 가지 자질의 관점에서 바라본다. 첫째는 **감성존재**로, 즉 (동물의 한 종에 속하는) 인간으로 바라보며, 다시 **이성존재**로 바라본다. (이성은 이론적 능력으로 볼 때 살아 있는 육체적 존재의 성질일 수도 있으므로 이때 이성존재는 그저 이성만 지닌 어떤 존재는 아닐 것이다) 이 이성존재에는 어떠한 감관도 도달하지 못한다. 이 이성존재는 오직 도덕적·실천적 관계 속에서만 인식되는데, 거기서 자유의 불가해한 속성은 내적으로 입법하는 의지에 이성이 행사하는 영향력으로 자신을 드러낸다.

인간은 이성적 **자연존재**(현상적 인간)[4]로서 자기 이성을 **원인**으로 하여 감성세계에서 행위하도록 규정될 수 있는데, 여기서는 아직 구

---

* 그러므로 사람들은 예컨대 내 명예를 구하기 위한 일이나 자기 보존을 위한 일 등과 관련해서 "내게는 그것에 대한 책임이 있다"라고 말한다. 심지어 별로 중요한 의미가 없는 의무들, 다시 말해 반드시 행해야 할 일이 아니고 내가 그 의무를 준수하는 것이 단지 공로가 되는 의무들이 문제될 경우에도, 예컨대 이렇게 말한다. "내게는 사람들과 어울리는 일 등에 필요한 숙련성을 확대해야 할 (나를 계발해야 할) 책임이 있다"라고 말이다.

속성 개념이 고려되지 않는다. 그러나 동일한 인간이 자기 인격성에 따라, 즉 내적 자유를 지닌 존재(예지적 존재)[5]로 생각될 경우, 우리는 의무를 질 수 있는 존재, 특히 자기 자신(자신의 인격 안에 있는 인간성)에 대해 의무를 질 수 있는 존재를 고려할 수 있게 된다. 그러므로 [이렇게] (두 가지 의미에서 고찰할 경우) 인간은 (인간 개념이 동일한 의미로 생각되지 않으므로) 자기모순에 빠지지 않으면서도 자기 자신에 대한 의무를 인정할 수 있게 된다.

§4 자기 자신에 대한 의무들을 구분하는 원리에 대하여

이 구분은 의무를 지우는 주체 관점에서는 할 수 없고 오로지 의 A 66
무의 대상 관점에서만 가능하다. 의무를 지우는 주체뿐 아니라 의무
지워진 주체도 언제나 오로지 인간이다. 그런데 우리가 이론적 관점
에서 인간의 영혼과 신체라는 자연성질들을 서로 구분하는 것이 허 VI 419
용된다 할지라도, 그것들을 인간에게 의무를 지우는 상이한 실체들로 생각하는 것은 허용되지 않는다. 즉 의무들을 신체에 대한 의무와 영혼에 대한 의무로 나누는 것은 정당화되지 않는다. 우리는 경험으로나 이성의 추론으로도, 인간이 하나의 영혼(그 인간 안에 거주하면서 신체와 구별되고 신체와 독립해서 사유할 수 있는 정신적 실체)을 가지고 있는지, 또는 오히려 생명이 물질의 특성일 수 있는지를 충분히 알 수 없다. 그리고 가령 전자가 맞는다 하더라도 인간이 (의무지우는 주체로서) 신체에 대해 갖는 의무를 생각하기는 곤란하다. 비록 그 신체가 인간의 신체라 하더라도 말이다.

1. 그러므로 자기 자신에 대한 의무를 형식적인 것과 실질적인 것으로 나누는 객관적 구분만이 가능하다. 이 가운데 하나는 제한하는 것(소극적 의무들)이고 다른 하나는 확장하는 것(자기 자신에 대한 적극

적 의무들)이다. 전자는 인간이 자신의 본성적 목적과 관련하여 그 목적에 반해 행동하는 것을 금지하며, 따라서 오로지 도덕적인 자기 보존만을 지향한다. 후자는 자의의 특정한 대상을 목적으로 삼으라고 명령하며, 자신을 완성할 것을 지향한다. 두 가지는 모두 불이행의 의무(견디고 삼가라)[6]로든 또는 이행의 의무(허용된 힘들을 사용하라)[7]로든 덕에 속하되 덕의무들로서 그러하다. 전자는 인간의 도덕적 건강(존재하기 위함[8])에 속하는데, 이때 인간은 자기 본성을 완전하게 유지하려는 외감과 내감의 대상(수용성)으로 간주된다. 후자는 모든 목적을 성취할 능력을 획득할 수 있는 한 소유하는 데에서 성립하는 도덕적 풍요로움(더 좋게 존재하기 위함, 도덕적 부유함)[9]에 그리고 자기 계발(능동적 완전성)에 속한다. 자기 자신에 대한 의무의 첫째 원칙은 다음과 같은 격언으로 표현된다. "본성[자연]에 적합하게 살아라." (자연에 따라서 살아라[10]) 즉 "너 자신의 본성을 완전하게 유지하라." 둘째 원칙은 이러한 격언으로 표현된다. "한갓 자연이 너를 창조한 것보다 너를 더 완전하게 만들어라." (너를 목적으로서 완성해라. 너를 수단으로서 완성해라[11])

A 67

2. 인간의 자기 자신에 대한 의무들을 주관적으로 구분하는 것도
VI 420 가능하다.[a] 이 구분에 따르면 의무의 주체(인간)는 자기 자신을 동물적(본성적)이면서도 동시에 도덕적인 존재로 고찰하거나, 순수하게 도덕적인 존재로 고찰한다.

인간의 동물성에 관한 것으로 본성의 충동이 존재하는데, a) 자연
A 68 이 그것에 따라 자신을 보존하고, b) 종을 보존하며, c) 쾌적하지만 오로지 동물적이기만 한 삶을 향유하기 위하여 자기 능력을 유지하고자 하는 충동을 말한다. 여기서 인간의 자기 자신에 대한 의무에

a) 재판: '그러나 인간의 자기 자신에 대한 의무들의 주관적 구분도 존재한다'.

반하는 악덕들이 존재하는데, 자살, 성적 욕망을 부자연스럽게 사용하기, 자기 힘들을 합목적적으로 사용하는 능력을 약화할 만큼 무절제한 식탐 등이 그것들이다.

그러나 인간이 (자신의 동물성을 고려하지 않고) 순수하게 도덕적 존재로서 자기 자신에게 가지는 의무를 말하자면, 그 의무는 형식적인 것에서, 즉 자신의 의지 준칙들이 자기 인격 안에서 인간성의 존엄성과 일치한다는 사실에서 성립한다. 따라서 그것은 금지하는 것에서, 즉 인간이 자신에게서 도덕적 존재자로 가지는 우선권, 즉 원리에 따라서 행동하는 존재자의 우선권인 내적 자유를 박탈하지 못하게 하고, 그렇게 함으로써 자신을 한갓 경향의 장난감으로, 즉 물건으로 만들지 못하게 하는 데에서 성립한다. 이러한 의무에 대립하는 악덕들에는 거짓말, 인색함, 거짓 겸손(비굴함) 등이 있다. 이 악덕들은 도덕적 존재로서 인간 자신의 성격에, 즉 내적 자유와 인간의 생래적 존엄성에 (이미 그 형식상) 정면으로 모순되는 원칙들을 취한다. 이 A 69
것은 악덕들이 어떠한 원칙도, 따라서 어떠한 성격도 갖지 않겠다는 것을 원칙으로 삼음을 의미한다. 즉 자기 품위를 떨어뜨리고 자신을 경멸의 대상으로 만들겠다는 것을 원칙으로 삼음을 뜻한다. 이 모든 악덕에 대립하는 덕은 명예욕(야욕)[12](이것은 대단히 비천한 것이 될 수 있다)과는 현저하게 다른 사고방식인 명예에 대한 사랑(내면적 명예, 자신에 대한 공정한 판단)[13]이라 불릴 수도 있겠다. 이에 대해서는 뒤에서 이러한 명칭들로 특별히 다루겠다.[14]

제1권 A 70; VI 421

자기 자신에 대한 완전한 의무들에 대하여

제1장
인간이 동물적 존재로서 자기 자신에 대해 가지는 의무

§5

비록 대단히 고결한 의무는 아니라 할지라도, 자신의 동물성과 관련해서 인간이 자기 자신에게 가지는 첫째 의무는 동물적 본성 안에서 자기 자신을 보존하는 일이다.

이것에 대립하는 것이 자의적인 신체적 죽음인데, 이것은 다시 전체적인 죽음 또는 부분에 국한된 죽음으로 [구분하여] 생각해볼 수 있다. 그러므로 신체적 생명의 박탈(자기 살해)은 전체적인 것(자살)
이거나 부분적인 것, 즉 상해(불구화)일 수 있다. 후자는 다시 질료적 A 71
상해와 형식적 상해로 나뉜다. 질료적 상해는 인간이 자신의 신체기관으로서 불가결한 특정 부위를 자신에게서 박탈하는 것, 즉 자신을 불구로 만드는 것이다. 형식적 상해는 자기 힘을 신체적으로(그리고 이렇게 함으로써 간접적으로는 도덕적으로) 사용하는 능력을 자신에게서 (영구히 또는 일시적으로) 박탈하는 것을 말한다.

이 장에서는 소극적 의무들만, 즉 불이행의 의무들만 언급하므로, 의무 조항들은 자기 자신에 대한 의무에 대립하는 악덕들을 향할 수밖에 없다.

제1조
자기 생명의 박탈에 대하여

VI 422 §6

자기 자신의 생명을 자의적으로 박탈하는 것은 오로지 그것이 대체 범죄라는 사실이 증명될 수 있는 경우에만, 즉 그것이 자기 자신의 인격에 행해지거나 그 사람의 자기 생명 박탈로 타인에게 행해지는 (예컨대 임신한 사람이 자기 자신을 살해할 경우) 범죄라는 사실이 증명될 경우에만 비로소 **자살**(기만적 살인)이라 불릴 수 있다.

A 72 a) 자기 생명의 박탈은 범죄다(살인). 이 범죄는 다른 사람에 대한 자기 의무(배우자에 대한 의무, 자식들에 대한 부모의 의무, 공권력 혹은 동료 시민에 대한 신민의 의무 그리고 신이 인간 세상에서 우리에게 맡긴 지위를 신의 부름 없이 버린다는 점에서 궁극적으로는 신에 대한 의무)를 위반한 것으로도 간주될 수 있겠다. 그러나 여기서는 자기 자신에 대한 의무를 어겼는지, 즉 만일 위와 같은 모든 고려 사항을 제쳐놓는다 하더라도 인간이 단지 인격체의 자질로 자기 생명을 유지하도록 구속되어 있기에 이 점과 관련해서도 자기 자신에 대한 하나의 (그것도 엄격한) 의무를 인정해야 하는지만 문제 삼는다.

인간이 자기 자신을 모욕할 수 있으리라는 것은 앞뒤가 맞지 않는 일처럼 보인다. (동의하는 자에게는 모욕이 일어나지 않는다[1]) 그리하여 스토아학자들은 그들이 직면했거나 염려스러운 고통으로 궁지에 몰려서가 아니라 자기 삶에서 더는 아무런 유용한 것도 찾을 수 없을 때 삶을 (연기로 자욱한 방에서 벗어나듯) 홀연히 떠나는 것을 (현자의) 인격성이 가지는 탁월함으로 간주했다. 그러나 죽음을 두려워하지 않고 자기 생명보다 더 높게 평가할 수 있는 어떤 것을 아는 바로 이러한 용기, 이러한 영혼의 힘은 인간에게 더 커다란 동인이 되었어야 했다. 다시 말해 그것은 가장 강력한 감성적 충동을 통제하는 최고 권한으로서 그렇게도 위대한 존재자인 자신을 파괴하지 않는, 즉 자신에게서 생명을 빼앗지 않는 동인으로 작용했어야 했다. A 73

인간이 의무를 문제 삼는 한, 즉 살아 있는 한 그는 자신에게서 인격성을 제거할 수 없다. 자기 자신을 모든 구속성에서 벗어나게 할 권한을 가진다는 것, 즉 마치 행동에 아무런 권한도 필요하지 않은 것처럼 자유롭게 행동할 권한을 가진다는 것은 모순이다. 자기 인격 VI 423
안에 놓여 있는 도덕성의 주체를 파괴하는 일은 도덕성이 목적 자체임에도 도덕성 자체의 존재를 그가 할 수 있는 만큼 세계에서 말살하는 것과 마찬가지다. 따라서 자기 자신을 임의 목적을 위한 한낱 수단으로 처분해버리는 것은, 자기 인격 안에 있는 인간성(예지적 인간)을 실추시키는 짓이다. 그 인간성이야말로 인간(현상적 인간)이 그 인격에 보존해주도록 위탁했던 것이다.

신체기관으로서 불가결한 한 부위를 자신에게서 박탈하는(장애로 만드는) 것은, 예컨대 다른 사람의 턱뼈에 이식하려고 치아를 선물하거나 파는 행동 또는 성악가로서 더 편하게 살려고 스스로 거세하는 행동 등은 부분적 자살 행동이다. 그러나 괴사하고 있거나 괴사할 위험이 있어서 생명에 위협이 되는 신체 기관을 절단하거나 신체 일부이기는 하지만 기관이 아닌 부위, 예컨대 머리카락을 자르는 일은 자기 자신의 인격에 대한 범죄로 간주될 수 없다. 하지만 후자의 경우 그것이 외부에서 돈을 벌기 위한 것이라면 전혀 탓할 이유가 없는 것은 아니다.

결의론적 물음들 A 74

조국을 구하고자 (쿠르티우스[2]처럼) 확실한 죽음 속으로 뛰어드는 일이 자살에 해당하는가? 또는 전 인류를 구원하려고 자신을 희생하는 의도적 순교가 위와 같은 영웅 행위로 간주될 수 있는가?

군주가 내린 부당한 사형선고에 자결로 미리 대처하는 것은 허용되는가? (네로가 세네카에게 그랬던 것처럼) 군주가 그러한 행위를 허용했다고 하더라도?

최근 서거한 위대한 군주[3]의 다음과 같은 행위는 어떠한가? 즉 몸소 이끌던 전쟁에서 사로잡혔을 때 혹시 국가에 해가 될 수 있는 석방 조건에 동의하도록 강요받지 않으려고 언제나 신속하게 작용하는 독약을 몸에 지녔다면, 이를 범죄 계획을 세운 것으로 간주할 수 있겠는가? 다시 말해 우리가 그 군주의 행위에서 오로지 자존심만 추측할 필요 없이 그가 위와 같은 의도를 지녔다고 인정할 수 있다면 말이다.

미친개에 물린 한 남성이 자신이 광견병에 걸렸음을 알아차리고, 그 병이 치유된 사례를 본 일이 없다고 설명하고는 스스로 죽음을 택
VI 424 했다. 그는 유서에서 자신이 (이미 발작 증세를 느낀) 광견병으로 타인까지 불행하게 만들지 않으려 그랬노라고 주장했다. 과연 그는 옳지 않은 짓을 한 것인가?

A 75 천연두 예방접종을 받으려고 결심한 사람은 불확실한 일에 자기 목숨을 거는 것이다. 비록 그가 자기 생명을 보존하려고 그렇게 행동하는 것이지만 말이다. 그러한 한에서 그는 적어도 자신을 내맡길 폭풍을 스스로 만들지는 않는 선원보다 훨씬 더 문제의 여지가 많은 의무 법칙의 사례에 해당한다. 그가 자신을 죽게 만들 위험에 빠뜨리는 병을 스스로 불러들이기 때문이다. 사정이 이와 같다면 천연두 예방접종은 허용되는가?

제2조
쾌락 추구에 따른 자기 모욕에 대하여

§7

자연이 인격을 보존하려고 생명에 대한 사랑을 정해놓은 것처럼,
성에 대한 사랑도 **종**을 보존하려고 자연이 정해놓은 것이다. 즉 이
두 가지는 **자연목적**이다. 우리는 자연목적으로 원인과 결과의 결합
을 이해한다. 이때 우리는 이 결합에서 원인에 어떠한 지성을 결부하
지 않고도 마치 그 원인[즉 자연]이 의도적으로 인간을 산출하는 것
처럼 지성에 대한 유비를 생각하게 된다. 여기서 제기되는 문제는 다
음과 같다. 후자의 능력[즉 성적 능력]의 사용이 그 능력을 행사하
는 인격 자신과 관련하여, 어떠한 제한을 부과하는 의무의 법칙 아래
에 종속하는지, 또는 인격이 저 목적[즉 종의 보존]을 의도하지 않으
면서도 성적 속성을 한갓 동물적 쾌락에 쏟아버릴 권한이 있는지, 만
일 그렇지 않다면 이것은 자기 자신에 대한 의무를 저버리는 행위에
해당하는지 하는 점이다. 법론에서 증명된 것은 다음과 같다. 인간은 A 76
두 [사람의] 인격이 서로가 서로에게 의무를 지우는 법적 계약에 따
라 특별한 제한을 두지 않고는 **타인의** 인격을 쾌락을 위하여 사용할
수 없다는 것이다. 하지만 여기서 문제가 되는 것은, 이와 같은 향유
와 관련된 인간의 자기 자신에 대한 의무가 존재하느냐다. 즉 그것을
위반할 경우 자기 자신의 인격에 존재하는 인간성에 대한 (단순한 훼
손이 아니라) **모욕**이 되는 의무 말이다. 그와 같은 향유에 대한 충동
은 **육욕**(또는 단적인 쾌락)이라 불린다. 그것에 따라 발생하는 악덕은
부정(不貞)이며, 이 같은 감각적 충동과 관련된 덕목은 **정숙**이라 불
리는데, 이것은 인간의 자기 자신에 대한 의무로 표상되어 마땅하다.
인간이 쾌락의 실제 대상에 따라서가 아니라 그 대상에 대한 상상에

VI 425 따라서, 즉 목적에 부합하지 않게 그 대상을 스스로 만들어내어 쾌락을 느끼도록 자극받는다면 그러한 쾌락은 부자연스러운 것이다. 그와 같은 쾌락은 자연의 목적, 즉 생명에 대한 사랑의 목적보다 더 중요한 목적에 반하는 욕망을 불러일으키기 때문이다. 생명에 대한 사랑의 목적은 단지 개체를 보존하기 위한 것이지만, 자연의 목적은 종들 전체의 보존을 지향하기 때문이다.

자신의 성적 속성들을 자연에 반하여 사용(따라서 오용)하는 것이
A 77 자기 자신에 대한 의무를 훼손하는 것이며, 특히 도덕성과 가장 높은 정도로 상충하는 훼손이라는 사실은 그 같은 오용에 대해 생각하자마자 즉시 드러난다. 그것은 또한 독자적 이름의 악덕으로 언급하는 것조차 부도덕한 일로 간주될 정도로 그 같은 생각을 회피하게 만든다. 그런데 이러한 일은 우리가 (그 모든 특성에서 야기되는) 온갖 혐오의 감정에도 세상 사람들 눈앞에 내놓기를 전혀 망설이지 않는 자살이라는 명칭에서조차 생기지 않는 것이다. 마치 인간이라는 존재는 자기 지위를 짐승처럼 떨어뜨리듯 자기 인격을 다룰 수 있다는 사실을 스스로 창피하게 생각하는 것 같다. 그러므로 혼인하여 허용된 (그 자체로 물론 한갓 동물적인) 양성의 육체적 관계에서조차 점잖은 교제에서는 섬세함이 필요하며 또 그것을 요구한다. 그리하여 그 일에 대해 이야기해야 할 경우에는 베일로 가리곤 하는 것이다.

하지만 자신의 성적 특성을 부자연스럽게 사용하는 것뿐만 아니라 목적에 부합하지 않게 사용하는 것도 자기 자신에 대한 의무를 (특히 전자의 경우에는 가장 높은 정도로) 훼손하는 짓이기에 허용되지 않는다는 점을 이성적으로 증명하는 일은 그리 쉽지 않다. 증명의 근거는 물론 다음과 같은 사실에 놓여 있다. 즉 인간이 자신을 단순히 동물적 충동을 충족하려는 수단으로 사용함으로써 자신의 인격성을 (내팽개치는 식으로) 포기한다는 사실이다. 그러나 그렇게 부자연스

러운 악덕으로 자기 인격 안에 존재하는 인간성을 높은 정도로 훼손하는 것은 (마음씨의) 형식에 의거해보면 자살의 악덕마저도 능가하는 듯 여겨지기에, 위의 증명근거만으로는 설명되지 않는다. 이 경우 오히려 다음과 같은 설명이 가능하다. 자살은 자기 자신을 삶의 짐으로 여겨 대담하게 내팽개치는 행위인데, 이는 최소한 동물적 자극에 A 78
허약하게 굴종하는 것이 아니라 용기를 요구하는 것으로, 아직 자기 인격 안에 존재하는 인간성에 대한 존중이 발견될 여지가 있다. 이에 비해 자신을 전적으로 동물적 경향에 넘겨주는 것과 같은, 성적 속성의 오용은 인간을 향유할 수 있는 사물로뿐만 아니라 그렇게 함으로써 자연에 반하는 사물, 즉 역겨운 대상으로 만들어 자신에게서 모든 존경을 박탈해버리는 것이다.

결의론적 물음들 VI 426

양성이 함께 거주하는 경우 자연의 목적은 번식, 즉 종의 보존이다. 따라서 적어도 그 목적에 반하여 행동해서는 안 된다. 이러한 목적을 고려하지 않고도 (결혼생활 가운데 일어나는 일이라 해도) 위와 같은 성적 속성을 사용하려는 것이 허용되는가?

예컨대 아내가 임신 중이거나 (나이 또는 질병으로) 불임일 경우 또는 임신에 아무런 욕구도 느끼지 못할 때, 자신의 성적 속성을 사용하는 것은 배우자 어느 쪽에서든 자연의 목적을 거스르고, 또 그렇게 함으로써 자기 자신에 대한 의무를 거스르는 일이 아닐까? 부자연스러운 쾌락처럼 말이다. 아니면 여기서는 도덕적·실천적 이성의 규정 근거들이 서로 충돌할 때 그 자체로 비록 허용되는 것은 아니지 A 79
만 더 커다란 위반을 방지하기 위하여 (말하자면 관대하게) 어떤 것을 허용하도록 만드는, 그와 같은 이성의 허용 법칙이 존재하는 것일까? 우리가 넓은 구속성을 제한하는 것을 (의무의 구속성 범위와 관련하여, 그 의무의 준수에 대해 취하는 융통성 없는 태도인) **순수주의**로 여길 수 있는 경우는 어디부터일까? 또 이성의 법칙에서 벗어날 위험이 있는 동물적 경향에도 활동 공간을 허용할 수 있는 경우는 어디부터인가?

성적인 경향은 (가장 좁은 의미의) **사랑**으로도 불리는데, 이것은 실제로 하나의 대상에서 기대할 수 있는 가장 커다란 감각 쾌락이다. 이것은 대상에 대한 순수한 반성에서 만족을 느끼는 (이때 그 대상에 대한 감수성은 취미라 불린다) 경우와 같은 **감성적 쾌감**[4]이 아니라 타인의 인격에 대한 **향유**에서 주어지는 쾌락이므로 **욕구능력**에 속하는, 특히 욕구능력이 보이는 최고 단계의 욕정에 속하는 쾌락이다. 그러나 이 경향은 만족감에 대한 사랑이나 호의에 대한 사랑으로 간주될 수 없다. (이 두 가지 사랑은 육체적 향유와는 도리어 거리가 있기 때문이다) 성적 경향은 (그 유에 고유한) 특별한 종류의 쾌락이며, 색욕은 도덕적 사랑과는 아무것도 공유하지 않는다. 비록 실천이성이 거기에 제한 조건들을 보탠다면 도덕적 사랑과도 긴밀하게 결합할 수 있기는 하지만 말이다.

A 80; VI 427

제3조
향유 수단 또는 음식물 등을 무절제하게 소비함으로써 발생하는 자기 마비에 대하여

§8

여기서는 이러한 종류의 무절제에서 비롯하는 악덕을 인간이 그것으로 겪게 되는 해악이나 신체적 고통에 따라 (심지어 질병으로도) 판정하지 않는다. 그렇게 판정할 경우, 그 악덕에 대항하려 사용해야 하는 것은 안녕함이나 안락함의 (따라서 행복의) 원리가 될 텐데, 이 원리는 결코 의무가 아니라 단지 영리함의 규칙만 확립할 수 있기 때문이다. 그 같은 원리는 적어도 직접적 의무의 원리는 아닐 것이다.

음식물을 향유할 때 동물과 같이 무절제한 것은 향유 수단을 남용하는 것이다. 그렇게 함으로써 그 수단을 지적으로 사용하는 능력은 방해를 받거나 고갈되어버린다. **폭음**과 **폭식**이 바로 이 같은 항목에 속하는 악덕이다. 만취 상태인 인간은 동물과 같을 뿐이라서 인간으로 대우받을 수 없다. 인간은 과식한 상태에서는 민첩성과 숙고를 필요로 하는 행동을 한동안 하지 못할 만큼 무기력하게 된다. 자신을 그 같은 상태에 빠뜨리는 것이 자기 자신에 대한 의무를 훼손하는 일이라는 사실은 자명하다. 심지어 동물적 본성 이하로까지 이렇게 품 A 81
위를 떨어뜨리는 일 가운데 첫째는 대개 발효된 음료수[술]로 발생하지만 마취 효과가 있는 다른 물질들, 예컨대 양귀비 즙이나 그 밖에 다른 식물성 물질 등으로도 나타난다. 이 같은 물질은 한동안 꿈꾸는 듯한 행복감과 편안함을 느끼게 해주고, 나아가 강력한 존재라고 상상하게 만듦으로써 우리를 유혹한다. 그러나 그것은 의기소침, 무기력 상태를 초래하며 최악의 경우 그 같은 마취 수단을 반복적으로 사용하고 심지어 그 강도를 더 높여야만 하는 결과를 초래한다. 폭식은 더욱 동물적인 감각 쾌락에 속한다. 그것은 감각 능력을 수동적인 성질로만 만족시킬 뿐이고, 여전히 앞에서 언급한 향유의 경우처럼 표상의 **능동적** 활동인 상상력을 결코 만족시키지 않는다. 따라서 폭식은 가축의 향유에 더 가깝다.

결의론적 물음들 VI 428

포도주는 모임에서 대화를 촉진하고 사람들의 마음을 열게 하는 기능을 한다. 그렇다면 비록 포도주를 찬양하는 자까지는 아닐지라도 최소한 옹호하는 자가 그것을 취할 정도까지 마시는 일은 허용될 수 있지 않을까? 또는 호라티우스가 카토를 기리면서 "그대의 덕은 포도주로 강력해졌다"[5]라고 말했을 때 그가 인정한 것과 같은 공로를 실제로 포도주가 세웠다고 인정할 수 있을까? 누가 측정에 필요한 맑은 눈을 유지하지 못한 상태로 [즉 명정 상태로] 이제 막 진입하려는 자에게 [적절한 주량] 기준을 정해줄 수 있겠는가?[6] 아편과 증류
A 82 주를 향유 수단으로 사용하는 것은 그것이 초래하는 환상적 평온 상태에서 당사자를 말이 없고 소심하게 만들며 함께 대화할 수 없게 만들기 때문에 오히려 비참한 상태에 더 다가가게 하므로 약물로만 허용된다. 그러므로 마호메트교가 포도주를 전적으로 금지하는 대신 아편을 허용한 것은 아주 잘못 선택한 것이다.

향연은 두 가지 향유 수단[음식과 포도주]을 무절제한 방식으로 누릴 수 있도록 격식을 갖추어 초대하는 것인데, 단순히 본성을 충족하는 삶의 방식 이외에 도덕적 목적을 지향하는 어떤 것도 지닌다. 다시 말해 그것은 많은 사람을 함께 어울리고 오랫동안 서로 대화할 수 있게 만든다. 그렇지만 사람들이 큰 무리를 이루게 되면 (또는 체스터필드[7]가 말했듯, 그 사람들의 수가 뮤즈의 수를 초과하게 되면) 단지 (가장 가까이 앉아 있는 사람들과) 간단한 대화만 나눌 수 있으므로 그 행사는 위에서 말했던 [도덕적] 목적에 반하는 결과를 초래하게 된다. 그러므로 그러한 경우 행사는 항상 비도덕적인 것으로, 즉 무절제함으로 나아갈 것을, 다시 말해 자기 자신에 대한 의무를 위반할 것을 유혹하는 장으로 변질되기 마련이다. 아마도 의사가 제거해줄 수 있을 과식에 따른 신체적 손상은 차치하고라도 말이다. 무절제함에 이르게 할 수 있는 이러한 초대에 따르는 일을 도덕적 권한은 어느 정도까지 허용할 것인가?

제2장 인간이 순수한 도덕적 존재로서 자기 자신에 대해 가지는 의무 A 83

이 의무는 거짓말, 인색함, 거짓 겸손(비굴함) 등의 악덕과 대립한다.

I VI 429

거짓말에 대하여

§9

온전히 도덕적 존재(자신의 인격 안에 있는 인간성)로 간주했을 때 인간이 자기 자신에게 가지는 의무를 가장 크게 훼손하는 것은 진실성을 적대하는 행위다. 즉 거짓말(어떤 것은 말하여 드러내고, 어떤 것은 가슴속에 가두어두는 것[1])이다. 어떠한 행위가 해를 입히지 않는다 해서 그 자체로 권한을 부여받지는 않는 [즉 용인되지는 않는] 윤리학에서는, 자기 생각을 표현하면서 일부러 비진실을 말하는 것이 [어느 것이나] 이 가혹한 이름[거짓말]을 거부할 수 없다는 사실은 자명하다. ([이에 반해] 법론에서는 비진실을 말하는 것이 타인의 권리를 훼손할 때만 이 가혹한 이름으로 불린다) 거짓말을 따라다니는 불명예(도덕적 경멸의 대상이 되는 것)는 거짓말하는 사람도 그림자처럼 따라다니기 때문이다.—[2]거짓말은 외적인 것(외부를 향한 거짓말[3])이거나 내적인 것일 수 있다. 거짓말하는 자는 전자에서는 자신을 타인

A 84 의 시선에서 경멸 대상으로 만들지만, 후자에서는 더 비참하게도 자기 자신의 시선에서 경멸 대상으로 만들 뿐 아니라 자기 인격 안에 있는 인간성의 존엄을 훼손한다. 이때 타인들에게 발생할 수 있는 손해가 이 악덕의 고유한 부분은 아니며 (이 경우 악덕의 고유 부분은 타인에 대한 의무 훼손에만 해당한다) 따라서 여기서는 고려 대상이 아니다. 그가 자신에게 초래한 손해 역시 마찬가지다. 만일 그러한 손해를 고려한다면 거짓말은 그저 처세술에 관한 잘못으로 실용적 준칙과 상충하지 도덕적 준칙과 상충하지는 않는 셈이라서 의무 훼손으로 간주될 수 없기 때문이다.—거짓말은 자신이 인간으로서 지니는 존엄을 내팽개치는 것이고 나아가 그것을 파괴하는 것이다. 자신이 타인(이 사람이 그저 관념적 인격체일지라도)에게 하는 말을 스스로 믿지 않는 인간의 가치는 한낱 사물보다도 더 보잘것없다. 사물은 현실적인 어떤 것이고 주어져 있는 어떤 것이기에 누군가는 [적어도] 이 사물의 쓸모 있는 속성을 사용할 수 있기 때문이다. 그러나 말하는 자가 누군가에게 (의도적으로) 자기가 생각하는 것과 반대되는 것을 포함하는 말로 자기 생각을 알리는 것은 그러한 자기 능력의 자연적 합목적성에 정면으로 대립하는 목적[을 의도하는 것]이다. 따라서 자기 인격성에 대한 포기이고, 인간 자체가 아니라 인간에 관한 기만적 현상에 불과하다.—의사 표명이 담고 있는 **진실성**은 **성실성**이라고도 하며, 만일 그 진술이 동시에 약속이라면 **정직성**이라고도 하지만 대개는 **솔직성**이라고 한다.

A 85; VI 430 (윤리적 의미에서) 거짓말을 비진실을 의도하는 것이라고 비난하려면 그것이 [반드시] 타인에게 해로워야 할 필요는 없다. 그때 거짓말은 타인의 권리 훼손이기 때문이다. 거짓말하게 되는 원인은 그저 경솔함 또는 선량함일 수 있으며, 심지어 선한 목적이 거짓말로 의도될 수도 있다. 그렇지만 목적을 추구하는 이러한 방식은 그저 그 형

식에 의거해볼 때, 인간이 자기 인격에 행하는 범죄이고, 인간이 자신을 경멸적으로 바라보게 만들 수밖에 없는 수치스러운 일이다.

인간 자신에게 책임이 있는 내적 거짓말 다수가 실제로 존재한다는 사실을 증명하기는 쉽다. 하지만 그것이 어떻게 가능한지 설명하기는 그것보다 어려워 보인다. 이를 위해서는 속임 대상이 되는 제2의 인격체가 필요하지만, 자기 자신을 의도적으로 속이는 일은 자기모순을 포함하는 것처럼 보이기 때문이다.

도덕적 존재(예지적 인간)인 인간이 자연적 존재(현상적 인간)인 자기 자신을 한낱 수단(말하는 기계)으로, 즉 (생각을 알린다는) 내적 목적에 구속되지 않는 수단으로 사용할 수는 없다. 그는 오히려 [자신을] 도덕적 존재로 표명(선언)[4]하는 것에 [자기 행동이] 일치해야 한다는 조건에 구속되어 있으며, 자기 자신에 대한 진실성이라는 의무를 지고 있다. 예컨대 그가 실제로는 자기 내면 안에 미래의 세계 A 86
심판자에 대한 신앙이 전혀 없으면서도 어떻게든 그의 은혜를 얻어내는 것이 해가 아니라 이익이 될 수 있다고 자신을 설득하면서, 마음을 꿰뚫고 있는 어떤 존재자에게 자신의 생각 속에 있는 그 존재자를 믿는다고 거짓으로 고백할 때, 이는 내적 거짓말에 해당한다. 또는 그가 비록 그러한 존재자를 의심하지는 않지만, 처벌에 대한 두려움 이외에는 다른 동기를 느끼지 않으면서도 그 존재자의 법칙을 내적으로 신봉한다고 자위할 때, 이것 역시 내적 거짓말에 해당한다.

비진정성은 양심성을 온전히 결여한 상태, 즉 자신의 내적 심판자에 대한 고백이 순수성을 결여한 상태를 말한다. 여기서 내적 심판자는 우리가 양심성을 가장 엄밀한 수준으로 고찰해 하나의 다른 인격체로 상정한 존재다. 이때 (자기애에서 비롯된) 소원은 사실로 간주되는데, 소원 자체로 좋은 목적을 눈앞에 두고 있기 때문이다. 내적 거짓말은 비록 인간이 자기 자신에게 갖는 의무에 대립하지만, 위와 같은 경우 허약함이라고 일컬어지는데, 이는 마치 자기가 사랑하는 여성에게서 오로지 좋은 속성만 발견하고 싶어 하는 남성의 소원이 그 여성의 명백한 단점을 볼 수 없게 만드는 것과 같다. 사람들이 자기 자신에게 범하는 이러한 의사 표명상의 비순수성은 가장 심각한 질책을 받을 만하다. 진실성이라는 최고 원칙이 일단 훼손되고 나면 (인
VI 431 간적 본성에 근원을 둔 것처럼 보이는 오류라는) 이 부패한 장소에서 비진실성의 해악이 타인들과 맺은 관계로까지 확산되기 때문이다.

A 87

주해

성경이 이 세계에 악을 생기게 한 최초 범죄를 (카인의) 형제 살해에서 찾지 않고 (형제 살해는 자연조차 분노하게 만드는데도) 오히려 최초 거짓말에서 찾아 최초 거짓말쟁이, 거짓말의 아버지를 모든 악의 창시자로 본 것은 주목할 만한 일이다. 하지만 이성은 미리 주어져 있음이 분명한 위선(음흉한 정신)[5)]을 향한 인간의 이러한 성향에 대해 어떠한 근거도 더는 제시할 수 없다. 자유로운 행위는 (물리적 결과와 달리) 원인과 결과로 결합된 현상들의 자연 법칙에 따라 연역되고 설명될 수 없기 때문이다.

결의론적 물음들

그저 예의를 위해서 (편지 마지막에 '배상'이라고 적는 경우처럼) 진실이 아닌 것을 표현하는 것을 거짓말로 간주할 수 있는가? 이 같은 표현에 속을 사람은 아무도 없다. 어느 작가가 독자 가운데 한 명에게 "제 작품이 당신 마음에 드나요?"라고 묻는다고 가정해보자. 이러한 유도 질문에는 물론 농담으로 대꾸할 수도 있으리라. 그러나 항상 재치 있는 답변을 준비하고 있는 사람이 있을까? 대답을 아주 약간만 망설여도 저자에게는 이미 모욕이 될 것이다. 그러므로 저자가 기

대하는 말을 해도 될까?

내 것과 네 것이 문제되는 실제 사업에서 만일 내가 진실이 아닌 A 88
것을 말한다면, 나는 그것에서 발생할 수 있을 모든 결과에 책임을 져야만 하는가? 예컨대 어떤 집주인이 하인에게 이르기를, 누군가 자신을 찾으면 집에 없다고 말하라고 했다고 치자. 하인은 실제로 그렇게 말했고, 그사이 주인은 재빠르게 달아나 큰 범죄를 저질렀다고 하자. 만일 하인이 주인을 감시하려고 파견된 그 사람에게 진실을 말했더라면 그 같은 범죄를 막을 수 있었다고 한다면, 누가 (윤리적 원칙에 따른) 책임을 져야 하는가? 물론 여기서 거짓말로 자기 자신에 대한 의무를 훼손한 하인에게도 책임이 있다. 그의 양심은 거짓말로 나타난 결과를 자기 책임에 귀속시킨다.

Ⅱ VI 432

인색함에 대하여

§10

내가 여기서 인색함이라고 하는 것은 탐욕스러운 인색함(이것은 풍족한 삶을 위해 필요한 수단을 진정으로 필요한 정도를 초월해 확대하는 것이다)을 의미하지는 않는다. 이것은 타인들에 대한 (자선) 의무를 훼손하는 것에 불과할 수 있기 때문이다. 이것은 또한 짠돌이 짓 같은 인색함을 의미하지도 않는다. 비난의 의미로 구두쇠 짓 또는 수전노 짓이라고 불리기도 하지만, 역시 타인을 사랑할 의무를 방기한
것에 불과할 수 있기 때문이다. 내가 말하는 인색함은 풍요로운 삶을 A 89
위해 필요한 수단에 대한 자기 자신의 향유를 자신에게 진정으로 필요한 수준 이하로 줄이는 것이다. 이 인색함이야말로 여기서 내가 염두에 두는 것으로서 자기 자신에 대한 의무에 위배되는 것이다.

이 악덕에 대한 비난에서 우리는 덕이나 악덕을 한갓 정도에 따라

설명하는 모든 시도가 올바르지 않다는 사실을 분명히 알 수 있다. 또 덕이 두 가지 악덕의 중간에서 성립한다는 아리스토텔레스의 원칙이 쓸데없다는 사실도 보여줄 수 있다.

만일 내가 바람직한 살림살이를 낭비와 인색함의 중간으로 간주하고, 이 중간이 정도상 중간이어야 한다면, 하나의 악덕은 반드시 덕을 거쳐야만 다른 악덕, 즉 그 악덕과 대립된 악덕으로 이행하게 된다. 따라서 덕은 결국 완화된 악덕 또는 사라지는 악덕인 셈이다. 그리하여 이러한 원칙을 현재 사례에 적용하면, 풍요로운 삶의 수단을 전혀 사용하지 않는 것이 진정한 덕의무라는 결론에 이르게 된다.

우리가 악덕을 덕과 구별할 수 있어야 한다면, 도덕적 준칙 실행의
A 90 정도가 아니라 그 준칙들의 객관적 원리가 다름을 인식하고 제시해야만 한다. 탐욕스럽게 인색한 자(낭비가)의 준칙은 풍요로운 삶의 모든 수단을 향유하기 위해서 모으고 유지하라는 것이다. 이와 대조적으로 짠돌이같이 인색한 자의 준칙은 풍요로운 삶의 모든 수단을 취득하고 유지하되 향유할 의도 없이 그렇게 하라는 것이다. (즉 향유가 아니라 점유만이 그 목적이다)

따라서 후자의 악덕에 있는 고유한 특징은 갖가지 목적을 위한 수단들을 소유한다는 원칙인데, 단 자신을 위해서는 그 수단들을 사용
VI 433 하지 않으려 하고 결국 자신에게서 쾌적한 삶의 향유를 박탈한다는 유보 조건이 붙는다. 이것은 목적의 관점에서 볼 때 자기 자신에 대한 의무에 정면으로 위배된다.* 그러므로 낭비와 인색함은 정도에 따

---

* '어떠한 일이든 너무 많이 하거나 너무 적게 하지 말아야 한다'는 명제는 아무것도 말해주지 않는다. 동어반복이기 때문이다. 너무 많이 한다는 것은 무엇을 말하는가? 이에 대한 답은 좋은 정도 이상으로 많이 한다는 것이다. 너무 적게 한다는 것은 무엇을 뜻하는가? 이에 대한 답은 좋은 정도보다 적게 한다는 것이다. 내가 마땅히 (어떤 것을 행하거나 행하지 말아야) 한다는 것은 무엇을 뜻하는가? 이에 대한 답은 좋은 것보다 많이 또는 적게 행하는 것은 좋지 않

라서가 아니라 서로 대립하는 준칙들로 명확하게 구별된다.

결의론적 물음들

A 91

여기서 문제 삼는 것은 자기 자신에 대한 의무일 뿐인데, 이때 낭

다는 (즉 의무에 반한다는) 것이다. 만일 우리가 고대인들(아리스토텔레스)이 지혜의 원천에 더 가까이 있었다고 생각하여 그들에게 되돌아가 구하고자 했던 지혜가 이것이라면, 우리는 그들의 신탁에 의지하려고 잘못 선택한 것이다. 그들의 지혜란 이러하다. '덕은 중간에서 성립하며, 행복한 사람들은 중간을 유지한다. 일에는 정도가, 요컨대 확실한 한계가 있다. 이 한계를 넘어서거나 못 미쳐서는 올바름이 그 주장을 내세울 수 없다.'[6] (모순대당 관계인) 진실 말하기와 거짓말 사이에 중간이란 존재하지 않는다. 하지만 (반대대당 관계인) 솔직 개방과 과묵함 사이에는 중간이 있을 수 있다. 자기 생각을 공공연하게 말하는 사람이 있어 그가 말하는 **모든** 것이 진실이라고 해서, 그가 **진실 전부**를 말하는 것은 아니기 때문이다. 나는 덕을 가르치는 사람에게 내게 중간을 제시해보라고 아주 자연스럽게 요구할 수 있다. 그러나 그는 그렇게 할 수 없다. 두 가지 덕의무는 적용하기 위한 선택 공간(폭)을 가지는데, 무엇을 행해야 하는가 하는 문제는 판단력이 도덕성의 규칙, 즉 도덕적 규칙에 따라서가 아니라 영리함의 (실용적) 규칙에 따라서 결정할 수 있는 사안이기 때문이다. 즉 이때 판단력은 [무엇을 행해야 하는가 하는 문제를] **좁은**(엄밀한) 의무로서가 아니라 오직 **넓은** 의무로서만 결정하는 것이다. 그러므로 덕의 원칙을 따르는 사람이 그것을 실행할 때 영리함이 지시하는 것보다 과도하게 행하거나 부족하게 행한다면 이는 모두 **잘못**(과실)을 저지르는 일이라 할 만하다. 하지만 그가 이 **원칙**을 충실하게 [즉 과도하게] 지킨다는 사실이 곧 그가 **악덕**(악습)을 행함을 의미하지는 않는다. 그러므로 우리가 호라티우스의 다음 시구를 문자 그대로 수용한다면 이는 근본적으로 잘못된 것이다. "현명한 자는 미친 자라는 이름을 얻게 되고, 공정한 자는 불공정한 자라는 이름을 얻게 되리라. 만일 그자가 **충분한 것 이상으로** 덕 자체를 갈망한다면 말이다."[7] 여기서 현명한 자는 아마도 완전한 상태의 덕을 공상하지 않는 **분별력 있는** 사람(실천적 지혜를 지닌 사람)을 의미할 것이다. 완전한 상태의 덕은 비록 이상으로서 그것을 목적으로 삼아 접근하라고 요구하기는 하지만, 완성을 요구하지는 않는다. 그와 같은 요구는 인간의 능력을 넘어서는 일이며 덕의 원리와 어처구니없는 일(몽상)을 혼동하는 것이다. 누군가 **너무도 유덕하다**, 즉 그가 자기 의무를 너무도 충실하게 지킨다고 말한다면, 이는 마치 누군가 원을 너무 둥글게 만든다거나 직선을 너무 곧게 만든다고 말하는 것과 같을 것이기 때문이다.

비를 위한 탐욕(만족할 줄 모르는 부의 취득)뿐만 아니라 수전노 짓
A 92 (소비할 때 겪는 고통스러움) 역시 자기 본위적 태도(유아론)[8]를 기초
VI 434 로 한다. 그리고 낭비와 인색함 두 가지 다 비난을 받는다. 하나는 예
상하지 못한 방식으로, 다른 하나는 (가난하게 살고자 원한다는 점에
서) 자의적 방식으로 빈곤에 이르게 되기 때문이다. 그러므로 문제는
이 두 가지가 대체 악덕인지, 아니면 차라리 모두 그저 영리하지 못
한 것으로 간주되어야 하는지 하는 것이다. 만일 후자라면 그것들은
전적으로 자기 자신에 대한 의무 범위 바깥에 있는 셈이 될 것이다.
인색함은 단순히 검약을 오해하는 데에서 성립한다기보다는 오히려
자기 자신을 노예처럼 부에 종속시키는 데에서 성립하는 것이다. 그
런데 부의 주인이 되지 못한다는 것은 자기 자신에 대한 의무를 훼손
하는 것이다. 인색함은 사고방식의 관용(도덕적 관용)[9] 일반에 대립
한다. ([그러나] 이 관용을 특수한 사례에 적용하는 것인 관대함(호사스
러운 관용)[10]에 대립하지는 않는다) 다시 말해 그것은 법칙 이외의 다
른 모든 것에서 독립하라는 원리에 대립하며, 주체가 자신에게 행사
하는 사기 행위다. 그러나 어떠한 법칙의 내적 입법자 자신이 그것을
어디에 적용해야 할지를 알지 못한다면 그 법칙은 대체 어떠한 법칙
이란 말인가? 나는 먹거리를 줄여야 하는가, 아니면 외적 씀씀이를
줄여야 하는가? 노년에 이르러서 그렇게 살아야 하는가, 또는 젊을
때부터 그래야 하는가? 아니면 검약은 어찌됐든 하나의 덕인가?

A 93

Ⅲ

비굴함에 대하여

§11

자연의 체제 안에서 인간(현상으로서 인간, 이성적 동물)은 의미가 미미한 존재이며, 다른 동물들과 마찬가지로 대지의 산물로서 그저

보통 가치를 지닌다. 인간이 지성을 가졌다는 점에서 동물보다 우월하고 스스로 목적을 설정할 수 있다는 사실조차 인간 자신에게 그저 유용성이라는 외적 가치(사용 가치[11])만 줄 뿐이다. 그것은 어떠한 인간에게 다른 인간에 비하여 더 나은 가치를 주는 것에 불과하다. 이러한 가치는 물건으로서 가지는 가격이며, 동물 거래에서처럼 사물로서 가지는 가치다. 이때 인간은 일반적 교환 수단인 돈, 즉 뛰어난 가치(탁월한 가치)를 가졌다고 여겨지는 돈보다도 가치가 낮다.

하지만 인간이 인격으로, 즉 도덕적·실천적 이성의 주체로 간주될 때에는 모든 가격을 넘어선다. 이 같은 인간(예지적 인간)은 단순히 타인의 목적, 심지어 자기 자신의 목적이라 할지라도 그것을 위한 수 VI 435
단이 아니라 목적 자체로 평가되어야 하기 때문이다. 즉 그는 존엄성(절대적인 내적 가치)을 지닌다. 그리고 이 존엄성에 따라 그는 다른 모든 이성적 존재자에게 자신을 존중하라고 강요하며, 자신을 같은 종에 속하는 타자들 모두와 비교하여 그들과 동등한 처지에서 평가할 수 있다.

한 인간의 인격 안에 존재하는 인간성은 존중의 대상이며, 그는 타 A 94
인에게 자신을 존중해달라고 요구할 수 있다. 그러나 자신 역시 존중을 잃게끔 행동하지 말아야 한다. 그는 자신을 (동물적 본성에 따라) 감성적 존재로 간주하느냐, 또는 (도덕적 소질에 따라) 예지적 존재로 간주하느냐에 따라, 자신을 작은 척도에 따라서도 또 큰 척도에 따라서도 평가할 수 있고 평가해야 마땅하다. 그러나 인간은 자신을 그저 일반적인 개인으로뿐 아니라 인간으로도, 즉 자신의 이성이 부과하는 자신에 대한 의무를 지니는 인격[12]으로도 간주해야만 하므로, 그가 동물적 존재로서 지니는 미미한 부분들이 이성적 인간으로서 지니는 존엄성에 대한 의식을 훼손할 수는 없다. 또한 그는 이성적 인간으로서 지니는 존엄성의 관점으로 자신을 평가하는 일을 거부해서도 안 된다. 다시 말해 인간은 그 자체로 의무이기도 한 자신의 목적을 비굴하게 추구해서는 안 된다는 것이다. 이를테면 노예처럼(노예 정신으로[13]) 은혜를 구걸하듯 추구함으로써 자신의 존엄성을 부정해서는 안 된다. 오히려 항상 (덕 개념에 이미 포함되어 있는) 자신의 도덕적 소질에 있는 숭고함을 의식해야 한다. 그리고 이러한 자기 존중[자긍심]야말로 자기 자신에 대한 의무다.

법칙과 비교했을 때 자신의 도덕적 가치가 미미하다는 의식과 감정이 겸손(도덕적 겸허)[14]이다. 법칙과 비교하지 않음으로써 자신의 [도덕적] 가치가 상당하다고 스스로 설득하는 것은 덕의 교만(도덕적
A 95 오만)[15]이다. 자기 자신의 여하한 도덕적 가치에 대한 모든 요구를 포기하되, 그렇게 함으로써 오히려 빌려온 가치를 얻게 된다고 자신을 설득하는 일은 도덕적으로 잘못된 비굴함(위조된 겸손)[16]이다.

타인과 비교해서 나타나는 (그 대상이 유한한 존재라면 무엇이든, 심지어 그것이 스랍천사라 할지라도) 겸손[함을 유지하는 것]은 전혀 의무가 아니다. 이러한 관계에서는 오히려 타자와 같아지려 하거나 능가하려는 열망이 있을 수 있으며, 이러한 열망을 통해 내적으로 더 큰 가치를 창출할 수 있다고 자신을 설득할 경우, 이 열망은 타인에
VI 436 대한 의무에 정면으로 대립하는 거만(야욕)[17]이다. 그러나 타인의 (그자가 누구이든 상관없이) 호의를 얻어내는 한낱 수단으로 자신의 도덕적 가치를 일부러 경멸하는 일(위선과 아부)*은 잘못된 (거짓) 겸손이며, 자기 인격성의 품위를 떨어뜨리는 것으로 자기 자신에 대한 의무와 대립한다.

---

* 위선적으로 행동하다(원래 '거짓으로 꾸미다')라는 표현은, 말을 중간에 끊기게 하는, 신음하는 '숨소리'(한숨)에서 유래한 것으로 보인다. 이에 반해 '아첨하다'는 '굴신(屈身)하다'에서 유래한 것처럼 보인다. 후자는 '움츠리다'가 습관이 된 것을 뜻하는데, 표준 독일어로는 '아첨하다'이다.[18]

우리가 자신을 (신성하고 엄격한) 도덕 법칙과 솔직하고 정확하게 비교할 때 불가피하게 진정한 겸손이 나오게 된다. 그러나 우리에게 A 96
그러한 내적 입법이 가능하며, (자연본성적) 인간이 (도덕적) 인간의 인격성을 존중하지 않을 수 없다는 사실에서는 자신의 내적 가치[19]에 대한 감정인 고양감과 또 동시에 최고의 자긍심이 불가피하게 나오게 된다. 인간은 이 가치로 어떠한 가격[20]에도 교환이 불가능한 존재가 되며, 상실될 수 없는 존엄성(내적 위엄)[21]을 지니게 된다. 이 존엄성은 인간에게 자기 자신에 대한 경외심을 불어넣는다.

§12

다음 사례들은 우리 내부의 인간성에 있는 존엄성에 관한 의무, 즉 우리 자신에 대한 의무를 [인간이 순수한 도덕적 존재로서 자기 자신에게 지는 의무를] 어느 정도 이해하기 쉽게 만들어줄 수 있다.

다른 사람들의 노예가 되지 마라. 처벌받은 상태가 아니라면 너희 권리가 남에게 침탈되도록 놔두지 마라. 너희가 완전히 갚을 수 있다는 확신이 없으면 빚을 지지 마라. 너희에게 굳이 필요하지 않은 자선을 받지 말고, 기식(寄食)자나 아부자, (이들과는 분명 그저 정도에서만 차이가 나는) 거지가 되지 마라. 구걸하는 신세가 되지 않도록 경제적으로 살아라. 신체적 고통으로 비탄해 하거나 슬피 우는 일, 심지어 단순히 소리를 지르는 일조차, 특히 너희가 고통에 대한 책임이 자신에게 있다고 의식할 경우 부끄러운 짓이다. 따라서 범죄자의 죽음이라 할지라도 자기 죽음을 의연하게 맞이한다면 고상하게 보
일 수 있다. (불명예를 가릴 수 있다) 땅위에 무릎을 꿇거나 몸을 내던 A 97
지는 것은 그렇게 함으로써 천상의 대상에 대한 숭배를 드러내 보이기 위한 것이라 할지라도 인간 존엄성에 대립하는 짓이다. 그 대상을
형상화한 상 앞에서 간청하는 것도 마찬가지다. 그렇게 함으로써 너 VI 437

희는 너희 이성이 너희에게 표상하는 이상에 겸손한 것이 아니라, 너희 스스로 만들어내는 우상 아래에 굴종하는 것이기 때문이다.

결의론적 물음들

인간에게는 자기 사명에 대한 숭고한 감정, 즉 자기 자신에 대한 존중심으로서 **고양된 마음**(정신 고양)[22]이 있다. 그런데 혹시 이 감정이 자신을 단순히 법칙과 비교할 때뿐만 아니라 타인과 비교할 때에도 진정한 **겸손**(도덕적 겸손)[23]과 정면으로 대립하는 **자만심**(거만함)[24]에 더 가깝기 때문에 이것을 고무하라고 권장하기 어려운 것은 아닐까? 또는 이 같은 종류의 자기절제는 우리 인격을 경시할 정도로 타인의 진술을 중시해서 우리 자신에 대한 (존중) 의무를 거스르는 것은 아닌가? 어떤 경우든 누군가 앞에서 굽실거리고 굴신하는 것은 인간의 품위를 거스르는 짓이다.

우리는 상대방에 대한 존경을 말씨나 행동으로 탁월하게 표현하
A 98 는 방식들인 경례하기, (인사말과 함께) 허리 굽히기뿐 아니라, 예의 바르게 신분상 차이를 조심스럽게 지칭하는 표현들이라 할 수 있는 너, 자네, 너희 또는 당신, 귀하, 존하, 좌하, 각하 (어휴, 이 정도면 충분하겠다![25]) 등과 같은 호칭—이러한 것들은 (서로 동등하게 존중하는 사람들에게도 필요한) 예절과는 전혀 다른 것들이다—을 시민사회에서 명령하는 [위치에 있는] 사람들이 아닌 사람들에게도 사용한다. 독일인은 (아마도 인도의 카스트제도를 예외로 한다면) 지구상의 모든 민족 가운데서 이 같은 격식을 가장 널리 발달시켰다고 할 수 있는데, 이는 비굴함에 대한 성향이 인간들 사이에 널리 퍼져 있다는 증거가 아닐까? (이렇게 사소한 것들이 진지한 일들을 초래한다[26]) 그러나 자신을 벌레로 만드는 자는 나중에 자신이 짓밟힌다고 불평할 수 없는 법이다.

제1절
인간이 자기 자신에 대한 천부적 심판자로서 자기 자신에 대해 가지는 의무에 대하여

§13

모든 의무 개념은 (우리의 자유를 제한하는 도덕 명령인) 법칙을 통한 객관적 강요를 포함하며, 규칙을 제시하는 실천적 지성에 속한다. VI 438
법칙의 한 사례로 (공로 또는 과실로[27]) 이루어지는 사실행위에 대 A 99
한 내적 **귀책**[28]은 **판단력**에 속한다. 판단력은 행위에 대한 귀책의 주관적 원리로서 어떤 행위가 사실행위(법칙 아래 있는 행위)로 일어났는지 아닌지를 법적 효력의 관점에서[29] 판단한다. 이어서 이성의 결론(판결)이 따라 나오는데, 이것은 행위와 그 행위의 법적 결과가 결합한 것(유죄 또는 무죄의 선고)이다. 이 모든 과정은 **법정**[30]이라 불리는, 법칙에 효력을 부여하는 도덕적 인격인 **재판정**에서 (법정 앞에서)[31] 일어난다. 사람 안에 있는 **내적인 법정**(이 안에서 그 사람의 생각들이 서로 비난하거나 변호한다)에 대한 의식이 양심이다.

모든 인간에게는 양심이 있다. 인간은 누구나 내면의 심판관에게 감시받고 위협받으며, 존중(두려움과 결합된 존중) 대상이 될 수 있다. 자기 안의 법칙들을 감시하는 이 같은 권능[32]은 인간이 (자의적으로) 만드는 어떤 것이 아니라, 그 자신의 본질과 결합되어 있는 어떤 것이다. 양심은 인간이 벗어나고자 작정할 경우 마치 그림자처럼 그를 따라다닌다. 인간은 비록 쾌락과 유흥으로 둔감해지거나 정신이 혼미해질 수도 있지만, 양심의 무서운 목소리를 지각할 때마다 곧 다시 자기 자신으로 되돌아오거나 정신을 차리지 않을 수 없게 된다. 인간이 극단적 타락 상태에 이르게 되면 아마도 더는 양심에 주의를 기울이지 않게 될 수도 있겠지만, 그렇다고 해서 양심의 소리를 듣는

A 100 일을 회피할 수는 없다.

양심이라 불리는 이 근원적이고 지적이며, (의무에 대한 표상이기
에) 도덕적인 소질에는 다음과 같은 특이한 부분이 있다. 즉 양심의
일은 인간이 자기 자신에게 행하는 것이지만, 인간은 그것이 마치 어
느 타인의 인격이 지시하는 것에 따라 추진되는 일인 것처럼 자기 이
성이 강요한다는 사실을 안다는 것이다. 양심의 용건은 여기서 재판
에 회부된 법적 사안(송사)이기 때문이다. 그런데 자기 양심이 피고인
을 판사와 동일한 인격으로 표상한다는 것은 법정에 관한 표상방식에
어울리지 않는다. 만약 그렇다면 양심의 법정에서는 원고가 항상 패
소할 것이기 때문이다. 인간의 양심은 어느 의무에서든 어떤 타인을,
다시 말해 자기 자신 이외의 어떤 타인을 (인간 일반으로서) 자기 행
VI 439 위의 심판자로 생각해야만 한다. 그래야 양심이 자기 자신과 모순에
빠지지 않을 수 있다. 이 타인은 실제 인격일 수도 있고, 이성이 만들
A 101 어내는 순수하게 이상적인 인격일 수도 있다.*

---

* 이중의 인격성 안에서 양심에 따라 자신을 고소하고 재판하는 인간은 자기 자
신을 이렇게 생각해야만 한다. 즉 이중의 자신 가운데 하나는 자기 자신에게
맡겨진 법정의 피고석에서 벌벌 떨며 서 있어야만 하고, 다른 하나는 천부적
권위에 따라 자신의 손안에 판사직을 가지고 있다는 것이다. 그런데 이 이중
의 자신은 이성이 자기 자신과 모순에 빠지지 않으려면 설명이 필요하다. 고
소인이자 동시에 피고인인 나는 동일한 인간이다(수적으로 하나다). 하지만 자
A 101 유 개념에서 나오는 도덕적 입법의 주체로서 나는, 자신이 스스로에게 부여하
는 법칙에 종속되는 인간(예지적 인간)인데, 이성의 능력을 [그저] 지닌 감성
적 인간과는 다르며 (종적으로 벗어나 있으며[33]) 오직 실천적 관점에서만 고
찰될 수 있다. 예지적인 것과 감성적인 것의 인과관계에 관한 이론은 존재하
지 않기 때문이다. 이 종적 상이성은 인간을 특징짓는 인간의 능력들 (즉 상위
의 능력들과 하위의 능력들) 사이의 상이성이다. 상위의 능력은 원고이고, 이
반대편에는 피고의 법적 보좌인(법률 대리인)이 승인되어 있다. 내면의 판사
는 소송 절차가 끝나면 권한을 지닌 인격으로서 사실행위의 도덕적 결과로 행
복 또는 불행에 관한 판결을 내린다. 우리는 우리 이성에 따라 이 같은 인격이
(세계의 지배자로서) 가지는 권력의 특성을 이 이상으로 추적할 수는 없다. 우

이 이상적 인격(권위를 부여받은 양심의 심판자)은 마음을 잘 관찰할 줄 아는 자여야만 하는데, 그 법정이 인간의 내면에 자리하기 때문이다. 그러나 인간은 동시에 모든 의무를 부과하는 것, 다시 말해 모든 의무가 이 인격과의 관계에 따라 인격의 명령으로도 간주되어야 하는 바로 그러한 인격으로 존재해야 하거나 그러한 인격으로 생각되어야 한다. 양심은 모든 자유로운 행위에 대한 내면의 심판자이기 때문이다. 이 같은 도덕적 존재는 (천상과 지상에서) 모든 권한을 갖고 있음이 틀림없다. 그렇지 않다면 그는 자기 법에 적합한 효력을 부여할 수 없기 때문이다. (이는 판사의 직무에 반드시 속하는 사항이다) 그런데 우리는 일체의 것에 권한이 있는 도덕적 존재를 신이라 할 수 있다. 따라서 양심은 신 앞에서 자기 행위에 대해 져야 마땅한 책임을 정하는 주관적 원리로 생각되어야만 한다. 모든 도덕적 자기의식 A 102
은 이 나중 의미의 양심 개념을 (비록 그저 모호한 방식이기는 하지만) 언제나 자신 안에 포함한다.

이상의 내용은, 인간이 자기 양심에 따라 불가피한 방식으로 인도되는 이념으로 말미암아 자기 외부에 그와 같은 [즉 신과 같은] 최고 존재를 실재하는 것으로 상정할 권리를 지닌다고 말하고자 하는 것은 아니다. 또 양심에 따라 그렇게 상정할 책무를 지닌다고 말하려는 것은 더욱 아니다. 그 이념은 이론적 이성에 따라 객관적으로 주어지는 것이 아니라, 그 이념에 적합하게 행동할 것을 자기 자신에게 의무로 부과하는 실천적 이성에 따라 그저 주관적으로 주어지기 때문이다. Ⅵ 440
그런데 인간은 이 실천적 이성을 매개로 하여, 모든 이성적 세계존재들에 대한 입법자라는 유비를 통해서만 하나의 단순한 지침을 얻게

리는 그저 그것의 무조건적 [지시명령인] '나는 명령한다' 또는 [금지명령인] '나는 금한다'를 경외할 수 있을 따름이다.

된다. 즉 (종교라고도 불리는) 양심적 속성을 우리 자신과 구별되지만 우리의 가장 내면적인 곳에 현존하는 (도덕적으로 입법하는 이성인) 신성한 존재 앞에서 갖는 책임성으로 생각하고, 자신을 정의의 규칙인 그 존재의 의지에 종속시키라는 지침 말이다. 여기서 종교 일반의 개념은 인간이 "자신의 모든 의무를 신의 명령으로 판정하는 원리" 정도다.

1. 인간은 양심의 사안(양심에 관련된 용건)[34]에서 어떤 결정을 내리기 전에 경고하는 (미리 충고하는) 양심을 떠올린다. 이때 (그 자체로 도덕적인 어떤 것인) 의무 개념과 관련하여 극도로 고심함(세심
A 103 함)[35]은 양심이 유일한 심판관인 경우(양심의 경우[36])에는 소소한 부분을 꼬치꼬치 따지는 것(소심함)[37]으로 간주될 수 없으며, 또 진정한 위반이 하찮은 잘못(사소한 실수)[38]으로 판정될 수도 없다. 그래서 그러한 사안은 ('집정관은 작은 일에는 신경 쓰지 않는다'[39])는 원칙에 따라) 임의로 말하는 양심의 충고에 위임될 수 없다. 따라서 어떤 자가 넓은 양심을 지녔다고 하는 것은 그를 양심 없는 자라고 하는 것과 같다.

2. 행위가 일어나면 일단 양심에 고소인이 등장하고, 이자와 더불어 법적 대리인(변호사)이 등장한다. 이때 소송상 다툼은 호의적인 방식으로 (원만한 합의로[40]) 화해에 이르러서는 안 되고, 법의 엄격한 잣대로 판결되어야만 한다. 그 다음 사항은 아래와 같다.

3. 인간에게 무죄를 선고하거나 유죄를 선고하는 양심이 내리는, 법적 효력을 지닌 판결이 그 사안을 종결짓게 된다. 이때 주의할 점은 무죄 방면이 과거에 없었던 것을 획득한다는 의미에서 보상(상)[41]으로 선고되는 것이 결코 아니라, 단지 처벌받을 수도 있을 위험에서 벗어났다는 기쁨을 함축할 뿐이라는 것이다. 그러므로 위안을 주는 양심의 격려로 얻게 되는 축복은 (기쁨으로서) 적극적인 것이 아니라

(걱정이 지나간 이후 찾아오는 안정으로서) 단지 소극적인 것이다. 그리고 이것은 인간 안에서 악한 원리의 영향에 대항하는 투쟁인 덕에만 주어질 수 있다.

제2절
자기 자신에 대한 모든 의무의 첫째 명령에 대하여

A 104; Ⅵ 441

§14

자기 자신에 대한 모든 의무의 첫째 명령은 "너 자신을 알라(탐구하라, 천착하라)"이다. 이것은 자연본성적 완전성(임의의 온갖 목적 또는 명령으로 주어진 목적에 대한 유용성이나 무용성)의 관점에서가 아니라 네 의무에 관한 도덕적 완전성의 관점에서 볼 때, 네 마음이 선한지 악한지, 네 행위의 원천이 순수한지 불순한지를 알라는 것이다. 또한 무엇이 인간이라는 실체에 근원적으로 속하거나 도출된 것으로서 (획득되거나 계발되어) 그 자신에게 귀속될 수 있는지, 그리하여 무엇이 도덕적 상태에 속할 수 있는지 알라는 것이다.

도덕적 자기 인식은 파고들기 어려운 마음의 깊이(심연)까지 헤아리라고 요구하는데, 이 자기 인식이야말로 인간에게 있는 모든 지혜의 출발점이다. 인간의 지혜는 한 존재의 의지가 궁극목적과 합치하는 데서 성립하는데, [이를 위해] 인간은 먼저 (자신 안에 둥지를 틀고 있는 악한 의지의) 내적 방해요소를 제거하고 난 다음 자신 안에 있는, 결코 상실될 수 없는 근원적 소질을 계발할 필요가 있기 때문이다. (오직 자기 인식이라는 지옥 여행만이 신과 같이 되는 길을 열어준다)

A 105 §15

이 같은 도덕적 자기 인식은 먼저 인간 일반(인류 전체)으로 간주된 자기 자신에 대한 광적 경멸을 추방한다. 그러한 경멸은 자기모순이기 때문이다. 다시 말해 인간을 존경할 가치가 있는 존재로 만들어 주는, 우리 안에 있는 선에 대한 놀라운 소질로만, 이 소질에 대립하여 행동하는 인간을 (자신 안의 인간성이 아니라 자기 자신을) 경멸할 만한 대상으로 간주하는 일이 가능하다. 하지만 도덕적 자기 인식은 또한 자기애적 자기 평가와도 대립한다. 자기애적 자기 평가는 한갓 소망에 불과한 것으로서 커다란 동경을 수반하기는 하나 그 자체로는 아무런 행동으로도 뒷받침되지 않은 상태로 있으면서도, 이를 곧 선한 마음에 대한 증거로 여기려는 것이다. (기도 역시 마음을 잘 아는 자 앞에서 내적으로 표명한 소망이다) 우리 자신을 법칙과 비교하여 판정할 때 공정성을 유지하고 자신의 내면적인 도덕적 가치 또는 무
VI 442 가치를 스스로 솔직히 고백하는 것은 자기 자신에 대한 의무로서, 앞에서 언급한 자기 인식의 첫째 명령에서 직접 도출되는 것이다.

A 106

삽입절
도덕적 반성 개념들의 모호함에 대하여: 인간이 자기 자신에 대해 가지는 의무를 타인에 대한 의무로 간주하기

§16

이성에 따라서만 판단한다면, 인간은 오직 인간(자기 자신 또는 타인)에 대한 의무 이외에 다른 의무는 가지지 않는다. 어떤 주체에 대한 의무는, 이 주체가 그의 의지에 따라 [누군가에게] 도덕적으로 강

요하는 것이기 때문이다. 그러므로 강요하는 (즉 의무를 부과하는) 주체는 첫째, 인격이어야 한다. 둘째, 이 인격은 경험 대상으로서 주어져 있어야만 한다. 인간은 이 인격의 의지가 갖는 목적에 영향을 발휘해야 하는데, 이는 실존하는 두 존재의 상호 관계 속에서만 일어날 수 있는 일이기 때문이다. (다시 말해 한갓 사유의 산물이 목적에 대한 어떤 성취를 낳는 원인이 될 수는 없다는 것이다) 그런데 우리는 어떠한 경험으로도 인간 말고는 (적극적으로든 소극적으로든) 의무를 부과할 수 있는 다른 존재를 알지 못한다. 그러므로 인간은 인간 이외의 어떠한 다른 존재에 대한 의무도 가질 수 없다. 만일 인간에게 그러한 의무가 있다고 생각한다면, 이는 반성 개념들이 모호하기 때문에 일어나는 일이다. 따라서 다른 존재에 대한 의무로 추정되는 의무는 [실제로는] 자기 자신에 대한 의무일 뿐이다. 인간이 이처럼 오해하게 되는 까닭은 그가 다른 존재와 관련해 가지는 자기 의무를 바로 그 존 A 107
재에 대한 의무와 혼동하기 때문이다.

그런데 이처럼 잘못 추정된 의무는 비인격적 대상들에 관한 것이거나 인격적이기는 하되 (외감에 주어질 수 없기에) 도저히 보일 수 없는 대상들에 관한 것일 수도 있다. 전자(인간 이외의 대상)는 그저 자연 소재에 불과한 것이거나 생식 능력이 있는 유기물이지만 감각하지 못하는 자연의 일부 사물 또는 감각과 자의를 지닌 자연의 일부 사물이다(광물, 식물, 동물). 후자(인간 초월적 대상)에 해당하는 대상으로는 정신적 존재(천사, 신)를 생각해볼 수 있다. 이 두 존재와 인간 사이에 과연 의무 관계가 성립하는지, 만일 성립한다면 그것이 어떠한 의무 관계일지가 이제부터 문제 삼을 내용이다.

§17 VI 443

비록 무생물이라 할지라도 자연 안에 있는 아름다운 대상을 단순히 파괴해버리려는 성향(파괴적 정신)[42]은 자기 자신에 대한 인간의 의무와 대립한다. 그러한 일은 비록 그 자체만으로는 아직 도덕적인 것은 아니지만, 도덕성을 크게 촉진하는 감성의 느낌을 약화하거나 근절하기 때문이다. 이 같은 느낌은 적어도 우리가 어떤 것(예컨대 아름다운 결정체들, 식물계의 말로 표현할 수 없는 아름다운 대상들)을
A 108 아무런 유용성을 염두에 두지 않고도 사랑할 수 있도록 준비해준다.

비록 이성을 지니지는 못했다 하더라도 생명이 있는 피조물인 동물들을 폭력적으로 그리고 잔인한 방식으로 다루는 것은 자기 자신에 대한 인간의 의무와 더더욱 진정으로 대립한다. 그렇게 함으로써 동물들의 고통에 대한 인간의 공감이 무뎌지게 되고 결과적으로 타인과의 관계에서 도덕성에 대단히 유익한 천성적 소질이 약화되어 점점 더 고갈되기 때문이다. 물론 동물들을 신속하게 (고통을 주지 않고) 도살할지, 또는 오직 그들이 감당할 수 있는 만큼 일을 시킬지 (인간 역시 그 정도 노동은 감수하지 않을 수 없다)는 인간의 권한에 속하는 일이기는 하다. 이에 비해 한갓 사변을 위해서 고통스러운 생체 실험을 감행하는 것은, 만일 그러한 실험이 없이도 그 목적을 달성할 수 있다면 혐오해야 마땅하다. 나이 든 말이나 개가 오랫동안 수행해 준 봉사에 대해서 (마치 그 가축들이 집안사람인 것처럼) 감사할 줄 아는 것도 간접적으로는 이러한 동물들과 관련하여 인간에게 주어진 의무다. 하지만 그것은 직접적으로는 항상 인간이 자기 자신에 대해 지니는 의무에 불과하다.

§18

우리 한계를 전적으로 초월했음에도 그 가능성을 우리 이념 안에서 찾을 수 있는 것과 관련해, 예컨대 신의 이념과 관련해서도 우리는
A 109 의무를 진다. 이 의무는 종교의 의무라 불리는데, 말하자면 '우리의

모든 의무를 신의 명령으로(마치 신의 명령인 것처럼) 인식하는' 의무다. 그러나 이것은 신에 대한 의무의 의식이 아니다. 이 이념은 전적으로 우리 자신의 이성에서 비롯됐고, 전 세계 안에서 작용하는 합목적성을 설명하려는 이론적 의도에서든 아니면 우리 행위의 동기로 사용하기 위해서든 우리 자신이 만든 것이다. 따라서 우리는 이 이념 VI 444
과 더불어 우리가 그것에 대해 의무를 지는 존재를 우리 앞에 가지고 있지는 않다. 이 존재의 실재는 일단 경험으로 증명되어야 (계시되어야) 하기 때문이다. 오히려 불가피하게 이성에게 자신을 제시하는 [즉 이성에게 드러나는] 이 이념을, 이것의 가장 큰 도덕적 결실인 우리 안의 도덕 법칙에 적용하는 것은 인간이 자기 자신에게 가지는 의무다. 이상과 같은 (실천적) 의미에서 다음과 같이 말할 수 있다. "종교를 갖는 것은 인간의 자기 자신에 대한 의무다."

제2권 A 110

인간이 (자기 목적과 관련하여) 자기 자신에 대해 가지는 불완전한 의무들에 대하여

제1절
자신의 자연적 완전성을 계발하고 증진하려는, 다시 말해 실용적 의도에서 자기 자신에 대해 가지는 의무에 대하여

§19

갖가지 목적을 실현하는 수단으로서 자신의 자연적 능력(정신능력, 영혼능력, 신체능력)을 계발하는 일[1]은 인간이 자기 자신에 대해 가지는 의무다. 인간은 (이성적 존재인) 자기 자신에게 자기 이성이 언젠가는 사용할 수 있는 자연 소질과 능력을 사용하지 않고 녹슬도록 놔두지 말아야 할 책임을 진다. 인간이 자연적 욕구를 충족하기 위한 정도로 타고난 능력에 만족할 수 있다 하더라도, 그의 이성은 자신이 미미한 정도의 능력에 이처럼 만족하는 상태가 허용되는 일인지를 먼저 원칙을 들어 자신에게 설득할 수 있어야만 한다. 인간은 목적을 설정할 수 있는 (대상들을 목적으로 만드는) 존재로서, 자 A 111
기 능력을 자연 본능에 따라서가 아니라, 그 능력의 정도를 결정하는 자유에 따라서 사용해야만 하기 때문이다. 그가 능력을 계발하는 것

은 그 능력 계발이 (갖가지 목적을 위해) 창출할 수 있는 이익을 고려
VI 445 하기 때문이 아니다. 이 이익은 아마도 (루소의 원칙에 따르면) 조야
한 본성적 욕구에만 도움이 될 것이기 때문이다. 자기 능력을 (상이
한 목적에 따라 그 가운데 어떤 것을 다른 것보다 더 많이) 계발함으로
써 실용적 관점에서 자신의 현존에 주어진 목적에 어울리는 인간이
되는 것은 도덕적·실천적 이성의 명령이며 인간의 자기 자신에 대한
의무다.

정신능력은 이성을 통해서만 발휘될 수 있는 능력이다. 이 능력을 어떻게 사용할까 하는 문제는 경험으로 결정되는 것이 아니라 원리에서 아프리오리하게 도출된다. 이러한 점에서 그 [정신능력의] 사용은 창조적이다. 이와 같은 사용에는 수학, 논리학 그리고 자연의 형이상학이 있는데, 이 가운데 나중 두 가지는 철학, 다시 말해 이론철학에 속한다. 이 양자는 비록 문자 그대로 지혜에 관한 가르침인 철학이 아니라 단순히 학문을 뜻하지만, 그럼에도 그 지혜에 관한 가르침이 목적으로 삼는 것을 촉진할 수는 있다.

영혼능력은 지성에 그리고 이 지성이 임의의 의도를 만족시키기
A 112 위하여 사용하는 규칙에 종속되어 있으며, 이러한 한에서 경험의 안
내를 받는다. 이 능력에는 기억, 상상력 등이 있는데, 다양한 의도를
구현하기 위한 도구들을 제공하는 학문적 지식, 취미 (내적 혹은 외적
으로 아름답게 가꾸는 일) 등이 이 능력을 기초로 삼을 수 있다.

마지막으로 **신체능력**의 계발(본래적 의미의 체육)은 인간이 목적을 실현하기 위해 꼭 필요한 인간 자신의 **도구적 부분**(질료)을 보살피는 일이다. 따라서 인간이 자신의 동물적인 부분에 지속적으로 또 의도적으로 생기를 불어넣는 일은 인간의 자기 자신에 대한 의무다.

§20

이와 같은 자연본성적인 완전성들 가운데 어떤 것을 가장 우선하여 자기 목적으로 정하고, 또 그 완전성들을 서로 비교하여 어떠한 비율로 자기 목적으로 정하는 것이 인간이 자기 자신에게 가지는 의무인가 하는 문제는, 그 각각에 고유한 이성적 숙고에 달려 있다. 이때 특정한 삶의 방식에 대한 선호 그리고 거기에 필요한 능력들에 대한 평가가 고려 사항이 된다. 그래서 (예컨대 장인이 될지, 상인이 될지, 학자가 될지를) 선택하게 된다. 그 자체로 어떠한 의무의 기초도 제공하지 못하는 자기 보존 욕구는 차치하더라도, 세계에 유용한 존재가
되는 일은 인간이 자기 자신에 대해 가지는 의무이기 때문이다. 또한 VI 446
인간 자신의 인격 안에 있는 인간성의 가치에 속하는 일이라서 인간
은 이 인간성의 존엄을 훼손하지 말아야 하기 때문이기도 하다. A 113

그러나 자연본성적 완전성에 관하여 인간이 자기 자신에 대해 가지는 의무는 단지 넓고 불완전한 의무일 뿐이다. 그것은 비록 행위 준칙을 위한 법칙을 포함하기는 하지만, 행위 자체의 방식이나 정도에 대해서는 아무것도 규정하지 않고, [오히려 이와 관련하여] 자유로운 자의에 활동 공간을 허용해주기 때문이다.

제2절
[인간이] 자신의 도덕적 완전성을 고양하기 위하여, 즉 오로지 도덕적 의도에서 자기 자신에 대해 가지는 의무에 대하여

§21

이러한 의무는 첫째, 주관적으로 의무에 관한 심정이 지닌 순수함

(도덕적 순수성)에서 성립한다. 이 의무에서 법칙은 감성에서 나온 의도가 섞이는 일 없이도 자신만으로 동기가 된다. 이때 행위는 단순히 의무에 적합할 뿐 아니라 의무에서 일어난다. 여기서 [주어지는] 명령은 '신성하라'이다. 이 의무는 둘째, 객관적으로 전체적인 도덕적 목적과 관련하여 성립한다. 이 목적은 완전성에, 즉 자신의 의무 전체와 자기 자신과 관련된 도덕적 목적을 완전하게 달성하는 것에 관한 것이다. 여기서 명령은 '완전하라'이다. 그러나 이 목표를 성취하려는 노력은 인간에게는 언제나 그저 하나의 완전함에서 다른 완전함으로 전진하는 것뿐이다. [그러므로] "덕처럼 여겨지는 것이 있고, 칭찬 들을 만한 일로 여겨지는 것이 있으면 그것을 추구하라."[가더 정확한 표현이리라]

A 114 §22

자기 자신에 대한 이러한 의무는 비록 정도라는 관점에서 보면 인간 본성의 유약함(부서지기 쉬움)[2] 때문에 넓고 불완전한 의무이지만, 성질의 관점에서 보면 좁고 완전한 의무다.

이 의무에서는 완전성을 추구하는 것이 의무이지 (현세의 삶 속에서) 그것에 도달하는 것이 의무는 아니다. 그러므로 이 의무를 따르는 것은 단지 지속적 전진 속에서만 가능하다. 이 의무는 대상(이것은 이념으로서, 사람들이 그것의 수행을 목적으로 삼아야 마땅한 것인데)의 관점에서 보면 비록 좁고 완전한 의무이지만, 주체를 고려해보면 자기 자신에 대한 넓고 단지 불완전한 의무다.

VI 447 인간 마음의 심연은 깊이를 알 수 없다. 누구인들 자기 자신을 충분히 알 수 있겠는가? 다시 말해 자신에게서 의무를 준수하고자 하는 동기를 느낄 때 그것이 전적으로 법칙에 대한 표상에서 나오는지, 아니면 이익(또는 손해 방지)에 관련된 그리고 다른 기회가 주어지면 악덕에 기여할 수도 있을 여러 감성적 충동이 함께 작용하는지를 누가 충분히 알겠는가 말이다. 그러나 도덕적 목적으로 간주된 완전성에 대해 말하자면, 비록 이념상으로는 (객관적으로는) 오직 하나의 덕(준칙들의 도덕적 힘)만이 존재하지만, 실제로는 (주관적으로는) 이종적 성질을 지닌 다수의 덕목들이 존재한다. 우리가 만일 찾고자 한다면, 이것들 가운데에서도 어떤 부덕[3]에 해당하는 것들(비록 이것들은 바로 그 이종적 성질들 때문에 통상 악덕이라는 이름으로 불리지는 않 A 115
지만)을 발견할 수는 있을 것이다. 하지만 우리가 자기 인식을 통해 완전한지 결함이 있는지를 결코 충분히 헤아릴 수 없는 그와 같은 덕목들의 총합은, [우리가] 완전하게 되어야 한다는 바로 그 불완전한 의무의 기초가 될 수 있다.

* * *

그러므로 우리 자신의 인격에 있는 인간성의 목적과 관련한 자기 자신에 대한 모든 의무는 오직 불완전한 의무다.

제2편
타인에 대한 덕의무들에 대하여

제1장 그저 한 인간으로 간주된 타인에 대한 의무들에 대하여 A 116; Ⅵ 448

제1절 타인을 사랑할 의무에 대하여

[타인에 대한 의무의] 구분

§23

타인에 대한 의무들을 가장 크게 구분하는 것은 그 의무를 수행함으로써 동시에 타인을 구속하게 되는 것 그리고 그 의무를 준수한다 해도 타인을 구속하지 못하는 것을 구분하는 것일 수 있다. 전자의 수행은 (타인과의 관계 속에서) 공로를 세우는 것이고, 후자의 수행은 지당한[1] 의무다. 사랑과 존중은 이 같은 의무들을 행할 때 수반되는 감정이다. 이것들은 서로 분리하여 (그 각각을) 고려할 수도 있으며, 그렇게 분리해서 성립할 수도 있다. ([예컨대] 비록 이웃이 거의 존중받을 만하지 못하다 하더라도, 그 이웃을 사랑하기라든가, 더 나아가 누 A117
구든 그가 거의 사랑받을 만하지 못하다고 판정될 경우라도, 그를 포함하여 모든 인간을 반드시 존중하는 것은 그 자체로 의무로 성립할 수 있다) 이 두 가지는 근본적으로는 법칙에 따라 하나의 의무 안에서 언제나 서로 함께 결합되어 있다. 다만 어떤 경우에는 한 의무가, 다른 경우에는 다른 의무가 주체 안에서 원리를 형성하며, 그때마다 다른 의무는 거기에 부수적으로 따라붙는다. 그러므로 [예컨대] 우리는 가난한 사람에게 자선을 베푸는 것이 우리에게 의무로 부과되어 있다고 파악한다. 하지만 이러한 친절은 그 사람의 복지가 나의 관대함에 의존한다는 것을 의미하는 동시에 그 타인의 위신을 떨어뜨리는 것이다. 따라서 수혜자가 굴욕감을 느끼지 않고 자기 자신에 대한 존중감을 유지하도록, 자선가에게는 자선행위를 그저 지당한 의무 수
VI 449 행이나 사소한 사랑의 봉사 정도로 보이게 처신해야 할 의무가 있다.

§24

인간들 사이의 외적 상호 관계에서 (자연 법칙이 아니라) 의무 법칙을 언급할 경우, 우리는 우리 자신이 도덕적 (예지적) 세계 안에 있는 것으로 간주한다. 이 도덕적 세계 안에서 (지상의) 이성적 존재들의 결합은 자연 세계와의 유비로 말하면 인력과 척력으로 일어난다. 인간은 상호 사랑하는 원리 덕분에 서로에게 끊임없이 다가가도록 정해져 있으며, 또 서로에게 지당한 존중의 원리로 상호 일정한 간격을
A 118 유지하도록 정해져 있다. 이 커다란 도덕적 힘들 가운데 하나가 약해진다면—좀 다른 맥락이기는 하지만 여기서 내가 할러[2)]의 표현을 사용해도 좋다면—"(부도덕의) 허무가 크게 벌어진 목구멍으로 (도덕적) 존재의 왕국 전체를 마치 물 한 방울처럼 삼켜버릴 것이다."

§25

여기서 사랑은 감정으로(감성적으로), 다시 말해 타인의 완전성에 대한 쾌감, 만족에 대한 사랑으로 이해되지는 않는다. (우리가 어떤 감정을 갖도록 타인이 우리에게 의무를 부과할 수는 없기 때문이다) 여기

서 사랑은 오히려 선행을 결과로 가져오는 **호의의** 준칙으로 (실천적으로) 생각되어야만 한다.

타인에게 표해야 하는 **존중**에 대해서도 위와 같은 것이 적용되어야 한다. 그러한 존중은 우리 자신의 가치를 타인의 그것과 비교함으로써 갖게 되는 한낱 감정이 아니라(이와 같은 감정은 아이가 부모에게, 학생이 선생에게, 지위가 낮은 자가 통상 자기 상관에게 그저 습관적으로 느끼는 것이다), 타인의 인격 안에 있는 인간성이 지닌 존엄성으로 우리 자신에 대한 평가를 제한하는 준칙으로만 이해된다. 즉 실천적 의미의 존중(타인에게 표시해주어야 마땅한 경의[3])으로서 말이다.

타인을 자유로이 존중할 의무도 역시 비록 덕의무로서이기는 하지만 사랑의 의무와 비교해볼 때 **좁은** 의무로 간주된다. 사랑의 의무는 그러므로 [상대적으로] **넓은** 의무로 간주된다. 전자는 원래 (자신 A 119
을 타인보다 우위에 놓지 않는다는 의미에서) 그저 소극적 의무이며, VI 450
이러한 의미에서 어떤 누구의 소유물도 침해하지 않는다는 법의무에 견줄 만하다.

그러므로 이웃을 사랑할 의무는 타인의 **목적들**을 (부도덕한 것이 아닌 한) 내 목적으로 만드는 것이라고 표현할 수도 있다. [이에 비하여] 내 이웃을 존중할 의무는 어떠한 타인도 내 목적을 위한 한갓 수단으로 격하하지 않는다(타인에게 자기 자신을 포기하고 내 목적을 실현하기 위해 노예가 되라고 요구하지 않는다)는 준칙 안에 포함된다.

나는 내가 누군가에게 이웃을 사랑할 의무를 행함으로써 동시에 어떤 타인에게 의무를 부과하게 된다. 즉 나는 그에게 공로를 세우는 셈이다. 그러나 이웃을 존중할 의무를 준수할 때는 단지 나 자신에게만 의무를 부과하게 된다. 다시 말해 나를 내 한계 안에 유지함으로써 타인이 인간으로서 자기 안에 설정할 권한을 갖는 가치를 훼손하지 않는다.

특히 사랑의 의무에 대하여

§26

여기서 인간에 대한 사랑(인간애)은 인간에 대한 [쾌감] 만족의 사
랑이 아니라 실천적 맥락에서 이해되는 것이다. 따라서 그것은 행동
으로 나타나는 호의에서 성립해야만 하므로 행위의 준칙과 관계한
A 120 다. 인간이 인간 자체로서 평안(무탈함)[4]하게 지내는 모습에서 즐거
움을 발견하는 자, 다시 말해 타인이 모두 잘 지내는 것에서 평안함을
느끼는 자는 인간의 친구(박애자)라고 불린다. [이에 반해] 타인에게
안 좋은 일이 일어날 경우에만 평안해하는 자는 인간의 적(실천적 의
미의 인간혐오자)이라 불린다. 한편 자신이 평안하기만 하다면 타인
이야 어떻게 지내든 상관없다는 태도를 취하는 자는 자기 중심주의자
(유아론자)[5]다. 그러나 모든 사람이 평안하기를 원하지만 그들에게서
아무런 만족감도 느끼지 못해서 그들을 피하는 자는 교제를 두려워하
는 자(감성적 인간혐오자)[6]라 할 수 있으며, 사람을 피하려는 그의 태
도는 대인공포증이라 할 수 있겠다.

§27

호의(실천적 인간사랑)의 준칙은 모든 인간이 서로에게 갖는 의무
다. 이 준칙은 인간을 사랑할 만한 존재로 보든 아니든 '네 이웃을 너
VI 451 자신처럼 사랑하라'는 완전성의 윤리 법칙을 따른다. 인간에 대한 모
든 도덕적·실천적 관계는 순수 이성의 표상 안에서 인간들 사이에
성립하는 관계이기 때문이다. 다시 말해 그 관계는 보편적 입법의 자
격을 획득하는, 그래서 자기 중심적(유아론에서 나온)[7]일 수 없는 준
칙에 따르는 자유로운 행위들의 관계라는 것이다. 나는 모든 타인이
내게 호의를 보이길 원하므로 나 역시 그들에게 호의적이어야 마땅

하다. 그러나 나를 제외한 모든 타인이 [인간] 전체는 아니다. 따라서 그 준칙은 [누군가에게 도덕적] 의무를 지우기 위해 필수적인 법칙의 보편성 자체를 지니지는 않는 셈이다. 따라서 호의의 의무 법칙은 나를 실천이성의 명령에 내재한 호의의 대상으로 함께 파악한다. 그렇다고 내가 나 자신을 사랑하도록 구속되어 있기라도 하듯이 생각해서는 안 된다. (자신을 사랑하는 일은 법칙 없이도 불가피하게 일어나기 마련이라서 자기 사랑에 대한 책무[의무지움]는 존재하지 않기 때문이다) 이는 오히려 인간성이라는 자기 이념 안에 (나를 포함한) 인류 전체를 포괄하여 입법하는 이성이, 인간이 아니라[a] 보편적 입법자로서 평등 원리에 따라 나를 주변의 모든 타인과 더불어 상호 호의의 의무 안에 포함시킨다는 것을 뜻한다. 그래서 이 이성은 네가 너 자신에게 호의를 베풀도록 허용한다. 너 또한 모든 타인에게 호의적이고자 한다는 조건에서 말이다. 그래야만 네 (자선의) 준칙이, 모든 의무 법칙에 기초를 제공하는 보편적 입법의 자격을 얻게 된다. A 121

§28

보편적 인간사랑에서 호의는 비록 그 범위로 보면 가장 크지만, 정도 면에서 보면 가장 작다. 그래서 만일 내가 '나는 이 사람의 평안함에 보편적 인간사랑에 따라서만 관여한다'고 말한다면, 여기서 내가 취하는 관심은 있을 수 있는 최소한에 불과하다. 나는 그 사람의 평안함에 그저 냉담하지만 않을 따름이다.

하지만 내게 다른 사람보다 더 가까운 사람이 있듯이 호의와 관련해 내게 가장 가까운 사람은 나다. 그렇다면 이것은 '네 이웃(네 동료 인간)을 너 자신처럼 사랑하라'는 명령과 어떻게 조화할 수 있을까? A 122

---

a) '인간이 아니라'는 재판에서는 삭제되었다.

만일 누군가 (호의에 관한 의무에서) 다른 사람보다 나와 더 가까워서 다른 사람보다는 그 사람에게 더 큰 호의를 보여야 할 책무가 내게 있다면, 그러나 대상의 관점으로 볼 때 (의무에 의거해서 볼 때에도) 다른 누구보다도 내게 더 가까운 사람이 나 자신이라면, 나는 모순을 범하지 않고는 이렇게 말할 수 없는 것처럼 보인다. "나는 모든 인간을 나 자신처럼 사랑해야 마땅하다." 자기 사랑에 관한 척도라는 것
VI 452 은 정도 차이를 인정하지 않을 것이기 때문이다. 이제 다음과 같은 점이 즉시 드러난다. 즉 여기서 고려되는 것은 다른 모든 사람의 평안함에 대한 만족감에 지나지 않는 소망으로서의 호의가 아니라, 타인의 평안과 무사함을 자신의 목적으로 만드는 실천적 호의(자선)라는 사실 말이다. 전자는 타인의 평안함에 무언가를 기여하지 않아도 가능하다. ('각자는 각자를 위하고, 신은 우리 모두를 위한다'는 말도 있지 않은가) 나는 [한낱] 소망으로는 모든 사람에게 동등하게 호의적일 수 있다. 하지만 행동 면에서는 준칙의 보편성을 침해하지 않고도, 사랑하는 사람들의 차이에 따라서 (이들 가운데 누군가는 다른 사람보다 나와 더 가깝다) 호의 정도가 많이 달라질 수 있다.

A 123

사랑의 의무 구분

이 의무는 A) 자선 의무, B) 감사 의무, C) 공감 의무로 구분된다.

A
자선 의무에 대하여

§29

삶 자체에서 즐거움을 발견하기 위해 필요한 만큼 자기 자신을 잘

대우해주는 것(자기 신체를 허약해지지 않도록 돌보는 일)은 자기 자신에 대한 의무에 속한다. 이것에 대립하는 것은 삶을 즐겁게 영위하는 데 필요한 것을 인색함 때문에 (노예처럼) 자신에게서 박탈하거나 본성적 경향성을 과도하게 (열광적으로) 절제함으로써 자신이 삶의 기쁨을 누릴 수 없게 만드는 것인데, 이 두 가지는 자기 자신에 대한 인간의 의무에 어긋난다.

그러나 어떻게 우리가 타인에 대한 호의를 소망할 뿐 아니라 (이것은 우리에게 비용을 요구하지는 않는다) 이 호의가 실천될 것, 즉 가난한 자에게 자선을 베풀 능력이 있는 자라면 누구나 그렇게 할 것을 의무로까지 요구할 수 있을까? 호의는 타인의 행복(평안함)을 보며 기뻐하는 것이다. 하지만 자선은 이것[타인의 행복]을 자신의 목적으로 만드는 준칙이다. 따라서 자선 의무는 이성이 주체로 하여금 이 A 124
준칙을 보편적 법칙으로 상정하라고 강요하는 것이다.

그러한 법칙이 이성 안에 놓여 있다는 사실이 저절로 눈에 띄지는 않는다. 오히려 "각자는 각자를 위해, 신(운명)은 우리 모두를 위해" 라는 준칙이 가장 자연스러워 보인다. VI 453

§30

자선을 베푸는 일, 즉 아무 대가를 바라지 않으면서 어려움에 처한 타인이 행복해지도록 자기 능력껏 돕는 것은 모든 인간의 의무다.

어려움에 처한 사람은 누구나 타인이 자신을 도와주길 바란다. 그런데 그가 어려움에 처한 타인에게 도움을 제공하지 않겠다는 준칙을 공공연히 내세우고자 한다고, 즉 그것을 보편적 허용 법칙으로 만들려 한다고 해보자. 그러면 그 자신이 어려움에 처했을 때, 누구든지 그와 마찬가지로 그를 돕기를 거부하거나 적어도 거부할 권리를 가지게 될 것이다. 그러므로 이기적 준칙은 만일 그것이 보편적 법칙이 된다면 자기모순에 빠지게 된다. 즉 의무와 대립하게 된다. 따라서 가난한 자에게 자선을 베풀라는 공익의 준칙이 인간의 보편적 의무다. 인간은 동료 인간으로서, 즉 하나의 거주지에서 서로 도움이 필요한 본성 때문에 모여서 살아가는 궁핍한 이성적 존재로 간주되어야 하기 때문이다.

A 125 §31

부유한 자(타인을 행복하게 해줄 **수단**을 과도하게 가진 사람, 즉 자신에게 필요한 것보다 더 많이 가진 사람)의 자선은 그 자선을 행한 사람의 관점으로 볼 때 거의 공로적 의무로 간주되기 곤란하다. 비록 그 사람이 그 자선행위로 동시에 타인에게 책무를 지우는 것이기는 하지만 말이다. 그가 어떠한 희생도 대가로 치르지 않고 자선을 행해서 얻는 즐거움은 도덕적 감정에서 나오는 일종의 도취다. 또한 마치 자기가 자선으로 타인을 구속한다고 생각하는 듯한 모습은 모두 신중하게 피해야만 한다. 그렇지 않고 그가 타인에게 구속성(이것은 그 타인을 언제나 비하하는 시선으로 바라보는 것이다)을 부과하려는 의도를 표현하면서 자기 행위를 과시하고자 한다면, 이는 진정한 자선이 아닐 것이기 때문이다. 오히려 그는 그 타인이 [자선행위를] 수용함으로써 자기 자신에게 구속성을 부과하거나 영광을 베푼 것으로, 즉 그 의무를 자기 채무로 표현해야만 한다. 만일 그가 (이것이 더 나은 방식이겠는데) 자신의 자선행위를 전적으로 남몰래 실천하지 않는다면 말이다. 자선에 쓸 재산이 제한되어 있다면, 또 자선가가 타인에게 불행을 피하게 해주되 이 일을 스스로 묵묵히 떠맡을 만큼 충분히 강하다면, 이 자선의 덕은 그만큼 더 크다. 그리고 그는 실제로 도덕적으로 **부자**라고 할 수 있다.

결의론적 물음들 VI 454

자선행위에 재산을 어느 정도 지출해야 마땅한가? 분명한 사실은
나중에 자기 자신에게 타인의 자선이 필요하게 될 정도까지는 아니
라는 점이리라. 사람들이 차가운 손으로 (즉 세상을 떠날 때 하는 유언
으로) 하는 자선행위는 가치가 얼마나 되는가? 어떤 사람이 [예컨대
어떤 지배자나 영주가] 국법이 허용한 지배권을 행사함으로써 (영지 A 126
의 세습 농노에게서) 이 농노가 자기 선택으로 행복해질 자유를 빼앗
고 나서, [지배자] 자신이 생각하는 행복 개념에 따라 이 농노를 이를
테면 아버지처럼 염려해준다면, 우리는 이자[지배자]를 자선가로 간
주할 수 있을까? 아니면 오히려 어떤 사람에게서 자유를 박탈하는
일은 부정의이고 법의무 일반과 대립하는 것이 아닐까? 이 같은 조
건에서 지배자가 베풀어줄 자선을 기대하며 자신을 [즉 자기 주권
을] 포기한다면, 이는 비록 본인[즉 자발적으로 농노가 된 자]이 자
발적으로 동의했다 할지라도 인간성에 대한 최대 경멸이며, 이 사람
에 대해 지배자가 베푸는 최대한의 배려 역시 전혀 자선이 될 수 없
지 않을까? 또는 이 사람에게 [지배자가 베푸는] 공로가 클 경우에는
그것이 [침해된] 인권을 보상할 수도 있을까? 나는 행복에 대한 나의
이해에 근거하여 아무에게도 자선을 행할 수 없다. (미성년인 어린이
들이나 정신장애인은 예외로 하더라도 말이다) 자선은 오히려 내가 선
물을 들이밀면서 자선을 베푼다고 생각하는 그 당사자의 행복 이해
로만 행해질 수 있을 뿐이다.

자선을 베푸는 능력은 부에 의존하는데, 이는 대부분 다양한 사람이 정의롭지 못한 통치로 얻은 특혜에서 나온다. 정의롭지 못한 통치는 타인의 자선을 필요하게 만드는 부의 불균형을 야기한다. 이러한 상황을 고려한다면 부자가 궁핍한 자에게 제공할 수 있는 도움이라는 것에, 사람들이 그렇게도 기꺼이 공로로서 자랑하고자 하는 자선

이라는 이름이 도대체 가당하기나 한 것일까?

A 127 B

감사 의무에 대하여

감사는 우리에게 제공된 친절한 행동과 관련하여 한 인격에게 경
의를 표하는 것이다. 이 같은 판단과 결부되어 있는 감정은 (그에게 의
무를 부과한) 선행자를 존중하는 감정이다. 이에 비해 선행자는 그 수
VI 455 혜자에게 그저 사랑의 관계 안에 있는 자로 간주된다. 물리적 결과가
따르지 않는, 타인에 대한 진정한 호의만으로도 덕의무라는 이름을
받을 만하다. 이것은 행동으로 표시하는 감사와 단순한 정서적 감사를
구별하는 근거가 된다.

§32

감사는 의무다. 즉 감사는 내가 경험한 친절함에 대해 느끼는 구속성[책무]을 증명해 보임으로써 타인이 더 많은 자선을 베풀도록 만들려는 한갓 영리함의 준칙(감사 행위는 더 많은 기부로 초대하는 것이다[8])이 아니다. 만일 감사가 영리함의 준칙이라면 나는 그 증명을 나의 다른 의도를 위한 한낱 수단으로 사용하는 셈이 되기 때문이다. 감사는 오히려 도덕 법칙을 통한 직접적 강요, 즉 의무다.

그러나 감사는 더 나아가 신성한 의무로, 즉 그것을 손상할 경우
(파렴치한 경우) 자선에 대한 도덕적 동기를 원칙 자체 안에서 파괴
A 128 할 수 있는 의무로 간주되어야만 한다. 어떤 도덕적 대상에 대한 책
무가 이 책무에 적합한 어떠한 행위로도 완전히 소진될 수 없는 경
우, 이 같은 도덕적 대상은 신성하기 때문이다. (이때 의무지어진 자
는 언제나 의무지어진 상태로 남는다) 이러한 의무 이외의 모든 의무
는 보통의 의무다. 그런데 우리는 우리에게 베풀어진 친절한 행위를

어떠한 보답으로도 상쇄할 수 없다. 수혜자는 친절을 제공한 자가 먼저 호의를 보였다는 사실로 말미암아 그가 갖게 된 공로상 우위를 결코 빼앗을 수 없기 때문이다. 그러나 그러한 (친절한) 행동 없이 진정한 호의만으로도 이미 감사할 책무의 근거가 성립한다. 이 같은 종류의 감사의 마음씨를 사의(謝意)라고 한다.

§33

이러한 감사의 범위를 말하자면, 그것은 동시대인들뿐만 아니라 조상들, 심지어 우리가 그 이름을 확실히 말할 수 없는 사람들에게도 해당한다. 우리가 스승으로 간주할 수 있는 고대인이 공격당하거나 책임을 추궁당할 때 그리고 과소평가될 때 가능한 한 그들을 옹호하지 않는 것을 예의 바르지 못하다고 여기는 것도 이 때문이다. 그러나 이때 그들이 고대에 살았다는 이유만으로 그들의 재능과 선의지가 근대인의 그것보다 우월하며, 마치 세계가 근원적인 완전함을 자 VI 456
연 법칙에 따라 지속적으로 상실하는 것처럼 상상하고, 모든 새로운 것을 옛것과 비교해 경멸하는 일은 바보 같은 착각에서 기인한다.

그러나 심도(深度), 즉 이 덕의 구속성 정도를 말하자면, 이것은 의 A 129
무지어진 자[수혜자]가 그 친절한 행위에서 얻은 이득에 따라서 그리고 그 행위가 얼마나 이기적이지 않은 방식으로 행해졌는지에 따라서 평가되어야 한다. 가장 낮은 정도는 선행자에게 (그가 아직 살아있다면) 동등한 혜택을 돌려주거나, 그에게 그렇게 할 수 없다면 다른 사람에게 동등하게 행하는 것이다. 이는 혜택받은 친절한 행위를 기꺼이 벗어던지고 싶은 짐(이렇게 혜택을 입은 자는 시혜자보다 한 단계 낮은 위치에 있으며, 이 사실이 그의 자존심을 상하게 하기 때문이다)으로 간주하지 않고, 오히려 감사해야 할 기회까지도 도덕적 친절 행위로 수용하는 것이다. 즉 호의의 정성(의무에 대한 표상에서 그러한 심정을 가장 작은 정도까지 주목하는 것)인 인간사랑에 관한 이와 같은 덕을 그 호의의 심정에 관한 진지함과 결합하고, 또 그렇게 해서 그 인간사랑을 고취하기 위해 주어진 기회로 수용하는 것이다.[b)]

C
공감 감정은 대체로 의무다

§34

함께 기뻐하고 함께 괴로워하는 것(도덕적 동감)[9)]은 타인의 만족 상
A 130 태나 고통 상태에 대하여 쾌나 불쾌를 느끼는 (그래서 감성적[미적]이라 불려야 하는) 감각적 감정(공감, 참여적 감정)인데, 자연은 이미 이것에 대한 감수성을 인간 안에 심어놓았다. 하지만 이것을 활동적이고 이성적인 호의를 촉진하는 수단으로 사용하는 것은, 비록 조건적 의무이기는 할지라도, 인간성이라는 명목 아래 행해져야 하는 하나의 특별한 의무다. 이때 인간은 단순히 이성적 존재로서만이 아니라 이성을 부여받은 동물로서도 간주되기 때문이다. 이 인간성은 자기감정을 서로에게 전달하는 능력과 의지 안에서 성립하거나(실천적 인간성), 즐거움이나 고통에 관한 공동의 감정에 대한 감수성—이
VI 457 감정은 자연 자신이 준다—안에서 성립하는 것(감성적 인간성)일 수 있다. 전자는 자유로워서 참여적이라 일컬어지며(느낌을 자유로이 공유하기[10)]) 실천이성에 기초한다. 후자(느낌을 자연스럽지 못하게, 노예적으로 공유하기[11)])는 자유롭지 못해서 (열이나 전염병의 경우에서처럼) 전이적인 것 또는 교감동통(交感疼痛)[12)]이라 불릴 수 있다. 이

---

b) 재판: "즉 이 덕은 호의의 마음씨에 관한 진지함을 동시에 호의가 지닌 정성(의무에 대한 표상에서 그러한 마음씨를 가장 작은 정도까지 주목하는 일)과 함께 결합하는 것인데, 이 덕을 행사하고, 또 그렇게 해서 인간애를 고취하기 위해 주어진 기회로 수용하는 것이다."

것은 옆에서 함께 살아가는 사람들 사이에서 자연스럽게 전파되기 때문이다. 전자의 경우에만 구속성이 있다.

스토아학자가 생각했던 현자에 관한 숭고한 표상 방식이 존재하는데, 다음과 같은 표현에서 발견된다. "내가 원하는 친구는 내가 가난하거나, 병들었거나, 감옥에 있을 때 내게 도움을 줄 친구가 아니다. 내가 원하는 친구는 그가 그 같은 상황에 처했을 때 내가 그의 곁에 있을 수 있고 그렇게 해서 [내가 그] 한 인간을 구하게 될 수 있는 친구다." 그리고 그 현자는 만일 자신이 그 친구를 구하지 못하게 된다면 스스로에게 "이게 대체 나와 무슨 상관인가?" 하고 말하는 자다. A 131
즉 교감동통을 거부하는 자다.

사실 누군가가 고통을 당하고 있고 내가 도움을 줄 수 없는 상황에서 나 역시 그 고통에 (상상력으로) 전염된다면, 원래 (본성상) 오직 한 사람한테만 해당되었던 해악으로 [결국] 두 사람이 고통을 당하는 셈이 된다. 그러나 [이렇게] 세계 안의 해악을 증대하는 것이 의무일 수는 없다. 그러므로 함께 괴로워함[동정]으로써 친절을 베푸는 것 또한 의무일 수 없다. 그러한 일은 그만한 가치[존엄성]를 지니지 못한 자에 관한 것이고, 연민[13]이라고 불리는 호의를 표현하기 때문에 모욕적인 부류의 친절함이 될 것이다. 그러므로 이 같은 호의는 행복을 누릴 만한 가치를 자랑해서는 안 되는 인간들 사이에서는 서로에게 전혀 드러내서는 안 되는 일이다.

§35

타인과 함께 괴로워하는 것(과 함께 기뻐하는 것)은 그 자체로 의무는 아니라 할지라도, 그들의 운명에 적극적으로 동참하는 것이다. 그래서 결국 우리 안에 있는, 함께 괴로워하는 (감성적) 감정들을 계발하는 것은 간접적 의무다. 그것을, 도덕적 원칙들과 그 원칙들에 적합한 감정에서 비롯하는 동참을 이끌어내는 여러 수단으로 사용하는 것 역시 그러하다. 그러므로 의무는 생필품도 없는 가난한 사람들
A 132 이 있는 장소를 피하는 것이 아니라 오히려 그러한 장소를 찾는 것이고, 또 자신이 방어할 수 없는 고통스러운 공감을 피하기 위해 병실이나 죄인들이 있는 감옥 같은 장소를 기피하는 것이 아니다. 공감 감정은 의무라는 생각 자체만으로는 성취할 수 없는 것을 행하기 위해 자연이 우리에게 심어놓은 충동들 가운데 하나이기 때문이다.

VI 458

결의론적 물음들

만일 인간의 모든 도덕성을 단지 법의무에만 제한하되 최대한 성실성을 수반하고, 이에 비해 호의는 도덕성과 무관한 일로 간주한다면, 이것이 세계의 안녕에 일반적으로 더 나은 일 아닐까? 이렇게 하는 것이 인간의 행복에 어떠한 결과를 가져올지 전망하기는 쉽지 않다. 하지만 이 경우 적어도 세계를 도덕적으로 장식하는 큰 부분이라고 할 수 있는 도덕적 인간애는 자취를 감추게 될 것이다. 그런데 이 인간애는 그 자체로 (행복에 관한) 이득을 계산에 넣지 않고 세계를 하나의 아름다운 도덕적 전체로서 그 완전한 전체 모습 속에서 그리고자 할 때 요구된다.

감사는 원래 의무가 있는 자가 친절을 베푼 자에게 그 친절에 대한 보답으로 행하는 사랑이 아니라 그 사람을 존중하는 것이다. 보편적 이웃 사랑의 기초에는 평등한 의무가 놓여 있을 수 있고 또 그래야만 하기 때문이다. 그런데 감사의 경우에는 의무가 있는 자가 자신에게 친절을 행한 자보다 한 단계 낮은 곳에 위치한다. 바로 이 점이 그토
A 133 록 많은 배은망덕의 원인은 아닐까? 다시 말해 자기 위에 누군가 있는 것을 원치 않는 자존심, 그 사람과 (의무의 관계와 관련하여) 완전한 평등 관계에 들어갈 수 없다는 사실에 대한 거부감 말이다.

인간애에 정면으로 대립하는 인간증오의 악덕에 대하여

§36

인간증오의 악덕은 시기, 배은망덕, 남의 불행에 기뻐하기 등 혐오스러운 것들로 이루어져 있다. 여기서 증오는 자신을 드러내거나 폭력적이지 않고 오히려 은밀하고 은폐된 채 작동한다. 이는 자기 이웃에 대한 의무를 망각하는 데다 비열함을 보태는 것이라서 동시에 자기 자신에 대한 의무를 손상하는 것이다.

a) 시기(시샘)[14]는 타인의 안녕을 고통으로 지각하는 성향으로, 타인의 안녕이 자기 안녕에 손해를 입히지 않는데도 그렇게 지각하는 것을 말한다. 시기가 (타인의 안녕을 해하는) 행위로 나아가면 그 이름에 걸맞은 시기[15]이고, 그 밖의 경우는 단순히 질투(선망)[16]라 불린다. 그런데 시기는 단지 간접적인 악의적 마음씨다. 다시 말해 우리 자신의 안녕이 타인의 안녕에 가려진다고 생각하는 데서 비롯하는 불만이다. 이것은 우리가 우리 안녕의 기준을 그것의 내적 가치에서 찾지 않고 오로지 타인의 안녕과 비교함으로써만 평가하고 또 이 평가를 구체화할 줄 알기 때문에 일어난다. 그래서 사람들은 어떤 부부나 가 VI 459
족 등이 보이는 화목하거나 행복한 모습과 관련해서 시기를 받을 만 A 134
하다고 말한다. 마치 많은 경우 누군가를 시기하는 것이 허용되기나 하는 것처럼 말이다. 시기충동은 인간 본성에 놓여 있는데, 이것은 폭발하기만 하면 음험하고, 자신을 괴롭히며, 적어도 소원상으로는 타인의 행운 파괴를 지향하는 욕망, 즉 혐오스러운 악덕이 된다. 따라서 시기충동은 인간의 타인에 대한 의무뿐 아니라 자기 자신에 대한 의무와도 대립한다.

b) 자신에게 친절을 베푼 사람에 대한 배은망덕[17]은 만일 이것이 그 사람을 증오하는 정도에 이른다면 그 이름에 걸맞은 배은망덕[18]이

며, 그 밖의 경우는 단순히 망은(忘恩)[19]이라 한다. 배은망덕은 공적 판단에 따라서 볼 때에도 [이미] 가장 혐오스러운 악덕이지만, 또한 인간이 이 악덕 때문에, 심지어 자선행위로 적까지 만들 수 있다는 것이 그럴듯한 일로 간주될 만큼 악평마저 많다. 이러한 악덕을 가능하게 하는 근거는 자기 자신에 대한 의무를 오해한 데 있다. 오해된 의무에 따르면 타인의 자선이 우리에게 그것에 상응한 의무를 부과하므로 필요하다고 하거나 요구하지 말아야 하며, 타인을 귀찮게 만듦으로써 그 타인에게 빚(의무지움)을 지기보다 차라리 고단한 삶을 스스로 견뎌야 한다는 것이다. 이렇게 생각하는 이유는 우리가 자선을 받음으로써, [이를테면] 보호자(자선가)에 비해 낮은 피보호자 지위로 떨어질까 두려워하기 때문이다. 그러나 이러한 생각은 진정
A 135 한 자기 평가(자기 인격 안에 있는 인간성의 존엄함에 자부심을 갖는 것)와 대립하는 것이다. [어쨌든] 우리는 우리에게 친절한 행위를 불가피하게 먼저 베풀 수밖에 없던 사람들에 대한 (기억 속의 선조들이나 부모에 대한) 감사는 후하게 표시하면서 동시대인들에 대한 감사는 인색하게 표시하거나 심지어 불평등한 관계가 드러나지 않게 하려고 감사와는 정반대 방식을 취하기까지 한다. 하지만 그렇게 되면 그것은 인간성을 분노하게 만드는 악덕이 되며, 단지 그 같은 사례로 인간에게 일반적으로 가해질 수밖에 없는 손해 때문에 사람들이 자선을 계속하지 못하게 만든다. ([물론] 사람들이 진정으로 도덕적인 마음씨를 지녔다면, 그러한 모든 보답을 멸시해버림으로써 오히려 더욱 커다란 내면적인 도덕적 가치를 자신의 친절한 행위에 부여할 수도 있다) 그뿐만 아니라 배은망덕의 악덕으로 말미암아 인간애는 전도되고 사랑의 결핍이 도리어 사랑하는 사람을 미워할 권한으로까지 타락하게 된다.

c) 남의 불행에 기뻐하기[20]는 불행을 함께 나누는 것과 정반대인데,

인간 본성에도 낯선 일이 아니다. 하지만 이것이 해악이나 악 자체의 VI 460
작용을 도울 정도에 이르면 그 이름에 걸맞은 것이 되고 인간증오를
노출하며, 소름이 돋을 정도로 포악한 모습을 보이게 된다. 타인이
추문으로 겪는 불행이나 몰락이 이를테면 우리의 안녕 상태에 배경
이 되어 이 상태를 그만큼 더욱 두드러져 보이게 하고 자신의 평안함
과 훌륭한 처신까지도 더 강력히 느끼게 해주는 것은 분명 본성 안에
그 기초가 놓여 있으며, 상상력의 법칙, 즉 대조의 법칙에서 기인한 A 136
다. 그러나 세계를 위한 보편적 최선을 파괴하는 그와 같이 무모한 일
이 존재하는 것을 대놓고 기뻐하는 것, 즉 그 같은 일이 일어나기를
기꺼이 원하는 것은 은밀한 인간증오이자 우리에게 부과된 이웃 사
랑의 의무에 정면으로 대치되는 것이다. 타인이 지속적으로 번영을
누릴 때 드러내는 오만함이라든지 훌륭한 처신과 관련해 드러내는 자
만은 적개심에 찬 기쁨을 불러일으킨다. (원래 지속적 번영이나 훌륭
한 처신 등은 그자가 여전히 공식적인 악덕의 길로 빠져들지 않았다는
행운을 의미할 뿐인데) 이기적 인간은 이 두 가지를 마치 자기 공적인
것처럼 간주하기 때문이다. 이는 (테렌스[21] 희곡의 진솔한 등장인물
크레메스가) "나는 인간이다. 인간에게 일어나는 모든 일은 내게도
관여한다"라는 대사에서 말하는, 공감의 원리에 따른 의무와 정면으
로 대립한다.

이처럼 남의 불행에 기뻐하기 가운데 가장 달콤한 것이 복수욕이다. 복수욕은 나 자신에게 아무 이득이 되지 않더라도 타인의 손해를 자기 목적으로 삼는 것이 가장 정당한 일처럼 보이게 하고, 심지어 그것을 (권리에 대한 욕망으로서) 책무로까지 보이게 한다.

한 인간의 권리를 침해하는 모든 행위는 처벌[형벌]받아 마땅하다. 처벌은 (단순히 파생된 손해를 복구하는 데 그치지 않고) 범죄자에게 그 범죄행위에 대해 복수하는 것이다. 그러나 처벌은 모욕을 당한

A 137 자가 사적 권위에서 행사하는 행위가 아니다. 그것은 그와 구별되는 법정이 행사하는 행위다. 법정은 만인의 우두머리가 제정한 법이 이 우두머리에게 복종하는 모든 사람에게 효력을 미치도록 한다. 그러나 만일 우리가 (윤리학에서 그러해야 하는 것처럼) 법적 상태에 있는 인간을 (시민법에 따라서가 아니라) 순수한 이성법에 따라서 고찰한다면, 최고의 도덕적 입법자 이외에 아무도 처벌을 행하고 인간에게서 받은 모욕을 복수할 권한을 갖지 못한다. 최고 입법자(즉 신)만이 이렇게 말할 수 있다. "복수는 내 몫이다. 내가 복수하마." 그러므로 스스로 복수하기 위해 타인의 적개심에 증오로써 응답하지 않는 것, 또한 세계의 심판자에게 복수해달라고 요구조차 하지 않는 것이 덕의무다. 한편으로는 인간이 스스로 용서가 필요할 만큼 자기 허물을 충분히 뒤집어쓰고 있기 때문이고, 다른 한편으로는 이것이 주된 이유

VI 461 가 되겠는데, 누가 행하든 처벌이 결코 증오에 따라 행사되어서는 안 되기 때문이다. 따라서 화해는 인간의 의무다. 그러나 이것과 모욕에 대한 물렁한 인내(정의롭지 못한 것들에 대한 온화한 인내)를 혼동하지 말아야만 한다. 후자는 타인의 지속적 모욕을 예방하기 위해 강경한 (엄정한) 수단에 호소하기를 포기하는 것이다. 이것은 자기 권리를 타인의 발밑에서 포기하는 것이고 인간이 자기 자신에게 가지는 의무를 손상하는 일이다.

주해

만일 원칙적 의미로 (그 이름에 걸맞은 것으로서) 받아들인다면 인간의 본성까지도 미워할 만한 것으로 만들어버릴 모든 악덕은 객관

A 138 적으로 고찰하면 비인간적이지만, 주관적으로 숙고해본다면 인간적이다. 즉 경험이 우리에게 우리가 속한 유[즉 인류]에 대해 가르쳐주는 것에 따른다면 그렇다는 것이다. 그러므로 사람들이 비록 격한 혐

오 감정 속에서 몇몇 악덕을 악마적이라 부르고 싶어 하고, 그것에 대립하는 것을 천사의 덕이라 부를 수 있다 하더라도, 이 두 개념은 어떤 최대치를 표시하는 이념일 뿐이다. 다시 말해 도덕성의 정도를 비교하기 위한 척도로 생각된 것이다. 인간을 중간 존재로 만들어 자기 자리를 어느 곳에서도 발견하지 못하게 하는 것이 아니라 천국 아니면 지옥에 자리를 지정해주면서 말이다. 이보다 [인간을] '천사와 짐승 사이의 애매한 중간물'이라고 표현한 할러[22]가 더 적절했는지를 놓고 여기서 결론을 내릴 일은 아니다. 그러나 이질적인 것들이 결합된 것을 반으로 나누는 일은 전혀 어떠한 확정적 개념에도 도달하지 못한다. 또한 우리에게 알려져 있지 않은 계층별 차이로는 존재의 질서 가운데에서 어떤 것도 우리를 이 확정적 개념으로 인도할 수 없다. (천사의 덕과 악마적 악덕이라는) 첫째 대립 설정은 과장되었다. [그리고] 인간이 유감스럽게 짐승 같은 악덕으로 타락하기는 하지만, 둘째 설정 또한 짐승의 종에 속하는 어떤 소질을 인간에게 귀속시키는 것을 정당화하지는 못한다. 이는 마치 숲에서 기형적으로 생장한 나무 몇 그루가 그 나무들을 식물의 한 특수한 종으로 만들 [즉 분류할] 근거가 되지 못하는 것과 같은 이치다.

제2절 타인에 대한 마땅한 존중에서 성립하는 덕의무에 대하여 A 139; VI 462

§37

자신의 요구 주장을 일반적으로 절제하는 것, 다시 말해 어떤 사람이 타인의 자기사랑을 고려해 자기사랑을 자발적으로 제한하는 것을 겸양[23]이라고 한다. 이 같은 절제는 타인에게 사랑받을 만한 가치가 있는데, 이것을 결여한 상태(불손)가 이기심(이기적 자기애)[24]이다. 그러나 타인에게 자신을 존중해달라고 요구하는 불손은 자만(건방짐)[25]이다. 내가 타인에게 표하는 또는 타인이 내게 요구할 수 있는 (타인에게 표시해야 하는) 존중은 타인의 존엄성을 인정하는 것이다. 즉 어떠한 가격도 매길 수 없는 가치이자 가치 평가로 교환할 수 있는 어떠한 등가물도 없는 가치를 인정하는 것이다. 하나의 사물을 아무런 가치도 없는 사물로 판정하는 것이 경멸이다.

§38

사람은 누구나 자기 이웃에게 [자신을] 존중[해줄 것]을 요구할 정당한 권리를 가지며, 또 이에 상응하여 자신도 모든 타인을 존중할 책무를 진다.

A 140 인간성은 그 자체로 존엄하다. 인간은 어떠한 인간에게서도 (타인에게서든 본인 자신에게서든) 한갓 수단이 아니라 언제나 항상 동시에 목적으로 대우받아야만 하기 때문이다. 그리고 여기에 바로 그 인간의 존엄성(인격성)이 성립한다. 이 존엄성으로 말미암아 인간은 자신을 인간이 아닌, 사용 가능한 다른 모든 세계존재, 즉 모든 사물보다 우위에 선다. 그러므로 인간이 어떤 대가를 받고도 자신을 포기할 수 없는 것과 마찬가지로 (만일 그 같은 일이 일어난다면 그것은 자기 존중 의무와 대립하게 될 것이다) 인간으로서 타인에게도 필수적으로 주어져야 하는 자기 존중에 반하여 행동할 수도 없다. 달리 말해 인간은 타인 모두에게 인간성의 존엄을 실천함으로써 인정할 책무를 진다. 따라서 타인 모두에게 필수적으로 주어져야만 하는 존중 의무는 인간[자신]에게 토대를 둔다.

§39

VI 463

타인을 경멸하는 것, 다시 말해 인간 일반에 당연히 표시해야 할 존중을 거부하는 것은 어떠한 경우든 의무에 반하는 일이다. 그들은 인간이기 때문이다. 인간을 타인과 비교하면서 내적으로 과소평가하는 것(멸시하기)[26]은 때때로 불가피한 일이기는 하지만 그것을 겉으로 드러내 보이는 것은 어쨌든 모욕이다. 위험한 것은 경멸의 대상이 아니므로 사악한 자도 경멸의 대상이 아니다. 그래서 만일 내게 사악한 자의 공격에 대해서 점하는 우월성에 따라 '나는 그자를 경멸한다'고 말할 권리가 있다면, 이는 다음과 같은 것을 의미할 뿐이다. 즉 내 A 141
가 비록 그의 공격을 방어할 준비를 전혀 하지 못했다 하더라도, 그는 스스로 비난받을 상태에 있음을 보여주므로 아무런 위험도 존재하지 않는다는 것이다. 그러나 나는 그가 아무리 사악할지라도 인간인 그에게 주어져야 할 모든 존중을 거부할 수는 없다. 비록 그가 행동으로 인간의 자질에 있는 존엄성을 훼손한다 해도 그러한 존중이 적어도 인간의 자질에서 제거될 수는 없다. [이 같은 관점에서 보면 형벌 가운데에는] 욕보이는, 즉 인간성 자체의 명예를 더럽히는 형벌(능지처참, 개에게 물게 하기, 코와 귀 떼어내기 등)이 있을 수 있다. 이러한 형벌은 명예를 사랑하는 (이것은 타인에게 존중해달라고 요구하는 것으로서 누구나 해야만 하는 것이다) 사람에게는 재산이나 생명의 상실보다 더한 고통을 줄 뿐만 아니라, 그것을 바라보는 관객 역시, 그렇게 대우하는 것이 허용되는 종족에 함께 속해 있다는 사실을 수치스러워할 수조차 없게 [즉 무감각하게] 만든다.

주해

이러한 이유에서 인간 이성을 논리적으로 사용할 경우에도 인간을 존중할 의무가 존재한다. 이것은 인간 이성의 잘못을 우둔함, 몰

취미적 판단 등과 같은 이름으로 나무라는 것이 아니라, 그러한 [잘못된] 판단 속에도 여전히 참인 어떤 것이 존재할 수밖에 없다고 전제하고 그것을 찾아야 하는 의무다. 그러나 이와 동시에 기만적인 가상(판단의 규정 근거 안의 주관적인 부분을 객관적인 것으로 착각한 것)을 발견하고, 그렇게 하여 오류 가능성을 설명함으로써 사람들로 하
A 142 여금 그들의 지성에 대한 존중심을 유지하도록 해야 한다. 자신과 어떠한 주제에 대하여 대립되게 판단하는 자에게 위에서 언급한 [부정적] 표현들을 써가며 그 사람의 모든 지적 능력을 부정해버린다면, 그 사람이 오류를 범했다는 사실을 그에게 어떻게 이해시킬 수 있겠는가? 악덕에 대한 비난도 이와 마찬가지다. 사악한 자에 대한 비난도 결코 그자의 모든 도덕적 가치를 완전히 멸시하고 부정하는 데까
VI 464 지 이르러서는 안 된다. 그와 같은 가정에 따르면 그자는 결코 더 나은 사람이 될 수 없겠기 때문이다. 그러한 생각은 인간에 관한 이념과 양립할 수 없다. 다시 말해 인간(도덕적 존재)은 그 자체로 선에 대한 소질을 결코 전적으로 상실할 수 없다는 것이다.[27)]

§40

주체에게 도덕적 감정으로 표시되는, 법칙에 대한 존중은 자신의 의무에 대한 의식과 동일한 것이다. 그렇기 때문에 (자신의 의무를 가장 높이 평가하는) 도덕적 존재인 인간에게 존중을 표명하는 것 자체가 타인이 그에 대해 가지는 의무다. 그것은 또한 본인이 그것에 대한 요구를 포기할 수 없는 권리이기도 하다. 사람들은 이러한 요구를 **명예에 대한 사랑**[28)]이라고 한다. 이것이 외적인 행실로 드러나는 현상이 **명망**(외적 명예)[29)]이며 이 명망을 위반하는 것을 **추문**이라고 한다. 명망을 존중하지 않는 사례[즉 추문]는 모방을 낳을 수도 있겠는데, 그러한 사례를 **제공하는** 것은 의무와 매우 심하게 대립하는 일이

다. 그러나 전적으로 이치에 맞지 않는 일(배리背理)[30]이지만 그 밖에는 그 자체로 선한 것에서 사례[본보기]를 취하는 것은 (사람들은 관행적이지 않은 것을 또한 허용되지 않는 것으로도 여기기에) 하나의 망상이다. 망상은 덕에 위험하고 해가 되는 잘못이다. [도덕적 존재 A 143
로서] 사례를 제공하는 타인에게 표명해 마땅한 존중이 맹목적 모방으로까지 변질될 수는 없기 때문이다. (이때 [즉 망상의 경우] 관습, 인습은 법칙의 존엄성 수준까지 고양된다) [그러나] 그러한 것으로서 [즉 변질의 한 예로서] 풍습이 폭압적 지배력을 행사하게 된다면, 이는 인간이 자기 자신에게 가지는 의무에 반하는 일이 될 것이다.

§41

단순히 사랑할 의무를 이행하지 않는 것은 **부덕**(잘못)[31]이다. 그러나 모든 인간에게 예외 없이 주어져야 마땅한 **존중**에서 나오는 의무를 이행하지 않는 것은 **악덕**[32]이다. 전자를 등한시한다고 누군가가 모욕당하지는 않는다. 하지만 존중 의무를 등한시할 때는 인간에게 합법적인 요구와 관련된 침해가 발생한다. 사랑할 의무를 위반하는 것은 **대립**으로 간주되는 의무 위배(덕의 반대대당 관계)다. 그러나 도덕적으로 보탬이 되는 것이 아닐 뿐만 아니라 주체에게 도움이 될 수 있었을 것의 가치를 아예 제거해버리기까지 하는 것은 **악덕**이다.

이러한 이유로 이웃에게 이행해야 마땅한 존중 의무는 단지 소극적으로만 표현된다. 다시 말해 이러한 덕의무는 (대립을 금함으로써) VI 465
오로지 간접적으로만 표현된다.

A 144 타인을 존중할 의무를 손상하는 악덕들에 대하여

이러한 악덕들은 A. 거만함, B. 비방하기, C. 조롱하기다.

A

거만함[33)]

§ 42

거만함(이것은 'superbia'라는 단어가 표현하는 것처럼 항상 위에서 허우적대려는 경향을 뜻한다)은 **명예욕**[34)]의 일종이다. 우리는 이 거만함으로 타인에게 그들 자신을 우리와 비교하여 낮게 평가하라고 무리하게 요구한다. 따라서 이것은 모든 인간이 합법적으로 요구할 수 있는 존중에 대립하는 악덕이다.

이는 **명예사랑인 자부심**,[35)] 즉 타인과 비교해 자신이 인간으로서 지니는 존엄함을 조금도 다치지 않으려는 신중함(이러한 이유로 여기에는 '**고상한**'이라는 수식어가 따라붙곤 한다)과는 다르다. 거만함은 자기는 타인에게 인정하고자 하지 않는 존중을 타인에게 요구하는 것이기 때문이다. 하지만 자부심도 타인에게 자신의 중요성을 배려해 달라고 무리하게 요구하기만 한다면 그 자체가 잘못과 모욕이 된다.

다음과 같은 점들은 모두 그 자체로 명백한 사실들이다. 거만함이란 말하자면 명예를 갈구하는 자가 자신의 추종자를 얻고자 하는 것인데, 이때 그는 그 추종자를 경멸적으로 마주할 권리가 있다고 믿
A 145 는 것이다. 이것은 **부당한** 일로, 인간 일반에게 주어져야 마땅한 존중과 대립한다. 거만함은 또한 **어리석음**이다. 다시 말해 [스스로] 목적이 되기 위하여, 특정한 관계 속에서는 전혀 가치가 없는 어떤 것을 위해 수단들을 사용하는 허영심이다. 또한 거만함은 **멍청함**, 다시 말해 타인에게 자기가 의도하는 목적과 대립하는 것을 불러일으킬 수

밖에 없는 수단을 사용하는(거만한 자가 존중받으려 노력하면 할수록, 누구나 그자를 존중하기를 거부할 것이기 때문에), 모욕을 주는 무분별이다. 거만한 자가 언제나 근본적으로 자기 영혼에 비열하다는 점에 VI 466
주목하는 사람은 적을 수도 있다. [그러한 자가 자기 영혼에 비열한 이유는] 그자가 만일 운이 완전히 바뀌어 자기 스스로 비굴하게 굴고 타인의 모든 존중을 포기하는 일을 전혀 어렵지 않게 여기게 되리라는 사실이 자신과 무관하다고 여겼다면, [오히려] 타인들로 하여금 자기 자신과 비교하여 그들 자신을 낮게 평가하라고 무리하게 요구하지는 않았을 것이기 때문이다.[36]

B

비방하기[37]

§43

좋지 못한 뒷말하기(험담)[38]나 비방하기는—나는 이것을 법정 싸움으로 이어지는 거짓 뒷말하기, 즉 중상모략[39]이 아니라 타인에 대한 존중에 해가 되는 어떤 것을 소문으로 퍼뜨리려는 직접적이지만 특별히 고의적이지는 않은 경향으로 이해하는데—인간성 일반 A 146
에 마땅히 주어져야 하는 존중과 대립한다. 모든 추문은, 도덕적으로 선한 것에 대한 추진력이 기반을 두는 존중을 약화하고 가능한 한 신뢰하지 못하도록 만들기 때문이다.

타인의 명예를 손상하는 것을 고의로 퍼뜨리는 것(유포함)[40]은 비록 그것이 공적인 법정으로까지 갈 문제가 아니라 할지라도—또 그 내용이 참일 수도 있겠지만—인간성 일반에 대한 존중을 깎아내리는 짓이다. 궁극적으로는 우리 인류 자신을 비열함의 그늘 속으로 던져버리고 인간증오(인간회피)[41]나 경멸을 지배적 사고방식으로 만든다. 또는 그러한 모습을 자주 목격하게 될 경우 인간의 도덕적 감정이 무뎌지고 그런 짓에 익숙하게 된다. 그러므로 타인의 잘못을 폭로하는 일에서 고약한 쾌감을 느끼고, 그렇게 함으로써 자신이 선하거나 모든 타인보다 적어도 더 나쁘지는 않다는 생각을 확고하게 하는 대신, 우리 판단을 누그러뜨리고 타인의 잘못에 대한 판단을 입밖에 내지 않음으로써 인간애의 장막을 쳐주는 것이 덕의무다. 타인이 우리에게 제공하는[c)] 존중 사례들은 그 존중에 어울리는 행실을 보이려는 노력을 자극할 수 있기 때문이다. 이렇기 때문에 타인의 도덕[적 관행]을 엿보려는 성벽(남의 일에 참견하기[42)])은 그 자체로도 이미 인간지를 가장한 모욕적 참견이며, 누구나 이것을 자신에게 주어져야 마땅한 존중에 대한 훼손으로 배척할 권리가 있다.

A 147; Ⅵ 467

C

조롱하기

§ 44

경박하게 잔소리하는 성벽과 타인을 웃음거리로 만드는 성향, 즉 조롱하는 성벽은 타인의 잘못을 자기 오락의 직접적 대상으로 만드는 것으로서 악의적이며, 친구들 사이의 신뢰에 기초하는 농담과는 전적으로 구별된다. 농담은 겉으로는 잘못으로 보이지만 실제로는 그들 심기(心氣)상 특징이나, 때로는 유행의 규칙에서 벗어나 있음을 웃음거리로 만드는 것이다. (따라서 이것은 비웃음이 아니다) 그러나 실제 잘못이거나, 인격에 돌아가야 할 존중을 앗아갈 목적으로 실제 잘못인 양 꾸며낸 잘못을 폭로함으로써 웃음거리로 만드는 것과 그러한 성향, 즉 신랄한 조롱의 성벽(신랄한 정신)[43)]은 그 자체로 어떤 악마적 즐거움을 준다. 그래서 타인을 존중할 의무를 그만큼 더 심각

---

c) 재판: '우리가 타인에게'.

하게 훼손한다.

그러나 적의 모욕적인 공격을 경멸하고 비록 조롱하면서 물리치는 것이기는 하지만 농담조로 그렇게 하는 것(농담적 응수[44])은 위에서 말한 것과 구별된다. 이 농담적 응수로 조롱자(또는 일반적으로 남의 손해를 기뻐하지만 힘은 없는 적)는 똑같은 방식으로 조롱받는 셈이고, 또 조롱받았던 자는 자신이 상대에게 요구할 수 있는 존중을 정당하게 방어하는 것이다. 하지만 만일 조롱 대상이 원래는 재치 있는 농담 대상이 아니라, 이성의 필연적인 도덕적 관심의 대상이라면, A 148
상대가 아무리 많이 조롱을 퍼부으면서 그렇게도 많은 약점을 웃음거리로 만들었다 할지라도, 그와 같은 공격에는 아무런 방어도 하지 않거나 엄숙하고 진지한 방어로 대응하는 것이 그 대상의 존엄성과 인간의 존엄성에 더 적합하다.

주해

앞의 제목 아래에서 우리는 덕에 대한 칭찬보다는 그것에 대립하는 악덕에 대한 비난이 주를 이루었다는 사실을 알게 되었을 것이다. 그런데 사정이 이렇게 된 이유는 이미 존중 개념 안에 놓여 있다. 존중은 우리가 [그저] 타인에게 보여줄 책무가 있는 것으로서 **소극적** 의무에 해당하기 때문이다. 내가 타인을 (그저 한 인간으로 볼 경우) **숭배해야** 할 책무는 없다. 다시 말해 내가 그에게 **적극적** 경의를 표해야 할 책무는 없다. 내가 본성적으로 구속되어 있는 존중은 모두 법칙 일반에 대한 존중(법칙을 숭배함[45])이다. 하지만 이것은 타인 일 VI 468
반을 숭배하거나 (인간을 향한 숭배[46]) 그렇게 함으로써 그들에게 무엇인가를 기여해야 하는 것은 아니다. 그것은 타인에 대한 보편적이고 무조건적인 인간 의무이며, 그들에게 원천적으로 주어져야 마땅한 존중(빚진 존중[47])으로서 모두에게 요구될 수 있는 것이다.

A 149 인간의 상이한 품성이나 우연적 관계, 예컨대 나이, 성별, 출신, 강건함이나 허약함 또는 부분적으로 임의의 질서에 기인하는 신분과 관직 등의 차이에 따라 타인에게 보여주어야 하는 상이한 존경에 관한 내용은 덕론의 형이상학적 기초원리 안에서 상세하게 기술되고 분류될 수 없다. 여기서는 단지 덕론의 순수한 이성 원리들만 문제 삼기 때문이다.

제2장 A 150
인간이 처한 상태에 따른 인간 상호 간의 윤리학적 의무들에 대하여

§ 45

이것들(덕의무들)은 순수윤리학의 체계에서 특수한 장(章)을 차
지할 이유가 없다. 이러한 덕의무들은 인간이 인간으로서 상호 의무
를 지우는 데 요구되는 원리들을 포함하지 않으며, 따라서 원래 덕론
에 관한 형이상학적 기초원리의 한 부분을 제공할 수 없기 때문이다.
이 덕의무들은 덕의 원리를 그저 경험에서 마주치는 경우들(실질)에
(형식에 의거하여) 적용하는 주체들이 다름을 반영하는 규칙들일 뿐
이다. 그래서 이 의무들은 모든 경험적 구분법이 그렇듯 확실하고 완
벽하게 분류될 수 없다. 하지만 자연의 형이상학에서 물리학으로 이
행하는 데 특수한 규칙들이 필요하듯이, 그것과 유사한 것이 도덕의
형이상학에도 요구된다. 다시 말해 의무의 순수한 원리들을 경험 사
례들에 적용함으로써 그 원리들을 도식화하고 [구체적인] 도덕적·
실천적 맥락에서 사용할 수 있도록 설명하는 것이 필요하다. 그러므
로 [어떠한 상태의] 인간에게 어떠한 행동이 바람직한가 하는 물음
을 고려해야 한다. 예컨대 도덕적으로 순수 상태의 인간이나 부패 상
태의 인간, 나아가 문명 상태[1]에 있는 인간이나 야만 상태에 있는 인 A 151
간에 대해서는 각각 어떻게 행동하는 것이 바람직한가? 또 학자나 VI 469

학자가 아닌 사람에 대해서는, 자신의 학식을 사교적으로 (세련되게) 사용할 줄 아는 학자나 자기 전공 학과 안에서 비사교적인 학자(고지식한 학자)에 대해서 또는 실용적 학자나 그보다는 생동감[2]과 취미를 더 많이 지향하는 학자에 대해서는 각각 어떤 행동을 하는 것이 적절한가? 신분, 나이, 성별, 건강 상태, 복지 수준이나 가난 등의 차이에 어울리는 행동은 어떠한 것들인가? 이 같은 물음들은 다양한 방식의 윤리적 **구속성**을 제시하는 것이 아니다. (윤리적 구속성은 이른바 덕 일반의 구속성 **하나뿐**이기 때문이다) 오히려 그 물음들은 **적용** 방식들(부속물)만 제공할 뿐이다. 그러므로 윤리학 내의 한 절(節)이나 (이성 개념에서 아프리오리하게 발생하는) 체계 **구분**의 한 요소로서 기술될 수 있는 것이 아니라 그저 부록으로 첨부될 수 있을 뿐이다. 하지만 바로 이러한 적용은 그 체계를 완전하게 서술하기 위해서 필요하다.

요소론의 맺는말

A 152

우정 안에서 사랑과 존중이 매우 진지하게 결합하는 것에 대하여

§ 46

우정은 (완전한 상태로 보면) 두 인격이 상호 동등한 사랑과 존중을 바탕으로 결합하는 것을 말한다. 우리는 우정이란 이렇게 도덕적으로 선한 의지로 결합된 두 사람이 자신의 안녕을 서로 이상적으로 공유하고 나누는 것임을 쉽게 알 수 있다. 비록 이러한 이상이 삶 속에서 행복만 가져오지는 않는다 해도, 이 이상이 두 사람의 심정에 따라 수용된다는 것은 행복을 누릴 만한 존엄성을 포함한다. 따라서 인간들 사이의 우정은 그들의 의무다. 우정이란 실행으로는 도달할 수 없는 한갓 (하지만 실천적으로 필연적인) 이념이지만, (상호 선한 심정의 준칙으로) 그에 이르고자 노력하는 것은 이성이 부과한, 예사롭지 않고 영예로운 의무라는 사실을 쉽게 알 수 있다. 그렇다면 인간이 자기 이웃과 관계에서 이 동일한 의무에 필요한 요소들 가운데 하나 (예컨대 서로에 대한 호의)가 한 사람에게뿐 아니라 다른 사람의 심정에도 동등하게 있다는 것을 어떻게 알아차릴 수 있을까? 더 나아가 하

나의 의무에서 비롯된 감정이 다른 의무에서 나온 감정에 대해 (예컨
A 153 대 호의에서 나온 감정이 존중에서 나온 감정에 대해) 동일한 인격 안
에서 어떠한 관계에 있는지 어떻게 알아차릴 수 있을까? 또 만일 한
VI 470 인격이 **사랑** 측면에서 [상대방보다] 더 열정적이라면, 그자는 그로
써 다른 사람에 대한 **존중** 측면에서는 무엇인가를 놓치는 것은 아닐
까? 그래서 사랑과 존중이 두 사람에게서 균형 잡힌 대칭 상태에 이르기는 주관적으로 어려운 일인데 그럼에도 우정은 이것을 요구하니, 이 같은 균형을 어떻게 찾아낼 수 있을까? 사랑을 끌어당김으로, 존중을 밀어냄으로 바라볼 수 있어서, 만일 사랑 원리가 다가가기를 명령하는 것이라면, 존중 원리는 상대방과 적당한 거리를 유지하라고 요구하기 때문이다. 존중은 다음과 같은 규칙으로 친밀감을 제한한다. 즉 아주 친한 친구들이라도 서로 **천박하게 굴어서는** 안 된다는 것이다. 이 같은 제한은 하급자에 대한 상급자의 관계에서뿐 아니라 그 반대 관계에서도 타당한 준칙을 포함한다. 상급자는 다른 사람들이 눈치채기도 전에 자존심에 상처를 입었다고 느끼며, 하급자의 존중이 사라진 것이 아니라 한순간 연기된 것으로 여기고자 하기 때문이다. 그러나 한번 상처받은 존중은 내적으로 회복이 불가능하다. 비록 그것을 외적으로 (의례적으로) 다시 과거 상태로 되돌린다고 해도 그렇다.

(오레스테스와 필라데스 그리고 테세우스와 피리투스의 경우[1]처럼) 성취될 수 있는 것으로 생각되는 순수한 또는 완전한 우정은 소설가들의 단골주제다. 그러나 아리스토텔레스는 "친애하는 친구들이여, 친구라는 건 없다네!"[2]라며 반대 견해를 피력했다. 아래에서 언급할 내용은 우정의 어려움에 대해 주의를 환기할 수 있다.

도덕적으로 따져보면, 한 친구가 다른 친구에게 잘못을 지적해주는 것이 당연한 의무다. 그것이 그 친구의 최선을 위한 것이고 결국 사랑의 의무이기 때문이다. 하지만 지적당한 친구는 그 지적에서 자신이 그 친구에게서 기대했던 존중이 부족함을 보게 된다. 그뿐만 아니라 그는 이미 자신이 친구에게서 존중받지 못하는 상태로 추락했거나 타인의 감시를 받으며, 은밀한 비판의 대상이 되어서 그 친구의 존중을 상실할 위험에 지속적으로 노출되어 있다고 여긴다. 이렇게 되면 그가 감시당하고 비난받는다는 것[생각] 자체를 이미 자신에게 모욕적인 일이라 여기게 된다. A 154

친구가 궁핍한 상태에 놓인다는 것은 얼마나 바람직하지 못한 일인가? (이는 만일 그 친구를 적극적으로, 비용을 직접 감당하면서 기꺼이 돕고자 하는 친구라면 충분히 이해할 수 있는 일이다) 하지만 타인의 운명에 자신을 결박하고 남의 곤궁함을 대신 떠맡는다는 느낌은 커다란 부담이다. 그러므로 우정이란 상호 이익을 목적으로 하는 결합일 수 없다. 그것은 오히려 순수하게 도덕적인 결합임이 틀림없다. 두 사람 가운데 누구든 자신이 궁핍한 상태에 있을 때 다른 사람에게서 기대해도 좋을 도움을 우정의 목적과 규정근거로 생각하지 말아야 한다. 그렇게 생각할 경우 그 사람은 다른 사람의 존중을 잃게 될
것이다. 그 도움은 오히려 그저 내적인, 진심에 기초한 호의의 외적 VI 471
인 표시로만 생각해야 한다. 이때에도 [우정을] 항상 위태로운 시험에 들게 하지는 말아야 한다. [한편으로는] 둘 중 누구든 호기롭게 상
대의 짐을 덜어주고 그 짐을 혼자서 떠안으며 이것을 상대에게는 전 A 155
적으로 감추고자 하면서, [다른 한편으로는] 자신이 궁핍한 상태에 빠질 경우 상대의 도움을 기대할 수 있다고 언제나 자위할 수도 있기 때문이다. 그러나 한 사람이 다른 사람에게서 자선행위의 수혜를 받

게 되면, 그는 아마도 사랑에 관해서는 동등함을 기대할 수 있겠으나 존중에 관해서는 아니다. 그는 자신이 상대보다 한 단계 낮은 위치에 있음을 보게 되는데, 이 상태에서는 서로가 서로에게 책무를 지울 수 있는 것이 아니라 [수혜를 받은] 당사자만이 책무를 지게 되기 때문이다. 우정은 하나의 인격 안으로 함께 녹아버리는 상태까지 근접해 가는, 서로에 대한 점유라는 달콤한 감각이기는 하지만, 여전히 동시에 상당히 연약한 어떤 것(우정의 연약함[3])이다. 그래서 우정을 감정에 따라서만 성립하게 하고, 이 같은 상호 나눔과 헌신의 기초에 원칙을 두지 않거나, 천박하게 만드는 것을 막고 상호 사랑을 존중에 대한 요구로 제한하는 규칙들을 두지 않을 경우, 그것은 언제라도 단절될 위험에 처할 수 있다. 교양이 없는 인격들 사이에서는 그와 같은 일로 비록 항상 절교에 이르지는 않더라도 자주 단절에 이르기는 한다. (천민들은 서로 잘 싸우기도 하지만 또 서로 잘 친해지기도 하니 말이다) 그들은 서로 떨어져 지내지도 못하고 그렇다고 서로 하나가 되지도 못한다. 그들에게는 화해할 때 화목함이 주는 달콤함을 맛보기 위해 다툼 자체가 필요하기 때문이다. 어떠한 경우에서든 우정에서 사랑은 정념일 수 없다. 정념은 선택할 때 맹목적이고, 지속하고자 할 때 연기처럼 사라지기 때문이다.

A 156

§ 47

(감성적 우정과 구별되는) **도덕적 우정**은 두 인격이 자신들의 비밀스러운 판단과 느낌을 서로에게 개방할 때 보이는 완전한 신뢰이며, 그러한 한에서 그것은 서로에 대한 존중과 더불어 성립할 수 있다.

인간은 사회 안에서 살도록 규정된 (그렇지만 비사교적이기도 한) 존재다. 인간은 사회 상태의 문화 안에서 (어떤 것을 의도하지 않을 때조차) 자신을 타인에게 드러내 보이려는 욕구를 강하게 느낀다. 그러

나 다른 한편 타인이 자기 생각을 알고서 그것을 잘못 사용하는 것
에 대한 두려움에서 압박감을 느끼고 그 같은 일을 경계한다. 그래서
인간은 (주로 타인에 대해) 자신이 내리는 판단을 상당 부분 자신 안
에 감추도록 강요받는다고 여긴다. 그는 기꺼이 자신이 교제하는 사 VI 472
람들, 정부, 종교 등을 어떻게 생각하는지를 어느 누구와도 대화하고
싶어 한다. 하지만 그는 감히 그렇게 해서는 안 된다. 한편으로는 자
기 판단을 신중하게 유보하는 그 타인이 그것을 그를 해치는 데 사용
할 수도 있고, 또 다른 한편으로는 그가 자기 잘못을 알리는 데 비해
타인은 자신의 잘못을 숨겨서 자기 자신을 그 타인에게 아주 솔직하
게 개방하면 그자의 존중을 잃게 될 것이기 때문이다.

그러므로 그가 이와 같은 위험을 전혀 걱정하지 않아도 되고 오히
려 완전한 신뢰 속에서 자신을 드러낼 수 있는, 분별력을 갖춘 자를, A 157
더 나아가 사물을 판정할 때 자신과 유사한 방식을 본디부터 가지고
있는 자를 발견하게 된다면, 비로소 그는 자기 생각을 공개할 수 있
을 것이다. [그러면] 그는 마치 감옥에 갇혀 있듯이 자기 생각과 더불
어 완전히 혼자 있는 것이 아니라 자유를 누리는 것인데, 이는 자신을
자신 속에 감추어야만 하는 군중 사이에서는 불가능한 일이다. 누구
나 비밀이 있으며, 타인에게 아무 생각 없이 속마음을 털어놓아서는
안 된다. 이는 한편으로는 대다수가 그것을 그에게 해가 되게 사용하
려는 고상하지 못한 사고방식[을 갖고 있기] 때문이며, 다른 한편으
로는 다수가 무슨 말은 옮겨도 되고 무슨 말은 옮기지 말아야 하는지
판정하고 구별하는 분별력이 없기 (무분별하기) 때문이기도 하다. 이
러한 속성들[고상한 사고방식과 분별력] 모두를 한 주체 안에서 발
견하는 것은 드문 일이다. (지상에서 드문 새, 검은색 백조와 아주 닮았
네[4]) 특히 아주 돈독한 우정은 이렇게 분별력 있고 신망을 갖춘 친구
가 자신이 공유하게 된 바로 그 비밀을, 당사자의 분명한 허가 없이

는 자신들과 똑같이 믿을 만하게 여겨지는 타인이라 할지라도 알리지 않을 책무 역시 지닐 것을 요구하기 때문이다.

이 같은 (순수하게 도덕적) 우정은 이상이 아니라 (검은 백조처럼) 때때로 완전한 모습으로 실제로 나타나기도 한다.[5] 그러나 사랑에 기초하기는 하지만, 타인의 목적들을 부담으로 떠안는 (실용적) 우정은, 준칙으로 정확히 규정하기 위해 필요한 순수함도, 완전함도 갖지
A 158 못한다. 이 같은 우정은, 이성 개념이 아무런 한계도 규정하지 않지만 경험적으로는 언제나 대단히 제한되어 있을 수밖에 없는 소망에 관한 이상이다.

그러나 인간(즉 인류 전체)의 **친구**라는 것은 모든 인간의 안녕에 감성적으로 관여하며(함께 기뻐함) 내면적 유감없이는 그것을 방해하지 않을 친구를 말한다. 그렇지만 인간의 친구라는 표현은 순수하게
VI 473 인간을 사랑하는 자(박애자)라는 표현보다 의미가 약간 좁다. 전자는 인간들 사이의 평등에 대한 표상과 진지한 배려를, 즉 사람들이 친절한 행위로 타인에게 의무를 지우고 그렇게 함으로써 스스로도 의무를 진다는 이념을 포함하기 때문이다. 마치 모든 사람의 행복을 의욕하는 보편적인 아버지 아래에 있는 형제들[사이의 관계]처럼 말이다. [박애자의 경우처럼] 친절을 행하는 자인 보호자가, 감사할 의무가 있는 피보호자에게 가지는 관계는 비록 상호 사랑하는 관계이기는 하지만 우정 관계는 아니며, 양측이 서로에게 보여주어야 마땅한 존중이 동등하지는 않기 때문이다. [이에 비해] 친구로서 인간에게 호의를 베풀어야 할 의무(필수적 겸손함)와 그 의무에 대한 진지한 배려는, 친절을 베풀 수 있는 재화를 지닌 행운을 누리는 자들을 엄습하곤 하는 자만심을 억제하는 데 기여한다.

부록 A 159
사교의 덕에 대하여

§ 48

자신을 **고립하지**(격리하지[6]) 않고, 사회적 교류로 자신의 도덕적 완전함을 추구하는 것은 자기 자신과 타인에 대한 의무(교제의 의무, 사교성[7])다. 더욱이 이 의무는 스스로를 원칙들의 확고한 중심으로 삼되, 자기 주변 영역을 모든 것을 포괄하는 영역의 한 부분으로 그리고 세계시민적 심정[이 유효한 영역]의 한 부분으로 간주한다. 이것은 세계를 위한 최선의 것을 목적으로 촉진하기 위한 것이 아니라, 간접적으로 그 최선의 것에 이르게 할 상호 만남 그리고 그 만남에서 비롯하는 쾌적함, 화목함, 상호 사랑과 존중(붙임성과 예의 바름, 미적 인간성과 예의범절)을 계발하기 위한 것이다. 그리하여 덕에 우아함을 보태주기 위한 것인데, 이것을 실행하는 것 자체가 덕의무다.

위의 것들은 그저 **외부적 수단**이거나 부수적 수단(부속물)[8]에 불과한데, 덕과 유사한 아름다운 가상을 제공한다. 그런데 누구나 이 가상이 무엇을 위해 필요한지 알기 때문에 이 가상은 기만적이지 않다. 그 같은 수단은 단지 보조수단에 불과하지만 그럼에도 이 가상을 가급적 진실에 가까이 다가가게 하려는 노력으로 덕의 감정 자체를 촉진한다. 즉 **친근감, 상냥함, 정중함, 융숭함, 온화함**[9](반대 의견이 있더 A 160
라도 서로 다투지 않음) 등은 모두 그저 교제 방식에 불과한데, 외부 VI 474
로 표현됨으로써 동시에 타인을 구속하는 것으로 덕을 위한 심정에 영향을 미친다. 이것들은 적어도 덕을 **사랑스럽게** 만들어주기 때문이다.

여기서 드는 의문은, 사람들이 사악한 사람들과 교제해도 될까 하는 점이다. 우리가 외계로 나가지 않는 한 사악한 사람들과의 만남을 피할 수는 없다. 그리고 그들에 대한 우리 판단조차 신뢰하기가 어렵다. 그러나 악덕이 추문이 되어버리면, 즉 그것이 엄격한 의무 법칙에 대한 경멸을 공개적으로 보여주는 한 사례가 되어서 불명예를 동반할 경우, 그때까지 지속되어온 교제는 중단하거나 가급적 피해야만 한다. 설혹 국법이 그것을 처벌하지 않더라도 말이다. 교제를 지속한다면, 그것은 덕에서 모든 명예를 앗아가고, 또 사치스러운 향락을 제공함으로써 기생충 같은 자를 매수할 만큼 충분히 부유한 자라면
A 161; VI 475 그자가 누구이든 개의치 않고 덕을 팔아버리는 것과 같기 때문이다.

Ⅱ
윤리학적 방법론

제1절 윤리학적 교수법 A 163; Ⅵ 477

§49

덕이 (타고나는 것이 아니라) 획득되어야만 한다는 사실은 경험에서 비롯하는 인간학적 지식에 호소할 필요 없이 이미 그 덕 개념 안에 놓여 있다. 만일 인간의 도덕적 능력이 대단히 강력한 경향과 투쟁하는데 필요한 결의의 강함으로 산출되는 것이 아니라면, 그 도덕적 능력은 덕이 아닐 것이기 때문이다. 덕은 순수한 실천이성의 산물인데, 이 순수한 실천이성이 (자유에 의거하여) 경향에 갖는 우월성을 의식하면서 이 경향에 대한 지배력을 획득하는 한에서 그러하다.

덕을 교육할 수 있고 교육해야만 한다는 사실은 이미 그것이 타고나는 것이 아니라는 사실에서 도출된다. 따라서 덕론은 하나의 학설이지만, 규칙을 실천하는 힘은 어떻게 행동해야 마땅한지에 대한 한 A 164
갓 가르침만으로는 획득되지 않는다. 그래서 스토아학자들은 덕은 의무에 대한 한갓 표상이나 경고로는 (교훈적으로) 가르쳐질 수 없으며, 인간 내면의 적과 싸워 이기려고 시도함으로써 (수양으로) 계발되고 단련될 수 있다고 생각했다. 사람들은 사전에 자신들의 힘을 시험해보고 단련하지 않으면 의욕하는 모든 것을 즉각 행할 수 없기 때문이다. 이를 위해서는 당연히 결심을 단번에 완벽하게 해야만 한다. 그렇지 않으면 심정(마음)[1]이 악덕에서 점차 벗어나기 위하여 일단 [잠정적으로만] 그것에 굴복한다 하더라도 그와 같은 심정 자체가 불순하고 사악하기조차 한 것일 수 있고,[a] 어떠한 덕(이것은 하나의 유일한 원리에 기초하는 것이다)도 산출하지 못할 것이기 때문이다.

VI 478 §50

(모든 학문적 가르침은 반드시 방법을 갖추어야 하는데, 그렇지 못하면 그것에 관한 강의는 혼란을 일으킬 것이므로) 덕론이 하나의 학문을 표방해야 한다면, 이제 그 학설의 방법 또한 단편적일 수는 없고 체계적이어야만 한다. 강의는 강술식이거나 질문식[2]일 수 있다. 전자의 경우 강의의 모든 대상자는 그저 청강자들에 불과하며, 후자의 경우 선생이 제자들에게 가르치고자 하는 것을 캐물어 밝히는 방법이다. 그런데 후자의 방법은 다시 대화법적 교수법이거나 문답식[3] 교수법이다. 전자[즉 대화법적 교수법]는 선생이 제자들의 이성에 묻는 것이고,
A 165 후자는 그저 그들의 기억에 묻는 것이다. 만일 누군가 타인의 이성에 물어서 무엇인가를 밝혀내고자 한다면, 이는 대화법적으로만, 즉 선생과 학생이 서로에게 묻고 대답함으로써만 일어날 수 있다. 선생은 질문함으로써 제자의 사고 과정을 안내한다. 이것은 그 선생이 특정한 개념들에 관한 제자의 소질을, 사례들을 제시함으로써 그저 [스스로] 계발하게 함으로써 이루어진다. (선생은 제자가 사상을 낳도록 돕는 산파다) 제자는 이때 자신이 사고할 능력이 있다는 사실을 깨닫는

a) 재판: '한 것일 텐데'.

다. 제자는 (애매한 것 또는 인용認容된 명제들에 대립하는 의문점을) 반문함으로써 '가르치면서 배운다'는 말이 있듯, 선생으로 하여금 어떻게 잘 질문해야 할지 선생 자신도 학습하게 만든다. (그런데 논리학에 대한, 아직 충분히 진지하게 고려되지 못한 요구가 있다. 즉 논리학은 사람들이 어떻게 합목적적인 방식으로 탐구해야 마땅한가에 대한 규칙들도 제공해야 한다는 것이다. 다시 말해 항상 규정적인 판단들을 위한 규칙뿐만 아니라, 잠정[예비]적 판단들(선도적 판단들)[4]을 ― 이 판단들에 따라서 사람들은 사유로 나아가게 된다 ― 위한 규칙도 제공해야 한다는 것이다. 이러한 가르침은 수학자에게조차 발견 지침이 될 수 있으며, 또 수학자가 자주 응용하는 것이기도 하다)

§ 51

아직 다듬어지지 않은 제자들을 위하여 덕론이 사용할 수 있는 첫째 필수적인 학설적 도구는 도덕적 문답법이다. 이것은 종교적 교리문답법에 선행하여 해야만 하는 것으로, 종교이론의 한 삽입 부분으로서 그것과 함께 섞어 짜넣어질 수 있는 것이 아니라, 따로 분리해서 하나의 독자적 전체로서 강의되어야만 한다. 덕론에서 종교로 이 A 166
행하는 것은 순수한 도덕적 원칙들에 따라서만 할 수 있기 때문이다. 만일 그렇지 않다면 종교에서 행하는 신앙고백은 불순한 것이 될 것
이다. 그렇기 때문에 저 가장 존엄하고 가장 위대한 신학자들조차도 VI 479
율법적 종교론[5]을 위한 문답서를 집필하는 (그리고 동시에 그것에 대해 책임지는) 일을 주저했다. 사람들은 그것이 그들이 지닌 학식의 위대한 보고(寶庫)를 고려할 때 마땅히 기대할 수 있는 최소한이라고 믿었을 텐데도 말이다.

이에 반해 순수한 도덕적 문답법은 덕의무의 기초가 되는 이론으로서 [종교론의 문답법에서와 같은] 그와 같은 의혹이나 어려움이

없다. 순수한 도덕적 문답법은 (내용적으로는) 보통의 이성에서 전개되어 나올 수 있으며, (형식적으로는) 오로지 첫 기초 교육을 위한 교수법적 규칙들에 적합하기만 하면 되기 때문이다. 하지만 그러한 수업의 형식적 원리는 이 같은 목적을 위해 소크라테스적·대화법적 교수법을 허용하지 않는다. 학생은 자신이 어떻게 질문해야 하는지조차 모르기 때문이다. 그러므로 선생만이 질문하는 사람이 된다. 그러나 선생이 제자의 이성에서 방법적으로 유도해내는 대답은 확정되어 쉽사리 변경될 수 없는 표현으로 만들어져 보존되어야 하기에 제자의 기억을 활용해야 한다. 이러한 점에서 문답법적 교수법은 (선생 혼자서만 말하는) 강술적[6] 교수법뿐만 아니라 (두 참가자가 서로 묻고 대답하는) 대화법적 교수법과도 구별된다.

A 167

§ 52

덕을 교육하기 위한 실험적[7] (기술적) 수단은 선생 자신이 (본보기가 되는 품행을 보임으로써) 좋은 사례가 되고 타인에게 경고하는 사례가 되는 것이다. 모방은 아직 교육받지 못한 인간이 나중에 자기 것으로 만들 준칙을 받아들이려고 처음으로 의지를 규정하는 일이기 때문이다. 버릇 들이기나 버릇 교정하기는 경향을 자주 만족시킴으로써 어떠한 준칙 없이도 그 경향이 지속되기 위한 기초를 제공한다. 그것은 또한 사고방식의 원리가 아니라 감각방식의 기제에 관한 것이다. (이때 [무엇인가를] 배워 익히는 것보다 나중에 습득된 것을 버리는 것이 더 어렵다) (선에 대한 것이든 악에 대한 것이든) 모방이나 경고에 대한 성향에 제시되는 본보기가 지닌 힘에 대해 말하면,* 타인이

* 사례라는 독일어 단어는 보통 본보기[8]라는 말과 같은 의미로 사용되지만, 의미가 같지는 않다. 어떤 것에서 본보기를 얻는 것과 어떠한 표현을 이해시키기 위하여 사례를 드는 것은 전적으로 다른 개념이다. 본보기는 실천적 규칙이

우리에게 제시하는 것은 덕의 준칙에 기초를 제공하지 못한다. 덕의 VI 480
준칙은 모든 인간이 지닌 실천이성의 주체적 자율에서 성립하기 때
문이다. 따라서 타인의 행동이 아니라 법칙이 우리의 동기가 되어야 A 168
만 한다. 그러므로 교육자는 행실이 나쁜 제자에게 "저 착한 (단정하고 부지런한) 아이를 본받아라!"라고 말하지 않을 것이다. 그렇게 말한다면 그 제자가 저 아이를 미워하게 만들 원인을 제공하게 될 뿐이다. 그 아이 때문에 자신이 불리한 처지에 놓이게 되기 때문이다. 좋은 본보기(본보기적 품행)는 모범으로가 아니라, 의무에 적합한 것이 실행 가능하다는 것을 보여주는 증거로만 사용되어야 한다. 따라서 선생에게 교육에서 결코 없어서는 안 될 기준을 제공해야만 하는 것은 어떠한 타인(그가 어떠한 인간이라는 사실)과 비교하는 것이 아니라 어떠한 인간이어야 마땅한가 하는 (인간성의) 이념과 비교, 즉 법칙과 비교하는 것이다.

주해
도덕적 문답법의 단편사례

선생(=L)이 학생(=S)에게 가르치고자 하는 것을 그 학생의 이성에 캐어묻되, 학생이 질문에 어떻게 대답해야 할지 모를 경우(=0), 선생은 (학생의 이성을 안내하면서) 그 학생이 대답하게 한다.

1. L. 인생에서 자네가 가장 갈망하는 것, 그야말로 전적으로 갈망하는 것은 무엇인가? S.=0. L. 모든 것이 언제나 자네 소원과 의지대로 되는 것 아니겠는가.

어떠한 행위의 실행 가능성 또는 불가능성을 표상하는 한에서 그 실천적 규칙의 한 특수한 경우다. 이에 반해 사례는 보편적인 것(추상적인 것) 안에 개념상으로 포함되어 있는 것으로 표상되는 특수한 것(구체적인 것)일 뿐이며 그저
한 개념을 이론적으로 서술하는 것이다. A 168

2. L. 그러한 상태를 무엇이라 부르지? S.=0. L. 사람들은 그것을
A 169 행복(지속적인 안녕, 만족스러운 삶, 자기 상태에 대한 완전한 만족)이
라 부른다네.

3. L. 만일 자네가 (이 세계 안에서 가능한) 모든 행복을 누린다면, 자네는 그것을 자네만을 위해 갖고 있을 것인가 아니면 이웃 사람들과도 함께 나눌 텐가? S. 함께 나누어서 타인들도 행복하고 만족하게 만들 것입니다.

4. L. 그것은 자네 마음이 아주 대단히 선하다는 사실을 증명하는
군. 그럼 [이제] 자네가 훌륭한 지성도 가지고 있는지 보세. 자네는
게으름뱅이에게 푹신한 방석을 주어 그자가 달콤한 나태함 속에서
VI 481 자기 인생을 허비하게 하겠는가? 또는 술주정뱅이에게 포도주나 그
밖에 명정(酩酊)에 필요한 것들이 바닥나지 않게 공급해주겠나? 사
기꾼에게 매혹적인 용모와 몸가짐을 주어 타인을 속이게 하겠나? 또
는 폭력배에게 담대함과 강한 주먹을 주어 타인을 괴롭히게 하겠나?
이러한 것들은 누구나 자기 방식대로 행복해지기 위해서 원하는 다
양한 수단일 테니 말일세. S. 아니요, 그렇게 하지 않겠습니다.

5. L. 그렇다면 자네는 자네가 모든 행복을 누리고 있을 뿐만 아니
라 최선의 의지까지도 가지고 있다 해도, 그 행복을 붙잡고자 하는 누
구에게나 아무 생각 없이 주어버리지 않고, 우선 각각의 사람이 어느
A 170 정도나 행복을 누릴 자격이 있는지를 검토하겠다는 것이겠군. 하지만
자네 자신을 위해서는 자네가 행복으로 간주하는 모든 것을 먼저 챙
기는 데 주저하지 않겠지? S. 예. L. 하지만 이때 자네에게도 자신이 과
연 행복을 누릴 만한 자격이 있을까 하는 의문이 들지 않을까? S. 물론
입니다. L. 자네의 내면에서 오로지 행복만을 얻고자 애쓰는 것은 경향
이라네. 그리고 자네의 경향을 행복을 우선적으로 누릴 만한 조건에
제한하는 것은 자네의 이성이지. 또 자네가 자네 경향을 이성으로 제

한할 수 있고 통제할 수 있다는 것은 자네의 자유의지 덕분이네.

6. L. 자네가 행복을 누리되 그럴 만한 자격을 갖추려면 어떻게 시작해야 할지를 아는 데 필요한 규칙과 지침은 전적으로 오로지 자네의 이성 안에 있다네. 이것은 자네가 자네 행동의 규칙을 경험이나 타인에게서, 즉 그들의 지도를 받아 배울 필요가 없다는 것을 뜻하지. 자네가 무엇을 해야 할지는 자네 자신의 이성이 가르치며, 그 이성이 자네에게 바로 명령한다는 거지. 예컨대 자네가 교묘하게 만들어낸 거짓말로 자네 자신에게나 친구들에게 큰 이익을 가져다줄 수 있을 뿐만 아니라 그렇게 해도 어떠한 타인에게도 해가 되지 않는 경우가 있다면, 이에 대해 자네 이성은 무엇이라고 말할까? S. 저와 제 친구에게 주어질 이익이 아무리 크다 하더라도 저는 거짓말을 하지 말아 A 171
야 합니다. 거짓말은 비열한 것이며, 인간에게서 행복을 누릴 자격을 앗아갑니다.―여기에 제가 복종해야만 하는 이성 명령(혹은 금지)을 통한 무제약적 강요가 있습니다. 이 강요와 마주할 때 제 모든 경향은 침묵하지 않을 수 없습니다. L. 이성이 인간에게 직접 부과하는 이 같은 필연성, 즉 그 이성 법칙에 적합하게 행동해야만 하는 필연성을 무 VI 482
엇이라고 하는가? S. 의무라고 합니다. L. 그러므로 인간이 자기 의무를 지키는 것은 행복을 누릴 만한 자격을 얻기 위한 보편적이고 유일한 조건이며, 이것은 전자, 즉 의무를 지키는 것과 동일한 것이라네.

7. L. 그러나 우리를 행복을 누릴 만한 가치가 있는 (적어도 그러한 가치를 결여하지 않는) 존재가 되도록 해주는 선하고 활동적인 의지를 실령 우리 자신이 의식한다 하더라도, 우리가 이 의식에 기초하여 행복하게 되리라는 확실한 희망을 가질 수 있을까? S. 아닙니다! 그것만으로는 안 됩니다. 행복하게 되는 것이 언제나 우리 능력에만 달려 있지는 않기 때문입니다. 자연의 진행 과정도 그렇게 저절로 공로에 따라 이루어지는 것은 아닙니다. 인생의 행운(우리의 복지 일

반)은, 오히려 훨씬 더 인간이 완전하게 통제할 수는 없는 상황에 달려 있습니다. 따라서 우리 행복은 언제나 단지 소망일 뿐이고, 어떠한 다른 힘이 개입하지 않는다면 그 소망은 결코 희망이 되지 못합니다.

A 172 8. L. 이성이 그 자체로 신의 존재를 믿을 만한 근거를 가지고 있는가? 다시 말해 행복을 인간의 공로와 과실에 따라 분배하고, 자연 전체에 명령하며, 최고 지혜로 세계를 지배하는 힘을 현실적인 것으로 상정할 근거 말이네. S. 그렇습니다. 우리는 우리가 판단할 수 있는 자연 작품들에서 그렇게 널리 퍼져 있고 심오한 지혜를 바라보기 때문입니다. 그것은 어떠한 세계 창조자의 형언할 수 없을 만큼 위대한 기술에 의거하지 않고는 설명할 수 없습니다. 우리는 이 창조자에게서 도덕적 질서와 관련해서도—이 질서야말로 세계를 위한 최고 장식물인데—[자연의 질서에서 확인할 수 있는 지혜에 비해] 부족함이 없는 지혜로운 통치를 약속하는 근거를 발견합니다. 다시 말해 만일 우리가 의무를 위반함으로써 우리 자신을 행복을 누릴 만한 가치가 없는 존재로 만들지 않는다면, 그 행복에 참여하게 되리라고 희망할 수도 있다는 것입니다.

덕과 악덕의 모든 항목에 걸쳐서 행해져야만 하는 이 같은 문답법에서 가장 똑바로 주목해야 하는 점이 있다. 의무 명령은 그 명령이 구속하는 인간뿐만 아니라 정말 그 어떤 타인에게도 명령을 준수함으로써 주어지는 이익이나 손해 위에 기초하는 것이 아니라, 오히려 전적으로 순수하게 도덕 원리에만 기초한다는 사실이다. 또한 이익이나 손해는 그 자체로 보면 없어도 되지만 천성적으로 [경향의 유
A 173 혹에] 약한 사람들의 입맛을 고려한 한낱 미끼 역할을 하는 보충물
VI 483 로 단지 부차적으로만 언급되어야 한다는 점이다. 악덕이 (행위자 자

신에게) 가져오는 해악이 아니라 수치스러움을 어디서나 분명하게 기술해야만 한다. 만일 행위에서 덕의 존엄이 모든 것에 우선하지 않는다면, 의무 개념 자체가 사라지고 한낱 실용적 지침 속에서 녹아버리기 때문이다. 이렇게 되면 인간 자신의 의식 속에 있는 고귀함은 사라지고 인간은 어떠한 가격에 팔릴 물건이 되며, 유혹적 경향이 제시하는 거래의 대상이 되고 만다.

만일 인간 자신의 이성이 이 같은 [문답법의] 내용을 인간이 차례대로 밟아나갈 연령대나 성별, 신분 등의 차이에 따라 지혜롭고 정확하게 전개한다면, 그 마지막을 장식해야 하는 것은 영혼을 진정으로 움직이는 일이다. 그것은 또한 인간이 자기 자신을, 자신 안의 근원적 소질들을 경탄해 마지않으면서 바라볼 수 있고 또 그 [긍정적] 인상이 결코 소진되지 않는 위치에 세우는 일이기도 하다. [문답법의] 가르침을 마무리할 때 인간에게 그의 의무들을 순서대로 다시 한번 요약(개괄)해준다면 그리고 그가 그때마다 인생의 모든 해악, 곤경, 괴로움, 심지어 의무를 충실히 수행하는 동안 마주칠 수도 있을 죽음 A 174
의 위협마저도 자신에게서, 자신은 그 모든 것을 넘어서 있고 그것들의 지배자라는 의식을 빼앗아갈 수 없다는 사실을 주목하게 된다면, 그에게 아주 가까이 다가오는 물음은 다음과 같다. 네 안에 있는 무엇이 감히 너를 놓고 네 내면의 본성의 모든 힘과 투쟁하고자 하며, 또 그 힘이 네 도덕적 원칙들과 다투게 될 경우, 그 힘을 물리치고자 하는가? 이 같은 물음은 그것에 대한 대답이 사변적 이성 능력을 초월하지만 그럼에도 스스로 세기된다. 만일 이 물음이 절실하게 세기된다면, 영혼의 이 같은 자기 인식상의 불가해성조차, 영혼 자신이 많이 공격당하면 당할수록 자기 의무를 그만큼 더 강력하게 신성시하도록 활력을 고취시킴이 틀림없다.

이 같은 문답법적 도덕 교육에서 인간을 도덕적으로 만드는 데 대단히 유용한 방식은, 의무를 분석할 때마다 몇몇 결의론적 물음을 던지고, 모여 있는 아이들이 각자 자신 앞에 던져진 함정 많은 질문을 어떻게 해결하고자 하는지를 말하게 함으로써 그들의 지성을 시험하도록 하는 것이다. 이러한 방법은 아직 도덕적으로 성숙하지 못한
VI 484 인간의 능력에 가장 적합한 이성 계발법이다. (이성은 사변적 물음보다 의무가 무엇인지에 관한 물음에서 훨씬 더 수월하게 결정할 수 있기
A 175 때문이다) 따라서 대다수 젊은이의 지성을 예리하게 만드는 가장 훌륭한 방식이다. 이뿐만 아니라 인간은 자신이 노동을 가함으로써 (잘 알게 되고) 학문 수준에까지 도달하게 된 것을 아끼는 본성이 있기 때문에, 그러한 훈련을 받는 제자는 부지불식간에 도덕성에 관심을 갖게 된다.

[문답법] 교육에서 가장 중요한 점은 도덕적 문답법을 종교적 문답법과 뒤섞어서 (합금하듯이) 강술하지 말아야 하며, 특히 후자를 전자의 앞에 세우지는 더더욱 말아야 한다는 것이다. 오히려 언제나 도덕적 문답법을 가장 열심히 그리고 가장 자세하게 다루어서 [제자들이 그것을] 최대한 분명하게 통찰할 수 있게 해주어야 한다. 교육을 이렇게 하지 않으면, 나중에 종교는 위선으로 전락할 뿐이다. 즉 공포심 때문에 의무들을 수용하고, 마음에도 없는 의무를 준수하겠노라 거짓말하게 된다.

A 176

제2절 윤리학적 수양법

§ 53

덕을 훈련하는 규칙들은 마음의 두 가지 정서를 지향한다. 즉 의무

를 따를 때 활기찬 마음과 즐거운 마음(건강한 마음과 쾌활한 마음)[9]이 되는 것을 말한다. 덕은 장애물과 투쟁해야 하는데, 그것을 통제하려면 자기 힘을 모아야만 하고, 동시에 인생의 많은 즐거움을 포기해야만 하기 때문이다. 즐거움을 상실하는 것은 때때로 마음을 어둡게 하고 성나게 만들 수 있다. 그러나 자기 의무에 따르는 자가 그 의무를 기쁘게 행하지 않고 그저 강제 노역으로 행한다면, 그것은 그 당사자에게 아무런 내적 가치도 주지 못한다. 좋아서 하는 일이 아니라, 오히려 당사자로 하여금 가능한 한 그것을 수행할 기회에서 도피하게 만드는 일이 된다는 것이다.

덕을 계발하는 일, 즉 도덕적 수양법은 덕을 강하고 용감하고 활기차게 훈련하는 원리에 관한 스토아학자들의 다음과 같은 좌우명을 따른다. 인생에서 우연히 마주치는 해악을 인내하는 데 그리고 그 해악과 마찬가지로 불필요한 희열 역시 버리는 데 익숙해져라. (인생의 불편함과는 친하게 지내고, 쾌적함은 멀리하라[10])[b] 이것은 인간이 도덕 VI 485
적 건강을 유지하기 위하여 필요한 일종의 섭생법이다. 그러나 건강은 소극적인 평온 상태에 불과한 것으로서 그 자체를 느낄 수 있는 것은 아니다. 거기에는 쾌적한 인생의 향유를 보증하면서도 순수하 A 177
게 도덕적인 어떤 것이 더 보태져야만 한다. 그것은 '유덕한 에피쿠로스'의 이념 안에 있는 것으로서 언제나 마음을 즐겁게 유지하는 것이다. [의무를] 의도적으로 위반하겠다는 아무런 의식도 없고, 타락하여 그러한 위반 상태에 이르는 일이 일어나지 않도록 보장받은 사람('이것은 청동의 벽이 될지어다' 운운.[11]—호라티우스)보다 누가 기쁨을 느낄 더 많은 이유를 가질 것이며, 또 누가 즐거운 마음 상태에 이르러 그 상태를 습관적으로 유지하는 데에서 자기 의무를 발견하지

b) 재판: '견디고 삼가라'.

않겠는가? 이에 반해 미신적인 두려움이나 자신에 대한 혐오를 가장한 자기 고문과 신체적 고행을 채택하는 승려의 수양법은 덕을 지향하는 것이 아니라 자신을 처벌함으로써 광신적 속죄를 지향하는 것이다. 이는 (개선하고자 하는 의도를 가지고) 죄를 도덕적으로 후회하는 대신 배상하려는 것이다. 이것은 스스로 선택하고 집행한 처벌이라는 점에서 (처벌은 언제나 타인이 부과해야만 하기에) 자기모순이며, 덕을 수반하는 쾌활한 감각을 가져오지도 못할뿐더러 오히려 덕의 명령에 대한 은밀한 증오 없이는 일어날 수도 없는 일이다. 그러므로 윤리학적 수련은 본성적 충동이 도덕성을 위험에 빠뜨리는 일이 일어났을 때 그 충동과 싸우는 것에서 지배력을 행사할 수 있는 정도에 이르러야 성립한다. 이때 그것은 [우리를] 강건하게 그리고 자유를 되찾았다는 의식으로 쾌활하게 만들어준다. 어떤 것을 후회
A 178 하는 것(이는 과거의 [의무] 위반 사례를 상기할 때 불가피한 일이며, 심지어 이러한 기억을 사라지지 않게 하는 것이 의무이기도 한데)과 참회고행(예컨대 단식)을—섭생이 아니라 경건함을 위해—자신에게 부과하는 것은 서로 매우 다른 도덕적 의미가 있는 예방책이다. 후자는 즐거움을 결여한, 어둡고 불만족스러운 것으로, 덕 자체를 증오하게 만들고 덕을 따르는 자들을 내쫓아버린다. 그러므로 인간이 자기 자신에게 가하는 훈육(규율)은 쾌활한 감각을 수반해야만 긍정적 결과를 가져올 수 있고 본보기가 될 수 있다.

맺는말 신에 대한 의무 이론으로서 종교론은 순수한 도덕철학의 한계 밖에 있다

A 179; Ⅵ 486

아브데라 출신의 프로타고라스는 자기가 쓴 책에서 이렇게 시작했다. "신들이 존재하는지 존재하지 않는지, 그것에 대해 나는 무슨 말을 해야 할지 모른다."* 그래서 그는 아테네 사람들에 의해 그 도시국가와 자기 소유지에서 쫓겨났고, 그의 저서들 또한 대중 집회에서 불살라졌다(퀸틸리아누스, 『수사학 교육』, 제2권, 제1장[1)]). 이 같은 일을 행한 아테네 재판관들은 인간으로서는 대단히 잘못된 일을 한 것이지만, 국가 공무원으로서 그리고 판사로서는 전적으로 합법적이고 일관되게 업무를 처리한 것이다. 만일 고위 당국(원로원)이 '신들이 존재한다'는 공식 견해를 공식적 법령으로 선포하지 않았다면, 사람들이 어떻게 신 앞에 맹세할 수 있겠는가?**

---

* "De diis, neque ut sint, neque ut non sint, habeo dicere."

** 비록 나중에 위대한 도덕적 입법가인 현자가 맹세는 앞뒤가 맞지 않는 짓일 뿐더러 거의 신성모독에 가까운 것이라 하여 전적으로 금지했지만, 여전히 사람들은 정치적 측면을 고려하여 맹세는 언제나 공적 정의를 집행할 때 유용한 기계적 수단이므로 제거할 수 없다고 믿는다. 그래서 그와 같은 금지를 회피하기 위하여 온건한 해석을 고안했다. 신이 존재한다고 진지하게 맹세하는 것은 앞뒤가 맞지 않는 짓이므로 (도대체 맹세를 하려면 먼저 신[존재]을 요청했어야만 했기에) 여전히 남아 있는 물음은, 신이 존재하리라는 쪽에 (프로타고라스처럼 이에 대해 아무런 결정도 하지 않은 채) 맹세할 때에만 맹세가 성 A 180

VI 487 그러나 이러한 믿음이 승인되고, 종교론이 보편적 의무론의 필수부분으로서 인정되면, 이제 학문의 경계를 규정하는 문제, 즉 그 종교론을 어디에 귀속시킬 것인가 하는 문제가 발생한다. 다시 말해 그것을 윤리학의 일부로 보아야 하는가(여기서는 인간들 상호 간의 권리가 문제될 수 없으므로), 아니면 전적으로 순수한 철학적 도덕의 경계 바깥에 놓여 있는 것으로 보아야 하는가 하는 문제 말이다.

A 181 우리가 모든 종교의 형식적인 부분을 '신적 명령과 같은(흡사한)[3] 모든 의무의 총체'로 설명한다면, 그것은 철학적 도덕에 속한다. 그렇게 할 경우, 이성과 이성 자신이 만드는 신이라는 이념의 관계만 표현될 뿐, 종교의 의무는 아직 우리 이념 바깥에 있는 존재인 신을 향한([신에] 대한)[4] 의무가 되지는 않는다. 우리가 거기에서 아직 신의 존재를 염두에 두지 않기 때문이다. 인간의 모든 의무가 이 형식적인 부분(의무가 아프리오리하게 주어지는 신적 의지와 맺는 관계)에 적합한 것으로 생각되어야 마땅하다는 것[즉 주장]의 근거는 단지 주관적이고 논리적인 근거일 뿐이다. 만일 우리가 어떤 타자 그리고 그의 의지(보편적으로 입법하는 이성은 단지 이 의지를 대변하는 자일 뿐이다), 즉 신을 동시에 떠올리지 않는다면, 우리는 아마도 이른바 의무지움(도덕적 강요)이라는 것을 구체적으로 파악할 수 없을 것이다.

립 가능하고 또 유효하지 않은가 하는 것이다. 실제로 아마도 정직하고 동시에 신중하게 행해진 모든 맹세가 이와 다른 의미에서 행해졌을 수는 없으리라. 누군가 신이 존재하리라는 쪽에 단적으로 맹세하겠다고 나서는 것은 우려스러운 제안은 아닌 것처럼 보이기 때문이다. 그가 신을 믿든지 안 믿든지 무관하게 말이다. (사기꾼은 이렇게 말할 것이다) 만일 신이 존재한다면, 내가 알아맞힌 셈이다. 만일 신이 존재하지 않는다면, 내게 책임을 지울 자도 없다. 그러므로 나는 그러한 맹세로 말미암아 어떤 위험에도 직면하지 않는다.[2] 그러나 만일 신이 존재한다면, 의도적으로 또 신조차 기만하기 위하여 행해진 거짓말이 들통 나게 될 텐데 이것이 아무런 위험도 수반하지 않는다고 할 수 있을까?

그러나 신에 (본래는 우리가 그러한 존재에 대해 만든 이념에) 관련된
이 같은 의무는 인간 자신에 대한 의무다. 다시 말해 이것은 객관적
의무, 그러니까 어떤 타자에게 어떤 봉사를 해주어야 한다는 의미의
책무가 아니라 주관적 의무다. 즉 우리 자신의 입법적 이성에서 도덕
적 동기를 강화하기 위한 것이다.

그러나 종교의 실질적 부분을 말하자면, 이것은 신에 대한 의무들
의 총체로서, 즉 신에게 제공해야 할 (드러내 보여야 할[5]) 봉사로서, A 182
보편적으로 입법하는 이성에게서, 즉 우리 자신에게서 아프리오리
하게 유래하는 것이 아니다. 그것은 오히려 오직 경험으로만 인식 가
능한, 다시 말해 오직 계시종교에 속하는 의무들을 신적 명령으로 포
함할 수 있을 뿐이다. 따라서 그것은 이 같은 존재[신]의 한낱 이념만
이 아니라 현존까지 실천적 의도에서 자의적으로 전제하는 것이 아
니라 오히려 그 현존을 직접적으로 또는 (간접적으로) 경험에서 주어
진 것으로 설명한다. 하지만 이 같은 종교는, 그것이 다른 어떠한 방
식으로 정초되든, 순수한 철학적 도덕[론]의 일부를 이루는 것이 아
니다.

그러므로 신에 대한 의무들의 가르침인 종교는 순수한 철학적 윤 VI 488
리학의 모든 경계 너머에 있다. 그리고 이러한 사실은, 이 책의 저자
인 내가 윤리학을 완성하고자 다른 곳에서 통상적으로 행해지듯이
위와 같은 의미로 생각된 종교를 윤리학 안으로 끌어들이지 않은 이
유를 정당화하는 데 기여한다.

[여기서] '이성의 오롯한 한계 안의 종교'를 언급할 수도 있다. 하
지만 거기서 다루는 종교는 오로지 이성에서만 도출된 것이 아니라,
동시에 역사이론과 계시이론에도 기반을 두었다. 따라서 그것은 그
저 순수한 실천이성과 이것들[즉 역사이론과 계시이론]이 일치한다
(서로 모순되지 않는다)는 사실을 보여줄 뿐이다. 그렇지만 바로 이러

A 183 한 까닭에 그것은 순수한 종교론이 아니라, 우리에게 주어져 있는 **역사에 응용된** 종교론이며, 순수한 실천철학으로 간주된 **윤리학**에는 포함되지 않는다.

마지막 주해

이성적 존재자들 사이의 모든 도덕적 관계는 어느 한 사람의 의지와 타인의 의지가 일치하는 것에 관한 원리를 포함하며, **사랑**과 **존중**에 기인한다. 그리고 이 원리가 실천적인 한, 사랑에 관한 의지규정의 근거는 타인의 **목적**에 기인하며, 존중에 관한 의지규정의 근거는 타인의 **권리**에 기인한다. 만일 이성적 존재자들 가운데 어떤 존재자가 다른 존재자에 대해 오로지 권리만 갖고 있고 아무런 의무도 갖고 있지 않다면(신), 다른 존재자는 이 존재자에게 오로지 의무만 있고 아무런 권리도 있지 않은 셈인데, 이와 같은 존재자들 사이의 도덕적 관계에 관한 원리는 **초험적**이다. (이에 반하여 인간과 인간 사이의 도덕적 관계에서는, 그들의 의지가 서로서로 제한하며 **내재적** 원리를 가진다)

우리는 인류(의 창조와 인도)에 관한 신의 목적을 오직 사랑에서 비롯된 것으로만 생각할 수 있다. 즉 신의 목적은 인간의 **행복**이라는 것이다. 그러나 사랑의 효력을 제한하는, 또 마땅히 주어져야 할 **존중**
A 184 (경외감)에 관한 신의 의지의 원리, 즉 신적 권리의 원리는 **정의**의 원리와 다른 것일 수 없다. 우리는 (인간적 관점에서) 이렇게 표현할 수도 있겠다. 즉 신은 말하자면 자신 이외에 그가 사랑할 수 있고 또 그를 사랑하게 될 어떤 것을 갖고자 하는 욕구에서 이성적 존재자를 창조했다고 말이다.

VI 489 그러나 신의 **정의**가 우리 자신의 이성적 판단에 따라, 특히 **처벌적** 정의로서 우리에게 요구하는 것은(이때 원리는 제한하는 원리이므로), [사랑이 요구하는 것과] 마찬가지로 큰 것일 뿐만 아니라 심지어 그것보다 더 큰 것이다. **보상**(은총의 보상)[6]은 타자에 대하여 오로지 의무만 있고 아무런 권리도 없는 존재자의 정의에 관한 것이 아니라, 오직 사랑과 자선(자애)[7]에 관한 것이기 때문이다. 그러한 존재자[인간]에게서 **보수**(대가)[8] 요구는 더더욱 허용될 수 없으며, **보상으로 주어지는 정의**(보상적 정의)[9]는 신이 인간에게 가지는 관계에서는 하나의 모순이다.

그러나 자신의 목적들이 모두 좌절되는 것에 초연한 어떤 존재가 수행하는 정의에 관한 이념에는, 인간이 신과 맺는 관계와는 잘 부합하지 않는 어떤 점이 있다. 이것은 바로 절대적이고 도달 불가능한 A 185
세계 통치자를 상대로 범해질 수 있는 어떤 침해 개념이다. 여기서 문제되는 것은 인간들이 서로 행하고, 또 그것에 대해 신이 처벌하는 심판자로서 판정하는 [인간들 상호 간의] 권리 침해가 아니라, 신 자신과 신의 권리가 겪게 된다고 일컬어지는 침해이기 때문이다. 이 침해 개념은 **초험적**이다. 다시 말해 우리가 (인간들 사이에서) 하나의 사례를 들 수 있는 모든 처벌적 정의 개념을 전적으로 넘어서는 것이다. 이 개념은 우리가 경험에서 사용할 수 있을 법한 원리들과는 전혀 합치할 수 없으므로 우리의 실천이성에는 전적으로 공허한, 초절적인 원리들을 포함한다.

신의 처벌적 정의의 이념은 여기서 인격화된다. 이 정의를 집행하는 자는 어떤 특별한, 심판하는 존재자가 아니다. (그러할 경우, 이 존재자와 법의 원리들 사이에 모순이 발생할 것이기 때문이다) 오히려 정의는 고대의 철학적 시인들의 운명(숙명)처럼 그리고 주피터보다 더 높은 위치에 있는 (보통 **영원한** 정의라 불렀던) 실체와 같이, 우리가 더는 탐구해 들어갈 수 없고 회피할 수도 없는 철칙 같은 필연성에 따라 옳음을 판정한다. 이제 사례를 약간 들어보자.

A 186 (호라티우스에 따르면[10]) 형벌은 자신 앞에서 거들먹거리며 걸어가는 범죄자를 시선에서 놓치지 않고 그자를 붙잡을 때까지 절뚝거리며 계속 따라다닌다. 무고하게 희생된 자의 피는 복수를 갈구한다.
VI 490 범죄는 보복되지 않은 채 남아 있을 수 없다. 만일 범죄자가 처벌되지 않는다면, 그의 후손이 대가를 치를 수밖에 없다. 또 만일 그가 살아 있는 동안 처벌되지 않는다면, 그것은 사후 삶에서라도 이뤄지지 않으면 안 된다.* 이 같은 사실을 분명하게 수용하고 기꺼이 믿는 까닭은, 그렇게 함으로써 정의에 대한 영원한 요구가 해결되기 때문이다. 언젠가 사려 깊은 한 군주는 사악한 살인을 저지르고 사형당하기를 청하는 결투자를 사면함으로써 자신의 나라에서 살인죄가 생기지
A 187 않게 하겠노라고 말했다. 죄과는 반드시 그 대가를 치러야 한다. 비록 전혀 무고한 자가 희생양이 될 수 있다 해도 그렇다. (이 경우 물론 그가 받는 고통은 당연히 형벌로 불릴 수 없다. 그 자신이 아무런 범행도 하지 않았기 때문이다) 이 모든 것에서 다음과 같은 사실을 알 수 있다. 즉 우리는 그와 같은 판결을, 정의를 주재하는 어떤 인격에 귀속시키는 것이 아니며(인격은 타인에게 부당한 일을 행하지 않고는 그렇게 판결할 수 없기 때문이다), 오히려 정의 자체가 어떤 초감성적 주체에 속하는 것으로 간주된 초절적 원리로서 이 존재자의 권리를 규정한다는 것이다. 이 같은 사실은 이 원리의 형식적 부분에는 적합하지

---

* 위에서 말한 위협적인 처벌이 완전히 집행된다고 생각하기 위해 미래의 삶에 관한 가설을 여기에 끌어들여서는 안 된다. 인간이란 그의 도덕성에 의거해볼 때 초감성적인 대상으로서 초감성적인 심판자 앞에서 시간 조건과 무관하게 심판받을 것이기 때문이다. 오직 인간의 실존만이 문제가 된다. 지상에서의 인간 삶은 그것이 짧든 길든 또는 영원하든, 현상 속에 있는 그의 현존일 뿐이며, 정의의 개념에는 더 상세한 규정이 필요하지 않다. 어떻든 처벌의 정의가 내세의 삶 속에서 그 효력을 보게 하기 위하여 그 같은 삶에 대한 믿음이 선행하는 것은 정말 아니다. 오히려 그와 반대로 처벌의 필연성으로부터 내세의 삶에 대한 결론이 도출되는 것이다.

만 실질적 부분, 즉 목적—이것은 언제나 인간의 행복이다—에는 모순된다. 범죄자 수가 늘어나서 그들의 죄 목록 역시 그렇게 계속 증가한다면, 처벌적 정의는 창조의 목적을 (사람들이 그렇게 생각해야만 하듯) 세계 창조자의 사랑에서 파악하는 것이 아니라, 법의 엄격한 준수에서 파악하게 되는데(즉 법 자체를 신의 명예 안에서 성립하는 목적으로 만드는데), 이는 실천이성의 원리들에 모순되는 것처럼 보이기 때문이다. 즉 후자(정의)가 단지 전자(자애로움)를 제한하는 조건에 불과한 셈이 되기 때문이다. 실천이성의 원리에 따른다면, 오직 사랑 A 188; VI 491
만을 근거로 할 수 있는 세계 창조자의 의도에 그렇게까지 모순되는 생산물을 제공하는 셈이 될 그와 같은 창조는 중단되었어야만 했을 것이다.

이상에서 우리는 다음 사실을 알게 된다. 내적 입법에 관한 순수한 실천철학인 윤리학에서 우리는 오로지 인간이 인간에 대해 맺는 도덕적 관계들만 이해할 수 있을 뿐이다. 그러나 신과 인간 사이에 그 이상 어떠한 관계가 지배하는지는 윤리학의 경계를 넘어서는 것으로서 우리가 절대로 이해할 수 없는 문제다. 앞에서 주장한 내용도 이 같은 사실로 확증되는데, 윤리학은 인간들 상호 간의 의무 경계를 넘어서 확장될 수 없다는 것이다.

A 189; VI 492

윤리학의 구분 목차[1)]

I

윤리학적 요소론

제1편

인간의 자기 자신에 대한 **의무들** 일반에 대하여

제1권

인간의 자기 자신에 대한 **완전한 의무들**에 대하여

제1장

인간이 **동물적 존재**로서 자기 자신에 대해 가지는 의무

제2장

인간이 순수한 **도덕적 존재**로서
자기 자신에 대해 가지는 의무들에 대하여

제1절

인간이 자기 자신에 대한 천부적 **심판자**로서
자기 자신에 대해 가지는 의무에 대하여

제2절

자기 자신에 대한 모든 의무들의 첫째 명령에 대하여

삽입절

자기 자신에 대한 의무들에 관한
도덕적 반성 **개념들**의 **모호성**에 대하여

제2권 VI 493

인간이 자기 목적과 관련하여 자기 자신에 대해 가지는 불완전한 의무들에 대하여

제1절

인간이 자연적 완전성을 계발하고 증진하기 위해 자기 자신에 대해 가지는 의무에 대하여

제2절

자신의 도덕적 완전성을 고양하기 위하여 자기 자신에 대해 가지는 의무에 대하여

제2편 A 190

타인에 대한 윤리학적 의무들에 대하여

제1장

그저 한 인간으로 간주된 타인에 대한 의무들에 대하여

제1절

타인에 대한 사랑 의무에 대하여

제2절

타인에 대한 존중 의무에 대하여

제2장

타인들이 처한 상이한 상태에 따른 의무에 대하여

요소론의 맺는말

우정 안에서 사랑과 존중이 진지하게 결합하는 것에 대하여

Ⅱ
윤리학적 방법론

제1절
윤리학적 교수법

제2절
윤리학적 수양법

윤리학 전체의 맺는말

해제

차례

일러두기

1. 해제와 옮긴이주에서 칸트 저술 인용은 '『저술의 한글 약칭』 학술원판의 권수(로마 숫자) 쪽수(아라비아 숫자)'—예를 들어 '『정초』 IV 389'—로 표시한다.
2. 『순수이성비판』 인용만은 관례에 따라 학술원판 권수 대신 초판(A) 또는 재판(B)을 표기해 '『순수이성비판』 A 104' 또는 '『순수이성비판』 B 275'와 같이 표시한다.

『법론의 형이상학적 기초원리』

이충진 한성대학교·철학

성립사

법철학에 관한 텍스트 집필을 칸트는 매우 이른 시기부터 계획했음이 분명하다.[1] 1768년의 편지에서 칸트가 "지금 나는 도덕형이상학에 관한 작업을 하고 있습니다"라고 언급했기 때문이다. 이러한 사실을 포어랜더(Karl Vorländer)는 좀더 구체적으로 뒷받침했다. "우리의 철학자[칸트]는 자신이 계획하고 있는 '실천적 세계지혜[철학]의 형이상학적 원리들'을 위한 자료를 1765년 말에 이미 완성된 상태로 눈앞에 가지고 있었다. 그는 1767년에 또다시 '도덕형이상학'에 매진했다." 그 외에도 우리는 법철학에 대한 칸트의 '이른' 관심을 그가 자연법 강의를 이미 1766/67년에 시작한 사실에서도 확인할 수 있다.[2)]

1) 이 단락은 다음을 참조·요약한 것이다. 이충진, 「칸트 『법이론』 텍스트 연구」, 『칸트연구』 제28집, 한국칸트학회, 2011.

2) Kants Brief von 1768 참조할 것; K. Vorländer, 1907, p.XXII. 『법론의 형이상학적 기초원리』는 『도덕형이상학』의 제1부다. 따라서 『도덕형이상학』의 논의

1770년 교수취임논문을 저술한 이후에도 칸트는 자신의 계획을 접지 않았지만, 최소한 1776년엔 "도덕철학이 칸트의 작업계획에서 완벽하게 사라졌다." 추측하건대, 이 무렵 칸트의 관심사가 『순수이성비판』의 완성에 전적으로 집중되어 있었기 때문일 것이다. 결과적으로 보면 전비판기의 법철학 저술 계획은 실현되지 않았으며, 설사 실현되었다 해도 그것은 "후기의 그것[1797년의 텍스트]과는 전혀 다른 모습이었을 것임이 분명했다."[3)]

1781년 『순수이성비판』을 출간한 이후 칸트가 법철학과 관련된 작업을 다시 시작했는지에 관한 "어떠한 직접적 증거"도 우리는 가지고 있지 않다. 1783년 8월 16일 편지에서 칸트가 "올 겨울엔 나의 도덕[이론]의 제1부가 비록 전부는 아니지만 거의 완성될 것이다"라고 말한 것으로 보아서 1780년대 초반에도 그는 여전히 관련 저술에 몰두한 것으로 보인다. 하지만 이 시기의 저술은 결국 완결될 수 없었는데, 1780년대 중반까지도 "칸트는 자신의 체계 완성에 전적으로 매진했기" 때문이다. 결국 관련된 저서들은 1780년대 후반에 가서야 모습을 드러내기 시작했다. 1785년 『도덕형이상학 정초』, 1788년 『실천이성비판』이 그것이다. 법철학과 직접 연관된 저서로는 『후퍼란트 자연법 시론에 관한 논평』이 1786년에 출간되었으며, 이 텍스트는 "명시적으로 법을 주제화한 최초의 칸트 출판물"이란 점에서 특히 주목할 만하다. 그 외에도 1786년 『자연과학의 형이상학적 기초원리』는 『법론의 형이상학적 기초원리』(이하 『법론』)와의 체계적 상응성 때문에 주목해야 하는 텍스트다.[4)]

1790년대 칸트의 저술활동 상황은 그의 한 편지(1794년 11월 24

와 문제들은 『법론의 형이상학적 기초원리』의 논의와 문제들을 포함한다.

3) B. Ludwig, 1986, p.XXI; K. Vorländer, 같은 책, p.IX.

4) B. Ludwig, 같은 책, pp.XVII-XVIII.

일)에서 엿볼 수 있다. 당시 칸트는 출판사에 보낸 편지에서 저술 작업의 "방해요소들"에 관해 다음과 같이 말했다. "그중 하나는 다음과 같습니다. 나이가 매우 많아 저술활동은 아주 천천히 진행될 뿐이며 또한 불안정한 마음상태에 기인하는 수많은 작업 중단을 피할 수 없습니다. (…) 다른 하나는 다음과 같습니다. 나의 주제는 원래 아주 넓은 의미에서 형이상학입니다. 그것은 신학, 도덕(종교론을 포함하는 것), 자연법(국가법과 국제법을 포함하는 것) 등을 포함하는바, (…) 이러한 작업 전체가 검열의 붓에 사라져버리지나 않을지 어느 누구도 확신하지 못하고 있습니다."[5] 이에 따르면, 30년이 넘는 준비기간과 노년의 활발한 저술활동에도 칸트의 건강상태와 프로이센 당국의 검열은 칸트 법철학의 대표작, 즉 『법론』의 집필과 출판에 적지 않은 영향을 미친 것으로 보인다. 그것은 물론 부정적 영향이었다.

그와 같은 '방해요소들'에도 1790년대 칸트는 법철학 관련 텍스트를 다수 출간했다. 1793년 『이성의 오롯한 한계 안의 종교』, 1793년 『이론에서는 옳을지 모르지만 실천에는 쓸모없다고 하는 속설』(이하 『속설』), 1795년 『영원한 평화를 위하여. 철학적 기획』 등이 대표적이다. 1780년대 초에 발표된 역사철학적 소논문들[6]과 달리 이 저서들은 법철학적 주제를 직접 논의했는데 이는 1798년 『학부논쟁』과 함께 칸트 법철학 연구를 위한 1차 자료로서 손색이 없다. 하지만 이 저서들은 1797년 『법론』을 이해하기 위해 지극히 제한된 도움만 제공할 뿐이다. 왜냐하면 칸트 법철학의 가장 중요한 특징이 아직 이 저서들에는 등장하지 않기 때문이다.[7]

---

5) Kants Brief von 1794. 11. 24.

6) 1784년 『세계시민적 관점에서 본 보편사의 이념』, 1784년 『계몽이란 무엇인가에 관한 답변』, 1786년 『인류사의 추정된 기원』 등을 지칭함.

7) 예를 들면, 칸트는 이 시기에 아직 재산권 문제에 대해 확실한 견해가 없었으

법철학 텍스트를 집필하려는 칸트의 노력이 전비판기와 비판기를 포함하는 전 생애를 거쳐 지속되었음은 이와 같은 텍스트의 출간 외에도 여러 가지 정황으로 확인할 수 있다. 가령 1770년대와 1780년대의 '단편들'(Reflexionen)은 법철학적 주제들에 대한 칸트의 지속적 관심을 직접적으로 증명하며, 1766/67년에 시작해서 1788년까지 최소한 11회에 걸쳐 자연법 강의를 개설한 것 역시 마찬가지다. 그뿐만 아니라 말년의 칸트가 법철학 텍스트 집필을 중요한 작업의 하나로 여겼음도 여러 가지 정황으로 확인할 수 있다. 가령, "칸트는 자신의 저서를 완성하기 위해서 대학 강의를 중단하고자 했는데" 그 학기(1793/94)에 개설한 과목이 '도덕철학-부제: 도덕형이상학'이었으며, 더욱이 그것은 '5년 만에' 개설한 강의였다.[8)]

1794년 10월 24일 실러(Friedrich von Schiller)는 에어하르트(Johann Benjamin Erhard)에게 보낸 편지에서 다음과 같이 이야기했다. "재산권의 연역(Ableitung)이 이제 관건입니다. 그것이 그토록 많은 생각을 요구했던 것입니다. 제가 듣기로 우리는 그것과 관련된 무엇인가를 칸트에게서 기대해야만 할 것입니다. 그의 도덕형이상학 안에서 말입니다. 또한 제가 듣기로, 칸트는 그 점에 관한 자신의 [이전] 생각들에 더는 만족하지 않는다고 합니다. 그 때문에 출판을 포기했다고 하는군요."[9)] 이에 따르면 이 시기에 칸트는 한편으론 『법론』 저술에 몰두했으되 동시에 다른 한편 그것을 출판할 수 있을 정도로까지 작업을 진척하지 못했음이 분명했다.

1796년 칸트는 『법론』 저술과 관련되어 편지를 몇 통 썼는데, 그것

며(Schillers Brief von 1794. 10. 24. 참조할 것) 또한 허용 법칙(Erlaubnisgesetz)에 대한 이해도 없었던 것으로 보인다(B. Brandt, 1982 참조할 것).

8) K. Vorländer, 같은 책, p.XXII.

9) Schillers Brief von 1794. 10. 24. K. Vorländer, 같은 책, p. XII에서 재인용.

들에 따르면 『법론』은 원래 1796년 10월에 출간될 예정이었다. 하지만 1796년 11월 19일 편지로 보아서 그의 계획은 실현되지 않았음이 분명했다. 같은 해 12월의 편지 몇 통 역시 이러한 정황을 뒷받침한다.[10)]

다음 해인 1797년 2월 18일 『괴팅겐 학술지』(*Göttingische Anzeigen von gelehrten Sachen*)에 『법론』에 대한 서평(Rezension)이 발표된다. 그에 한 달 앞선 1797년 1월 19일 『쾨니히스베르크 학술과 정치지』(*Königsberger gelehrten und politischen Zeitungen*)에는 "칸트의 법론의 형이상학적 원리가 쾨니히스베르크에 있는 니콜로비우스(Nicolovius) 출판사에서 출간되었다"라는 기사가 실리게 된다. 또한 2월 말 무렵엔 『법론』이 "최소한 베를린에서는 대단한 반응"(außerordentliche Sensation)에 직면해 있음이 보고되고 있다.[11)]

비록 오늘날 『법론』이 출판된 정확한 날짜를 확정할 수 없지만, 그럼에도 위의 자료들은 대략적인 시점을 추측할 수 있게 해준다. 1907년의 포어랜더는 『법론』 출간시점을 "1797년 1월"로 결론지은 반면에 1996년의 루트비히(Bernd Ludwig)는 좀더 범위를 좁혀서 "1797년 1월 초순에서 중순 사이"로 결론지었다.[12)] 분명한 것은 이 무렵 어느 날 칸트의 『법론』이 드디어 세상에 나왔다는 사실이다.

1797년 1월에 출간된 칸트 텍스트의 "직접적인 영향은 대단했다. 알려져 있는 논평들의 숫자만으로도 우리는 쾨니히스베르크 비판가의 저서, 오랫동안 기다려왔던 이 저서에 대한 지대한 관심을 알 수 있다." 물론 이 텍스트가 "동시대인들의 일반적 승인과 찬양을 받

---

10) "내가 이미 몇 주 전에 인쇄소로 보냈고 성탄절쯤에 나오게 될 (…)" (Kants Brief von 1796. 11. 19. 참조할 것); K. Vorländer, 같은 책, p.XIII.

11) B. Ludwig, 같은 책, p.XXII.

12) K. Vorländer, 같은 책, p.XXI; B. Ludwig, 같은 책, p.XXII.

은 것만은 아니었"으며 "동시대인들의 부정적 반응 역시 광범위하고 강력한 것"이었다. 전자의 대표적 사례로는 1797년 5월 리처드슨(Richardson)의 영어 번역 시도를 들 수 있으며, 후자의 대표적 사례로는 『괴팅겐 학술지』에 실린 "날카로운 비판"을 들 수 있다.[13)]

특히 『괴팅겐 학술지』의 비판은 칸트로 하여금 자신의 신작(新作)에 대한 별도 해설서를 집필하도록 만들었다. 『법론』에 대한 "반대자가 많을 것임을 알고 있었고"[14)] 『덕론』의 집필로 시간에 쫓겼지만, 그와 같은 예정에 없던 작업을 피할 수는 없었다. 대략 1798년 4월에 완성된 원고에 칸트는 '법론의 형이상학적 기초원리의 해명을 위한 소견'(Erläuternde Anmerkungen zu den metaphysischen Anfangsgründen der Rechtslehre)이라는 제목을 붙였다. 이후 이것은 '부록-법론의 형이상학적 기초원리의 해명을 위한 소견'(Anhang-Erläuternde Anmerkungen zu den metaphysischen Anfangsgründen der Rechtslehre)이라는 제목으로 지칭되기도 했다.

그사이 『법론』 제2판이 출간을 앞두고 있었다. 1798년 5월 9일 칸트는 『법론』 제2판 및 『부록』의 출판과 관련해서 출판인 니콜로비우스에게 편지를 보냈는데, 그에 따르면 『부록』은 독자적인 제목을 가진 '특별판'(Sonderausgabe)으로 인쇄된 후 『법론』 제2판과 함께 판매되어야 하며, 그뿐만 아니라 제1판을 가지고 있는 사람에겐 그것만 별도로 판매될 수 있어야 했다.[15)]

포어랜더에 따르면, 『법론』 제2판은 "1798년 여름 아마도 6월"에 출간되었을 것이며 『해명을 위한 소견』, 즉 『부록』은 "빨라도 1797

---

13) B. Ludwig, 1988. pp.XXIV-XXV; 이충진, 2000, 51-52쪽; K. Vorländer, 같은 책, p.XV 참조할 것; 『법론』 VI 356.

14) K. Vorländer, 같은 책, p.XVI.

15) P. Natorp, 1900, p.519 참조할 것.

년 말"에 출간되었을 것으로 추정했다. 반면에 루트비히는 "분리되어 출간된 『부록』의 표지에 출판연도가 1798년으로 기록되어 있는" 것으로 보아서 『부록』 원고는 "1798년 4월에" 완성되었을 것으로 추정했다. 또한 그는 1799년 11월 『법률가 문헌지』(*Juristische Literaturzeitung*)의 기사를 근거로 "제2판은 1799년 부활절 기간[4월]에 출간"되었을 것으로 추정했다.[16)]

칸트 생전에는 『법론』의 제1판과 제2판만 출간되었다. 『덕론의 형이상학적 기초원리-도덕형이상학 제2부』는 "1797년 2월쯤" 초고가 완성된 후 "1797년 8월 28일에 출간되었다."[17)] 『법론』과 『덕론』, 즉 『도덕형이상학 제1부』와 『도덕형이상학 제2부』는 칸트 생존 시에는 합본된 형태로 출간되지 않았다. 1804년 칸트가 사망한 후 수백 년 동안 두 텍스트는 『도덕형이상학』이란 이름 아래 하나의 텍스트로 출간되었다.

칸트 연구자들은 이 텍스트와 관련하여 두 가지 사항에 대체로 합의를 보았다. 첫째는 『부록』의 위치에 관한 것이다. 이와 관련된 칸트의 서신은 다음과 같다. "식자공님에게. 『부록-해명을 위한 소견』은 159쪽 『법론』의 제1부 끝에 위치해야 합니다. 그 쪽들 위에 쓰이게 될 제목 표시는 '법론 제1부 부록'이어야 합니다. 쪽수 표시는 저서 마지막까지 일관되게 계속되어야 합니다." 이에 따르면 『부록』은 『법론』의 '제1부: 사법'과 '제2부: 공법' 사이에 위치해야 한다. 하지만 이러한 지시는 칸트의 "착각"에 기인된 오류임이 분명한데, 『부록』의 내용은 '제1부: 사법'만이 아니라 『법론』 전체에 해당되기 때문이다. 그러므로 "최근의 편집자들이 '『부록』은 『법론』 전체를 위한

16) K. Vorländer, 같은 책, p.XXI, p.XVII; B. Ludwig, 같은 책, p.XXIII.
17) B. Ludwig, 1986, p.XXIV; K. Vorländer, 1907, p.XIX.

부록으로서 책의 말미에 와야 한다'라는 점에 의견 일치를 본 것"은 지극히 "합당한" 일이었다.[18)]

두 번째는 제1판과 제2판의 차이점에 관한 것이다. 나토르프의 연구에 따르면, 『법론』 제2판은 "하나의 내용적 변경" 외에도 제1판의 인쇄 오류들의 정정 및 약간의 수정들을 포함하고 있었다. 이것은 흔히 있는 일이지만, 문제는 다른 곳에 있었다. 제2판엔 그것들만이 아니라 "새로운 일반적 인쇄 오류 최소한 40개, 심각한 오류 18개, 누락 21개" 등이 포함되어 있으며, "구두점과 철자법 그리고 언어표현상의 수많은 [엉터리] 수정들"이 발견된다. 이 점에서 보건대 제2판은 제1판에 비해 더 나빠진 것으로 판단하는 것이 맞을 것인바, 오늘날 모든 연구자가 동의하듯이, 새로운 편집을 위한 "기본판"(den maßgeblichen)은 제2판이 아니라 제1판이어야 한다.[19)]

그런데 사실 1797/98년의 『법론』은 출간 직후부터 텍스트의 완전성에 대한 의구심에 직면했다. 몇몇 동시대인에게 "그 텍스트는 많은 지점에서 적절한 해석이 불가능"한 텍스트였다. 누가 보아도 그 텍스트는 불합리함을 다수 포함하고 있었는데, 가령 §15와 §17엔 동일한 문장들이 반복되었으며, §10과 '국가법에 대한 일반적 주석'은 논의 전개상 부적절한 위치에 있었다.[20)] 이러한 의구심을 대변하는 현대 이론가는 일팅이다. "매우 고령이 되어서야 칸트는 법론을 저

18) B. Ludwig, 1988, p.36. Kants Brief는 같은 책에서 재인용. 나토르프는 『부록』의 위치가 잘못되었다는 사실에는 동의하면서도, 그와 같은 "말도 안 되는 위치"(diese sinnwidrige Einfügung)의 원인은 칸트 자신의 오류가 아니라 출판사나 인쇄소의 "오해"라고 생각했다(Natorp, 같은 책, p.519를 인용·참조했다).

19) P. Natorp, 같은 책, p.527. 제2판에 있는 '하나의 내용적 변경'이란 '침해(läsion) 개념'에 대한 좀더 상세한 설명을 말한다. 『법론』 §5 참조할 것.

20) 이것은 Th. Mautner, J. Berkemann 등의 연구에서 밝혀졌다. B. Ludwig, 1986, p.XXVIII, 주 33 참조할 것.

술했고 [그때] 칸트는 [저술을] 할 만한 힘을 더는 가지고 있지 않았다. (…) 73세 [노인]의 이 저서는 문제가 많은, 심지어 실패한 작품일 뿐이다."[21)]

루트비히는 1797/98년 텍스트의 '물리적 결함'에 동의한 후, 이 텍스트의 올바른 재구성, 즉 칸트 자신의 본래 의도에 가능한 한 많이 상응하는 『법론』 텍스트의 재현을 자신의 이론적 과제로 삼았다.[22)] 그는 문헌학적 연구를 토대로 하여 1797년의 텍스트를 대대적으로 변경했다. 나토르프, 포어랜더, 카시러/켈러만, 바이셰델 등 "이전의 편집자들은 오자나 탈자 교정, 문법적 오류 수정, 현대적 표현으로 대체 등 매우 제한적인 범위에서만 텍스트를 변경"했지만 루트비히는 "많은 단락의 위치를 바꾸었고 심지어 10여 쪽 분량의 단락을 삭제하는" 텍스트에 대한 "과감한 개입"(große Eingriffe)을 감행했다.[23)] 1986년 펠릭스 마이너출판사는 『법론』의 새로운 편집을 그에게 맡겼다. 이로써 그의 작업은 학계의 공인을 받은 셈이다. 그에 의해 『법론』은 200여 년 전 처음 세상에 등장했을 때처럼 『덕론』과 분리되어 출간되었다. 이것이 가장 최근에 발간된 텍스트다.

---

21) H.K. Ilting, 1983, p.326, 주 6.

22) B. Ludwig, 같은 책, p.XXIX. "1797년의 저서는 인쇄 과정에서 훼손된 원고(Manuscript)를 토대로 만들어졌다. [원래] 원고는 전해져온 텍스트[출간된 텍스트]에서 언어학적 수단을 사용하여 재구성될 수 있다. 저자[칸트]는 자신의 저서가 결함을 지닌 채 출간되었음을 알아차리지 못했다."

23) 이충진, 2010, 148쪽; B. Ludwig, 1988. 그의 이러한 과감한 작업의 토대엔 저자로서 칸트에 대한 신뢰, 즉 "자신의 이론을 철학적 공중(公衆)에게 적절하게 전달할 능력이 있는" 저자에 대한 신뢰가 깔려 있었다(B. Ludwig, 같은 책, p.45).

내용 해설

『법론』은 크게 ① 『도덕형이상학』의 '머리말'과 '서론' 그리고 『법론』의 서론, ② 사법, ③ 공법[24] 세 부분으로 구성되어 있다.

머리말과 서론

『도덕형이상학』의 '머리말'에서 칸트는 도덕형이상학과 법론이 비판철학 안에서 가지는 이론적-건축술적 위상을 제시했다.[25]

칸트에 따르면, 이성의 비판 이후에야 인식체계로서 형이상학이 등장할 수 있다. 이성 비판은 이론이성의 비판과 실천이성의 비판으로 세분화되며, 이에 상응하여 형이상학은 자연의 형이상학과 자유의 형이상학으로 세분화된다. 후자를 칸트는 도덕의 형이상학으로 부르기도 했다.

자유의 형이상학은 자유에 관한 아프리오리한 종합적 인식의 체계다. 자유는 외적 자유와 내적 자유로 구분되는바, 자유의 형이상학 역시 외적 자유의 형이상학과 내적 자유의 형이상학으로 구분된다. 전자를 칸트는 법의 형이상학으로, 후자를 덕의 형이상학으로 불렀다.

『법론』은 외적 자유의 형이상학을 담은 책이다. 따라서 『법론』은 도덕형이상학의 하위 분과이며, 『덕론』과 동일한 건축술적 위상을 가진다. 달리 말하면, 『법론』은 특수 실천철학이며, 도덕형이상학은 그것을 포함하는 일반 실천철학이다.—도덕형이상학은 물론 실천이성의 비판을 전제한다.—도덕형이상학의 '외부에' 자유에 관한

24) 이 단락에 대해서는 이충진, 2000 참조할 것.
25) 『법론』 Ⅵ 211-228 참조할 것.

경험적 지식들(인간학)이 존재하며, 특히 법론 외부에는 경험연관적 지식의 체계(정치철학, 역사철학)가 존재한다.

『도덕형이상학』의 '머리말'은 그 외에도 『실천이성비판』에 등장하는 전문용어들에 대한 해설 및 개념정의를 다수 포함하고 있다.

『법론』 서론은 법의 개념 정의와 권리의 개념 정의를 다루었다.[26)]

칸트가 제시한 개념 정의에 따르면, "법은 조건들의 총체, 즉 한 사람의 자의가 다른 사람의 자의와 자유의 보편 법칙에 따라 상호 통합될 수 있는 조건들의 총체다."

이와 같은 법 개념과 보편 도덕 법칙('너는 하나의 준칙에 따라 행동하여야 하되 그 준칙은 동시에 보편 법칙으로서 타당할 수 있는 그와 같은 준칙이어야 한다')을 종합하여, 칸트는 외적 자유(만)를 규제하는 보편적 권리 법칙(Rechtsgesetz)을 도출한다. "외적으로 행동하는 경우 네 자의의 자유로운 사용이 보편 법칙에 따라 모든 사람의 자유와 상호 병존할 수 있도록 행동하라."[27)]

이 법칙은 외적 행위의 올바름(recht) 여부를 결정하는 척도다. 행위자 입장에서 보면, 이 법칙은 행위자에게 한편으로 올바른 행위를 할 수 있는 권한을 부여하며, 다른 한편으로 옳지 않은 행위를 하는 타인(가령 내가 올바른 행위를 못하도록 나를 방해하는 사람)을 강제하여 그것을 하지 못하도록 만들 권한을 부여한다. 이와 같은 방식으로 권리 법칙에서 올바른 행동을 할 법적 권한(권리, Recht)이 분석적으로 도출된다. 이 권리는 법적 권리이며 타인의 자유를 향해 행해지는 강제의 권리다. 이런 의미에서 권리 법칙(Rechtsgesetz)은 강제 법칙(Zwangsgesetz)이라고 불린다.

---

26) 『법론』 Ⅵ 229-233 참조할 것.
27) 『법론』 Ⅵ 231.

모든 인간은 그가 인간이라는 이유만으로 하나의 권리를 가진다. 우리는 이러한 권리를 생득적 권리라고 부를 수 있는데, '그것을 획득하기 위한 특별한 법적 행위가 필요하지 않다'는 의미에서 그러하다. 칸트는 이것을 내적 권리라고 불렀으며 그것의 구체적인 모습을 세 가지로 제시했다. ① 자유, 즉 타자의 강제적 자의에서 독립, ② 생득적 평등, 즉 내가 타자를 강제할 수 있는 것만큼만 타자가 나를 강제할 수 있되 그 이상을 강제할 수 없음, ③ 타자의 권리를 침해하지 않는 모든 것을 타자를 향하여 행할 수 있는 권한.[28]

이외에도 『법론』의 서론은 형평성과 긴급권(이중적 의미의 권리)을 엄밀한 의미의 권리(강제권)에서 배제하는 논의, 다양한 관점에서 도덕·법·의무를 세분화하는 논의 등을 포함하고 있다.

사법

내적-생득적 권리와 달리 외적 권리(외적 사물을 소유-사용할 권리)는 법적 획득 행위로 획득되어야만 하는 권리다. 『법론』의 본론은 이러한 외적 권리의 획득이 어떻게 가능한지를 논의한다. 즉 하나의 외적 권리가 성립/존재하는 경우, 그것을 가능하게 만드는 근거는 무엇인가? 이러한 물음에 답하고자 한다.

로크(John Locke)에 따르면, 타인을 해치지 않는 나의 행위(노동)가 그것의 결과물에 대한 법적 권리(소유권)의 근거다. 하지만 칸트는 노동은 소유의 권원(權原)일 뿐이라며 로크를 비판한다.[29] 또한 당시 계약론자들에 따르면, 소유권은 법공동체 구성원들의 합의에 의해 비로소 성립하는 권리다. 하지만 칸트는 그러한 합의 자체를 제

---

28) 『법론』 Ⅵ 237 이하 참조할 것.
29) 『법론』 Ⅵ 268 이하 참조할 것.

한하는 선행적 조건이 존재함을 들어 그들을 비판한다.

칸트는 외적 소유의 가능 근거를 오로지 순수 실천이성에서 도출한다. 그것은 다음 세 가지다. ① 외적 행위의 보편적 병존 가능성을 명령하는 보편적 권리 법칙(법의 공리), ② 내적 권리의 외적 권리로의 전환을 단적으로 천명하는 실천이성의 법적 요청(실천이성의 허용 법칙), ③ 개별적 획득 행위의 법적 타당성과 법적 안전성을 규정-보장하는 보편 의지(보편 의지의 창출을 명령하는 정의의 법칙).—동일한 점을 행위자의 입장에서 다시 이야기하면, 나의 물리적 획득 행위가 법적 귀결(소유권)을 가져올 수 있는 근거는 나의 행위가 위의 세 법칙에 모두 적합한(rechtmäßig, 합법적) 행동이라는 사실이다.[30]

합법적 획득 행위는 획득되는 대상과 권리의 종류에 따라 각기 다른 모습을 가진다. 물리적 실체 및 물권의 경우엔 시간적 선점(先占)이, 타인의 약속 및 대인적 권리의 경우엔 계약이, 타인의 상태 및 물적-대인적 권리의 경우엔 법칙 자체가 그것에 해당된다.[31]

그런데 그와 같은 외적 권리의 획득, 달리 표현해서, 내적 권리의 외적 권리로의 전환은 법적 권한과 물리적 힘을 독점하는 보편 의지(국가)가 실제로 존재하지 않는 한 항상 타인의 침해에 노출되어 있을 수밖에 없다. 그런 한에서 획득된 외적 권리는 일종의 '결핍된' 권한일 뿐이다. 물론 그렇다고 해서 그것이 법적 권한의 성격을 전혀 갖지 않은, 그저 물리적 힘에 의존하는 자기주장에 불과한 것은 아니다. 칸트는 이와 같은 양면성을 '자연 상태에서 권리획득은 참되지만 임시적일 뿐이며 오직 국가만이 그것을 확정적인 것으로 만들 수 있다'고 표현했다.[32]

---

30) 『법론』 Ⅵ 230, 246, 250 이하 참조할 것.
31) 『법론』 Ⅵ 260 참조할 것.
32) 『법론』 Ⅵ 306-308 참조할 것.

결국 만일 내가 가령 주인 없는 나무에서 딴 사과에 대해 법적 소유권을 주장하고 싶다면 그리고 그러한 나의 권리가 진정한 의미의 권리여야 한다면(즉 타인의 빼어감에서 전적으로 보호될 수 있기를 원한다면), 나는 보편 의지(국가)를 창출하지 않으면 안 된다. 이것은 이성이 명령하는 법의무(Rechtspflicht)이며, 나의 이익을 위한 가언적 필연성에 근거하는 의무가 아니라 권리가 권리이기 위한 필수조건을 창출해야 한다는 정언적 필연성에 근거하는 의무다. 칸트는 이것을 "공법의 요청"이라고[33] 표현했다.

사법에 관한 논의에서 칸트는 법철학의 주요 주제들, 가령 소유권, 물권과 대인적 권리, 사회계약이론, 개인의 자유권과 국가의 법적 권한 등에 대해 자신의 생각을 전개했다. 우리는 이곳의 모든 논의에서 '칸트적인 고유성'이라고 불릴 만한 독특한 사유를 만날 수 있다. 실천이성의 허용 법칙, 근원적 공동점유의 개념, 법적으로 올바른/합법적/정당한 행위의 구분 등은 그것의 작은 예일 뿐이다.

공법

공법은 사법과 달리 "보편적 공표(公表)가 필요한 법"이다. 즉 공법은 입법자가 모든 준법자를 상대로 공적으로 선포함으로써 비로소 존재하게 되는 법이다. 이 법에 의해 각인은 그 이전에는 없던 새로운 권리·의무를 갖게 된다. 정치적 권리, 납세와 병역의 의무 등이 그에 해당한다. 국가 사이의 조약체결 권리, 망명권 등도 마찬가지다. 공법은 그것의 적용 영역에 따라 국가법, 국제법, 세계시민법으로 세분화된다.[34]

---

33) 『법론』 VI 307.
34) 『법론』 VI 311 참조할 것.

국가법 논의에서 칸트가 이야기하고자 한 것은 물론 경험적 국가(현상 국가)가 아니라 그것의 규범으로서 이상적 국가(예지 국가)다. 칸트에 따르면 후자, 즉 국가다운 국가는 대의제와 권력분립이라는 두 제도적 요소를 반드시 갖추어야 한다. 국가는 한편으론 권력을 위임받은 주권자가 국민 전체의 의지를 대변하고, 다른 한편으론 행정권력이 입법권력의 의지를 대변해야 한다(대의제). 또한 국가의 활동은 먼저 입법 활동과 법집행 활동으로 구성되고, 후자는 다시 일반적 차원에서 활동과 개별적 차원에서 활동으로 구성된다. 이 세 개의 국가 활동은 서로 종적으로 다른 것이며 따라서 상응한 세 개의 제도가 필수적이다. 즉 국가권력은 입법, 행정, 사법 세 개의 권력으로 분할되어 각각 독립적으로 활동한다(권력분립). 이와 같은 모습을 갖춘 이상적 국가를 칸트는 '공화적 체제'라고 불렀다.[35]

국가법 안에는 주권자와 국민, 즉 지배자와 피지배자 사이의 법적 관계에 관한 규정 역시 포함되어 있다. 이와 관련해서 칸트가 가장 많이 주목한 것은 처벌권과 저항권이다. 지배자(주권자)는 피지배자(각각의 국민)를 형법에 의거해서 처벌할 권한을 가진다. 각각의 국민은 이러한 국가 행위(일방적 권력 행사)에 복종해야 하는데, 국가 창출 및 유지는 이성이 부과한 법적 의무이기 때문이다. 반면에 현실 국가가 자신의 비이성적 입법-행정 활동으로 현재 존재하는 국가 자체를 폐기하게 될 정도에 이르면, 국민은 그러한 국가에 저항할 권리를 가진다. 물론 이러한 저항권은 국가법 자체 안에 포함되는 권리일 수는 없고 그것의 외부에 존재하는 이성법적 권리 내지 정치적 권리다.[36]

---

35) 『법론』 VI 313-317 참조할 것.
36) 『법론』 VI 318-323 참조할 것.

국제법은 국가들 사이의 권리, 즉 하나의 국가가 다른 국가에 대해 갖는 권리를 규정한다. 국제법적 권리는 전쟁에로의 권리, 전쟁 중의 권리, 전쟁 이후의 권리 등이다. 다른 국가를 향해 선전포고를 할 수 있는 법적 조건들, 전쟁은 처벌 전쟁이나 정복 전쟁의 성격을 가져서는 안 된다는 규정, 종전 이후 평화조약에 담길 수 없는 내용 등이 각 권리의 핵심을 이룬다. 국제법의 궁극목표는 국가들 사이에 영원한 평화를 창출하는 것이며, 현실의 모든 국가는 이러한 목표에 지속적으로 접근해나가야 하는 법적-정치적 의무가 있다.[37)]

세계시민법은 각인이 자신의 국가가 아닌 다른 국가를 상대로 갖는 법적 권리 및 후자가 전자를 상대로 갖는 법적 의무를 규정한다. 이것은 '지구는 단일한 공동체이며 지구상의 각인은 서로 필연적으로 법적 관계 안에 들어설 수밖에 없다'는 사실에 토대를 둔다. 세계시민권은 현대적 의미의 망명권과 다름없다. 칸트의 세계시민법은 오늘날 논의되는 '전 지구적 차원의 법적 공동체'의 모습을 제시한다.[38)]

『법론』에서 칸트가 하고 싶은 말은 결국 다음과 같다. "보편적이고 지속적인 평화 창출은 순수한 이성의 한계 안에서의 법론의 한 부분을 구성하는 것이 아니라 그것의 궁극목적 전체를 구성한다."[39)] 보편적-지속적 평화는 국가들 사이에서는 국제법에 의해서, 개인 사이에서는 국가법에 의해서 창출될 수 있다. 이 두 공법이 규제하지 못하는 법적 관계는 세계시민법에 의해 규제되는바, 이것에 의해 비로소 영원한 평화의 창출이 완성된다.

---

37) 『법론』 VI 343-351 참조할 것.
38) 『법론』 VI 352 이하 참조할 것.
39) 『법론』 VI 355.

의의 및 영향사

칸트의 법철학 관련 저서들은 대부분 1790년대에 발표되었다. 18세기 후반은 칸트 법철학이 잉태되고 탄생한 시기이며, 다른 모든 경우에 그렇듯이 칸트 법철학 역시 시대적 영향 아래 있었다.[40]

이 시기 독일의 법이론가들에게 법은 곧 자연법을 의미했다. 이는 근대의 시작 이후 일관되어온 유럽의 법이해였다.[41] 당시 발표된 법학 저서와 법철학 저서는 거의 모두 '자연법'이란 명칭을 갖고 있었다. 하지만 18세기의 '자연법'은 오늘날과 달리 이해되었으며, 당시 독일의 법학자들은 '자연법 이론'이라는 이름 아래 다양한 법을 하나의 통일된 체계로 만드는 것에 전력을 기울였다. 그러므로 "법의 역사에서 보면 칸트 이전의 자연법은 일반적으로 실정법의 학문적 이해를 진척시킨" 것이었을 뿐이며 "자연법에 관한 이론은 [실정]법에 관한 학문적 이론"이었을[42] 뿐이다.

칸트는 자신의 텍스트에 '법론의 형이상학적 기초원리'라는 제목을 부여했는데, 이러한 제목은 당시 매우 이례적인 것이었다. 제목에서 볼 수 있듯이, 칸트는 법 연구가 '체계화된 실정법'의 제공에 머물러서는 안 되며 진정한 의미에서 철학적 연구이기도 해야 함을 당시 학계에 천명했다. 『법론』이 등장한 이후 30여 년 동안 법의 문제는 철학자의 손에서 벗어나지 않았으며 철학자는 법과 관련된 논의를 이끄는 주도 집단이 되었다.[43]

하지만 1797년에 발표된 『법론』은, 비록 그것의 "강의교재용 필

---

40) 이 단락은 이충진, 2007을 참조·요약한 것이다.
41) G. Radbruch, 1973, p.102 참조할 것.
42) M. Schröder의 평가임. O. Höffe (Hrsg.), 1999, p.14.
43) 같은 책, p.17 참조할 것.

사본(Kompendien)이 빠른 속도로 등장하긴 했어도",[44] "날카로운 비판"[45]의 눈을 가졌던 동시대인들에게 심각한 문제가 있는 것으로 받아들여졌다. 이와 같은 부정적 반응을 얻은 데는—텍스트 자체의 결함 외에도[46]—시대적 배경이 결정적으로 작용했다. 1790년대에서 1820년대에 이르는 30년은 독일 관념주의 철학의 시대였다. 관념주의 철학자들에게 칸트 법철학은 수용 대상이라기보다는 극복 대상으로 받아들여졌다.

18세기 말 사비니(Friedrich Karl von Savigny)와 후고(Gustav Hugo)의 역사법학, 예링(Rudolf von Jhering)의 목적법학, 헤겔(Friedrich Hegel)의 법철학 등이 '반(反)자연법주의' 전선을 형성한 후 반세기가 지난 "1840년대 독일에선 자연법의 무용성이 공공연하게 이야기"[47]되었다. 따라서 칸트 법철학은—그것이 전통적 자연법론의 계승으로 이해되는 한—긍정적으로 검토되거나 수용될 여지가 없었다. 이 시기 독일의 '반자연법주의'는—특히 1831년 헤겔이 죽은 이후엔—전적으로 법학자들이 주도했으며, 이러한 법이해는 거의 150년 동안 지속되었다.[48]

칸트 법철학을 적극적으로 수용하려는 움직임도—많지는 않았지만—전혀 없는 것은 아니었다. 아이러니하게도 그것은 반자연법 진영의 법학자들이 주도했다.

19세기 법학자들은—자연법론으로서 칸트 법철학을 철저히 배격하면서도—칸트를 법실증주의의 선구자로 해석하고자 시도했

---

44) B. Ludwig, 1988, p.XXIV, p.XXV; 이충진, 2000, 52쪽 참조할 것.
45) 『법론』 VI 356.
46) B. Ludwig, 같은 책, pp.XXIV-XXXIV 참조할 것.
47) O. Höffe, 같은 책, p.17.
48) R. Dreier, 1995, p.159 참조할 것.

다.[49] 그들은 칸트가 법의 존재 연원을 인간 이성에 배타적으로 귀속시킴으로써 '인간초월적 법' 개념을 배척했다는 점에 주목했다. '인간 이성에서 유래한 법'이라는 칸트적 개념은 이후 법규범의 절대적 타당성을 약화시킴으로써 "어떤 임의의 내용도 법이 될 수 있다"[50]라는 법실증주의의 기본 입장에로 이어졌다. 또 당시 "[법]실증주의의 일반적·법적 확신 속에 자리 잡고 있던" 법의 독자성 역시 "칸트에게서 읽어낼 수 있을 것으로 믿었던"[51] 그들은 칸트가 도덕으로부터 법을 독립시키고 법을 강제법으로 확립했다는 점에 주목했다. 칸트는 법이해의 새로운 가능성을 제시했는바, 19세기 법학자들은 그러한 가능성을 현실화함으로써 법실증주의라는 독자적 이론체계를 확보-심화할 수 있었다. 19세기에 일어난 자연법주의에서 법실증주의로 전환은 그것의 시작점이 칸트였던 것이다.[52]

19세기가 끝날 무렵 신칸트학파가 등장하면서 칸트 법철학이 다시 주목받게 되었다. 마부르크 학파를 대표하는 법철학자 슈탐러(Rudolf Stammler), 서남 학파를 대표하는 법철학자 라드브루흐(Gustav Radbruch), "정통적"(orthodox) 칸트 법철학을 구현했던 에빙하우스(Hermann Ebbinghaus) 등이 대표자였다. 이 시기, 즉 19세기에서 20세기 초까지 "법학자가 주도한 법철학의 영역에선 신칸트학파가 주도적 역할을 했다."[53]

20세기 전반 두 차례 세계대전은 서구 이론가들로 하여금 '그 이전과 그 이후'를 확연하게 구분하도록 강제했다. 1945년 종전 후 독

49) 임미원, 2004, 265-270쪽 참조할 것.
50) 켈젠의 주장. 벨첼, 「20세기 전반의 법철학」, 177쪽에서 재인용.
51) 벨첼, 같은 책, 178쪽.
52) G. Radbruch, 1973, p.102 참조할 것.
53) J. Ritter, K. Gruender (Hrsg.), 1984, Bd. 6, p.611.

일의 법이론가들은 한 세기 넘게 지속되었던 법실증주의를 의도적으로 배척했으며 그것의 대척점으로 간주되었던 자연법론을 다시 연구의 중심에 놓았다. 이러한 "자연법의 르네상스"[54] 시대 법이론가들은 특히 근대 초 사상가들이 발견했던 천부인권의 개념에 다시 주목했다.

인권 개념에 대한 정확한 이해 및 그것의 체계적 근거지움을 위해 당시 법이론가들은 무엇보다도 칸트에게 눈을 돌렸다. 개인의 권리와 국가권력의 관계, 국가권력의 기능과 범위, 법적 지배의 정당화 가능성 등 법철학의 핵심주제들이 칸트의 이름과 함께 논의되고 검토되었다. 전후 급격히 등장했던 이와 같은 연구흐름은—비록 칸트의 『법론』이 제대로 주목하지 못한 채 다시금 "매우 급속도로 사라져버렸지만"[55]—30여 년 후 칸트 법철학의 본격적 등장을 예비했다.

"1960년대 말에 이르러 실천철학의 복권"[56]이 천명되기에 이른다. 이런 흐름 속에서 법의 문제 역시 핵심 논의로 자리 잡는다. 이 시기에 '복권된' 실천철학은 주로 "아리스토텔레스, 위대한 신아리스토텔레스주의자인 토마스, 헤겔"[57] 등이었다. 따라서 칸트의 법철학은 이 시기에도 여전히 연구의 주변부에 머물러 있을 뿐이었다. "실천철학의 복권은 아직 칸트 법철학 복권으로까지 이어지지 않았으며", "그와 같은 논의들이 한 걸음 더 진행된 후에야 비로소 칸트는 자신에게 걸맞은 비중을 획득하게"[58] 되었다.

20세기 전반부 자연권의 르네상스, 20세기 후반부 실천철학의 복

---

54) K. Kühl, 1991, p.212.
55) K. Kühl, 같은 책, p.214.
56) K. Kühl, 같은 책, p.212.
57) O. Höffe, 1990, p.540.
58) K. Kühl, 같은 책, pp.212-213.

권, 20세기 내내 진행된 사회적·정치적 격변 등은 1970년대 칸트 법철학의 본격적 등장을 준비했던 시대적 밑거름이었다. 또 베를린 아카데미가 출간한 칸트 법철학 관련 자료들, 가령 『단편』(*Reflxionen*) XIX, 『초고와 첨부』(*Vorarbeiten*) XXIII, 『강의』(*Vorlesungen*) XXVII 등은 이 시기 칸트 법철학 연구를 한 단계 상승시키는 학문적 밑거름이 되었다. 이를 토대로 시작된 칸트 법철학 연구는 1970년대를 지나면서 분량이나 수준에서 전례 없는 성과를 이루게 된다. 불과 10여 년 후인 1985년 "법철학의 소규모 신칸트학파가 등장"[59]했음을 운위할 정도였다.

1970년대 등장한 연구 중 주목할 만한 것은 칸트 법철학의 기본 특성에 관한 연구다. 과연 칸트 법철학은 칸트적인 의미에서 비판적인가? 이 물음에 1971년 리터는 칸트 "법사상의 발전은 지속적 연속성이 있으며" 따라서 초기에서와 마찬가지로 후기에서도 칸트 법철학을 '비판적'이라고 부를 만한 특징은 존재하지 않는다고[60] 대답한다. 반면에 1979년 부시는 정반대 견해를 제시한다. 그에 따르면 칸트는 자연주의적 자유 개념과는 구분되는 비판적 자유 개념을 발전시켰으며[61] 바로 이러한 "비판적 자유 개념[은] 비판적 법철학의 토대"[62]다.

1980년대엔 두 가지 상징적인 연구 성과가 등장했다. 하나는 1984년 케르스팅의 교수자격논문이며 다른 하나는 1986년 루트비히의 박사학위논문이다.[63] 이 두 연구는 다른 연구들과 몇 가지 점에서 상

---

59) W. Naucke, "Literaturbericht", p.542. K. Kühl, 같은 책, p.214 참조할 것.
60) G.-W. Küsters, 1988, p.37.
61) G.-W. Küsters, 같은 책, p.49 참조할 것.
62) G.-W. Küsters, 1983, p.212.
63) W. Kersting, 1984 참조할 것.

이점이 있다. ① 연구의 범위가 『법론』 안에 등장하는 개별 주제가 아니라 그 텍스트 전체이며 ② 텍스트 내재적 분석 방법이 가장 중요한 방법으로 채택되었으며 ③ 연구 결과물이 『법론』에 대한 '러닝 코멘트' 형태를 갖춤으로써 칸트 법철학 연구를 위한 안내서 역할을 할 수 있으며 ④ 칸트에 대한 절대적 신뢰 속에서 저술된 만큼 칸트의 눈으로 칸트 법철학을 이해하는 데 가장 도움이 되는 연구결과물이다.

동구권 붕괴가 가시화되던 1980년대 학자들은 유럽의 새로운 질서 모색에 전력을 기울였는데, 많은 사람이 200년 전 칸트의 구상에 신뢰를 보냈다. 가령 베를린 장벽 붕괴 직후 "미래 동서관계의 정신적 토대를 위한 단초들"을 찾기 위해 기획되었던 한 학회가 "칸트와 유럽 평화"를 주제로 선택한 것이 대표적 사례다.[64] 유럽 통합, 지구촌화, 신자유주의 등 전 지구적 단위의 변화에 직면한 1990년대 유럽 지식인들은 새로운 국제질서를 창출하기 위해 인권, 세계시민권, 범세계적 국제기구 등 칸트의 개념과 구상에 다시 주목했다. 가장 최근 사례로는 칸트 서거 200주년을 기념하여 오스트리아 학술원 학회에서 발표된 마르티(François Marty), 빌레펠트(Heiner Bielefeldt), 클라인겔트(Pauline Kleingeld) 등의 논문이 있다.[65]

칸트 법철학을 법규범 차원에 국한시키지 않고 현실맥락 안에 위치시키고자 하는 노력 역시 오랫동안 시도되어왔다. 규범과 현실의 연결고리를 창출하는 이성 법칙으로서 허용 법칙에 주목한 브란트, 칸트의 법치국가(Rechtsstaat) 개념을 현대적 의미의 복지국가(Sozialstaat) 개념으로 확장하려는 소극적(루트비히) 및 적극적 시도

64) Ostsee-Akademie (Hrsg.), A. Bucholz (Bearb.), 1992 참조할 것.
65) H. Nagl-Docekal, R. Langthaler (Hrsg.), 2004 참조할 것.

(케르스팅) 등이 이에 해당한다.[66)]

칸트 법철학 연구와 관련되어 특히 눈에 띄는 현상은 연구 현황을 담은 보고서들이 빈번하게 발표된다는 점이다. 우리는 칸트 법철학 연구의 현재 흐름을 확인하고자 하는 목적 아래 연구·출간되는 보고서(Bericht)를 쉽게 만날 수 있는데, 이것은 매우 이례적인 일이다. 1988년 퀴스터스는 『칸트의 법철학』을 출간함으로써 이 방향의 연구를 집대성했다.[67)]

칸트 법철학은 현대 사상가들에 의해 발전적으로 수용되기도 했다. 가령 하버마스는 자신의 법철학적 구상을 집대성한 『사실성과 타당성』에서 자유, 도덕과 법, 권리, 민주주의 등 여러 맥락에서 칸트 『법론』에 눈을 돌렸다. 법칙적 자유, 상호 공존의 가능조건들, 강제권한으로서 법적 권리 등의 칸트 개념들은 하버마스 법철학의 핵심 모티브를 이루었다.[68)] 또한 "칸트 실천철학에 정향된" 연구 속에서 "규범적 법철학"[69)]을 확립하기 위해 노력한 회페(Otfried Höffe) 역시 19세기 초 "별다른 싸움 없이 법학계에 넘겨주었던 [법철학이란] 영토를 철학계가 다시 되찾도록 만들었을"[70)] 뿐만 아니라, 회복된 영토의 중심에 칸트 법철학을 세워놓았다. 정의 문제를 철학적 논의의 중심에 놓음으로써 "1831년 이후 처음으로 철학이 법철학적 문제를 주도"하도록[71)] 만든 롤즈(John Rawls)도 예외는 아니다. 하지만 『정의론』의 롤즈에게 받아들여진 칸트는 비판철학자로서 칸트 및 도덕철

---

66) R. Brandt, 1982; B. Ludwig, 1993; W. Kersting, 2000 참조할 것.

67) "칸트의 법철학을 위해 지난 15년 동안[1970년대 중반~1990년대 초반] 거의 매년 현황보고서가 발표되었다"(R. Dreier, 1995, p.158 참조할 것).

68) 하버마스, 2000, 특히 제2-4장 참조할 것.

69) J. Ritter, K. Gruender (Hrsg.), 같은 책, Bd. 6, p.622.

70) K. Kühl, 같은 책, p.212에서 재인용.

71) R. Dreier, 같은 책, p.92.

학자로서 칸트이되 『법론』의 칸트는 아니었던 듯이 보인다.[72)]

칸트 법철학은 오늘날 우리가 연구할 만한 가치가 있는가? 이에 대해 1999년 회페는 다음과 같이 이야기했다. "근대에도 법이론과 국가이론은 적지 않게 있었다. 그럼에도 한 가지 놀라운 부분이 결여되어 있다. 홉스에서 (…) 롤즈, 드워킨, 하버마스에 이르기까지 주요 텍스트들은 대부분 개별국가의 법질서만을 논의했다. 칸트만이 예외였다."[73)]

개별국가의 범위를 넘어서는 전 지구적 법질서, 그것은 칸트에 의해 처음으로 구상되었으며 오직 칸트에 의해서만 구상되었다. 칸트가 제시했던 "전 지구적 차원에서 법의 지배"라는 개념은 다른 어느 때보다도 "세계화 시대인 오늘날" 더욱 큰 적시성을 가진다.[74)] 전 지구적 차원의 법질서는 국가 단위의 법질서에, 개별 국가의 법질서는 다시 개인의 생득적 자유권에 체계적으로 연관되어 있음을 밝혀낸 이가 칸트인바, 그것은 곧 개인의 인권을 중심으로 한 전 지구적 법질서 확립이라는 21세기 법철학의 시대적 과제와 정확하게 일치하기 때문이다.

지난 200여 년 동안 칸트 법철학 연구는 '망각'과 '복권'과 '부흥'의 단계를 거쳐왔다. 하지만 현시점의 '칸트 법철학의 부흥'이 과연 '대안으로서 칸트 법철학'을 증명하는 것인지는 아직 확실하지 않다. 아마도 우리는 좀더 많은 시간이 지난 후에야 정확하게 판단할 수 있을 것이다.

---

72) 국내 연구 성과로는 황경식, 1985 참조할 것.

73) O. Höffe, 1999, p.289.

74) O. Höffe, 같은 책, p.290.

참고문헌

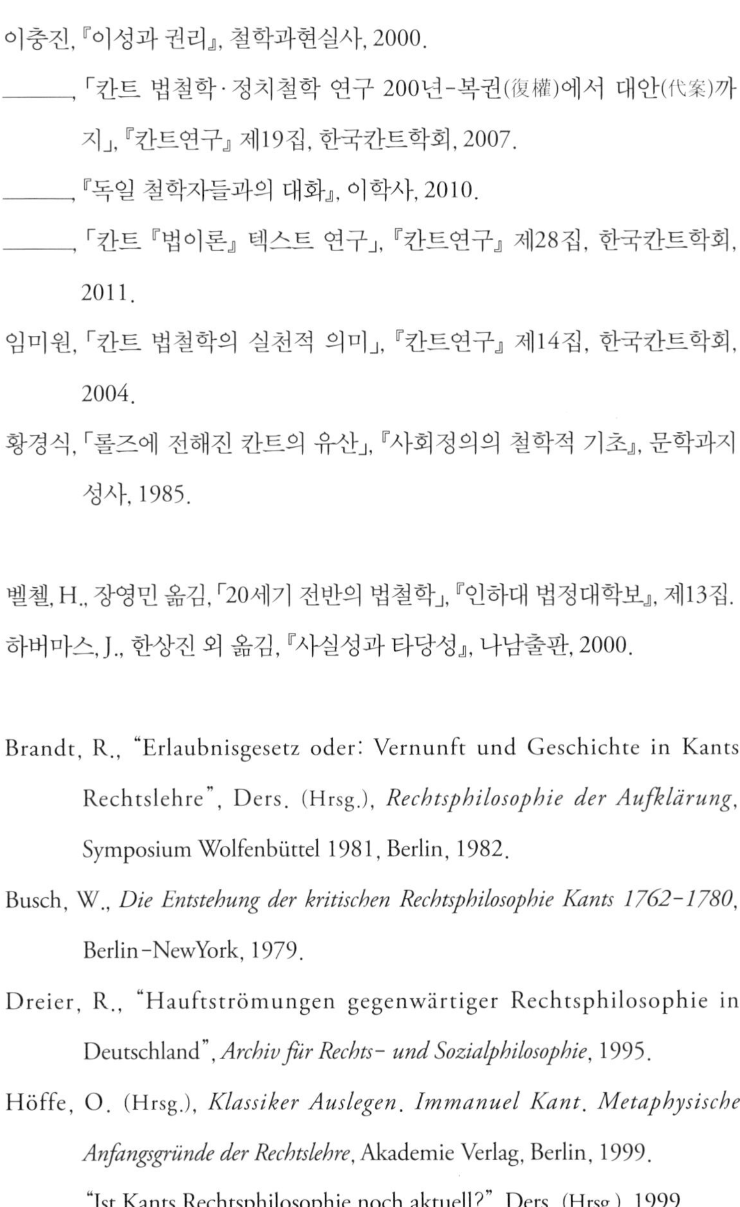

이충진, 『이성과 권리』, 철학과현실사, 2000.

______, 「칸트 법철학·정치철학 연구 200년-복권(復權)에서 대안(代案)까지」, 『칸트연구』 제19집, 한국칸트학회, 2007.

______, 『독일 철학자들과의 대화』, 이학사, 2010.

______, 「칸트 『법이론』 텍스트 연구」, 『칸트연구』 제28집, 한국칸트학회, 2011.

임미원, 「칸트 법철학의 실천적 의미」, 『칸트연구』 제14집, 한국칸트학회, 2004.

황경식, 「롤즈에 전해진 칸트의 유산」, 『사회정의의 철학적 기초』, 문학과지성사, 1985.

벨첼, H., 장영민 옮김, 「20세기 전반의 법철학」, 『인하대 법정대학보』, 제13집.

하버마스, J., 한상진 외 옮김, 『사실성과 타당성』, 나남출판, 2000.

Brandt, R., "Erlaubnisgesetz oder: Vernunft und Geschichte in Kants Rechtslehre", Ders. (Hrsg.), *Rechtsphilosophie der Aufklärung*, Symposium Wolfenbüttel 1981, Berlin, 1982.

Busch, W., *Die Entstehung der kritischen Rechtsphilosophie Kants 1762-1780*, Berlin-NewYork, 1979.

Dreier, R., "Hauftströmungen gegenwärtiger Rechtsphilosophie in Deutschland", *Archiv für Rechts- und Sozialphilosophie*, 1995.

Höffe, O. (Hrsg.), *Klassiker Auslegen. Immanuel Kant. Metaphysische Anfangsgründe der Rechtslehre*, Akademie Verlag, Berlin, 1999.

______, "Ist Kants Rechtsphilosophie noch aktuell?", Ders. (Hrsg.), 1999.

Höffe, O. (Hrsg.), *Klassiker Auslegen. Immanuel Kant. Zum ewigen Frieden*, Akademie Verlag, Berlin, 2004.

______, "Universalistische Ethik und Urteilskraft", *Zeitschrift für philosophische Forschung* 44, 1990.

Ilting, H.K., "Gibt es eine kritische Ethik und Rechtsphilosophie Kants?", *Archiv für Geschichte der Philosophie*, 63. Jg., 1983.

Kant, I., *Metaphysische Anfangsgründe der Rechtslehre* in *Kant's gesammelte Schriften*, Bd. Ⅵ, hrsg. von der Koniglich Preusischen Akademie der Wissenschaften, Berlin, 1907.

Kersting, W., *Wohlgeordnete Freiheit: Immanuel Kants Rechts- und Staatsphilosophie*, Berlin-NewYork, 1984.

Kühl, K., "Rehabilitierung und Aktualisierung des Kantischen Vernunftsrechts", *Archiv für Rechts- und Sozialphilosophie*, 1991.

Küsters, G.-W., "Recht und Vernunft: Bedeutung und Problem von Recht und Rechtsphilosophie bei Kant - Zur jungeren Interpretationsgeschichte der Rechtsphilosophie Kants", *Philosophische Rundschau*, Bd. 30, 1983.

______, *Kants Rechtsphilosophie*, Darmstadt, 1988.

Ludwig, B., "Einleitung" zu *I. Kant: Metaphysische Anfangsgründe der Rechtslehre. Metaphysik der Sitten, Erster Teil*, Neu hrsg. von Ders., Hamburg, 1986.

______, *Kants Rechtslehre*, Diss. Kant-Forschungen, Bd. 2, 1988.

______, "Kants Verabschiedung der Vertragstheorie - Konsequenzen für eine Theorie sozialer Gerechtigkeit", *Jahrbuch für Recht und Ethik*, 1993.

Nagl-Docekal, H., Langthaler, R. (Hrsg.), *Recht, Geschichte, Religion - Die Bedeutung Kants für die Philosophie der Gegenwart*, Akademie Verlag, 2004.

Natorp, P., "Einleitung" zu *Die Metaphysik der Sitten*, *Kant's gesammelte*

Schriften, hrsg. von der Königlich Preußischen Akademie der Wissenschaften, Berlin, 1900ff.

Naucke, W., "Literaturbericht", *Zeitschrift für die gesamte Strafrechtswissenschaft*, 97.

Ostsee-Akademie (Hrsg.), Bucholz, A. (Bearb.), *Kant und der Frieden in Europa. Ansätze zur geistigen Grundlegung künftiger Ost-West-Beziehungen*. Bericht über eine Tagung der Ostsee-Akademie. Veranstaltet in Travemünde vom 12. bis 15. Mai 1991 (Baden-Baden), 1992.

Radbruch, G., *Rechtsphilosophie*, 8. Aufl., Stuttgart, 1973.

Riedel, M. (Hrsg.), *Rehabilitierung der praktischen Philosophie*, 2 Bde., Freiburg, 1972.

Ritter, Ch., *Der Rechtsgedanke Kants nach den frühen Quellen*, Diss. Frankfurt am Main, 1971.

Ritter, J., Gruender, K. (Hrsg.), *Historisches Wörterbuch der Philosophie*, Bd. 6, 'Naturrecht', Basel-Stuttgart, 1984.

Vorländer, K., "Einleitung" zu *Die Mrtaphysik der Sitten*, hrsg. von Ders., Felix Meiner Verlag, 1907.

『덕론의 형이상학적 기초원리』

김수배 충남대학교·철학

성립사

『덕론의 형이상학적 기초원리』(이하 『덕론』)는 칸트가 『도덕형이상학 정초』(이하 『정초』)와 『실천이성비판』에 이어 도덕철학과 관련해서 출판한 마지막 저서다. 『덕론』은 1797년 1월에 나온 『법론』보다 조금 늦은 그해 8월 간행된다. 『법론』과 『덕론』은 칸트 생전에는 따로 출간되다가, 칸트 사후에 『도덕형이상학』이라는 이름으로 합본되어 출판된다. 이 저서보다 나중에 나온 그의 저서는 1798년의 『학부논쟁』과 『실용적 관점에서 본 인간학』 둘뿐이다. 좀더 나중에 출판된 『논리학』, 『자연지리학 강의』, 『교육론』 등이 그의 위임을 받은 제자들이 펴낸 저서라는 점을 감안한다면, 『덕론』은 고령의 칸트가 자신의 이름으로 남긴 거의 마지막 작품이라 해도 지나친 말이 아니다.

칸트는 '도덕의 형이상학'을 집필하려는 의도를 이미 1760년대 중반경에 지녔던 것으로 여겨진다.[1] 그는 당시에 '형이상학 고유의 방법'이라는 제목의 저술을 준비하고 있었고, 그것에 대한 일종의 예비작업으로 '자연철학의 형이상학적 기초원리'와 '실천철학의 형이상

1) 퀸은 칸트가 이미 『자연신학 원칙과 도덕 원칙의 명확성에 관한 연구』(1764)에서 "도덕의 근본원칙"이 "불만족스러운 조건"하에 놓여 있다고 보았으며, 이 상태를 개선하기 위하여 "도덕의 형이상학"을 집필할 "기획"을 "분명히

학적 기초원리'를 먼저 집필하고자 했던 것으로 보인다. 칸트는 1768년 5월 9일 헤르더에게 보낸 편지[2]나 1770년 9월 2일 람베르트 등에게 보낸 편지에서, 그의 신중한 태도에 비추어볼 때 의아할 정도로 자신의 작업과 관련해 상당한 자신감을 표현했다. 그는 헤르더에게 자신이 "도덕형이상학"을 작업 중이며, 이와 관련하여 "인간의 능력과 경향이 지니는 본래의 사명과 한계를 인식"하는 데 이미 큰 진전을 이루었다고 전한다. 그리고 2년 뒤 람베르트에게는, "어떠한 경험적 원리도 포함하지 않는 순수한 도덕철학에 대한" 자신의 연구, 즉 "도덕형이상학"[3]을 곧 마무리 지을 수 있을 것처럼 적었다. 그리고 다시 1773년 말경 헤르츠(Marcus Herz)에게는 자신이 "순수 이성에 대한 비판"인 "선험철학을 마무리 짓고 나면 형이상학에 전념"하고 싶다는 소망을 피력하면서, 이것은 "자연형이상학과 도덕형이상학 두 부분으로 구성되는데, 이 가운데 후자를 먼저 펴낼"[4] 수 있을 것처럼 언급했다. 물론 이 계획은 그저 소망에 그쳤을 뿐, 다시 7년 이상 긴 침묵 기간을 거쳐 세상에 나온 저서는 다름 아닌 『순수이성비

염두에 두고 있었다"고 주장한다. M. Kühn, 2010, p.11 참조할 것. 그러나 칸트는 철학을 완벽한 체계로 만들기 위해 끊임없이 자신의 철학적 관점을 수정해나아간 철학자이고, 그의 실천철학 분야 역시 이 점에서 예외가 아니었다. 따라서 말년의 작품이, 그가 활발한 학문 활동을 보여주었던 비교적 이른 시기에 구상했던 도덕의 형이상학에 관한 본래 의도를 고스란히 간직한 채 세상의 빛을 보게 되었다고 주장하기는 어려울 수도 있다.

2) 루트비히(Bernd Ludwig)가 편집하여 펠릭스 마이너출판사에서 다시 출판한 *Immanuel Kant. Metaphysiche Anfangsgründe der Tugendlehre*에 수록된 그레고어의 해제는 헤르더(Johann Gottfried Herder)에게 보낸 편지를 1767년에 작성된 것으로 표기했으나, 이는 칸트 자신이 1768년을 1767년으로 오기한 것을 그녀가 간과한 것이다. M. Gregor, 1990, p.XXIX 및 해당 편지에 관한 학술원판의 주해(『서한집 주석과 색인』 XIII 35 이하) 참조할 것.

3) 『서한집』 X 74, 97.

4) 『서한집』 X 145.

판』이었다.

칸트는 『순수이성비판』에서 "순수한 도덕"(reine Moral) 혹은 "순수한 도덕론"(reine Sittenlehre)을, 경험적 내용을 포함하는 "덕론"(Tugendlehre)과 대립시킨다. 마치 논리학이 "순수 논리학"과 "응용 논리학"으로 나뉘듯, 도덕철학도 "도덕형이상학"과 "덕론"으로 구분된다는 것이다. 이에 따르면 도덕형이상학은 "오직 자유 의지 일반의 필연적 법칙"에 따라 "행동을 아프리오리하게 규정하고 필연적으로 만드는 원리"를 포함한다. 반면 덕론은 그 법칙들을 우리 "인간이 어느 정도 사로잡혀 있는 감정이나 경향, 욕정 등 장애 요소들을 고려하여" 적용하는 문제를 다룬다. 이 후자의 경우는 응용논리학이 그러하듯이 "경험적이고 심리학적인 원리들"이 필요하므로 결코 "참된 논증적 학문이 될 수 없다."[5]

그러나 칸트는 순수한 도덕론이 다루는 "도덕성의 최고원칙과 그 근본 개념이 아프리오리한 인식이기는 하지만" 선험철학에는 속하지 않는 이유를 이렇게 말한다. "그것들[도덕성의 최고원칙과 근본 개념들]은 쾌나 불쾌, 욕구, 경향 등과 같이 모두 경험적 기원에서 나온 개념들을 비록 그 명령의 근거로 가지지는 않지만, 그것들을 의무의 개념 안에서 극복해야 할 장애로서, 또는 동인으로 삼지 말아야 할 자극으로서 **순수한 도덕성의 체계**를 기초(起草)할 때 반드시 포함해야" 하며, 따라서 "순수한, 단지 사변적이기만 한 이성의 철학인 선험철학"에 포함시킬 수는 없다고 한다. 그는 또 "모든 실천적인 것은 그 안에 동기를 포함하는 한, 경험적 인식원천에 속하는 감정에 관계한다"[6]고 하며, "도덕적 개념들은, 그 근저에 (쾌나 불쾌 등과 같은)

---

5) 『순수이성비판』 B 79, 869 이하.
6) 『순수이성비판』 B 28 이하. 강조 글쓴이.

어떤 경험적인 것이 놓여 있으므로, 전적으로 순수한 이성 개념들은 아니다"라고 주장하기도 한다. 도덕 개념들이 순수하게 간주될 경우는 "이성이 그 자체로는 무법칙적인 자유에 제한을 가하는 원리들의 관점", 즉 "그 이성의 형식에만 주목할" 경우뿐이라는 것이다.[7] 이처럼 칸트는 『순수이성비판』에서 한편으로는 도덕의 형이상학을 경험적 요소를 다루는 덕론과 구분하여 순수한 인식 체계에 국한하면서도, 다른 한편으로는 도덕성의 최고원칙과 그 근본 개념을 체계적으로 다루기 위해서는 그것이 순수한 도덕 개념들뿐만 아니라 행위자 주관의 경험적 제약까지도 고려해야 하는 것처럼 간주한다. 그러니까 정리하자면 『순수이성비판』은 순수한 도덕론인 도덕형이상학과 응용윤리학으로 간주된 덕론을 비교적 분명하게 구분했으나, 도덕형이상학이 "경험적 기원을 가진 개념들"까지 포함해야 하는 "순수한 도덕성의 체계"와 구분되는 것인지, 또 구분된다면 이 양자의 관계를 어떻게 이해해야 하는지 등의 문제는 애매하게 남겨두었다고 할 수 있다.

도덕철학을 순수한 부분과 경험적인 부분으로 나누는 칸트의 관점은 그의 도덕철학에 관한 첫 주저인 『정초』에서도 유지된다. 전자, 즉 순수한 도덕철학은 "도덕의 형이상학"으로 언급되는 반면, 후자는 "덕론" 대신에 "실천적 인간학" 또는 "도덕적 인간학"이라는 명칭을 얻게 된다.[8] 도덕형이상학은 전적으로 아프리오리하게 규정된 "순수의지의 원리들과 이념들"을 탐구하는 데 한정되며, 이에 반해 경험적인 "인간 의욕 일반의 행위나 제약" 등은 심리학이나 인간학의 소관 사항이 된다.[9] 도덕형이상학은 모든 경험적 요소와 무관하

7) 『순수이성비판』 B 597.

8) 『정초』 IV 388 이하, 410 참조할 것.

9) 『정초』 IV 390 참조할 것.

게 오로지 순수 이성 개념에 의존하여 성립하는 도덕성의 원리들을 대상으로 삼는 학문으로 간주된다. 칸트는 도덕형이상학만이 "본래의 도덕철학"이라고 불릴 수 있으며, 이것 없이는 도덕 자체가 쉽게 타락하고 말 것이기 때문에 무엇보다도 우선하여 이 도덕형이상학으로 순수한 도덕성을 확립해야 한다고 강조한다.[10] 한편 그는 이 저서에서, 경험적인 도덕학에 해당하는 "실천적 인간학"은 인간의 의지가 아프리오리한 도덕 법칙을 경험 사례에 적용하고, 구체적인 삶의 과정 속에서 실천할 수 있기 위하여 "판단력"을 훈련하는 일에 관계하는 것처럼 말한다.[11]

칸트는 『정초』에서, 이 책과 실천이성의 비판 그리고 도덕형이상학 사이의 관계도 간략하게 언급한다. 도덕형이상학의 기초는 본래 실천이성의 비판이어야 하나, 실천이성의 경우는 그 속성상 이성을 이론적으로 사용할 경우와 달리 아주 평범한 사람들조차 올바르고 정확하게 사용할 수 있어서 그것에 대한 비판이 순수사변적 이성의 경우처럼 반드시 필요치는 않다고 한다. 또 실천이성과 사변이성은 사용에서는 구별되지만 결국은 동일한 이성이니만큼, 실천이성에 대한 비판은 실천이성과 이론이성의 통일이 하나의 공동원리에 의거하여 기술될 수 있어야 하지만, 칸트 자신이 아직 그렇게 완전한 체계를 독자들에게 무리 없이 전달할 만한 단계에 이르지 못했기에 우선 "예비 작업"으로서 『정초』를 펴내는 것이라고 한다. 그러면서도 그는 도덕형이상학과 『정초』는 사실상 본질적인 차이가 없는 것처럼 말한다. 도덕형이상학은 『정초』에 비해 그저 좀더 키다란 정도의 "통속성"만 지니기에 일반인들이 수월하게 이해할 수 있으리라는

10) 『정초』 Ⅳ 388, 389 이하 참조할 것.
11) 『정초』 Ⅳ 389 참조할 것.

점만 지적한다. 또한 그는 『정초』의 과제를 "도덕성의 최고원리의 탐색과 확립"이라고 분명하게 규정한다.[12)]

『정초』의 후속 작품은 머리말에서 밝힌 계획과 달리[13)] 도덕형이상학이 아니라, 그 필요성을 인정하지 않았던 『실천이성비판』(1788)이었다. 칸트 스스로 머리말에서 밝혔듯,[14)] 이 저서 역시 『도덕형이상학』을 대체하기보다 『정초』의 미진한 부분과 그것에 대한 당대 비평가들의 비판에 응답하는 성격의 작품이라고 할 수 있다.[15)] 『도덕형이상학』 출간의 연기와 관련해서 특히 주목할 만한 부분은, 사변이론이성의 비판에서는 순수한 이성적 학문에 관한 분류가 이뤄졌으나 "모든 실천적 학문의 분류"는 아직 "완전하게 주어지지 않았다"는 언급이다.[16)] 그에 따르면, 실천적 인식의 경우에는 순수한 부분, 즉 실천이성의 가능성, 범위, 한계 등의 원리에 관한 탐구만으로는 그 같은 분류가 불가능하고, 인간 본성과 의무의 관계에 관한 경험적 지식이 전제되어야 한다. 이것은 『순수이성비판』의 '덕론'에 대한 언급을 상기시키고 또 동시에 『도덕형이상학』의 『덕론』의 내용을 예견하는 주장처럼 보인다.

이후에도 칸트는 계속해서 도덕형이상학이 곧 활자화될 수 있을 것으로 믿었으나, 『판단력비판』 같은 비판철학적 작업이 미완 상태였고, 또 그사이 퇴보한 출판물 검열 기준 역시 이 형이상학적 주저

12) 『정초』 IV 391 이하 참조할 것.
13) "나는 장차 도덕형이상학을 집필하려는 계획을 갖고서 이 정초를 먼저 내놓는다"(『정초』 IV 391).
14) 『실천이성비판』 V 8 이하 참조할 것.
15) 이에 관한 상세한 정보는 K. Vorländer, 1928, p.XV 이하 참조할 것.
16) 『실천이성비판』 V 8. 칸트는 『순수이성비판』의 "선험적 방법론"에 포함된 "순수 이성의 건축술"이 모든 순수한 사변적 이성인식을 완벽하게 분류하고 설명했다고 여겼다. 『순수이성비판』 B 873 이하 참조할 것.

의 출판을 어렵게 만들었다.[17] 30여 년의 연기 끝에 마침내 『법론』과 『덕론』이 출판되었을 때 칸트의 나이는 이미 70세를 넘긴 고령이었으니, 이 저서에 담긴, 도덕의 형이상학에 관한 그의 관점이 같은 기간 일어난 철학적 관심의 변화를 어떤 식으로든 반영했으리라고 짐작할 수 있다. 『덕론』이 칸트 도덕철학의 최종 결과물이라는 사실은 부인할 수 없지만 그렇다고 이 저서가 그의 도덕철학적 사고가 도달할 수 있었던 최고 수준의 논의를 구현한 것인지, 또 『정초』와 『실천이성비판』에서 그가 보여주었던 비판주의에 입각한 도덕철학과 정합적인 방식으로 양립할 수 있는지 등의 문제는 그 내용에 대한 신중한 검토를 요구한다.

『덕론』의 내용과 의도

『덕론』의 주요 부분은 '서론', '윤리학적 요소론', '윤리학적 방법론'이다. 요소론의 분량에 거의 육박하는 길이의 서론은 법의무와 구별되는 덕의무 고유의 성격 그리고 『법론』과 『덕론』의 구분에 관한 체계적 설명을 제공한다. 윤리학적 요소론은 '자기 자신에 대한 완전한 의무'와 '불완전한 의무', '타인에 대한 윤리학적 의무'라는 구분법에 따라 덕의무의 세부 목록과 그 내용을 설명한다. 윤리학적 방법론은 이성의 이론적 훈련을 위한 '윤리학적 교수법'과 의지의 실

17) 융슈틸링(Johann Heinrich Jung-Stilling)이 보낸 1789년 4월 1일자 편지와 칸트의 회신(『서한집』 XI 7-9; 『초고와 첨부』 XXIII 495); 헤르츠에게 보낸 1789년 5월 26일자 편지(『서한집』 XI 49); 에어하르트에게 보낸 1792년 12월 21일자 편지(『서한집』 XI 399); 피히테(Johann Gottlieb Fichte)에게 보낸 1793년 5월 12일자 편지(『서한집』 XI 434); 라가르드(François Théodore de Lagarde)에게 보낸 1794년 11월 24일자 편지(『서한집』 XI 532) 등 참조할 것.

천적 훈련을 위한 '윤리학적 수양법'을 포함한다.

칸트가 『덕론』을 집필한 의도는 무엇일까? '덕론의 형이상학적 기초원리'라는 제목이 말해주듯, 이 저서에서는 도덕성의 최고원리 자체를 탐구한 『정초』나 『실천이성비판』에서와 달리 '덕' 개념이 중심적인 의미를 부여받는다. 『실천이성비판』에 따르면, 덕은 "유한한 실천이성이 성취할 수 있는 최고의 것"으로서 "유한한 이성적 존재자들이 의지의 준칙을 [가지고], ……실천적 이념을 원형으로 삼아 그것을 향해 무한히 다가가고 지속적으로 전진"하는 데에서 성립하는, 그러나 "결코 완성될 수 없는" 과정이다. 『덕론』에 오면 그것은 다시 "우리 내면에 있는 도덕적 심정의 적에게 저항하는 능력과 의지"이자 도덕적 힘이며 "[의무 충족]의 경우 결의의 강함"으로 정의된다. 간단히 말해 덕은 의무를 수행하기 위해 본성적 경향과 "투쟁" 중인 유한한 이성적 존재자, 즉 인간의 "도덕적 심정"이 가진 힘을 뜻한다.[18] 그러므로 칸트가 『순수이성비판』에서 덕을 주제로 삼는 덕론을 순수한 도덕철학인 도덕형이상학에서 배제하려 했던 의도가 분명해진다. 덕은 "인간의 본성적 경향에 대한 관계를 포함"하는 것이기에 순수한 도덕철학의 주제라기보다 "인간에게 **적용된**" 도덕철학의 주제로 여겼던 것이다.[19] 그렇다면 칸트는 왜 "덕론"을 『도덕형이상학』의

---

18) 『실천이성비판』 V 33. 강조 및 보충 글쓴이; 『덕론』 VI 380, 383, 390. 『도덕철학 강의(헤르더)』와 베르크의 주석서에 나오는 다음 내용 참조할 것. "덕은 **도덕적으로 선한** 행동뿐 아니라 동시에 그 반대의 가능성도 포함한다. 따라서 내적인 갈등을 구체화한다. ……우리는 **윤리**를 천사나 신에게 귀속시킬 수 있지만 덕을 (적절히 말하면) 그렇게 하지는 못한다. 그들에게는 분명 신성함은 귀속되지만 덕은 아니기 때문이다"(『도덕철학 강의(헤르더)』 XXVII 13. 강조 원문); "인간이 정말 유덕한지를 검증하는 곳은 행운의 품 안이 아니라, 그를 괴롭히고 좌절시키는 폭풍우와 재난 한가운데다. ……덕은 무찔러야 할 적, 극복해야 할 위험 그리고 감성적 욕망과 경향을 꼼짝못하게 만들었다는 위안을 동반한다"(J.A. Bergk, 1798, p.29).

일부로 출판했을까? 이 물음에 대한 답은 작품 해석 문제와 연관되는데, 학자들이 주목해온 부분은 칸트 도덕철학의 형식주의에 대한 비판 그리고 『덕론』과 도덕철학 강의의 연관성이다.

먼저 『덕론』은 그의 도덕철학에 쏟아진 이른바 "형식주의" 비판에 반론하는 성격을 지닌다는 점이다. 『정초』나 『실천이성비판』에 대한 당시 서평을 보면, 칸트의 도덕론이 행위의 목적이나 경험적인 내용을 배제함으로써 행복을 도덕적 동기에서 제거했다는 비판이 주를 이룬다.[20] 이 두 저서는 도덕적 행위의 판정 기준, 즉 도덕성의 최고 원리를 그 순수한 상태에서 드러내 보이는 데 중점을 두었고, 이 원리를 현실세계 속에서 실현할 가능성, 즉 도덕적 의무에 적합한 행위를 도출하는 문제는 진지하게 고려하지 않았다고 할 수 있다. 올바른 도덕 행위에 필요한 절차는 행위자가 자신의 주관적 행위원리, 즉 준칙을 정하고 그것이 보편화될 수 있는지 검토하는 것만으로 충분하다고 여긴 것이다. 예컨대 『정초』에서 칸트는 준칙의 형식적 요소들과 대비되는 실질적인 요소로서 목적을 언급하기는 했지만 아직 소극적으로만, 즉 여타 임의의 목적들을 도덕적 관점에서 제한하는 "이성적 본성[존재자] 일반" 내지 "인간성의 원리"로만 고려하는 데

---

19) M. Kühn, 앞의 글, p.22. 강조 퀸. W. Euler, 2013, p.235도 참조할 것.

20) 학술원판의 『실천이성비판』 V 506 이하에 실린 나트롭(Paul Natrop)의 "Sachliche Erläuterungen"; 비스터(Johann Erich Biester)의 1794년 3월 4일자 편지(『서한집』 XI 490-492; 『서한집 주석과 색인』 XIII 361); A. Landau (Hrsg.), 1991, pp.229-233, pp.318-323, pp.354-367, pp.378-380, pp.398-409 등 참조할 것. 당시 서평자들 중 특히 피스토리우스(Hermann Andreas Pistorius)의 형식주의 비판이 칸트 도덕철학의 전개에 대해 갖는 의의는 B. Gesang, 2007, pp.XXV-XXXIV 참조할 것. 『덕론』을 형식주의 비판과 대결하는 것으로 읽어야 할 필요성에 대해서는 M. Gregor, 1963, p.xi와 1990, p.LXV; B. Ludwig, 1990, p.XXIV; O. O'Neill, 2002, p.331; A.M. Esser, 2004, p.242; S.B. Kim, 2009, p.337 이하 등 참조할 것.

그쳤다.[21]

『실천이성비판』, 『속설』 등에서 칸트는 당시에 유행하던 행복주의 윤리학 관점에서 제기된 형식주의 비판을 겨냥한 반론을 시도했으나,[22] 이러한 시도에 대한 당시 반응은 오히려 부정적이었다.[23] 따라서 칸트는 이제 『도덕형이상학』으로 도덕성의 원리를 도덕적 준칙의 실질, 즉 행위의 목적과의 관계 속에서 문제 삼고자 한다. 이 같은 관점에서 보면 그가 『도덕형이상학』을 "자의(Willkür)의 자유"를 대상으로 삼는, "개념에만 따른 아프리오리한 인식들의 체계"로 정의한 까닭이 명확해진다.[24] 자의는 『정초』에서는 의지에 비해 매우 드물게 사용되었고, 『실천이성비판』에서도 의지와 뚜렷하게 구분되는 의미를 부여받지 못했다.[25] 그러나 '법론 서론'에서 칸트는 자의를 "객관산출의 행위능력에 대한 의식과 결합되어 있는" 욕구능력으로 정의하여, "행위와 관련된 한에서 욕구능력이 아니라" "내적 규정 근거, 즉 의향(意向) 자체가 주관의 이성 안에 존재하는" 욕구능력인 의

---

21) "이성적 존재자는 자신의 본성에 대한 목적으로서, 즉 목적 그 자체로서, 모든 준칙에 대하여 [그 준칙이 실현하고자 하는] 모든 상대적이고 자의적인 목적들을 제한하는 조건의 역할을 수행해야만 한다"(『정초』 Ⅳ 436. 강조 글쓴이).

22) 『실천이성비판』 V 8, Anm.; 『속설』 Ⅷ 278-289 참조할 것.

23) 이에 대해서는 비스터가 칸트에게 보낸 1794년 3월 4일자 편지(『서한집』 XI 490-492; 『서한집 주석과 색인』 XIII 361)와 칸트가 비스터에게 보낸 1794년 4월 10일자 편지(『서한집』 XI 496 이하) 참조할 것. 『속설』에 대한 오해가 칸트를 얼마나 불편하게 만들었는지는 뫼저(Justus Möser)와 출판업자 니콜라이(Friedrich Nicolai)를 겨냥한 글 『출판업론』 Ⅷ 433 이하 참조할 것.

24) 『법론』 Ⅵ 216 참조할 것. 강조 글쓴이.

25) 예를 들어 『실천이성비판』에서 칸트는 "의지의 자율"을 "자의의 타율"과 대립시키기다가도 다시 "자의의 자율"이라는 표현을 쓰기도 한다. 『정초』 Ⅳ 428, 451; 『실천이성비판』 V 33, 36 참조할 것. 페이튼도 칸트가 이 개념을 나중에 와서야 '의지'와 구분해 사용했다는 사실을 지적한다. H.J. Paton, 1958, p.213 참조할 것.

지와 구분한다.[26] 그러므로 『도덕형이상학』의 구분에 따르면 의지의 고유 영역은 행위를 직접적으로 고려하지 않고 실천이성의 최고법칙을 표상하는 능력이고, 자의는 객체의 산출을 목표로 어떠한 행위를 할 것인지 말 것인지를 결정하는 능력인 셈이다.

『도덕형이상학』이 자의의 자유를 대상으로 삼는다는 것은, 특정한 객체(행위 결과) 산출을 목적으로 하는 행위의 준칙을 오직 순수 이성의 보편적 실천 법칙에만 관련해 규정하는 작업에 종사함을 뜻한다. 칸트는 선한 의지가 있고 그것이 도덕 법칙의 원천이며, 우리가 이 도덕 법칙의 명령에 일치하는 것이라고 의욕할 수 있는, 즉 보편화할 수 있는 준칙에 따라서 행동할 때 그 행위의 도덕성이 성립한다는 사실을 지적하는 것만으로는 부족하다고 여긴 것이다. 이제 『도덕형이상학』은 의지가 실제로 실천이성의 법칙과 일치하여 어떤 목적을 실현하는 행동으로 나아갈 수 있다는 사실을 보여주고자 준칙의 실질, 즉 행위의 목적을 문제 삼는다.

칸트는 이미 『정초』와 『실천이성비판』에서 목적 없는 행위는 없다고 했다. 하지만 어떤 행위가 도덕적으로 선한 행위이기 위해서는, 그 행위가(더 정확히 말하면 행위에 대한 우리의 의욕, 즉 의지가) 그 행위로 성취될 수 있다고 여겨지는 목적에 따라 규정되어서는 안되고, 최고의 도덕 법칙, 즉 정언명령이 담고 있는 형식적 원리에 따라 규정되어야 한다고 했다.[27] 그러나 『덕론』에서 칸트는 도덕 행위의 형식적 규정 근거 외에 실질적 규정 근거가 존재한다고 주장한다. 다시 말해 도덕을 심정 측면뿐 아니라 행위의 목적 측면에서 고려해도, 이 양자의 관점이 충분히 양립할 수 있다고, 즉 행위의 도덕성이

---

26) 『법론』 VI 213 참조할 것.
27) 『정초』 IV 417-420, 441; 『실천이성비판』 V 21 이하, 34, 62 참조할 것.

행위의 목적 관점에서도 충분히 보장될 수 있다고 본 것이다. 그래서 그는 『덕론』에서 행위의 목적들 가운데에는 도덕적 관점에서 보아 그 행위를 위한 준칙의 규정 근거가 되어도 좋은, 아니 되어야만 하는 것들이 있어야 한다는 점을 인정한다. 즉 인간이 행위해서 산출하고자 하는 목적들 가운데에는, 그가 자신의 본성에서 발원하는 감각적 충동에 따라 설정하는 것뿐 아니라 이와는 전혀 다른 종류의 것들, 즉 그것을 실현하는 것이 의무인 목적들도 있다는 것이다.

> 그런데 이 목적들 가운데에는 동시에 ……의무이기도 한 것들이 존재해야만 한다. 만일 그와 같은 것들이 없다면 어떠한 행위에도 목적이 없을 수는 없기에 실천이성을 위한 모든 목적은 언제나 단지 다른 목적들을 위한 수단에만 해당할 것이고, 정언적 명령은 불가능할 것이며, 이는 [결국] 모든 도덕론의 폐기를 뜻하기 때문이다.[28)]

칸트는 이러한 목적을 '덕의무'라고 부른다. 그리고 덕의무가 존재한다는 것은, 인간의 자의가 형식적인 규정 근거 이외에 실질적인 규정 근거를 가진다는 것을 뜻한다. 이러한 덕의무는 결국 순수 실천이성에 따라 설정된 목적이며, 이것에 관한 체계적 이론이 곧 윤리학이 본래 의도하는 것이라고 한다.[29)] 그러나 칸트는, 윤리학에서는 목

28) 『덕론』 VI 385.

29) 『덕론』 VI 381, 383 참조할 것. 칸트는 덕의무 개념을 전문 철학용어로 사용한 최초의 철학자로 보인다. '덕의무' 개념이 처음 등장하는 문헌에 관해서는 Aso et al., 1989, p.255, p.694 참조할 것. 우드는 『덕론』이 의무 수행에 방해가 되는 인간의 본성적 요소들을 극복하는 의지의 능력으로서 덕을 진작하고자 하며, 다수의 덕목들과 그 각각에 우리가 행해야 할 의무인 목적들이 상응한다는 것을 인정한다는 점에서 "덕윤리"의 성격을 지닌다고 본다. 또 『덕론』이 모든 특수한 윤리적 의무들의 기반을 "목적들을 진작"하는 것에서 찾기 때문에 "옳음"보다는 "좋음의 우위"를 내세우는 셈이고 "의무론적" 윤

적이 먼저 주어져 있고 여기에서 의무에 합당한 행위의 준칙을 발견하는 것이 아니라 그 역으로, 즉 의무 개념에서 출발해 목적으로 나아가야 한다고 적고 있다.[30] 이로써 그는 『정초』나 『실천이성비판』에서 자신이 내세웠던 견해를 번복하는 듯한 인상에서 벗어나려 한 것처럼 보인다. 『덕론』에서 고려되는 도덕성의 목적들은 개인이 그때그때 임의로 정하는 주관적인 것일 수 없고, 이성적 원리에 기초해야만 한다는 것이다.

의무 개념의 경우, 칸트는 원래 이 개념을 "실천 법칙에 대한 순수한 존경에서 나오는 행위의 필연성", "객관적 법칙을 통해 ……행위를 지시하는 강요" 등 다분히 형식적인 관점에서 규정했다.[31] 그러나 『도덕형이상학』에서는 의무를 구속력 있는 "행위"이자 그 "구속성의 질료"로 간주한다.[32] 칸트가 목적이면서 동시에 의무인 것, 즉 덕의무로 간주하는 것은 두 가지, "자신의 완전성"과 "타인의 행복"이다.[33] 이 양자는 각각 『덕론』의 '요소론'을 양분하는 근거가 된다. 물론 덕의무 개념이 과연 비판철학적 논의와 무리 없이 조화할 수 있는지, 또 덕의무 및 그 하부 의무들의 분류가 설득력이 있는지 등의 물음은 그 자체로 칸트 도덕철학 전반에 대한 해석을 요구하는 문제다. 이와 관련해서 연구자들이 주목하는 또 다른 측면은 『덕론』과 칸트의 도덕철학 강의의 관계다.

아르놀트에 따르면, 칸트는 도덕철학 강의를 1756/57~1793/94학기 사이에 서른 번이나 공고했고 실제로 스물여덟 번 강의한 것

리보다는 오히려 "결과주의" 윤리에 더 가깝다고 주장한다. A. Wood, 2002, p.13 이하 참조할 것.

30) 『덕론』 Ⅵ 382.

31) 『정초』 Ⅳ 403, 434; 『실천이성비판』 Ⅴ 32, 80.

32) 『법론』 Ⅵ 222.

33) 『덕론』 Ⅵ 385 참조할 것.

으로 추정되며, 바움가르텐의 『철학적 윤리학』(*Ethica philosophica*, 1751, 1763)과 『제일 실천철학의 기초원리』(*Initia philosophiae practicae primae*, 1760)를 줄곧 교재로 사용했다.[34] 포어랜더는 아르놀트를 인용, 이 교재들은 칸트 강의의 내용을 "구분하는 뼈대"를 제공하는 데 그쳤다고 판단했지만, 말년의 윤리학 강의가 『덕론』의 내용과 유사했을 가능성을 배제하지는 않았다. 파울 멘처는 칸트의 강의가 교재에 외형적으로만 의존하지는 않았다고 보고, 강의 내용에 나오는 세부 구분을 『덕론』과 비교하는 작업이 유익한 결과를 가져올 것으로 예견했다. 퀸 역시 칸트가 교재에서 받은 불가피한 영향을 언급하는데, 실제로 독자는 "자기 자신에 대한 의무"와 "타인에 대한 의무"의 구분뿐 아니라 세부적인 의무 내지 악덕들의 구분과 그것에 연계된 논의에서 특히 『철학적 윤리학』의 영향을 쉽게 확인할 수 있다.[35] 칸트는 『덕론』의 본문 전체를 "덕론"이 아닌 "윤리학"으로 지칭하기도 하고, 의무를 '서론'과 본문에서 각기 다른 도식에 의거해 구분하는데, 이 같은 사실도 그가 자신의 본래 생각을 철저히 발전시켰다기보다—작업 기간 또는 노령 등의 제약으로—도덕철학 강의와 그 교재에 크게 의존했다는 추측에 힘을 실어준다.[36]

---

34) E. Arnold, 1909, p.335. 아르놀트는 칸트가 1763/64 겨울학기에 예외적으로 바우마이스터의 저서 — 추측건대 『최근 철학 입문』(*Elementa philosophiae recentioris*) — 를 교재로 사용했다고 밝혔으나, 최근의 문헌학적 연구에 따르면 바우마이스터의 저서가 실제로 강의에 사용되었는지는 불분명하다. W. Stark, 1993, p.327; C. Schwaiger, 1999, p.35 이하 참조할 것. 칸트의 도덕철학 강의에서 바움가르텐의 저서가 갖는 의미에 대해서는 S. Bacin, 2015, pp.15-19 참조할 것.

35) K. Vorländer, 1922, Bd. 3, Abt. 3, pp.XXII-XXIV; P. Menzer, 1990, p.286; M. Kühn, 앞의 글, p.17 이하 참조할 것. 『철학적 윤리학』과 『제일 실천철학의 기초원리』는 각각 학술원판 XXVII 733-1028과 XIX 7-91에 수록되어 있다.

36) 이에 관한 좀더 상세한 논의는 B. Ludwig, 앞의 글, p.XXII 이하 참조할 것. 퀸은 유사한 맥락에서 『도덕형이상학』의 내용이 "볼프학파의 윤리학" 또는

완성도나 독창성에 관한 의문에도 『덕론』은 ‘준칙의 보편화 가능성’으로 대표되는 칸트 도덕철학을 구체적인 행위 목적인 의무의 실현이라는 새로운 관점에서 바라볼 수 있게 해준다. 따라서 칸트 도덕철학의 전체 면모를 파악하려면 의무들의 체계인 윤리학을 지향하는 『덕론』의 내적인 논리를 명료화할 필요가 있다. 먼저 『법론』의 의무와 『덕론』의 의무 사이의 차이점을 보자. 전자에서는 외부로 드러나는 행위가 법칙에 일치하는가 하는 “합법성”이 문제인 반면, 후자에서는 행위의 동기가 법칙과 일치하는 데에서 성립하는 “도덕성”이 관건이다.[37] 『법론』이 다루는 외적 자유의 법칙은 직접 행위를 규정하는 법칙이며, 『덕론』이 다루는 내적 자유의 법칙은 행위의 준칙을 위한 법칙이다. 전자의 법칙은 특정한 행위를 의무로 지시할 때 그 의무를 마치 “순수 수학”처럼 정확하게 규정하려 한다.[38] 이러한 의미에서 『법론』이 다루는 의무는 “좁게 규정된” “엄밀하고” “완전한” 의무다. 이에 비해 『덕론』의 법칙이 행위의 준칙을 위한 법칙이라는 것은, 그것이 윤리학에서 “목적”과 그 목적을 실현하기 위한 “행위” 사이에 판단력의 “활동 공간”(latitudo)을 남겨 둔다는 것을 의미한다. 판단력은 이 공간 속에서 법칙이 구체적으로 규정해놓지 않은 목적 실현의 수단인 어떤 행위를 규정해야만 한다. 그리고 이러한 맥락에서 윤리적 의무는 “넓게 규정된” “불완전한” 의무다.[39]

“전비판기적” 입장으로 되돌아가는 것처럼 보인다는 비판자들의 견해를 언급한다. M. Kühn, 앞의 글, p.10, p.20, p.27 참조할 것. 루덴은 특히 『도덕철학 강의(비길란티우스)』가 『도덕형이상학』을 미리 볼 수 있게 해주는 “보식” 같은 자료라고 평한다. R.B. Louden, 2015, p.84 이하, p.87 참조할 것.

37) 『법론』 VI 219 참조할 것.

38) 『법론』 VI 233; 『덕론』 VI 388, 411 참조할 것.

39) 『덕론』 VI 390, 411. 칸트가 덕의무 내에서 다시 “자기 자신에 대한 완전한 의무”(『덕론』 VI 421)를 언급한다는 점을 고려하면, 엄밀히 말해 완전한 의무가 곧 법적인 의무이고 불완전한 의무는 윤리적 의무라는 등식은 성립하지

『정초』와 『법론』에서 칸트는 불완전한 의무 내지 『덕론』의 의무가 예외를 허용하는 의무인 것처럼 말하고 있다. 그러나 『덕론』에서는 윤리적 의무가 행위 준칙의 예외를 허용하는 것이 아니라, 단지 "하나의 의무 준칙을 다른 준칙에 따라 (예컨대 보편적 이웃 사랑을 부모에 대한 사랑으로) 제한"하는 것으로 이해되어야 한다고 주장한다. 이것은 윤리적 의무인 덕을 실천할 때 여러 가지 행위 가능성이 남아 있다는 것을 뜻하며, 결국 우리가 어떠한 행위로도 우리의 윤리적 의무를 완벽하게 수행할 수 없다는 것을 의미한다.[40)]

의무 구분에 관한 이 같은 논의로 우리는 칸트 윤리학의 형식주의적 성격의 참모습에 한 걸음 더 다가설 수 있다. 이미 언급한 것처럼, 칸트는 『도덕형이상학』, 특히 『덕론』에서 자유로운 자의의 규정 근거인 목적을 문제 삼음으로써 준칙의 실질적 측면을 고려하고자 했다. 그러나 이 목적이자 의무인 덕의무를 구체적이고 개별적인 내용까지 규정할 수는 없다는 것이 『덕론』의 귀결이라고 할 수 있다. 그렇다고 해서 만일 누군가 『덕론』조차 우리가 어떤 구체적 상황에서 취해야 할 의무이자 목적인 행위를 완벽하게 규정하는 데 실패했기 때문에 형식주의에서 벗어나지 못했다고 비난한다면, 이는 윤리학

않는다. 하지만 『덕론』에서는 『법론』에서와 같은 "수학적 정확성"을 기대할 수 없다고 한다든지, 또 윤리적 의무는 자유로운 자의가 법칙을 준수할 때 활동 공간을 갖는다는 점에서 『법론』의 의무보다 더 넓은 구속성를 지닌다고 하는 주장으로 미루어볼 때, 법적 의무를 엄밀한 의무로, 윤리적 의무를 넓게 규정된 의무로 간주하는 것에는 무리가 없어 보인다. 칸트는 『실천이성비판』에서는 "본질적"(wesentliche) 의무와 "본질외적"(außerwesentliche) 의무를(『실천이성비판』 V 159 참조할 것), 또 『초고와 첨부』(*Vorarbeiten zu Die Metaphysik der Sitten*)에서는 "책임"(schuldige) 의무와 "공로"(verdienstliche) 의무를 구별하기도 한다(『초고와 첨부』 XXIII 394 참조할 것). "완전한/불완전한" 의무의 이분법의 자연법적 전통에 대해서는 W. Kersting, 1989, p.434 이하 참조할 것.

40) 『덕론』 VI 390; 『정초』 IV 421 Anm.; 『법론』 VI 233 참조할 것.

에 대한 피상적 이해를 드러낼 뿐이다. 인간 개개인이 처할 수 있는 무수한 상황을 염두에 두고 그 각각의 경우에 상응하는 의무를 남김없이 제시하는 것이 불가능하다는 점에서 형식주의적이지 않은 도덕이론의 체계란 주어질 수 없기 때문이다.[41] 또 설령 인간의 의무에 대하여 세세한 내용까지 대단히 정교하게 정의내리는 윤리학이 가능하다고 할지라도, 그 이론을 구체적 현실에 적용하는 것은 다른 차원의 이야기다. 왜냐하면 그러한 적용은 판단력의 소관이며, 판단력은 이론으로 가르쳐질 수는 없고 단지 "경험"으로만 연마될 수 있기 때문이다.[42]

칸트는 이렇게 윤리적 의무의 특성상 불가피한 틈을, 즉 목적과 이 목적을 실현하기 위한 행위 사이의 틈을, 판단력의 훈련을 통해 메우고자 『덕론』의 곳곳에 "결의론적 물음들"을 배치했다. 더 나아가 그는 『덕론』의 "방법론"을, 이성의 이론적 훈련을 위한 "윤리학적 교수법"뿐 아니라, 의지의 실천적 훈련을 위한 "윤리학적 수양법"에도 할애함으로써 의무를 몸에 배이도록 하기 위한 일종의 실천전략을 배려했다. 칸트는 그 이념을 소개하는 정도에 머물렀지만, 그가 최종적으로 도달한 도덕철학의 체계가 도덕의 실천을 위한 전략까지 포함한다는 점이 주목할 만하다.

---

41) 이것은 『덕론』의 요소론이, 독자의 기대와 달리 덕의무에 속하는 하위의 의무들을 직접 제시하기보다는 오히려 그 반대 사례들, 즉 '악덕들'로 분류될 수 있는 사례들(자기 생명의 박탈, 쾌락의 추구에 따른 자기 모욕, 거짓말, 인색함, 비굴함, 시기, 배은망덕, 남의 불행에 기뻐하기, 거만함, 비방하기, 조롱하기 등)을 소개하는 이유이기도 하다.

42) 『정초』 IV 389.

연구사 및 현황

서평이나 주석서의 숫자로 볼 때, 『덕론』에 대한 당대 반응이 『법론』의 그것에 비해 크게 뒤처진다고 할 수는 없다.[43] 칸트 당대에 나온 주석서들의 내용을 보면 한편으로는 『덕론』의 내용과 의도를 충실히 반영하면서 칸트 도덕철학의 혁신적 부분에 대해 독자의 이해를 도우려는 경향을 보이는 진영과 다른 한편으로는 여전히 행복주의 윤리설에 의거하여 강력히 비판적 태도를 견지하는 세력의 대립을 확인할 수 있다.[44] 칸트의 윤리학은 슐라이어마허(Friedrich Schleiermacher), 쇼펜하우어(Arthur Schopenhauer), 헤겔 등 19세기의 개성 강한 철학자들에게 줄곧 비판 대상이었지만, 그의 윤리학 저서 중 『덕론』은 그들의 진지한 관심을 끌지 못했던 것으로 보인다. 특히 쇼펜하우어가 칸트의 "노쇠 영향이 두드러진" 작품이라고 혹평한 이래, 『덕론』은 칸트 연구자들에게서 제대로 주목받지 못했다.[45]

---

43) 포어랜더는 출판 직후 독자들이 보인 긍정적 반응을 소개하면서, 야콥(Ludwig Heinrich Jakob)의 1797년 9월 8일자 편지, 리처드슨(John Richardson)의 영역본 그리고 특히 천연두 백신 접종과 관련하여 도나(Dohna)의 백작이었던 에밀(Fabian Emil)과 칸트의 서신 교환(1799년 8월) 등을 언급하고 있다. K. Vorländer, 1922, pp.XIX-XXI; 『서한집』 XII 197 이하, 283 이하 참조할 것. 『덕론』의 정식 재판본이 나오기 3년 전인 1800년 이미 복제본이 존재했다는 점도 이 저서에 쏟아진 당시 관심을 짐작하게 한다. Erich Adickes, 1896, p.24 참조할 것.

44) 전자에 해당하는 작품들로는 J.A. Bergk, 앞의 책; C[K].F. Stäudlin, 1798; G.S.A. Mellin, 1801 등을, 후자에는 J.C. Schwab, 1798과 1800; G.W. Block, 1802; F. Nicolai, 1991, pp.211-239 등을 들 수 있다.

45) A. Schopenhauer, 1891, p.119 참조할 것. 1896년부터 1969년까지 *Kant-Studien*에 실린 논문 가운데 "Metaphysik der Sitten"이나 "Tugend(lehre)"를 제목에 포함시킨 글은 Georg Anderson의 "Die 'Materie' in Kants Tugendlehre und der Formalismus der kritischen Ethik" 그리고 "Kants Metaphysik der Sitten – ihre Idee und ihr Verhältnis zur Ethik der Wolffschen

페이튼은 1963년 출판된 그레고어의 선구적인 주석서에 보탠 "머리말"에서 『덕론』에 관한 연구서의 부재 상황을 "기이한" 현상이고 개탄할 만한 일로 평가하면서 이를 칸트 도덕철학 해석을 어렵게 만든 원인으로 지목했다.[46] 그리고 다시 27년이나 경과한 뒤, 루트비히 역시 칸트 법철학 연구의 부흥 현상과 대조적으로 『덕론』에 대한 연구자들의 관심이 빈약한 실정을 지적했다. 그는 그 원인을, 칸트의 도덕철학이 통상적으로 정언명령에 관한 이론과 동일시되는 반면, 『덕론』은 그저 칸트가 『정초』와 『실천이성비판』에서 얻은 원리들에 따라서 "기계적으로 추진"한 프로젝트에 불과한 것으로 여겨졌던 연구 풍토에서 찾았다.[47] 이 같은 상황은 1990년대 들어 루트비히의 새로운 편집본과 그레고어의 영역본이 캠브리지판으로 출판되면서 점차 변화하는 양상을 보인다. 특히 본격적인 주해서 발간은 『덕론』에 관한 논의가 각론 수준의 연구로 발전하는 데 기여하고 있다.[48] 예컨대 칸트의 도덕철학 관련 마지막 주저의 내용이, 『정초』나 『실천이성비판』이 도달했던 중요 결론들과 과연 일관된 방식으로 통합될 수 있는가 하는 원론적 해석의 문제를 넘어, 『덕론』의 견해를 전통적 덕

Schule" 둘뿐이다. "Inhaltsverzeichnisse der Kant-Studien", in http://www.kant.uni-mainz.de/ks/inhver.htm 참조할 것.

46) H.J. Paton, "Foreward", in M. Gregor, 1963, p.ix 참조할 것.

47) B. Ludwig, 앞의 글, p.XVI 참조할 것. 여기에는 칸트가 이론철학 영역에서와 달리 "윤리학의 기초"에 관한 한 1760년대 중반 이후 근본적인 태도 변화를 겪지 않았다거나 『덕론』의 "실천철학이 궁극적으로 전비판기적 독단주의로 퇴보"했다고 본 학자들의 견해도 적지 않은 역할을 했다고 할 수 있다. 이에 관한 상세한 논의는 C. Schwaiger, 앞의 책, p.15 이하; M. Kühn, 2010, p.10 참조할 것.

48) M. Timmons (ed.), 2002; M. Betzler (ed.), 2008; L. Denis (ed.), 2010; A. Trampota, O. Sensen, J. Timmermann (eds.), 2013; W. Euler, B. Tuschling. (Hrsg.), 2013 등 참조할 것. 『덕론』에 한정된 연구서는 아니지만 R.B. Louden, 2000과 A.M. Baxley, 2010 역시 이 범주에 포함시킬 수 있을 것이다.

윤리와 비교하거나, 동식물 등 이른바 "비인격적" 존재자에 대한 의무라든가 이러한 존재자의 윤리적 지위에 관한 물음 등과 결부해 연구하기도 하고, 또 "결의론적 물음들"이 응용윤리학의 방법론으로서 가질 수 있는 의미를 검토하는 등 칸트 윤리학에 관한 전통적 연구 주제의 범위를 넘어서는 시도도 이루어지고 있다.[49)]

『덕론』의 우리말 번역을 계기로,[50)] 국내의 칸트 도덕철학 연구도 본격적으로 다변화의 궤도에 오르게 되기를 기대한다.

---

49) 위 각주에서 언급한 다섯 권의 주해서 및 A.M. Esser, 2004; L.N. Theunissen, N. Theunissen, 2013; A. Nuzzo, 2014 등 참조할 것.

50) 백종현은 2012년 『윤리형이상학』이라는 제목으로 『법론』과 『덕론』을 완역 출간했다.

참고문헌

칸트, I., 백종현 옮김, 『윤리형이상학』, 아카넷, 2012.

Adickes, E., *German Kantian Biblography*, Boston/London: Ginn & Company, 1896.

Anderson, G., "Die 'Materie' in Kants Tugendlehre und der Formalismus der kritischen Ethik", in *Kant-Studien* 26, 1921, pp.289-311.

———, "Kants Metaphysik der Sitten – ihre Idee und ihr Verhältnis zur Ethik der Wolffschen Schule", in *Kant-Studien* 28, 1923, pp.41-61.

Arnold, E., *Gesammelte Schriften*, hrsg. von Otto Schöndörfer, Bd. 5, Berlin: Bruno Cassirer, 1909.

Aso, K., Kurosaki, M., Otabe, T., Yamauchi, S. (eds.), *Onomasticon Philosophicum: Latinoteutonicum et Teutonicolatinum*. Tokyo: Tetsugaku-Shobo, 1989.

Bacin, S., "Kant's lectures on ethis and Baumgarten's moral philosophy", in Denis/Sensen, 2015, pp.15-33.

Baumeister, F.C., *Elementa philosophiae recentioris*, Leipzig, [3]1755([1]1747).

Baumgarten, A.G., *Ethica philosophica*, Halle, [2]1751, [3]1763 ([1]1740). 학술원판 XXVII 735-869, 871-1028에 재수록.

———, *Initia Philosophiae Practicae primae*, Halle, 1760. 학술원판 XIX 7-91에 재수록.

Baxley, A.M., *Kant's Theory of Virtue. The Value of Autocracy*, Cambridge: Cambridge Univ. Press, 2010.

Bergk, J.A., *Reflexionen über I. Kant's metaphysische Anfangsgünde der Tugendlehre*, Gera/Leipzig, 1798.

Betzler, M. (ed.), *Kant's Ethics of Virtue*, Berlin: Walter de Gruyter, 2008.

Block, G.W., *Neue Grundlegung zur Philosophie der Sitten mit beständiger Rücksicht auf die Kantische*, Braunschweig: Friedrich Vieweg, 1802.

Denis, L. (ed.), *Kant's Metaphysics of Morals. A Critical Guide*, Cambridge: Cambridge Univ. Press, 2010.

Denis, L., Sensen, O. (eds.), *Kant's Lectures on Ethics: a Critical Guide*, Cambridge: Cambridge Univ. Press, 2015.

Esser, A.M., *Eine Ethik für Endliche. Kants Tugendlehre in der Gegenwart*, Stuttgart-Bad Cannstatt: frommann-holzboog, 2004.

Euler, W., Tuschling, B. (Hrsg.), *Kant's "Metaphysik der Sitten", in der Diskussion. Ein Arbeitsgespräch an der Herzog August Bibliothek Wolfenbüttel 2009*, Berlin: Duncker & Humbolt, 2013.

Gesang, B. (Hrsg.), *Kant's vergessener Rezensent: Die Kritik der theoretischen und praktischen Philosophie Kants in fünf Rezensionen von Hermann Andreas Pistorius*, Hamburg: Felix Meiner, 2007.

Gregor, M., *Laws of Freedom. A Study of Kant's Method of Applying the Categorical Imperative in the 'Metaphysik der Sitten'*, Oxford: Basil Blackwell, 1963.

______, "Kants System der Pflichten in der Metaphysik der Sitten", in Ludwig, 1990, pp.XXIX-LXIV.

Kant-Forschungsstelle der Johannes Gutenberg-Universität Mainz, "Inhaltsverzeichnisse der Kant-Studien", in http://www.kant.uni-mainz.de/ks/inhver.htm.

Kersting, W., "Pflichten, unvollkommene/vollkommenen", in Joachim Ritter/ Karlfried Gründer (Hrsg.), *Historisches Wörterbuch der Philosophie*, Bd. 7, Basel: Schwabe & Co AG, 1989, pp.433-439.

Kim, S.B., "Kant's Casuistry and Method Problem of Applied Ethics", in *Kant-Studien* 100, 2009, pp.332-345.

Kühn, M., "Kant's Metaphysics of Morals: the history and significance of its deferral", in Denis, 2010, pp.9-27.

Landau, A. (Hrsg.), *Rezensionen zur Kantischen Philosophie 1781-1787*, Bebra: Albert Landau, 1991.

Louden, R.B., *Kant's Impure Ethics. From Rational Beings to Human Beings*, New York/Oxford: Oxford Univ. Press, 2000.

———, "Vigilantius: morality for humans", in Denis/Sensen, 2015, pp.84-99.

Ludwig, B. (ed.), *Immanuel Kant. Metaphysiche Anfangsgründe der Tugendlehre*, Hamburg: Felix Meiner, 1990.

Mellin, G.S.A., *Marginalien und Register zu Kants metaphysischen Anfangsgründen der Tugendlehre. Zu Vorlesungen*, Jena u. Leipzig: Friedrich Frommann, 1801.

Menzer, P., "Einleitung", in *Immanuel Kant. Eine Vorlesung über Ethik*, hrsg. von Gerd Gerhardt, Frankfurt a. M.: Fischer, 1990, pp.281-289.

Nicolai, F., *Philosophische Abhandlungen*, in Bernhard Fabian/Marie-Luise Spieckermann (Hrsg.), *Friedrich Nicolai. Gesammelte Werke*, Bd. 11, Hildesheim/Zürich/New York: Georg Olms, 1991.

Nuzzo, A., "Kant's Pure Ethics and the Problem of 'Application'", in Formosa, Paul/Goldman, Avery/Patrone, Tatiana (eds.), *Politics and Teleology in Kant*, Cardiff: Univ. of Wales Press, 2014, pp.245-261.

O'Neill, O., "Instituting Principles: Between Duty and Action", in Timmons (ed.), 2002, pp.331-347.

Paton, H.J., *The Categorical Imperative. A Study in Kant's Moral Philosophy*,

London: Hutchinson, 1958(¹1947).

Schopenhauer, A., "Preisschrift über die Grundlage der Moral, nicht gekrönt von der Königlich Dänischen Societät der Wissenschaften, zu Kopenhagen, am 30. Janur 1840", in Julius Frauenstädt (Hrsg.), *Arthur Schopenhauer's Sämmtliche Werke*, Bd. 4, Abt. 2, Leipzig: F. A. Brockhaus, 1891, pp.103-275.

Schwab, J.C., *Neun Gespräche zwischen Christian Wolff und einem Kantianer über Kants metaphysische Anfangsgründe der Rechtslehre und der Tugendlehre. Mit einer Vorrede von Friedrich Nicolai*, Berlin/Stettin: Friedrich Nicolai, 1798(Nachdr.: Aetas Kantiana, Bd. 199, Bruxelles 1968).

______, *Vergleichung des Kantischen Moralprincips mit dem Leibnitz-Wolfischen*, Berlin/Stettin: Friedrich Nicolai, 1800.

Schwaiger, C., *Kategorische und andere Imperative. Zur Entwicklung von Kants praktischer Philosophie bis 1785*, Stuttgart-Bad Cannstatt: frommann-holzboog, 1999.

Stark, W., *Nachforschungen zu Briefen und Handschriften Immanuel Kant's*. Berlin: Akademie Verlag, 1993.

Stäudlin, C[K].F., *Grundrisse der Tugend- und Religionslehre zu akademischen Vorlesungen für zukünftige Lehrer in der christlichen Kirche*, 1. Teil, Göttingen: Vandenhök und Ruprechtscher, 1798.

Theunissen, L.N., Theunissen, N., *Kant's Commitment to Metaphysics of Morals*. European Journal of Philosophy, 2013, doi:10.1111/ejop.12051.

Timmons, M. (ed.), *Kant's Metaphysics of Morals: Interpretative Essays*, Oxford: Oxford Univ. Press, 2002.

Trampota, A., Sensen, O., Timmermann, J. (eds.), *Kant's 'Tugendlehre'. A Comprehensive Commentary*, Berlin/Boston: Walter de Gruyter, 2013.

Vorländer, K. (Hrsg.), *Immanuel Kant. Sämtliche Werke*, Bd. 3, Leipzig: Felix Meiner, 1922.

——— (Hrsg.), Immanuel Kant. *Kritik der praktischen Vernunft*, Hamburg: Felix Meiner, 1928.

Wood, A., "The Final Form of Kant's Practical Philosophy", in Timmons, 2002, pp.1-21.

옮긴이주

법론의 형이상학적 기초원리

머리말

1) 'Recht'는 '법'과 '권리' 모두를 의미할 수 있기 때문에 각각의 경우에 맞게 구분해서 옮겼다. 'rechtlich'는 'recht' 및 'gerecht'와 대비되어 사용되는 경우엔 '합법적'으로, 'moralisch'와 대비되어 사용되는 경우엔 '법적'으로 옮겼다. 'recht'와 'gerecht'는 각각 '올바른'과 '정당한'으로 옮겼다.
   'rechtens'는 '정당한'으로, 'Rechtens'는 '권리의' 또는 '소유의'로, 'rechtskräeftig'는 '법적 효력이 있는'으로, 'rechtmäßig'는 '합법적인' 또는 '권리에 상응한' 등으로 옮겼다.
   'Das Mein und Dein'은 '나의 것', '그의 것', '각자의 것', '소유', '권리' 등으로 옮겼다. 이것은 전문용어의 위상을 갖지 않기 때문에 가독성을 위해 문맥에 맞추어 다양하게 옮겼다. 'Äußeres Etwas' 역시 같은 이유에서 '외적 사물', '외적인 것' 등으로 옮겼다.
2) 가르베(Christian Garve, 1742~98)는 독일 후기 계몽주의 철학자다. 평론과 에세이를 출판해 독일에서 철학을 대중화하는 데 기여했다.
3) Garve, *Vermischte Aufsätze*, Breslau, Wilhelm Gottlieb Korn, 1796.
4) 라부아지에(Antoine Laurent de Lavoisier, 1743~94)는 프랑스의 화학자이자 법률가다. 근대 화학의 창시자 중 한 명이다.
5) 브라운(John Brown, 1735~88)은 영국의 의학자다. 브루노니안 의학교육체계를 개발했다. 이 교육체계는 18세기와 19세기에 걸쳐 이탈리아와 독일에 큰 영향을 미쳤다.
6) 하우젠(Carl Renatus Hausen, 1740~1805)은 역사학자이자 철학자다. 칸트는 그와 편지를 다수 교환했다.
7) 볼프(Christian Wolff, 1679~1754)는 독일의 합리주의 철학자이자 대표적 계몽주의자다. 독창적인 정신의 소유자라기보다는 백과전서적 사상가였다. 볼프

철학은 통상 '라이프니츠-볼프' 철학으로 불린다. 칸트는 볼프를 '이성주의적 독단론, 존재론'을 대표하는 인물로 평가한다.

8) 니콜라이(Christoph Friedrich Nicolai, 1733~1811)는 독일의 계몽주의자다. 그는 칸트철학에 부정적인 태도를 취했다.
9) 섀프츠베리(Anthony Ashley Cooper Shaftesbury Ⅲ, 1671~1713)는 영국의 철학자, 윤리학자다. 칸트에게도 영향을 준 도덕감정이론을 주창했다.

법론의 세분화 표

1) 원문에는 차례 자체가 없고 이 표만 있다. 이 표의 항목들은 본문의 제목들과 거의 일치하나 간혹 표현이 다른 경우도 있다.

도덕형이상학 서론

1) 뉴턴(Isaac Newton, 1642~1727)은 영국의 수학자이자 물리학자다. 뉴턴의 자연철학은 칸트에게 '자연형이상학'을 확립하기 위한 하나의 자극제가 되었다.
2) 'Moralität'(Sittlichkeit).
3) 'Philosophia practica universalis'.
4) 본문에는 라틴어 'indifferens, adiaphoron, res merae facultatis'가 첨가되어 있다. 스토아 윤리학의 핵심 개념들이다.
5) 'res corporalis'. 이것은 물체(物體)를 말하며 법률용어로는 '유체물'이다. 'Sache'는 더 넓은 개념이며 '사물'이라고 옮겼다.
6) 'recht'.
7) 'Sittlichkeit'(moralitas).
8) 'Strafe/n'은 '처벌/처벌하다'로 옮겼다. 다만 'Strafrecht'는 '형법' 또는 '형벌권'으로 옮겼다.

법론 서론

1) 'Rechtslehre'(Ius). 'Ius'는 '법학/법론' 또는 '법'을 의미한다. 이곳에서 칸트가 '법론 Rechtslehre'이라 부르는 것은 내용상 '법 Recht'을 의미한다.
2) 'was Rechtens sei?, quid sit iuris.'
3) 파이드루스(Phaedrus, 18~55)는 로마시대의 우화작가다.
4) 'unrecht'.
5) 'Rechtsgesetz'. 이것은 좁은 의미의 도덕 법칙(윤리 법칙 또는 덕 법칙, ethisches Gesetz oder Tugendgesetz)과 구분되는 강제 법칙(Zwangsgesetz)이다. 흔이 '법 법칙'이라고 옮기기도 한다.
6) 에피쿠로스(Epikur, BC 342/341~271/270)는 그리스 철학자다. 에피쿠로스학파의 창시자로 선과 악의 기준이 쾌락과 고통이라는 쾌락주의를 주장했다.

7) 울피아누스(Gnaeus Domitius Ulpianus, 170?~228)는 로마시대의 법학자다. 알렉산더 황제 시기에 등용되어 많은 업적을 남겼다.
8) 강조로 표시되어 있는 세 문장에는 각각 라틴어 문장이 덧붙여 있다. honeste vive, neminem laede, suum cuique tribue.
9) 'sui iuris'.
10) 키케로(Marcus Tullius Cicero, BC 106~43)는 로마시대의 정치가, 웅변가, 문학가, 철학자다. 방대한 저술로 라틴어문학사에 큰 영향을 미쳤다.

제1편 사법

제1장 외적인 것을 자신의 것으로 소유하는 방식에 관하여

1) 'rechtswidrig'. 이것은 주관적으론(행위자 측면에서 보면) '권리에 어긋나는' 내지는 '권리를 침해하는'을 의미하며 객관적으론(권리 규정의 기준인 법의 측면에서 보면) '불법적인'을 의미한다. 문맥에 따라 그때마다 다르게 옮겼다.
2) 'pactum re initum'. 계약 체결과 동시에 계약된 것이 이루어지는(사물이 인도되거나 급부가 제공되는) 계약. 요물계약이라고도 한다.
3) 'von einem empirischen rechtmäßigen Besitz'.
4) '공동의 점유'와 '공동점유'는 각각 'gemeinsamer Besitz'와 'Gesammtbesitz'를 옮긴 것이다.
5) 'mit Recht, iure'.
6) 'rechtswegen, de iure'.

제2장 외적인 것을 획득하는 방식에 관하여

1) 'rechtmäßig'. 'rechtswidrig'의 반대말. '권리에 상응하는' 또는 '합법적인'으로 옮겼다.
2) 원문에는 'conditio sine qua non'이 첨가되어 있다.
3) 'Eigentum'. 물리적 사물, 타인의 행위, 타인의 상태 모두 점유 대상이지만, 그것의 점유가 나의 Eigentum이 되는 것은 물리적 사물뿐이다. 이를 나타내기 위해 'Eigentum'을 '독점적 소유' 또는 '재산'으로 옮겼다.
4) '법적 주체'는 sui iuris를, '자기 자신의 소유자'는 'sui dominus'를 옮긴 것이다.
5) 각각의 라틴어는 다음과 같다. 제안(oblatio), 동의(approbatio), 약속(promissum), 수용(acceptatio).
6) 멘델스존(Moses Mendelssohn, 1729~86)은 독일의 유대인 철학자다. 모세오경과 시편을 독일어로 번역했다. '유대인 루터'라는 별명이 있다. 외국 문학의 수용과 비평으로 당대 독일 문학계에 오랫동안 영향을 미쳤다.
7) 'das auf dingliche Art persönliche Recht'. 타인과 관계에서 성립하는 권리(대인적 권리)이면서 권리(행사)의 특성이 사물에 대한 권리(물권)와 동일한

권리.

8) 원문에는 라틴어가 표기되어 있다. facto, pacto, lege.

9) 아헨발(Gottfried Achenwall, 1719~72)은 독일의 법학자이자 역사학자다. 칸트는 20년 넘게 계속된 법철학 강의에서 그의 텍스트(*ius naturae*)를 강의 교재로 사용했다.

10) 'Scheffel'. 칸트 시대에 사용되던 단위로 1셰펠은 약 48L에 해당된다.

11) 아시냐 지폐는 프랑스혁명기에 발행되어 사용된 지폐다.

12) 스미스(Adam Smith, 1723~90)는 스코틀랜드 출신의 영국 경제학자, 도덕철학자다. 근대 자본주의 체제의 특징을 체계적으로 분석하여 최초로 과학적 경제학을 성립했고, 도덕감정이론을 비판적으로 계승 발전시켰다.

13) 'rechtmäßig'(erlaubt, iusta).

14) 'rechtmäßig'.

제3장 공적 재판권의 판결에 따른 주관적·제약적 획득에 관하여

1) 'Von der subjectiv=bedingten Erwerbung durch den Ausspruch einer öffentlichen Gerichtsbarkeit'. 이것은 하나의 권리가 관할법원의 선고에 의거하여 획득되는 경우를 말한다.

2) 'ius reale'.

3) 'ius ad rem'.

4) 담보제공을 목적으로 하는 선서.

5) 마스든(William Marsden, 1754~1836)은 영국의 동양학자이자 언어학자로 인도네시아학의 선구자다.

6) 'rechtmäßig'.

제2편 공법

제1절 국가법

1) 'iniustus'.

2) 'Rechtens'.

3) 루소(Jean Jacques Rousseau, 1712~78)는 18세기 프랑스의 정치사상가이자 철학자, 음악가, 문필가, 교육이론가다. 칸트는 자신의 연구실에 항상 루소의 초상화를 걸어놓을 정도로 그에게서 큰 영향을 받았다. 칸트는 루소를 '제2의 뉴턴'으로 삼아 '제2의 자연'인 도덕의 세계에 대한 탐구로 향했다.

4) 광명단은 독일에 있었던 계몽주의 단체다. 1776년 창립되었다. 1785년 바이어른에서 처음 금지된 이후 점차 소멸되어갔다.

5) 14세기 이후 스코틀랜드의 왕실이자 17세기 이후 영국의 왕실.

6) 유베날리스(Decimus Junius Juvenal, 60~140)는 고대 로마의 풍자시인이다. 당시 사회상을 통렬하게 비판하는 풍자시를 많이 썼다. 후대의 풍자작가들에게

큰 영향을 미쳤다.

7) 베카리아(Cesare Beccaria, 1738~94)는 이탈리아의 법학자다. 형법론에 탁월한 업적을 남겼다.

제2절 국제법

1) 'foedus amphictyonum'. 고대 그리스의 도시국가들 사이에 있었던 동맹.

제3절 세계시민법

1) 뷔슁(Anton Friedrich Büsching, 1724~93)은 독일의 신학자이자 지리학자다. 교육에 관한 저서로 큰 명성을 얻었으며 프러시아 교육에 새로운 활력을 주었다.

부록: 법론의 형이상학적 기초원리의 해명을 위한 소견

1) 『부록』은 『법론의 형이상학적 기초원리』의 초판(1797)에는 없으며 다음 해(1798)에 출간되었다. 독립된 텍스트 또는 같은 해 출간된 『법론의 형이상학적 기초원리』 제2판에 합본된 형태로 출간되었다.
2) 'stella mirabilis'.
3) 'Eigentum'.

덕론의 형이상학적 기초원리

머리말

1) 'Lehren'. 바로 뒤에서 '진정한 학문'과 대립시키므로, 여기서는 이미 '학문으로 주장하는 이론'을 뜻하는 '학설' 대신 '가르치어 설명함'을 뜻하는 '교설'로 옮겼다.
2) 'die Technik'.
3) 'pathologisch'. 칸트는 인간 본성의 수동적인 부분, 즉 감성을 통해 규정됨을 의미할 때 이 표현 또는 'psychologisch'를 사용한다. 또 감성적인 부분을 'unser pathologisch bestimmbares Selbst'(정념적으로 규정될 수 있는 우리의 자아)라고 하는 데 반해, 이성은 '실천적으로' 규정하는 자아라고 한다. 『순수이성비판』 III 520 이하; 『실천이성비판』 V 74 참조할 것.
4) 'physisch'. 칸트는 18세기까지만 해도 고대 그리스어 'physis', 즉 '자연'의 의미를 담고 있던 'Physik'이나 'physisch', 'Physiologie' 등의 어휘를 그 의미에 상응하는 맥락에서 자주 사용했다. 이 경우 Physik은 '자연의 법칙'에 대한 이론적 학문을 포괄적으로 지칭하는 'Naturlehre'와 동일한 의미로, '물리학'보다는 '자연학'으로 옮기는 편이 더 적절해 보인다. 예컨대 『도덕형이상학 정

초』 IV 387, 『실천이성비판』 V 140 등 참조할 것. 물론 칸트가 'Physik'을 좁은 의미로, 즉 심리학에 대립해 '물체적 자연 법칙에 관한 학문'이라는 의미로 사용한 곳(『순수이성비판』 B 874 이하; 『형이상학 서설』 IV 265 등에서)도 있다.

5) 추측건대 하만(Johann Georg Hamann, 1730~88), 헤르더(Johann Gottfried Herder, 1744~1803), 야코비(Friedrich Heinrich Jacobi, 1743~1819) 등 계몽주의에 대한 반발로 등장한 비합리주의적인 '천재 숭배' 사상가들을 염두에 둔 주장으로 보인다. 『인간학』 VII 226; 『인간학 강의(프리들랜더; 슈타르케)』 XXIV 656, 1059; 『서한집』 X 442 등 참조할 것.

6) 1796년 5월 『월간베를린』(*Berlinische Monatsschrift*)에 발표한 글 『철학에서 요즈음 생겨난 고상한 논조』(*Von einem neuerdings erhobenen vornehmen Tone in der Philosophie*)를 말한다(『고상한 논조』 VIII 387-406). 여기서는 특히 『고상한 논조』 VIII 395 이하의 주 내용 참조할 것.

덕론 서론

1) 'Sittenlehre'(philosophia moralis).
2) 'Rechtslehre'(ius). 재판에서 '법'을 '법학'(iurisprudentia)으로 수정했다.
3) 'Tugendlehre'(ethica).
4) 'Nötigung'(Zwang). 자유의 저항을 일으키며, 누군가 기꺼이 행하려 하지 않는 어떤 것을 강요(Nötigung)하는 것이 강제(Zwang)다. 『실천이성비판』 V 83 이하; 『법론』 VI 231; 『덕론』 VI 405 참조할 것.
5) 칸트는 『이론에서는 옳을지 모르지만 실천에는 쓸모없다고 하는 속설』(*Über den Gemeinspruch: Das mag in der Theorie richtig sein, taugt aber nicht für die Praxis*, 1793)에서 "인간은 그가 마땅히 행해야만 하기 때문에 행할 수 있다는 사실을 의식한다. 그리고 이러한 사실의 의식은 그의 참된 소명의 위대함과 숭고함에 대해 성스러운 전율을 느끼게 해주는, 자신 속에 있는 신성한 자질의 깊이를 깨닫게 해준다"(『속설』 VIII 287 이하)고 적었다. 『실천이성비판』 V 30도 참조할 것.
6) 'überlegter Vorsatz'.
7) 'Tapferkeit'(fortitudo). 'fortitudo'는 용기이자 힘을 뜻한다. 칸트는 'Stärke'(강함) 또는 'fortitudo moralis'(도덕적 힘)라는 표현을 사용하기도 한다. 『덕론』 VI 397, 405 참조할 것.
8) 'virtus, fortitudo moralis'. 이처럼 칸트에게서 덕은 의무를 수행하기 위해 본성적 경향에 저항하는 유한한 이성적 존재자인 인간의 '도덕적 심정'이 가진 강함 내지 용기를 뜻한다. 『실천이성비판』 V 33; 『덕론』 VI 383, 390 등도 참조할 것.
9) 'doctrina officiorum virtutis'.
10) 'Verpflichtung'. 단순히 '책임이나 의무'를 뜻하는 '책무'로 옮기기 곤란하

거나, 스스로 의무를 부과하거나 책임을 진다는 의미를 살려야 하는 문맥에서는 '의무지움'으로 옮겼다.

11) 『법론』 VI 230 참조할 것.

12) Befugnis(facultas moralis generatim). 'facultas'는 할 수 있음, 즉 능력을 뜻한다.

13) 'facultas iuridica'.

14) 'Autokratie'.

15) 코키우스(Leonhard Cochius, 1718~79). 볼프학파 출신의 궁정 목사. 1767년 베를린 학술원의 현상논문 대회에서 「경향에 관한 연구」("Untersuchung über die Neigungen")로 최고상을 수상하여 유명해졌으며, 2년 후 학술원 회원이 되었다. 현상논문의 주제는 "본성적 경향을 근절하거나 본성이 만들지 않은 경향을 불러일으킬 수 있는가? 그리고 선한 경향을 강화하거나 악한 경향도 만일 그것이 극복할 수 없는 것들이라면 약화할 방법은 무엇인가?"였다. 그의 논문의 개략적 내용과 영향에 대해서는 Max Dessoir, *Geschichte der neueren deutschen Psychologie*, Amsterdam 1964(Berlin, [1]1894), p.443 이하 및 Cornelia Buschmann, "Die philosophischen Preisfragen und Preischriften der Berliner Akademie der Wissenschaften im 18. Jahrhundert", in Wolfgang Förster, *Aufklärung in Berlin*, Berlin, 1989, pp.208-210 참조할 것.

16) 'logisches Gegenteil'(contradictorie oppositum).

17) 'Widerspiel'(contrarie s. realiter oppositum). 이 부분은 1763년의 글 『부정량 개념을 철학에 도입하는 시도』(『부정량』 II 169, 171 이하, 179-183)에서 칸트가 논의한 내용의 연장선에서 이해할 수 있다. 그는 수학과 물리학의 개념인 '부정량'을 철학에 도입하고 응용함으로써 철학적 방법에 관한 '많은 오해'나 '다른 사람들의 소견들에 관한 잘못된 해석'이 제거될 수 있다고 보았다. 부정량이란 임의의 기수 n에 대하여 x가 x+n=0의 관계에 있을 때 x를 말하는데, 이때 x는 단순히 n의 부재를, 즉 결여를 뜻하는 것이 아니라 n만큼의 부정적 크기, 즉 '-n'을 의미한다. 그는 n의 부재에 따른 대립 상태를 '논리적 대립'(logische Repugnanz)으로, n만큼의 부정적인 크기로 말미암아 일어나는 대립 상태를 '실재적 대립'(reale R.)으로 규정한다. 칸트는 개념분석의 방법이 어떤 개념의 정의를 구성하는 징표들 간의 논리적 연결 관계는 명확하게 인식하게 해줄 수 있으나 (예컨대 '결과' 개념을 분석하면 '원인' 개념을 얻을 수 있고, '결합' 개념을 분석하면 그것이 '가분성'의 근거가 되며, '무한성'이 '전지성'全知性의 근거가 된다는 등의 관계를 밝힐 수 있다) 실재적 근거나 대립관계를 밝히지는 못한다(예컨대 지금 내가 지각하는 이 불쾌감의 실재적 근거가 무엇인지는 '이 불쾌감'이라는 개념을 분석해서는 밝혀지지 않는다)는 점을 지적함으로써 그것이 철학의 방법으로 적절치 않다는 점을 밝히고자 했다.

18) 'Sinn'(sensus moralis). Sinn은 '감각 능력'을 뜻하지만 여기서(옮긴이주 52도

참조할 것)는 도덕에 관한 어떤 특별한 종류의 감각 능력을 의미하지는 않는다고 보아서 '감각'으로 옮겼다.

19) 플라톤의 대화편에 등장하는 '다이몬'(daimōn)을 지칭한다.

20) "윤리학은 행위를 위한 법칙을 제시하는 것이 아니라(이것은 '법'이 한다) 행위의 준칙을 위한 법칙만을 제시한다"라는 명제.

21) 'Spielraum'(latitudo). 『법론』 Ⅵ 233에서는 칸트 자신이 latitudo를 '예외'(Ausnahmen)로 옮겼다.

22) 'Gesinnung'. 문맥에 따라 '마음씨'(『덕론』 Ⅵ 410)로도 옮겼다.

23) 'Verdienst'(meritum).

24) 'Verschuldung'(demeritum).

25) 'Tugend'(virtus).

26) 'Laster'(vitium).

27) 'defectus moralis'.

28) 'Übertretung'(peccatum).

29) 'Schuldigkeit'(officium debiti).

30) 'süße Verdienst'.

31) 'sauere Verdienst'.

32) 'Vernunftwille'. 칸트는 '문화'(Kultur)와 '문명'(Zivilisation)을 현대어의 용법과 반대로 사용한다. 『보편사의 이념』 Ⅷ 26 참조할 것.

33) 'moralisches Wohlsein Anderer'(salubritas moralis).

34) 'Tugendpflichten'(officia honestatis).

35) 할러(Albrecht von Haller, 1708~77)는 스위스 출신의 의사, 생리학자, 시인이다. 그는 「해악의 근원에 관하여」(Über den Ursprung des Übels, 1733)라는 시에서 "신은 강제를 사랑하지 않노니, 결함을 지닌 세계가/의지 없는 천사들의 왕국보다 더 낫다네"라고 적었다. 『스위스 시 습작(習作)』(*Versuch schweizerischer Gedichte*), Zürich 1768, p.65. 재판은 이 시구 앞에 "그러므로 할러의 잘 알려진 두 구절은 이렇게 바꾸어 쓸 수도 있을 것이다"가 보충되어 있다. 본문의 대괄호는 칸트 자신의 표기임.

36) 'Stärke'(robur).

37) 'contemplatione'.

38) 'exercitio'.

39) 'ästhetische Vorbegriffe'.

40) 'natürliche Gemütsanlagen'(praedispositio). 칸트는 『이성의 오롯한 한계 안의 종교』에서 '소질'은 생래적인 것인데 반해, '성향'(Hang)은 "생래적인 것일 수는 있으나 그렇게 생각해서는 안 되며, 인간이 획득한 것이거나 …… [자유로운 자의로] 자신에게 일어나게 한 것으로 생각될 수 있다"라고 하여 양자를 서로 구분한다. 『종교론』 Ⅵ 28-32 참조할 것.

41) 'pathologisch'. '수동적'으로 옮겨도 무방하다. '머리말' 옮긴이주 3 참조할 것.
42) 'Obliegenheit'. 이 단어 말고도 'Verbindlichkeit'(라틴어 'obligatio') 역시 문맥에 따라서 '책무' 또는 '구속성'으로 옮겼다.
43) 'Empfindung'. Empfindung은 적어도 18세기 중반까지는 현대 독일어 'Gefühl'에 더 가까운 의미로 사용되었다는 점을 감안하여 여기서는 '감각'이나 '느낌' 대신 '감정'으로 옮겼다. Jacob u. Wilhelm Grimm, "Empfindung", in ders., *Deutsches Wörterbuch*, Bd. Ⅲ, Leipzig, 1862, pp.432-433 참조할 것.
44) 'Wohlwollen'(amor benevolentiae).
45) 'Liebe des Wohlgefallens'(amor complacentiae).
46) 'Achtung'(reverentia). 문맥에 따라 '존경', '존중감', '경외심'으로도 옮겼다.
47) 아리스토텔레스가 『니코마코스 윤리학』, 1108b-1109a에서 주장한 이른바 '중용론'을 가리킴.
48) 'medio tutissimus ibis'.—오비디우스(Publius Ovidius Naso, BC 43~AD 18?)의 『변신』(*Metamorphoses*), Ⅱ, 137. "omnes nimium vertitur in vitium".—라틴어 격언. "est modus in rebus etc".—호라티우스(Quintus Horatius Flaccus, BC 65~AD 8), 『풍자』(*Satirae*), I, 1, 105. 이 구절의 좀더 완전한 인용은 『덕론』 Ⅵ 409, 433 Anm. 참조할 것.
49) 'medium tenuere beati'.—라틴어 격언. 'insani sapiens nomen habeat etc'.—호라티우스, 『서간집』(*Epistulae*), I, 6, 15. 이 구절의 좀더 완전한 인용 역시 『덕론』 Ⅵ 409, 433 Anm. 참조할 것.
50) 재판에는 이 단락의 번호가 'XIV'로 되어 있고, 나머지 단락의 번호가 'XV'부터 'XIX'까지 이어진다.
51) 'Anthroponomie'.
52) 'einen moralischen Sinn'.
53) 'vorbereitender Teil'(discursus praeliminaris).
54) 'Fertigkeit'(habitus).
55) 'Angewohnheit'(assuetudo).
56) 'seiner selbst in einem gegebenen Fall Meister'(animus sui compos).
57) 'über sich selbst Herr zu sein'(imperium in semetipsum).
58) 'Gemütsart'(indoles).
59) 'edel'(erecta).
60) 'unedel'(indoles abiecta, serva).
61) 'Affekten und Leidenschaften'.
62) 'jäh oder jach'(animus praeceps).
63) 'qualifiziertes.'
64) 'Verbot ……'(die Pflicht der Apathie).

65) 'Gleichgültigkeit'.

66) 'Indifferenz'.

67) 'Enthusiasmus'.

68) 'insani sapiens nomen habeat aequus iniqui — ultra quam satis est virtutem si petat ipsam'.— 호라티우스, 『서간집』(*Epistulae*), I, 6, 15.

69) 'gleichgültige Dinge'(adiaphora).

70) 'phantastisch-tugendhaft'.

71) 'Mikrologie'. 도덕적으로 중요하지 않은 사소한 부분을 꼬치꼬치 따지는 태도. 아래 『덕론』 VI 440 참조할 것.

72) 초판에서 지시하는 선행사가 불분명했던 관계대명사 'die'를 재판에서 바로 앞 문장의 내용을 지시하는 'was'로 수정했다.

73) 'Tugendverpflichtung'(obligatio ethica).

74) 'Tugendpflicht'(officium ethicum).

I 윤리학적 요소론

제1편 자기 자신에 대한 의무들 일반에 대하여

서론

1) 'der Verbindende'(auctor obligationis).

2) 'der Verbundene'(subjectum obligationis).

3) 'Verbindlichkeit'(terminus obligationis).

4) 'Naturwesen'(homo phaenomenon).

5) 'mit innerer Freiheit begabtes Wesen'(homo noumenon).

6) 'Unterlassungspflichten'(sustine et abstine). "견디고 삼가라"는 칸트가 자주 인용한 문구로서 로마의 수필가 겔리우스(Aulus Gellius, 123?~175?)에 따르면 스토아철학자 에픽테투스(Epictetus, 55?~135?)의 말이라고 전해진다. 겔리우스, 『아테네의 밤』(*Noctes Atticae*) XVII 19; 『학부논쟁』 VII 100; 『교육론』 IX 486, 499; 『단편』 191(XV 71); 『인간학 강의(슈타르케; 므론고비우스)』 XXV 892, 1320; 『윤리학 강의(콜린스)』 XXVII 394 등 참조할 것.

7) 'Begehungspflichten'(viribus concessis utere).

8) 'moralische Gesundheit'(ad esse).

9) 'moralische Wohlhabenheit'(ad melius esse; opulentia moralis).

10) 'naturae convenienter vive'.

11) 'perfice te ut finem; perfice te ut medium'.

12) 'Ehrbegierde'(ambitio).

13) 'Ehrliebe'(honestas interna, iustum sui aestimum).

14) 그러나 칸트는 실제로는 §5 이하에서 덕목들이 아니라 악덕들을 상세히 다룬다.

제1권 자기 자신에 대한 완전한 의무들에 대하여

제1장 인간이 동물적 존재로서 자기 자신에 대해 가지는 의무

1) 'volenti non fit iniuria'. 원문은 'nulla iniuria est, quae in volentem fiat'(원하는 [즉 동의하는] 자에게는 어떠한 부정의도 행해지지 않는다). 로마법을 요약해놓은 6세기 유스티니아누스의 『학설휘찬』(*Digesta*), XLVII, 10, 1, 5 참조할 것.
2) 쿠르티우스(Marcus Curtius). 리비우스(Titus Livius)에 따르면, BC 4세기 무렵 로마 광장(Forum Romanum)이 갈라졌을 때 신탁에 따라 그 구덩이에 말을 탄 채 뛰어들어 로마를 구했다는 전설적 인물. 『로마사』(*Ab Urbe Condita Libri*), VII, 5 참조할 것.
3) 프로이센의 프리드리히 2세를 말한다.
4) 여기서 원어 'Lust'는 취미 판단의 쾌를 뜻하므로 '쾌락' 대신 '쾌감'으로 옮겼다.
5) 'virtus eius incaluit mero'. 원문은 호라티우스(Horatius)의 『송가』(*Carmina*), III, 21의 "narratur et prisci Catonis saepe mero caluisse virtus"(사람들은 근엄한 카토의 덕이 술로 자주 가열되었다고 말한다). 칸트는 초판과 인간학 강의 등에서는 같은 내용을 세네카가 소(小) 카토에 대해 말한 것으로 부정확하게 인용했다. 『인간학』 VII 171; 『인간학 강의(파로브; 필라우; 슈타르케; 므론고비우스)』 XXV 296, 750, 942, 1252 등 참조할 것.
6) 초판에는 이 문장과 다음 두 문장의 순서가 바뀌어 있으나 여기서는 내용 흐름을 고려하여 재판의 수정에 따랐다.
7) 체스터필드(Philip Dormer Stanhope, 4th Earl of Chesterfield, 1694~1773). 영국의 정치가이자 저술가. 칸트가 체스터필드의 말이라고 한 구절의 실제 출처는 겔리우스의 『아테네의 밤』(*Noctes Atticae*), lib. XIII, 11. 체스터필드는 인간학 강의에서도 여러 번 언급된다. 특히 『인간학 강의(부졸트)』 XXV 1482-1483, 1529 등 참조할 것.

제2장 인간이 순수한 도덕적 존재로서 자기 자신에 대해 가지는 의무

1) 'aliud lingua promtum, aliud pectore inclusum gerere'. 칸트가 로마의 역사가 살루스티우스(Gaius Sallustius Crispus, BC 86~BC 35)의 『카틸리나 전쟁』(*Bellum Catilinae*), 10.5에 나오는 다음 구절을 표현 순서를 바꾸어 인용한 것으로 보인다. "aliud clausum in pectore, aliud in lingua promptum habere"(어떤 것은 가슴에 가두어두고, 어떤 것은 말하여 드러내다).
2) 초판에서는 '—'가 바로 다음 문장("거짓말하는 자는 전자에서는 ……") 바로 앞에 있었으나 재판의 수정에 따랐다. 바친과 쇠네커는 §9의 본문 내용이 잘못된 텍스트 배치로 이해하기 곤란하게 되었다고 주장하며, 재배치 수정안을 제시한다. 이들에 따르면, "거짓말은 외적인 것(외부를 향한 거짓말)이거나 ……의무 훼손으로 간주될 수 없기 때문이다"를 "인간 자신에게 책임이 있는

내적 거짓말 다수가 ……"로 시작하는 단락 앞에 그리고 그다음 단락인 "도덕적 존재(예지적 인간)인 인간이 ……진실성이라는 의무를 지고 있다"를 첫 단락의 마지막 부분인 "의사 표명이 담고 있는 진실성은 ……" 앞에 놓을 경우, §9의 전반부("온전히 도덕적 존재(자신의 인격 안에 있는 인간성)로 ……자신을 경멸적으로 바라보게 만들 수밖에 없는 수치스러운 일이다")는 거짓말에 대한 '일반적인 논의'를, 후반부("거짓말은 외적인 것(외부를 향한 거짓말)이거나 ……타인들과 맺은 관계로까지 확산되기 때문이다")는 '내적 거짓말'에 관한 세부 논의를 다룬 것으로 무리 없이 이해될 수 있다. Stefano Bacin/Dieter Schönecker, "Zwei Konjekturvorschläge zur *Tugendlehre*", in *Kant-Sudien* 101(2010), pp.247~252. 이 제안에 대한 반론은 Reinhard Brandt, "Zwei Konjekturvorschläge zur *Tugendlehre*", in *Kant-Sudien* 101(2010), pp.377-379 참조할 것.

3) 'mendacium externum'.
4) 'Erklärung'(declaratio).
5) 'Gleisnerei'(esprit fourbe).
6) 『덕론』 VI 404 Anm., 409 등처럼 여기서도 아리스토텔레스의 『니코마코스 윤리학』 1108b-1109a과 호라티우스의 『서간집』을 거론하고 인용했다.
7) 『덕론』 VI 409와 동일한 인용.
8) 'Selbstsucht'(solpsismus).
9) 'Liberalität'(liberalitas moralis).
10) 'Freigebigkeit'(liberalitas sumptuosa).
11) 'pretium usus'.
12) 원어 'Person'을 바로 앞에서는 변화에도 불구하고 '동일성'에 대한 의식을 지닌 지속하는 '실체'라는 의미로 새겨서 '개인'으로 옮겼으나, 여기서는 '자연 전체의 체제에서 독립'하여 목적을 설정할 수 있는 이성적 주체라는 의미로 새겨 '인격'으로 옮겼다. 『순수이성비판』 A 361 이하; B 408, 412 및 『도덕형이상학 정초』 IV 428, 『실천이성비판』 V 87 등 참조할 것.
13) 'animo servili'.
14) 'Demut'(humilitas moralis).
15) 'Tugendstolz'(arrogantia moralis).
16) 'Kriecherei'(humilitas spuria).
17) 'Hochmut'(ambitio).
18) '위선적으로 행동하다', '거짓으로 꾸미다', '아첨하다', '굴신하다', '움츠리다' 등은 각각 'Heucheln', 'häucheln', 'Schmeicheln', 'Schmiegen', 'Schmiegeln'의 번역어다.
19) 'Wert'(valor).
20) 'Preis'(pretium).

21) 'unverlierbare Würde'(dignitas interna).
22) 'Gemütserhebung'(elatio animi).
23) 'wahre Demut'(humilitas moralis).
24) 'Eigendünkel'(arrogantia).
25) 'ohe, iam satis est!'—호라티우스, 『풍자시』(*Satirae*), I, 5, 12.
26) 'Hae nugae in seria ducunt'.—호라티우스, 『시론』(*Ars Poetica*), 451. 원문은 "hae nugae seria ducent in mala derisum semel exceptumque sinistre"(이 사소한 것들이 일단 비웃음의 대상이 되고 또 악의적으로 사용된다면 심각한 해악을 초래하게 될 것이다)이다.
27) 'in meritum aut demeritum'.
28) 'Zurechnung'. 규칙을 구체적인 행위에 적용하는 일이 판단력의 소관이라면, 결의론적 물음들의 기능은 이 능력을 연마하는 데 도움을 제공하기 위한 것이라고 할 수 있다.
29) 'rechtskräftig'.
30) 'Gerichtshof'(forum).
31) 'vor Gericht'(coram iudicio).
32) 'Gewalt'. 'Macht'와 함께 문맥에 따라 '권능', '권한', '권력' 등으로 옮겼다.
33) 'specie diversus'.
34) 'Gewissenssache'(causa conscientiarum tangens).
35) 'die äußerste Bedenklichkeit'(scurupulositas).
36) 'casibus conscientiae'.
37) 'Kleinigkeitskrämerei'(Mikrologie). 『덕론』 VI 409 참조할 것.
38) 'Bagatelle'(Peccatillum).
39) 'minima non curat praetor.'
40) 'per amicabilem compositionem'.
41) 'Belohnung'(praemium). 이 설명에 따르면 어떤 행위가 양심의 시험을 통과했다 해서 곧 그 행위가 도덕적 의무를 완전하게 이행했다는 사실을 보장하지는 않는다. 또 단순히 비난을 면제받는 수준을 넘어서는, 의무에 더 적합한 행위가 여전히 이루어지지 않았을 수도 있다.
42) 'ein Hang zum bloßen Zerstören'(spiritus destructionis).

제2권 인간이 (자기 목적과 관련하여) 자기 자신에 대해 가지는 불완전한 의무들에 대하여

1) 'cultura'.
2) 'Gebrechlichkeit'(fragilitas).
3) 'Untugend'.

제2편 타인에 대한 덕의무들에 대하여

제1장 그저 한 인간으로 간주된 타인에 대한 의무들에 대하여

1) 'schuldige'. 내가 당연히 수행해야 하며, 그렇지 않으면 내 책임이나 과실이 된다는 의미.

2) '덕론 서론' 옮긴이주 35 참조할 것. 「영원에 관한 불완전한 시」(Unvollkommenes Gedicht über die Ewigkeit, 1736)의 다음 내용 참조할 것. "오! 신이여!/당신만이 만물의 근거/태양인 당신은, 측정할 수 없는 시간의 척도/……/당신 안의 유일한 지금이 곧 영원/그렇죠, 오직 당신에게서만 견고한 힘들이 퇴락할 수 있을 것이니/그리하여 곧 크게 벌어진 목구멍으로/존재의 전체 왕국. 보편적인 무(無)를/시간도 영원도 함께/마치 대양이 물 한 방울을 삼키듯 들이켜버리리." 할러, 앞의 책, p.157.

3) 'observantia aliis praestanda'.

4) 'Wohlsein'(salus).

5) 'Selbstsüchtiger'(solipsista).

6) 'menschenscheu'(ästhetischer Misanthrop).

7) 'selbstsüchtig'(ex solipsi[s]mo prodeuntes).

8) 'gratiarum actio est ad plus dandum invitatio'. 당시 교회 지도자들이 성경 해석에 자주 사용하던 표현으로 추측된다. 이에 관한 한 예로 칸트 종교사상에 영향을 준 경건주의의 대표적 이론가 스페너(Philipp Jacob Spener, 1635~1705)의 기도서 『신학적 숙고 및 신앙 문제에 관한 서한』(*Theologische Bedencken Und andere Brieffliche Antworten auf geistliche, sonderlich zur erbauung gerichtete materien zu unterschiedenen zeiten aufgesetzet, und auf langwiheriges anhalten Christlicher freunde in einige ordnung gebracht und zum dritten mal herausgegeben*), Bd. 4, Halle, 1715, p.10 참조할 것.

9) 'Mitfreude und Mitleid'(sympathia moralis).

10) 'communio sentiendi liberalis'.

11) 'communio sentiendi illiberalis, servilis'.

12) 'Mitleidenschaft'.

13) 'Barmherzigkeit'. 남의 동정을 받아야만 할 정도로 고통에 겨워하는 자는 이미 인간의 존엄성을 상실했다는 의미로 들린다.

14) 'Neid'(livor).

15) 'qualifizierter Neid'.

16) 'Mißgunst'(invidentia).

17) 'Undankbarkeit'.

18) 'qualifizierter Undankbarkeit'.

19) 'Unerkenntlichkeit'.

20) 'Schadenfreude'.

21) 테렌티우스(Publius Terentius Afer, BC 195?~BC 150). 북아프리카 노예 출신의 로마 희극작가. 원문 "Homo sum, humani nil a me alienum puto"는 그의 『고행자』(*Heauton Timorumenos*), I, 1에 나오는 표현이다.
22) 할러, 「해악의 근원에 관하여」, p.67('덕론 서론' 옮긴이주 35 참조할 것).
23) 'Bescheidenheit'.
24) 'Eigenliebe'(philautia).
25) 'Eigendünkel'(arrogantia).
26) 'geringschätzen'(despicatui habere).
27) 칸트가 논리학이나 철학백과전서 강의 그리고 이와 관련된 『단편』 등에서 강조한, 이른바 '총체적 오류'(totaler Irrtum)는 불가능하다는 확신을 반영하는 부분이다. 『논리학』 IX 54; 『논리학 강의(블롬베르크; 필리피; 푈리츠; 슐랍)』 XXIV 85, 93, 395 이하, 527, 825; 『철학전서 강의』 XXIX 23; 『단편』 XVI 267(2193) 등 참조할 것.
28) 'Ehrliebe'.
29) 'Ehrbarkeit'(honestas externa).
30) 'Widersinnigen'(paradoxon).
31) 'Untugend'(peccatum).
32) 'Later'(vitium).
33) 'Hochmut'.
34) 'Ehrbegierde'(ambitio).
35) 'Stolz'(animus elatus).
36) 다시 말해 거만한 자는 자신의 상황이 역전될 경우, 스스로 비열한 상태에 떨어지리라는 사실을 잘 알기 때문에 오히려 남에게 부당한 요구를 한다는 것이다.
37) 'Afterreden'.
38) 'üble Nachrede'(obtrectatio).
39) 'Verleumdung'(contumelia).
40) 'geflissentliche Verbreitung'(propalatio).
41) 'Misanthropie'(Menschenscheu).
42) 'allotrio-episcopia'.
43) 'bittere Spottsucht'(spiritus ca[u]sticus). [ ] 안은 초판 바로잡기의 수정.
44) 'retrorsio iocosa'.
45) 'reverere legem'.
46) 'reverentia adversus hominem'.
47) 'observantia debita'.

제2장 인간이 처한 상태에 따른 인간 상호 간의 윤리학적 의무들에 대하여

1) 'im kultivierten Zustande'. 뒤에 나오는 '야만 상태'와 대립하므로 '문명 상태'로 옮겼다.
2) 'Geist'. 『판단력비판』 V 313에 따르면 Geist는 '미적인 의미로는 마음에 생기를 불어넣는 원리'에 해당한다.

요소론의 맺는말: 우정 안에서 사랑과 존중이
매우 진지하게 결합하는 것에 대하여

1) 오레스테스(Orestes)와 필라데스(Pylades), 테세우스(Theseus)와 피리투스(Pirithous)는 그리스 신화에 등장하는 인물들임.
2) 이 표현은 로마의 철학자 아렐라테(Favorinus of Arelate, 80?~160?)가 라에르티오스(Diogenes Laertios)의 『유명한 철학자들의 생애와 사상』(*Φιλοσόφων βίων καί δογμάτων συναγωγή*), V, 1, 21에서 아리스토텔레스가 자주 했던 말로 전한 것이다. 실제로 아리스토텔레스는 『에우데메이아 윤리학』(*Ethika Eudemeia*), 1245b에서 "친구가 많은 자는 친구가 없는 것이다"라고 적었다. 『인간학』 Ⅶ 152; 『단편』 XV 433 및 『서한집』 XI 332 등도 참조할 것.
3) 'teneritas amicitiae'.
4) 'rara avis in terris, et nigro simillima cygno'. 출처는 유베날리스(Decimus Junius Juvenalis, 60~140), 『풍자시집』(*Saturae*), Ⅵ, 164.
5) 칸트는 윤리학 강의나 이 저서의 다른 곳에서와 달리 여기서는 도덕적 우정이 도달 불가능한 이상이 아니라 적어도 때로는 완전히 성취 가능한 것처럼 말했다. 멜린(Georg Samuel Albert Mellin)도 이 점을 의식한 듯 그의 『비판철학 백과사전』(*Encyclopädisches Wörterbuch der kritischen Philosophie*), Züllichau u. Leipzig, 1799, Bd. 2, p.663의 "우정" 항목에서 『덕론의 형이상학적 기초원리』의 이 부분을 언급하면서 "즉 이념을 향한 지속적인 접근 속에서"라는 보충 설명을 덧붙였다.
6) 'separatistam agere'.
7) 'officium commercii, sociabilitas'.
8) 'Beiwerke'(parerga).
9) '친근감'부터 차례대로 'Zugänglichkeit', 'Gesprächigkeit', 'Höflichkeit', 'Gastfreiheit', 'Gelindigkeit'의 번역어다.

Ⅱ 윤리학적 방법론

1) 'Gesinnung'(animus).
2) 'akroamatisch ……oder erotematisch'.
3) 'die dialogische Lehrart, oder ……die katechetische'.

4) 'vorläufige Urteile'(iudicia praevia).
5) 'statutarische Religionslehre'.
6) 초판에 '교의적'(dogmatisch)으로 되어 있던 것을 재판에서 '강술적'(akroamatisch)으로 수정했고, 여기서도 재판을 따랐다.
7) 'experimentale'. 18세기 독일어에서 'Experiment'는 '관찰'(Beobachtung)과 함께 경험을 의미하는 용어로 사용되었다. 따라서 여기서도 '경험적'의 의미 정도로 새기면 되겠다.
8) '사례'와 '본보기'는 각각 'Beispiel'과 'Exempel'의 그리고 바로 아래에 나오는 '단편사례'는 'Bruchstück'의 번역어다.
9) 'wackeres und fröhliches Gemüt'(animus strenuus et hilaris). 칸트가 다른 곳(예컨대 옮긴이주 1에서와 달리 여기서는 'animus'에 상응하는 독일어로 'Gemüt'를 사용했다.
10) 'assuesco incommodis et desuesco commoditatibus vitae'. 이 표현은 스토아 철학 원전에서 인용한 것이라기보다는 칸트 자신의 강의 교재 내용을 옮긴 것으로 추측된다. 바움가르텐의 『철학적 윤리학』(*Ethica philosophica*, 1751, 1763), §§ 472-473, § 478의 다음 내용 참조할 것. "훌륭한 삶은 충분히 불편한 삶일 수 있고, 그 역도 마찬가지다. 쾌적한 삶은 더 불행할 수 있으며 그 역도 마찬가지다. ……외적인 환락 속에서만 쾌적한 삶을 추구하는 자는 그것을 발견하지 못하게 된다. 물론 그의 많은 재력과 버팀목이 낭비된다. ……불편한 삶을 살면서 1) 그러한 삶이 더 클 수 있는 정도 그리고 가능한 정도를 정확히 헤아려라. 그러면 언제나 즐거워할 소재를 갖게 될 것이다. ……2) 훌륭한 삶을 살겠다고 더 굳게 결심하라. 그러면 고생스러움[부담]을 그다지 생생하게 느끼지 않게 되며, 견디지 못할 것도 없게 된다. 3) 자신을 압박하는 불편한 일들의 이유를 찾아라. ……그러면 사태에 골몰할 때 우연히 떠올랐던 많은 것이 자연스러운 인과응보이며 최소한의 처벌이라는 사실을 깨닫게 된다. ……그러므로 삶의 불편함에서 자유롭고자 하는 자는 그 불편함의 원천을 막도록 하라. 그것이 무엇이고 얼마나 큰 것인가와 상관없이 말이다"(바움가르텐의 『철학적 윤리학』, XXVII, 862 이하, 1008 이하).
11) 'hic murus aheneus esto etc'. 호라티우스의 원문에는 'esto' 다음에 'nil conscire sibi, nulla pallescere culpa'(어떠한 잘못도 의식하지 않으며, 어떠한 잘못으로도 창백해지지 않는다)가 이어진다.—호라티우스의 『서간집』(*Epistolae*), I, 1, 60.

맺는말: 신에 대한 의무 이론으로서 종교론은 순수한 도덕철학의 한계 밖에 있다

1) 퀸틸리아누스(Marcus Fabius Quintilianus, 35?~100?), 『수사학 교육』(*Institutio oratoria*). 그러나 정작 이 작품에는 이 인용문이 포함되어 있지 않으며, 오히려 키케로(Cicero)의 『신들의 본성에 관하여』(*De natura deorum*), I, xxiii, 63이 그 출처임.

2) 파스칼(Blaise Pascal, 1623~62), 『팡세』(*Pensées*, 1670), Ⅲ, §233에 나오는 이른바 '파스칼의 내기'(le Pari de Pascal)를 연상시키는 내용.
3) 'als'(instar).
4) 'gegen'(erga).
5) 'ad praestandum'.
6) 'Belohnung'(praemium, remuneratio gratuita).
7) 'Wohltätigkeit'(benignitas).
8) 'Lohn'(merces).
9) 'eine belohnende Gerechtigkeit'(iustitia brabeutica). 바움가르텐의 다음 구절을 참조할 것. "보수를 규정하는 정의와 지혜는 보상적이다"(IUS et PRUDENTIA determinadorum praemiorum sunt BRABEUTICA), in 바움가르텐, 『제일 실천철학의 기초원리』(*Initia philosophiae practicae primae*, 1760), §112, XIX 55.
10) 호라티우스, 『송가』(*Carmina*), Ⅲ, ii, 31의 다음 구절 참조할 것. 'raro antecedentem scelestum deseruit pede Poena claudo'(처벌은 앞서가는 흉악범을, 비록 절름거리는 발걸음이기는 하지만, 좀처럼 포기하지 않는다).

윤리학의 구분 목차

1) 이 목차는 원전 끝 부분에 포함된 것으로 실제 본문의 목차와는 차이가 있다.

찾아보기

『법론의 형이상학적 기초원리』

ㄴ

ㄷ

ㄹ

ㅁ

ㅇ

『덕론의 형이상학적 기초원리』

ㅇ

ㅈ

지은이 임마누엘 칸트

1724년 4월 22일 프로이센(Preußen) 쾨니히스베르크(Königsberg)에서 수공업자의 아들로 태어났다. 1730~32년까지 병원 부설 학교를, 1732~40년까지 오늘날 김나지움(Gymnasium)에 해당하는 콜레기움 프리데리키아눔(Collegium Fridericianum)을 다녔다. 1740년에 쾨니히스베르크대학교에 입학해 주로 철학, 수학, 자연과학을 공부했다. 1746년 대학 수업을 마친 후 10년 가까이 가정교사 생활을 했다.

1749년에 첫 저서 『살아 있는 힘의 참된 측정에 관한 사상』을 출판했다. 1755/56년도 겨울 학기부터 사강사(Privatdozent)로 쾨니히스베르크대학교에서 강의를 시작했다. 『자연신학 원칙과 도덕 원칙의 명확성에 관한 연구』(1764)가 1763년 베를린 학술원 현상 공모에서 2등상을 수상했다. 1766년 쾨니히스베르크 왕립 도서관의 부사서로 일하게 됨으로써 처음으로 고정 급여를 받는 직책을 얻었다. 1770년 쾨니히스베르크대학교의 논리학과 형이상학을 담당하는 정교수가 되었고, 교수취임 논문으로 『감성계와 지성계의 형식과 원리』를 발표했다.

그 뒤 『순수이성비판』(1781), 『도덕형이상학 정초』(1785), 『실천이성비판』(1788), 『판단력비판』(1790), 『도덕형이상학』(1797) 등을 출판했다.

1786년 여름학기와 1788년 여름학기에 대학 총장직을 맡았고, 1796년 여름 학기까지 강의했다. 1804년 2월 12일 쾨니히스베르크에서 사망했고 2월 28일 대학 교회의 교수 묘지에 안장되었다.

칸트의 생애는 지극히 평범했다. 그의 생애에서 우리 관심을 끌 만한 사건을 굳이 들자면 『이성의 오롯한 한계 안의 종교』(1793) 때문에 검열 당국과 빚은 마찰을 언급할 수 있겠다. 더욱이 중년 이후 칸트는 일과표를 정확히 지키는 지극히 규칙적인 삶을 영위한다. 하지만 단조롭게 보이는 그의 삶은 의도적으로 노력한 결과였다. 그는 자기 삶에 방해가 되는 세인의 주목을 원하지 않았다. 세속적인 명예나 찬사는 그가 바라는 바가 아니었다.

옮긴이 이충진

성균관대학교에서 헤겔 철학 연구로 석사, 독일 마르부르크 대학교에서 칸트 법철학 연구로 박사 학위를 받았다. 지금은 한성대학교에서 철학을 가르친다. 철학을 삶의 유일한 방식으로 삼은 후 사회철학, 윤리학, 환경철학 등 실천철학적인 문제에 관심을 쏟고 있다. 세월호 참사 이후 세월호 문제는 그의 또 다른 지적 도전이 되었다. 지은 책으로는 『세월호는 우리에게 무엇인가』, 『독일 철학자들과의 대화』, 『이성과 권리』가 있고 옮긴 책으로는 『법이론』, 『쉽게 읽는 칸트: 정언명령』, 『헤겔 정신현상학』이 있다.

옮긴이 김수배

충남대학교 철학과 교수다. 성균관대학교, 독일 뮌헨대학교, 트리어대학교 등에서 공부했다. 옥스퍼드대학교 방문 교수, 한국칸트학회 회장, 한국철학상담치료학회 부회장 등을 지냈다. 『호소의 철학: 칸트와 호모 히스토리쿠스』, 『역사 속의 이성, 이성 안의 역사』, 『칸트 인간학의 성립과 그것이 볼프 학파의 경험 심리학과 가지는 관계』(*Die Entstehung der Kantischen Anthropologie und ihre Beziehung zur empirischen Psychologie der Wolffschen Schule*) 등의 저서와 다수의 칸트철학, 철학상담 관련 국내외 논문이 있다.

Immanuel Kant
Die Metaphysik der Sitten
Translated by Lee Choongjin, Kim Soobae

Published by Hangilsa Publishing Co., Ltd., Korea, 2018

칸트전집 7
도덕형이상학

지은이 임마누엘 칸트
옮긴이 이충진 김수배
펴낸이 김언호

펴낸곳 (주)도서출판 한길사
등록 1976년 12월 24일 제74호
주소 10881 경기도 파주시 광인사길 37
홈페이지 www.hangilsa.co.kr
전자우편 hangilsa@hangilsa.co.kr
전화 031-955-2000~3 **팩스** 031-955-2005

부사장 박관순 **총괄이사** 김서영 **관리이사** 곽명호
영업이사 이경호 **경영이사** 김관영 **편집주간** 백은숙
편집 박희진 노유연 최현경 이한민 김영길
마케팅 정아린 **관리** 이주환 문주상 이희문 원선아 이진아
디자인 창포 031-955-2097
인쇄 영림 **제책** 영림

제1판 제1쇄 2018년 5월 25일
제1판 제2쇄 2022년 10월 20일

값 35,000원
ISBN 978-89-356-6782-6 94160
ISBN 978-89-356-6781-9 (세트)

• 잘못 만들어진 책은 구입하신 서점에서 바꿔드립니다.

• 이 『칸트전집』 번역사업은 2013년부터 2016년까지 정부(교육부)의 재원으로
한국연구재단의 지원을 받아 수행된 연구임.
(NRF-2013S1A5B4A01044377)